중국불교철학 심성론(하)

03

중국 불교 철학 심성론 (하)

03

저자 : 팡리티엔(方立天)
역자 : 황성규, 김봉희, 이봉순

한국학술정보㈜

『중국불교철학요의』 한국어판 출판에 즈음하여

　법문사의 숭고한 성물 불지사리(佛指舍利)가 한국에 보내져 받들어진 지 40일, 산시 성에서 북경으로 되돌아온 지 얼마 되지 않은 좋은 날, 2006년 1월 4일 황성규 박사가 북경을 방문하여 『중국철학요의』의 번역을 이미 완료하였으며 곧 출간할 예정이라고 말하였습니다. 먼저 서울불교대학원대학교 이봉순 교수를 위시한 관계자 여러분의 수고로운 번역작업에 깊은 감사를 드리며, 나의 이 책이 한국의 독자 여러분과 만나게 되는 것을 매우 기쁘게 생각합니다.

　일찍이 40여 년 전부터 불교를 연구해 오면서 나에게는 중국불교철학 관련 서적을 집필하고자 하는 마음속의 원이 있었습니다. 집필의 목적은 두 가지였습니다. 하나는 체계적으로 중국불교철학의 풍부한 내용을 정리하고 총괄하여 중국불교철학의 사상적 특징을 드러내는 것이었으며, 또 하나는 중국불교의 철학적 지혜가 함유하고 있는 현대적 가치를 탐색하고 제시함으로써 사회의 건강한 발전을 촉진하는 데 도움이 되고자 하는 것이었습니다.

　오늘날 중국에는 중국 전통문화의 삼대 지주라고 할 수 있는 유·불·도교 중에서 불교문화가 가장 적극적으로 활동하고 있습니다.

이러한 현상의 출현은 결코 우연한 것이 아니며, 불교문화가 간직하고 있는 것이 현대 인류의 사회발전에 필요한 내용에 부응하기 때문입니다. 즉 인류사회의 세 가지의 기본 모순이라고 할 수 있는 인간과 자아, 인간과 사회, 인간과 자연의 모순과 직접적인 상관이 있으며, 그것을 해결하는 데 도움이 되고 있기 때문입니다. 또한 불교문화를 구성하고 있는 핵심인 연기(緣起), 인과(因果), 평등(平等), 자비(慈悲), 중도(中道), 원융(圓融) 등의 철학적 범주는 현대사회 속에서 발전을 계도하고 협조하는 바람직한 기능과 작용을 발휘하고 있을 뿐만 아니라 보편적 세계의 가치와 영원한 가치를 지니고 있어 우리가 높이 중시하고 실천할 만한 가치가 있는 것이라고 생각합니다.

중국과 한국은 지리적으로 서로 이어져 있는 순망치한의 관계이며, 양국의 국민은 오래고 깊은 전통적인 우의를 지니고 있습니다. 양국의 문화교류를 촉진하고 양국 국민의 우의를 돈독히 하는 중요한 교량과 유대의 하나로서 불교는 독특한 작용을 발휘하였습니다. 고대 중국불교는 한국불교에 오랫동안 깊은 영향을 끼쳤으며, 한국불교의 고승들은 중국불교 종파에 참여하기도 하였습니다. 예를 들면, 자은종(慈恩宗)의 창립과 천태종이나 화엄종 등의 여러 중국불교 종파의 진흥에 동참하여 강력한 촉진작용을 일으킨 바 있습니다. 이러한 상호작용은 두 나라 불교의 신앙·철학사상·윤리도덕·문학예술·민간 풍습·역사발전에 이르기까지 영향을 주었으며, 하나같이 모두 심대한 것이었습니다. 그래서 불교는 중국과 한국 나아가 중국·한국·일본을 연결하는 '황금유대'라는 찬미를 듣게 된 것입니다. 불교는 중·한 양국 공동의 소중한 문화유산이면서 중요한 정신적 재산이며, 또한 두 나라 국민이 공통적으로 귀중하게 여길 만한 가치 있는 것입니다. 우리는 최대한 불교문화의 우수한 전통을 고양시킴으로써 두 나라 국민의 행복을 이루어 나가야 할 것입니다.

나의 졸저『중국불교철학요의』는 중국에서 출판된 후, '국가도서상(2002년)', '중화문화우수저작'의 일등상(2004년)과 '북경시 철학·사회과학 분야의 우수성과' 특등상(2004)을 수상하였으며, "중화문고(中華文庫)"에 수록되어 출판되었습니다. 십여 년 전, 나의 졸저『불교철학』과『중국고대문제발전사(中國古代哲學問題發展史, 상·하)』 등이 한국어로 출판되었으며, 이제『중국불교철학요의』의 한국어판이 곧 출판되게 되었습니다. 나는 중국과 한국 양국의 불교 및 철학과 문화의 교류에 미력하나마 공헌을 하게 된 것을 마음속으로 대단히

기쁘게 생각합니다. 이후 나는 중국과 한국 두 나라의 문화교류와
국민들 간의 우의가 더욱 돈독해지기를 바라며 끊임없이 새로운
노력을 하고자 합니다.

2006년 1월 6일 북경에서
저자 팡리티엔(方立天) 씀

역자 서문

　2004년 늦은 여름, 역자는 서울불교대학원대학교와 중국 인민대학 간의 학술교류협정을 체결하기 위해 북경을 방문하였다. 이때 '불교와 종교학이론연구소(佛敎與宗敎學理論硏究所)' 소장 겸 학술교류협정 중국 측 대표였던 팡 리티엔 교수와 인연을 맺게 되었다. 이후 팡 교수는 한국을 답방하여 서울불교대학원대학교가 수여하는 제1호 명예박사학위를 받았고, '중국불교의 과거와 미래'라는 주제로 특강을 하기도 하였다. 그리고 양교 간 학술교류 사업의 일환으로 팡 교수의 저서인 『중국불교철학요의』가 우리말로 번역되기 시작하여 「인생론」 편이 서울불교대학원대학교출판부에 의해 출판되었다. 「인생론」 편은 대학교재로 선정되기도 하는 등 세간의 이목을 집중시켰고, 오늘 이렇게 「심성론」 편이 출판됨으로써 제1권의 번역을 완결하게 되었다.

　불교 심성론에서 중점적으로 설명하는 부분은 인간 마음[人心]의 본질과 심성의 작용·의의 및 심(心)과 성(性)의 관계에 관한 학설이다. 인간이 무엇이며 인간의 생존상태는 어떠해야 하는가를 탐구하고 토론하는 이론이라고 볼 수 있다. 이러한 관점을 부각시키기 위해 팡 교수의 『중국불교철학요의』의 심성론 부분은 인도불교의 심성론 사상, 중국불교의 심성론 철학의 범주, 남북조 이래 역대 불교 주요 학파의 심성론, 그리고 심성론 사상에 있어서 불교와 유교·도교의 상호 작용 등 네 부분으로 진술되어 있다. 우리는 이를 다시 두 부분으로 나누어 제9장 '인도불교의 심성론 약술'에서 제16장 '혜능『단경』의 성정자오설'까지를 상권으로, 제17장 '하택종의 영지심체설(靈知心體說)' 이후 책의 끝 부분까지를 하권으로 나누어 출판한다.

상권에서 팡 교수는 중국불교 심성론의 원류가 되는 인도불교의 심성론 사상에 주목한다. 그리고 중국불교의 심성론 사상을 총체적으로 파악하기 위해 심성론 체계의 범주를 찾아내어 그것이 지닌 함의와 실질을 논술하고, 범주 간의 상호관계를 명시하였으며, 다양한 심성론을 일목요연하게 정리하기 위해 역사적 순서에 입각하여 각 종파의 심성론을 설명해 나가는 방식을 채택하고 있다. 특히 팡 교수는 혜능의 심성론에 관하여 『단경(壇經)』의 심(心)과 성(性)이라는 두 가지 기본적 개념과 그와 관련된 명제들에 대한 연구와 분석을 중점적으로 논술하고 있다.

하권은 하택종의 심성론에서 시작하여 석두종과 홍주종 그리고 임제종에서 제기된 심성사상의 핵심 문제들을 집중 조명하고 있으며, 이어서 불교와 유·도가의 심성론을 중심으로 상호작용 관계를 두 장에 걸쳐서 설명하고 있다. 이 부분에서 팡 교수는 유·불가 모두 필연적으로 이상적인 인격을 성취하는 사상의 기초가 심성론이며, 유·불 심성론 내용의 차이는 쌍방이 상호 작용할 수 있는 가능성을 제공한 것이라고 생각한다. 이어 팡 교수는 도가의 사상이 불교에 미친 영향에 주목하고, 도가가 불교 특히 선종(禪宗)의 본체론과 방법론과 인식론의 이론에 하나의 본보기를 제공했음을 강조한다.

불교는 중국인의 의식과 행동에 지대한 영향을 미쳤다. 불교를 이해하지 않고 중국의 문화나 철학을 거론할 수 없을 것이다. 그러나 중국은 문화대혁명이라는 시대적 암초를 만나 그들이 지니고 있던 소중한 불교문화자산을 스스로 훼손하고 말았다. 팡 교수는 그러한 암울했던 시대의 한복판에서도 동요하지 않고 방대한 불교 전적(典籍)을 체계적으로 정리하고, 그 속에 내재되어 있는 철학적인 원리를 규명하고, 중국불교사와 철학사의 관련 양상을 독창적으로 분석함으로써 『중국불교철학요의』의 결실을 거두었다.

원작자인 팡 교수의 이와 같은 학문적 성과를 우리말로 온전하게 번역하기 위하여 가장 애쓴 이는 서울불교대학원대학교 이봉순

교수이다. 이 교수의 적극적이고 헌신적인 노력이 없었다면 이번역
서는 세상에 빛을 보기 힘들었을 것이다. 사실상 이 교수는『중국
불교철학요의』의 번역작업을 기획하고 주도하였다. 특히 이 교수는
불교사상에 대한 해박한 지식과 원전 해독력을 바탕으로 팡 교수
가 인용한 경전 원문들을 치밀하게 번역함으로써 팡 교수가 우리
에게 전하고자 하는 의도를 어김없이 읽어낼 수 있도록 하였다. 또
한 사람 황성규 선생님의 열정이 아니었더라면 이 책이 나올 수 없
었을 것이라고 생각한다. 고등학교 교사로서 열악한 환경에 처해
있음에도 불구하고 탁월한 중국어 실력으로 원문을 번역하고 타이
핑을 하면서 작업의 집중력을 잃지 않기 위하여 학교 교실에서 숙
식을 해결하며 번역작업을 계속하였다. 또한 번역상의 난해한 문제
를 해결하기 위해서 황 선생님은 직접 북경으로 날아가 팡 교수와
토의하는 수고도 마다하지 않았다. 위 두 분의 노고에 대해 다시
한 번 깊은 감사의 말씀을 드린다.

　처음 짓는 것도 어려운 일이지만 그것을 번역하는 것도 결코 쉬
운 일이 아니라고 하였다. 현대 중국불교계를 대표하는 학자의 저
술을 우리말로 번역하는 일은 결코 녹록한 작업이 아니었다. 또한
작업을 진행하는 도중 갖가지 세속적인 일들이 나를 괴롭혔지만

부처님을 향한 불심 하나로 버티며 작업을 끝마치게 되어 무엇보다 기쁘게 생각한다. 다만 부처님의 뜻과 팡 교수의 심오한 불교철학을 왜곡하지나 않았는지 걱정이 될 따름이다.

2010년 2월 9일
김봉회 합장

차 례

제3편 심성론(心性論) 下

제21장 유·불 심성사상의 상호작용

제22장 도 · 불(道 · 佛) 심성사상의 상호작용

제3편 심성론(心性論) 下

제17장 하택종(荷澤宗)의
영지심체설(靈知心體說)

    하택종(荷澤宗)은 혜능의 제자 신회(神會, 668~760, 일설에는 686~760)를 종조로 하는 선종의 한 파로서, 신회가 낙양(洛陽)의 하택사(荷澤寺)에 머문 적이 있어 얻게 된 이름이다. 이 종파의 또 다른 중요한 대표적인 인물로는 종밀(宗密)이 있다.

    신회는 활대(滑臺, 지금의 하남성 滑縣)의 대운사(大雲寺)에서 무차대회(無遮大會)를 열어 신수(神秀)의 북종 계열의 숭원(崇遠) 선사와 논쟁을 전개한 적이 있었다. 여기서 그는 북종을 "선사가 계승한 것은 방계이고, 법문은 점수이다."[1]라고 지적하고, 달마선(達摩禪)의 진수는 남종의 돈교(頓敎)에 있고, 혜능을 따르는 것이 달마종(達摩宗)의 정통임을 강조하였다. 당나라 덕종(德宗)시대에 신회는 남종의 제7조로 받들어졌고, 그 법통을 하택종이라고 불렀다.

    종밀(宗密)은 화엄종의 사상과 하택종의 선법을 융합한 한 시대의 대사로서, 화엄선(華嚴禪)의 창도자이며 자칭 신회의 4대 법사

---

1) 『중화전심지선문사자승섭도(中華傳心地禪門師資承襲圖』, 『속장경(續藏經)』 제1집 · 제2편 · 제15조 · 제5책, p.434, "師承是傍, 法門是漸."

(法嗣)라고 하였다. 세상 사람들은 그를 규봉(圭峰)선사 또는 화엄의 5조라고 불렀다. 종밀 이후 하택종은 차츰 쇠락의 길을 걸었다.

신회의 자작에는 『하택신회선사어록(何澤神會禪師語錄)』, 『보리달마남종정시비론(菩提達摩南宗定是非論)』, 『답숭원법사문(答崇遠法師問)』과 『현종기(顯宗記)』, 『돈오무생반야송(頓悟無生般若頌)』 등이 있다. 종밀의 저서는 많다. 그중 선법과 관련된 것으로는 『원각경대소초(圓覺經大疏鈔)』, 『원각경략소초(圓覺經略疏鈔)』, 『신원제전집도서(神源諸詮集都序)』, 『중화전심지선문사자승습도(中華傳心地禪門師資承襲圖)』 등이 있다.

신회와 종밀 저작의 중심 철학사상은 심성론(心性論)이고, 심성론의 핵심내용은 영지심체설(靈智心體說)이다. 당시의 선종 '6가(六家)'[2]는 영심(靈心)을 지적해 내지 못하였으며, "지금의 제7종은 체를 바로잡아 적지(寂知)를 바로 가르쳤다."[3] '제7종'은 하택종을 가리키고, '적지(寂知)'는 영지(靈知)를 말한다. 영지설은 하택종 심성론의 주요 특색이다. '영지(靈知)'는 영명(靈明)하고 영묘(靈妙)한 식지(識知)와 지혜를 가리키는 것으로 세속적인 지식을 말하는 것이 아니다. 하택종은 영명하고 참된 지혜를 심의 체성, 즉 본질로 삼았고, 지혜와 진심(眞心)을 결합함으로써 지혜·인지(認知)·인성·불성·불심·번뇌·중생심·무심과 돈오 그리고 선문삼종(禪門三宗)의 심설(心說) 등 일련의 선수행과 성불문제에 대한 논술을 전개하였으며, 사상적인 측면에 있어서도 매우 풍부한

---

2) '육가(六家)'는 신수(神秀), 지선(智詵), 노안(老安), 도일(道一), 혜융(慧融, 法融), 선집(宣什)이 세운 선종의 파벌을 말한다.

3) 『원각경대소초(圓覺經大疏鈔)』 권3 하, 『속장경(續藏經)』 제1집, p.279, "今第七剋體直指寂智."

특색을 지니고 있어서, 북종(北宗)·우두종(牛頭宗)·홍주종(洪州宗) 등과 중요한 차이를 드러내고 있다.4)

제1절 영지(靈知)

종밀은 신회 하택종의 선법을 다음과 같이 개괄한 적이 있다.

> 만법은 이미 공하고, 마음의 체는 본래 공적하며, 공적한 것은 바로
> 법신이다. 공적에 상즉하여 알면, 그 아는 것이 바로 진지이니, 보리
> 라고도 하고 열반이라고도 한다. ……이것은 중생의 본원청정심이며,
> 자연적으로 본래 있는 법이다.5)
>
> 모든 법은 꿈과 같은 것이라고 성현들께서 똑같이 말씀하셨다. 그러
> 므로 망념도 본래는 고요하고, 티끌경계도 본래 공하다. 공적한 마음
> 의 영지는 어둡지 않으며, 이 공적을 아는 것이 그대의 진실한 성품
> 이다. 미혹하든 깨쳤든 마음은 본래 스스로 안다. 인연의 발생에 기
> 대지도 않고, 경계가 일어나는 것에도 기인하지 않는다. 지(知)라는
> 한 글자는 온갖 오묘한 문이다. 비롯함이 없는 예전부터 미혹 때문에
> 몸과 마음을 '나'라고 헛되이 집착하여 탐착하는 생각을 일으킨다.
> 선우의 가르침을 받게 된다면 공적한 지혜를 문득 깨칠 것이다. 이
> 생각도 없고 형상도 없는 것을 알게 되면 무엇이 나의 상이고 남의
> 상이라 하겠는가? 모든 상이 공함을 깨달으면, 마음은 저절로 무념이
> 된다. 생각이 일어나면 바로 깨닫고, 깨달으면 바로 무(無)가 된다.

---

4) 종밀의 심성론 사상에 대해서는 앞에서 '화엄종의 자성청정원명설(自性淸淨圓明說)'
   부분에서 이미 언급을 하였고, 여기에서는 선종의 각도에서 그 심성사상을 논술하는
   것에 치중하였다.

5) 『원각경대소초(圓覺經大疏鈔)』 권3하, 『속장경(續藏經)』 제1집, p.279, "萬法既空,
   心體本寂, 寂即法身. 即寂而知, 知即眞智, 亦名菩提, 涅槃. ……此是衆生本源淸淨
   心也, 是自然本有之法."

수행의 오묘한 문은 오직 여기에 있다. 그러니 비록 만행을 수행할
준비를 하더라도 오직 무념을 종지로 삼아야 한다. 무념지견을 얻기
만 한다면 좋아하는 것도 싫어하는 것도 자연히 담백해지고, 자비와
지혜도 자연히 증가되고 밝아지며, 죄업도 자연히 끊어지고 없어져,
공덕행은 자연히 늘어날 것이다. 이미 모든 상은 상이 아니고 자연히
수행하지 않음이 수행임을 알고, 번뇌가 다할 때, 생사가 끊어진다.
생멸이 다하고 적조(寂照)가 현전하여, 그 응용이 무궁한 것을 이름
하여 부처라 한다.6)

이것은 하택종 선법(禪法)의 종요(宗要)를 개괄한 것이다. 즉 달
마선종 이래 말해 온 마음에서 마음으로 전한다는 것[以心傳心]의
전하는 것은 '공적한 마음[空寂之心]'이라는 것이다. 공적한 마음
이란 바로 '영지(靈知)'이며, '지(知)'라고 부르기도 하는 일종의 명
백하여 어둡지 않은 신령스럽고 오묘한 지혜로서, 이것은 중생에게
본래 있는 진성(眞性)이다. 한마음의 체성인 이 영지를 인식하는
것은 중생이 몸과 마음의 문제를 해결하고 해탈을 얻는 실마리가
된다. 이것은 또한 이른바 '지(知)라는 한 글자'의 '온갖 미묘한 문'
이 되기도 한다. 그런데 중생은 이러한 도리를 알지 못하고, 아상
(我相)을 일으키고, 몸과 마음을 자아로 집착하고, 바깥 경계[外境]
를 나의 것으로 보고, 나와 남·선과 악·유와 무 등 상대적 세계
에서 벗어나지 못하고, 자아와 만물의 본성이 공한 것임을 깨닫지

---

6)『선원제전집도서(禪源諸詮集都序)』권상의 2,『大正藏』48, pp.402~403, "諸法如
　夢, 諸聖同說. 故妄念本寂, 塵境本空; 空寂之心, 靈知不昧. 卽此空寂之心是汝眞性.
　任迷任悟, 心本自知; 不籍緣生, 不因境起. 知之一字, 衆妙之門. 由無始迷之故, 妄
　執身心爲我, 起貪著念. 若得善友開示, 頓悟空寂之知. 知且無念無形, 誰爲我相人
　相? 覺諸相空, 心自無念; 念起卽覺, 覺之卽無. 修行妙門, 唯在此也. 故雖備修萬行,
　唯以無念爲宗. 但得無念知見, 則愛惡自然淡泊, 悲智自然增明, 罪業自然斷除, 功行
　自然增進. 旣了諸相非相, 自然無修之修, 煩惱盡時, 生死卽滅. 生滅滅已, 寂照現前,
　應用無窮, 名之爲佛."

못한다. 만약 '무념을 종으로 삼고[無念爲宗]', '공적한 지혜[空寂之知]'를 명료하게 깨친다면, 곧 번뇌가 끊어져 없어지고 공덕이 증진되어 생사를 초월하여 불이 된다는 것이다. 종밀의 관점에 의하면, "공적한 지혜는 체를 가리키고, 무념을 종으로 삼는 것"[7]인데, 이는 하택종 철학의 이론과 선법의 두 가지 큰 요점이다.

아래서 우리는 영지(靈知)의 의미와 특징 및 영지와 본성·본심과의 관계를 중점적으로 평가해 보고자 한다.

영지는 하택종 심성철학의 핵심범주이고, 신회와 종밀의 논술을 통해서 볼 때, 그 주된 내용은 공적의 지[空寂之知], 자연의 지[自然之知], 무주의 지[無住之知]이다.

공적의 지[空寂之知]는 줄여서 적지(寂知)라고 하며, '공적한 마음[空寂之心]'의 지혜를 가리킨다. 무엇을 '공적'이라고 하는가? 신회는 "내 마음은 본래 공적하다."[8] "본래 자성은 공적하다."[9]고 설명하였다. 종밀은 "공이라는 것은, 공이 모든 상을 물리쳐서 '오로지 공적[寂]만이 진실한 성품이고 변동이 없다는 의미이며, 공하여 아무것도 없다는 것과는 다르다.'고 한 것과 같다."[10]고 하였다. 신회와 종밀의 설명으로 볼 때, 공(空)은 모든 사물의 형상을 떠난 것이며, 적(寂)은 적정(寂靜)하고 변동하지 않는 실성(實性)을 가리

---

7) 『원각경대소초(圓覺經大疏鈔)』 권3 하, 『속장경(續藏經)』 제1집, p.279, "寂知指體, 無念爲宗."

8) 『원각경대소초(圓覺經大疏鈔)』 권3 하, 『속장경(續藏經)』 제1집·제2권·제4책, p.84, "我心本空寂."

9) 『중국불교사상자료선편』 제2권·제4책, p.84, "本自性空寂."

10) 『중화전심지선문사자승습도(中華傳心地禪門師資承襲圖)』, 『속장경(續藏經)』 제1집·제2편·제15조·제5책, p.437, "空者, 空却諸相, 猶是遮遣之言; 唯寂是實性, 不變動義, 不同空無也."

킨다. 공적은 일체 사물의 형상의 차별을 초월한 적정한 본성이다. 공적한 마음은 공적한 상태에 있는 심령(心靈)을 말한다. 하택종은 이러한 공적한 심령은 자연 그대로의 순수한 무각지(無覺知)나 무의식(無意識)의 상태가 아니고, 인지(認知)가 있고 각지(覺知)가 있으며, 그 체성이나 본질이 지(知)나 각지(覺知)라고 생각하였다. 바꾸어 말하면 영지는 공적한 마음의 특성이며 작용이다. 이른바 "적지는 체를 가리킨다[寂知指體]."는 것은 중생이 원래 갖추고 있는 공적한 영지는 바로 마음의 체를 말한다는 것이다. 종밀은 "지혜는 바로 그 자체를 표현하는 것이라는 의미이며, 분별하는 것과는 다르고, 오직 이것만이 진심의 본체이다."11)라고 하였다. 이 말의 뜻은 영지는 특정한 의미를 가지고 있는데, 드러내어 보여 준다[顯示]는 의미를 표현한 것으로서, 사물의 형상에 집착하여 분별하는 것과는 다른 진심, 즉 공적지심(空寂之心)의 본연의 상태를 말한다는 것이다.

하택종의 관점에 의하여 중생 심성의 본질을 말하면, 만물에 대하여 중생이 분별하는 인식은 망념이며, 만약 중생이 현상세계는 공하여 환상이고 진실하지 않은 것이라고 인식한다면, 이것이 바로 망념을 낳지 않는 공적한 마음이며, 심령이 영지불매(靈知不昧)의 상태에 진입한 것이라고 한다. 종밀은 적(寂)과 지(知)를 이렇게 설명하였다. "적(寂)은 지혜가 공적하다는 것이고, 지(知)는 공적지이다. 적(寂)은 지혜의 자성의 체이고, 지(知)는 공적의 자성의 용이다."12) 이것은 공적[寂]을 체(體)로 삼고 지혜[知]를 용으로 삼아

---

11) 『중화전심지선문사자승습도(中華傳心地禪門師資承襲圖)』, 『속장경(續藏經)』 제1집 · 제2편 · 제15조 · 제5책, p.437, "知是當體表顯義, 不同分別也, 唯此方爲眞心本體."

체용일치를 강조한 '체에 상즉하는 용[卽體之用]'이다. 즉 앞에서 인용한 "적조가 현전하니[寂照現前], 그 응용이 무궁하다."고 한 종밀의 말처럼, 적지(寂知, 覺知)의 작용은 무궁하며, 적지는 체(體)의 자성이 고요하다는 것에 한정되는 것에 비하여, 그와는 달리 그것[寂과 知]은 체용의 관계를 소통하고, 아울러 주체가 지혜를 깨닫는 작용을 체현한 것이다. 그중에서도 종밀은 '지(知)'를 더 중시하였음을 볼 수 있다. 더 나아가 성적(性寂)과 성각(性覺)의 분별까지도 언급하면서 성각설(性覺說)을 명확하게 긍정하였다.

종밀은 공적한 마음의 용(用)에는 자성용(自性用)과 수연응용(隨緣應用)의 두 가지가 있다고 생각하였다. 자성용은 상대적인 인연과 조건을 필요로 하지 않고 스스로 알고 스스로 깨칠 수[自知自覺] 있는 것이며, 수연응용은 반드시 상대적인 인연과 조건이 있어야 비로소 작용이 발생하는 것이다. 공적한 지혜[寂知]의 지(知)는 자성용이고, 공적한 마음이 스스로 알고 스스로 깨친 것으로서, 이것은 심성 본각설에 대한 중요한 논술이다. 종밀은 중생이 수행하여 성불하는 것은 본래 가지고 있는 적지(寂知)를 직지(直指)함으로써 주체의식의 자각(自覺)을 구하는 것이어서 마음 밖에서 불을 구할 필요가 없다는 것을 강조하였다. 그는 수행자에게 "공적(空寂)을 자체로 삼고 색신을 인식하지 말 것이며, 영지를 자신의 마음으로 삼아 망념을 인식하지 말 것"13)을 요구하였다. 공적(空寂)

---

12) 『원각경대소초(圓覺經大疏鈔)』 권1上, 『속장경(續藏經)』 제1집 p.213, "寂是知寂, 知是寂知. 寂是知之自性體, 知是寂之自性用."

13) 속법(續法)『오조주봉대사전(五祖主峰大師傳)』, 석준 등이 편찬한 『중국불교사상자료선편』 제2권·제2책, p.477, 북경, 중화서국, 1983, "以空寂爲自體, 勿認色身, 以靈知爲自心, 勿認妄念."

이 자신의 체이고, 영지(靈知)가 자신의 마음이므로, 수행자는 색신과 망념을 인식해서는 안 되고 영지를 직지(直指)해야만 반드시 불과를 성취할 수 있다고 생각한 것이다.

(1) 자연 지[自然之知]

신회는 불가에서는 인연만 이야기하고 자연은 말하지 않고, 도가에서는 자연만 이야기하고 인연은 말하지 않아서, 양자 모두 한 면에 치우쳐 있다고 비평을 하고, 양자의 결합을 주장한 적이 있다. 그는 인연은 만물의 생성과 변화를 설명하는 것이고, 자연은 만물이 발생하는 근원을 설명하는 것이라고 생각하였다. 자연을 말해야 비로소 중생이 불을 성취하는 근거를 말할 수 있다는 것이다. 그 근거가 바로 중생의 본성이고, 불성이며, 자연지(自然智)이다. 신회는 "승가에서 자연이라고 하는 것은 중생의 본성이다."라고 하였다. 경문에 "중생에게는 자연지와 무사지가 있다."고 하였는데 이것은 자연의 의미이다.14) 또 "중생이 자연지를 받들면 성불을 성취한다."15) "중생은 자연 불성을 지니고 있어도 미혹되어 깨닫지 못하고, 번뇌에 뒤덮이고 생사에 떠도느라 성불하지 못한다."16)라는 경문도 있다. '경(經)'은 『법화경』을 말하는 것으로서, 경문에서 말하는 자연지(自然智)는 공들여 노력하지 않고도 자연적으로 있는 지

---

14) 『하택신회선사어록(荷澤神會禪師語錄)』, 석준 등이 편찬한 『중국불교사상자료선편』 제2권·제4책, p.93, "僧家自然者, 衆生本性也. 又經文所說: '衆生有自然智, 無師智.' 此是自然義."

15) 『하택신회선사어록(荷澤神會禪師語錄)』, 석준 등이 편찬한 『중국불교사상자료선편』 제2권·제4책, p.95, "衆生承自然智, 得成於佛."

16) 『중국불교사상자료선편』 제2권·제4책, p.95, "衆生雖有自然佛性, 爲迷故不覺, 被煩惱所覆, 流浪生死, 不得成佛."

혜, 즉 자연지혜를 가리키는 것이다.

신회는 자연이 중생의 본성이며, 중생의 자연지이고 무사지(無師智)라고 생각하였다. 자연지 혹은 자연본성(불성)이 중생성불의 근본인데, 중생이 성불하지 못하는 까닭은 자연지혜나 자연본성이 번뇌로 뒤덮여 있기 때문이며, 일단 번뇌를 제거하기만 하면 성불할 수 있다는 것이다. 신회가 설명하는 자연은 도가의 기본관념과 용어를 수용한 것이 분명하고, 그것이 뜻하는 것은 존재하는 자연 그대로의 본래 상태이다. 이것은 조물주가 만든 것도 아니고, 그 어떤 목적에 따른 사물 그 자체의 상태도 아니다. 이것은 중생의 가장 원시적이고 가장 순수한 자연 그대로의 본색, 이른바 '본래면목(本來面目)'이 내재되어 있는 정신과 본성 및 지혜를 나타내는 것이다. 다시 말해서 신회가 말한 자연이란, 자연에 대한 인간 본성의 확인이고, 심층적인 본체의 의미를 지니고 있으면서도 정신적인 자유의 의의도 지니고 있는 것이다. 자연의 지혜란 인간의 주체성 원리에 대한 확인이며, 그것은 중생의 원시적인 공적한 심령 중에는 본래 자연의 지혜가 있고, 이러한 자연의 지혜는 미혹과 깨달음, 범인과 성인의 대립 이전에 존재하는 성불의 이유와 근거라는 것이다. 성불은 먼저 망념과 번뇌를 배제하고, 오랫동안 수행한 연후에 본각지혜를 이루는 두 개의 단계를 거치는 것이 결코 아니고, 일단 망념과 번뇌를 제거하기만 하면 본래의 면목이 드러나 중생이 바로 성불한다는 것이다.

(2) 무주(無住)의 지

신회는 무주심(無住心)의 관점에서 '무주의 지혜' 개념을 제시하고 영지의 특질을 설명하였다. 그는 "무주심을 얻게 되면 곧바로 해탈을 얻게 된다."[17]고 생각하였다. '무주(無住)'는 『유마경』에서 나온 것으로, 그 본래의 의미는 머무는 바가 없는 것이다. 즉 주체인 마음이 일정한 대상에 집착하지 않고 자유자재한 작용을 잃지 않는 것을 말한다. 신회는 실체성이 없는 것이라는 종교적인 의미를 가지고 있는 『유마경』의 무주(無住)의 의미를 바꾸어, '무주'는 중생 본래의 지혜라고 생각하였다. 신회는 『금강반야경』을 인용하며 '무주심(無住心)'을 설명하기도 하였다. 『금강경』에서는 "이와 같이 청정한 마음을 내게 되면, 색에 머물고자 하는 마음이 생기지 않게 되고, 성·향·미·촉·법에 머물고자 하는 마음이 생기지 않는다. 그러므로 마땅히 머무는 바 없이 그 마음을 내어야 한다."[18]고 한다. 이것은 머무는 바 없는 마음이 곧 청정한 마음이며, 각종 물질현상에 대하여 집착하는 마음을 내지 않는 것을 말한다.

신회는 "마땅히 머무는 바 없이 그 마음을 내어야 한다[應無所住而生其心]."는 구절을 매우 중시하고 이를 다음과 같이 해석하였다. "마땅히 머무는 바가 없다는 것은 본래 공적한 체(體)이며, 그 마음을 내어야 한다는 것은 근본지혜의 용(用)이다."[19] 또 "머무는 바 없는 체(體) 위에 자연히 근본지혜가 있는 것이고, 근본지

---

17) 『중국불교사상자료선편』 제2권·제4책, p.85, "得無住心, 即得解脫."

18) 『중국불교사상자료선편』 제2권·제4책, p.85, "應如是生淸淨心, 不[應]住色生心, 不應住聲香味觸法生心, 應無所住而生其心."

19) 『중국불교사상자료선편』 제2권·제4책, p.107, "應無所住, 本寂之體; 而生其心, 本智之用."

혜로써 알 수 있으므로 항상 근본지혜로 하여금 그 마음을 내게 하는 것이다."[20]라고 하였다. 이 말의 뜻은 머물지 않는 것이 체(體)이고, 이것이 본래 고요함의 체라는 것이다. 이 체(體)는 본지(本智)를 갖추고 있으며, 본지는 작용을 발생시키고 그 마음을 내게 하는데, 이 마음이 바로 청정심이라는 것이다. 본지(本智)는 무주의 체(體)가 본래 가지고 있는 것이며, 능지(能知)의 작용을 하며, 이는 머무름이 없는 곳에 세워진 지(知), 즉 무주(無住)의 지이다. 본지는 무주의 체 위에 있을 뿐만 아니라 능지(能知)의 작용도 한다. 머물지 않는 마음의 체를 능히 알고, 마음이 공적함을 아는 것, 이것이 '머무는 바 없이 마음을 내는 것'이다. 신회는 중생이 만약 이것을 이룰 수 있다면 해탈을 성취할 수 있다고 생각하였다.

신회는 무주의 체(體)가 지혜의 작용을 일으킬 수 있으며, "맑고 항상 고요하여 응용이 무방하며, 사용하여도 항상 공하고, 공하여도 항상 사용할 수 있다."[21]고 강조하였다. 이러한 체용일원(體用一元) 사상의 특징은 인식론에 있어서 무주의 지혜 기능을 발휘하여, 무주의 지혜 본래 상태를 인지하고 체험하는 것을 부각시키는 것이며, 무주의 심체 능지(能知)로써 무주의 심체가 알아야 할 대상[所知]을 증득하는 것이며, 체용 양자를 서로 계합시키는 것이다. 무주의 지혜의 체(體)는 말하자면 공적한 것이고, 무주의 지혜의 용(用)은 말하자면 직각적(直覺的)이고 상태를 초월하는 작용, 즉 언어와 논리와 이성과 정감을 초월하여 직하에 파악되는 자아의

---

20) 『중국불교사상자료선편』 제2권 · 제4책, p.85, "無住體上, 自有本智, 以本智能知, 常令本智而生其心."

21) 『돈오무생반야송(頓悟無生般若頌)』, 석준 등이 편찬한 『중국불교사상자료선편』 제2권 · 제4책, p.117, "湛然常寂, 應用無方; 用而常空, 空而常用."

체증(體證)이고, 자아의 내재적 본성에 대한 명상(瞑想)으로 회귀하는 것이다. 중생은 일단 무주의 지혜의 용으로써, 본래 서로 계합되어 있는 무주의 지혜의 체를 깨달아 증득하기만 하면, 본래 체는 적정하고 공하여 있다고 할 만한 것이 없고, 머무는 곳이 없고, 허공과 같고, 두루 존재하지 않음이 없다는 것을 스스로 알게 되어, 문득 깨달음을 얻어 성불하게 된다. 이것은 불교 수행이론에 있어서 중국 전통의 체용관념을 계승하여 발전시킨 것이며, 돈오성불설에 새로운 이론적 기초를 제공한 것이다.

종합하면, 하택종에서 말하는 영지란 그 내용에 있어서는 공적과 자연과 무주라는 규정성(規定性)을 가지고 있다. 이는 중생의 주체성인 본지(本知)이며, 본심에 대한 일종의 원초적 상태이며, 최초에 작용하는 각지(覺知)이며, 이러한 각지는 인간 마음의 최초의 모습이며, 인생의 실상(實相)이고, 생명의 진실한 모습에 대한 깨달음으로 인식되며, 이러한 깨달음은 성불의 근거와 성불의 지표로 인식되었다. 여기에서 출발하여 하택종 사람들은 다시 '무념(無念)'이라는 종교적 수행방법을 제창하기에 이른다.

종밀은 "무념을 종지로 삼는다는 것은 이미 이 법의 본래 공적함과 본지를 깨달아서, 이치로는 모름지기 본래의 마음을 써야 함을 말하는 것이고, 망념을 따르거나 일으키지 않고 단지 망념이 없게 하는 것 이것이 곧 수행이다."22)라고 해석하였다. 이것은 먼저 스스로 본체가 공적하고, 공하여 있다고 할 만한 것이 없음을 알고, 머물러 집착함이 없고, 나아가 영지를 계발함으로써 절대적인 공적

---

22) 『원각경대소초(圓覺經大疏鈔)』 권3하, 『속장경(續藏經)』 제1집 p.279, "無念爲宗者, 旣悟此法本寂本知, 理須稱本用心, 不可遂起妄念, 但無妄念, 卽是修行."

의 본체로 돌아가는 것을 말한다. 이것이 바로 무념(無念, 思念)이
다. 어떤 사람은 "비록 견문각지가 있더라도 언제나 공적하다."[23]
고 한다. 이것이 바로 위에서 인용한 "한 생각이 일어나면 바로 깨
닫고, 깨닫고 보면 무이다[念起卽覺, 覺之卽無]."라는 것이며, 이것
이 "무념을 종지로 삼는다[無念爲宗]."는 것이다.

제2절 불성과 불심

　위에서 말한 바와 같이 영지는 일종의 중생이 획득한 해탈의 지
혜이고 지견이며 불지(佛智)라고 할 수 있다. 이러한 불지는 중생
의 본성이자 불성이며, 불성과 불심은 서로 상통한다. 그래서 신회
와 종밀은 불성과 불심을 시공(時空)적으로 정립하고, 중생의 심성
과의 관계에 대한 문제를 논술함으로써 후세의 심성론 사상에 지
대한 영향을 끼쳤다.

　앞서 인용한 종밀의 『선원제전집도서(禪源諸詮集都序)』에서는
"공적한 지혜가 그대의 진정한 성품이다[空寂之知是汝眞性]."라고
하였는데, 여기서 진정한 성품은 본성이고 불성이다. 또 영지는 중
생의 불성이며, 중생이 성불을 얻는 근거가 된다는 것을 설명하는
것이기도 하다. 위에서 이미 언급하였듯이, 신회는 '자연불성(自然
佛性)'의 개념을 제기하여 불성은 자연적으로 본래 가지고 있는 것

---

23) 『하택신회선사어록(荷澤神會禪師語錄)』, 석준 등이 편찬한 『중국불교사상자료선편』
　　제2권 · 제4책, p.87, "雖有見聞覺知, 而常空寂."

임을 강조하였다. 그는 또 "불성은 본래 있는 것이지만 지금은 없다[佛性本有今無]."는 설을 제시하고 이렇게 말하였다. "『열반경』의 뜻에 의거하면, 본래 있다는 것은 본래 불성을 가지고 있다는 것이고, 지금 없다는 것은 지금 불성이 없다는 의미이다."24) 왜 불성은 본래 있다고 하는가? "불성의 체가 항상하기 때문이며, 생멸하는 법이 아니다."25) 이것은 불성이 항상 존재하고 영원한 것이며, 생겨나지도 않고 사라지거나 없어지지도 않으며, 오는 것도 아니고 가는 것도 아니라는 것을 말한다. 불성은 중생의 체성이며, 태어남과 동시에 갖추고 있는 것이다. 그렇다면 왜 불성이 지금 없다고 하는가? "지금 불성이 없다고 말하는 것은 번뇌에 뒤덮여 보이지 않는 까닭에 없다고 하는 것이다."26) 불성이 없다고 말하는 것은 결코 불성의 존재가 없다는 것이 아니며, 불성이 번뇌에 뒤덮여 있어 아직 드러나지 못했을 뿐이라는 것을 가리키는 것이다. 중생이 본래 자연불성을 가지고 있다면, 번뇌는 어디에서 생기는가? 신회는 "번뇌와 불성은 동시에 있는 것이다."27)라고 하였다. 번뇌는 무명이라고도 한다. 따라서 "무명과 불성은 모두 자연적으로 생겨난다. 무명은 불성에 의지하고, 불성은 무명에 의지한다. 양자가 서로 의지하여, 있으면 동시에 있게 된다. 깨달은 것은 불성이요,

---

24) 『하택신회선사어록(荷澤神會禪師語錄)』, 석준 등이 편찬한 『중국불교사상자료선편』 제2권 · 제4책, p.78, "據『涅槃經』義, 本有者, 本有佛性; 今無者, 今無佛性."

25) 『하택신회선사어록(荷澤神會禪師語錄)』, 석준 등이 편찬한 『중국불교사상자료선편』 제2권 · 제4책, p.79, "佛性體常故, 非是生滅法."

26) 『하택신회선사어록(荷澤神會禪師語錄)』, 석준 등이 편찬한 『중국불교사상자료선편』 제2권 · 제4책, p.78, "今言無佛性者, 爲被煩惱盖覆不見, 所以言無."

27) 『하택신회선사어록(荷澤神會禪師語錄)』, 석준 등이 편찬한 『중국불교사상자료선편』 제2권 · 제4책, p.95, "煩惱與佛性, 一時而有."

깨닫지 못한 것은 무명이다."28)라고도 하였다. 중생에 대해서 말하면 불성과 번뇌(무명)는 자연적으로 생겨난 자연성의 것으로서, 양자는 같은 때에 생겨나 서로 의지하며 존재한다. 양자의 구별은 각(覺)과 불각(不覺)에 있다. 신회는 항상 금과 금광석에 비유하여, "금과 광석은 동시에 생겼지만, 연금사를 만나 용광로에서 제련하면 금과 광석은 당연히 각각 구별된다. 금은 수없이 제련하면 정제되지만, 광석은 다시 제련하면 재로 변해 버린다."29)고 설명하였다. 신회는 만약 연금사를 만나지 못하면, "단지 금광이라고만 불릴 뿐 금으로 사용될 수는 없다."30)는 것을 강조하였다. 마찬가지로 모든 중생들은 여러 불보살과 선지식과 방편의 가르침이 없다면 영원히 불성을 볼 수 없을 것이니, 이것이 바로 '지금 불성이 없는 것'이다. 불성이 본래 있다는 것은 중생이 성불의 가능성을 갖추고 있음을 설명하는 것이며, 불성이 지금 없다는 것은 중생이 성불하지 못하는 현실성을 표명한 것이다. 그러므로 어떤 이가 중생의 불성과 불의 불성 동이(同異)에 관한 문제를 제기했을 때, 신회는 이렇게 답하였다. "같기도 하고 다르기도 하다[亦同亦異]." "그것이 같다고 말하는 것은 마치 금과 같고, 그것이 다르다고 말하는 것은 흡사 주발과 잔 따위의 그릇을 말하는 것 같다."31) 그는 중생의 불성

---

28) 『하택신회선사어록(荷澤神會禪師語錄)』, 석준 등이 편찬한 『중국불교사상자료선편』
   제2권 · 제4책, p.106, "無明與佛性俱是自然而生. 無明依佛性, 佛性依無明. 兩相依,
   有則一時有, 覺了者則佛性, 不覺了者則無明."

29) 『하택신회선사어록(荷澤神會禪師語錄)』, 석준 등이 편찬한 『중국불교사상자료선편』
   제2권 · 제4책, p.79, "譬如金之與礦, 俱時而生, 得遇金師爐冶烹煉. 金之與礦, 當各
   自別. 金卽百煉百精; 礦若再煉, 變成灰土."

30) 『하택신회선사어록(荷澤神會禪師語錄)』, 석준 등이 편찬한 『중국불교사상자료선편』
   제2권 · 제4책, p.95, "只名金礦, 不得金用."

31) 『하택신회선사어록(荷澤神會禪師語錄)』, 석준 등이 편찬한 『중국불교사상자료선편』

과 불의 불성이 모두 금이라는 점에서는 동일하지만, 중생의 불성
은 주발과 잔 등의 그릇과 같아서 금이 가려지고 덮이는 점이 서로
다른 것이라고 생각하였다.

당시의 어떤 사람은 만약 사람이 죽은 후에 지옥으로 들어가게
되면, 불성도 함께 들어가는가를 물었다. 신회는 "본성은 망념을
떠나지 않고", "망념은 스스로 진실에 미혹하지만 본성은 원래 받
는 것이 없다."[32]고 하였다. 불성도 지옥으로 따라 들어가긴 하지
만, 불성은 받는 바가 없어서 본성을 보호하고 유지하여 변하지 않
는다고 생각한 것이다. 신회는 또 반야공종(般若空宗)의 중도관(中
道觀)을 이용하여 불성의 유무를 설명하였다. 그는 불성은 '있지도
않고 없지도 않다.'고 생각하고, "있지도 않다는 것은 있는 것에 대
하여 말한 것이 아니며, 없지도 않다는 것은 없는 것에 대해서 말
한 것이 아니다."[33]라고 하였다. 불성은 유(有)와 무(無)의 양변으
로 설명할 수 없으며, 그것은 유무를 초월한 것으로서 말로써는 설
명하기 어려운 것으로 보았다. 공관(空觀)의 시각에서 설명하면, 불
성은 머무는 것이 없으며, 본성을 초월하여 존재하는 것이다. 신회
는 중생이 불성을 체득하여 깨칠 수 있다면 "유와 무 둘 다 없어지
고 중도도 사라진다."[34]고 생각하였다. 이것이 바로 '무념(無念)'이
고 최고의 지혜라고 생각하였다.

제2권 · 제4책, p.91, "言其同者猶如金, 言其異者猶爲椀盞等器."

32) 『하택신회선사어록(荷澤神會禪師語錄)』, 석준 등이 편찬한 『중국불교사상자료선편』
제2권 · 제4책, p.97, "性不離妄 妄自迷眞, 性元無受."

33) 『하택신회선사어록(荷澤神會禪師語錄)』, 석준 등이 편찬한 『중국불교사상자료선편』
제2권 · 제4책, p.96, "不有者, 不言於所有; 不無者, 不言於所無."

34) 『하택신회선사어록(荷澤神會禪師語錄)』, 석준 등이 편찬한 『중국불교사상자료선편』
제2권 · 제4책, p.96, "有無雙遣, 中道亦亡."

신회는 모든 중생(주로 인류를 지칭)은 다 불성을 가지고 있으나 정식(情識)이 없고 중생이 아닌 것은 불성이 없다고 보았다. 그는 '무정유성(無情有性)'설에는 반대하였다. 『하택신회선사어록(荷澤神會禪師語錄)』에는

> 우두산의 원선사가 "불성은 모든 곳에 두루 있는가?" 하고 물었다. "불성은 모든 유정에게는 두루 있지만 일체의 무정한 것에는 두루 존재하는 것이 아니다."고 답하였다. "선배 대덕께서는 모두 도를 말씀하실 때, '푸르디푸른 참대는 모두가 법신이고, 아름답고 향기로운 노란 꽃은 반야 아닌 것이 없다.'고 하였는데, 지금 선사는 어찌 도를 말하면서 불성은 오로지 일체 유정에게만 있고 모든 무정에게는 두루 존재하지 않는다고 하는가?"고 물었다. "어찌 푸른 참대가 공덕 있는 법신과 같고 아름답고 향기로운 노란 꽃이 반야의 지혜와 같겠는가? 만약 푸른 대와 노란 꽃이 법신 반야와 같다고 한다면, 여래는 그 어느 경전에서 푸른 대와 노란 꽃에 보리(菩提, 깨달음)의 기별을 주었다고 설법했는가? 만약 푸른 대와 노란 꽃이 법신 반야와 같다고 한다면, 이는 외도의 설이리라."[35]

라고 하였다. 신회는 푸른 대나무와 노란 꽃 같은 정식이 없는 사물에는 이상과 도덕과 숭고한 지혜가 있을 수 없고, 그들에게는 불성이 없어서 성불할 수 없다고 생각하였다. 그는 성불의 범위를 유정의 중생에게 한정시켰고, 불성을 중생의 본성 위에 정립하여 인간과 식물 등을 구별할 것을 강조하였다. 이것은 인간의 주체의

---

35) 『하택신회선사어록(荷澤神會禪師語錄)』, 석준 등이 편찬한 『중국불교사상자료선편』 제2권·제4책, p.91, "牛斗山袁禪師問: '佛性遍一切處否?' 答曰: '佛性遍一切有情, 不遍一切無情.' 問曰: '先輩大德皆言道, 「青青翠竹, 盡是法身; 郁郁黃花, 無非般若.」 今禪師何故言道, 佛性獨遍一切有情, 不遍一切無情?' 答曰: '豈將青青翠竹同於功德法身, 豈將郁郁黃花等般若之智? 若青竹黃花同於法身般若者, 如來於何經中, 說與青竹黃花授菩提記? 若是將青竹黃花同於法身般若者, 此即外道說也.'"

식과 본성을 충분히 긍정한 것이며, 인류의 존엄성과 가치를 열정
적으로 찬양한 것이다.

신회와 종밀은 영지와 불성과 마음의 관계에 대하여 높은 관심
을 가졌고, 아울러 본심과 불심과 중생심과 망심의 관계에 대해서
도 명확한 정의를 내렸다. 신회는『대승기신론』의 영향을 받아 '진
여의 성이 곧 본심'36)이라고 생각하였다. 진여, 이것은 중생 마음
의 본체를 가리킨다. 진여의 체(體, 性)의 모습에는 두 가지가 있
다. 그 체(體)로 말하면 미혹한 마음에서 멀리 떠나 공(空)하며, 그
상(相)으로 말하면 공한 것이 아니다. 본심이란 중생 본래의 공적
한 마음을 말한다. 신회는 중생심의 진여본체의 공적한 체성이 곧
공적한 본심이라고 생각하였다. 이것은 중생심의 체성에서 입론함
으로써 성불의 근거를 명확히 천명한 것이다.

종밀은 한 걸음 더 나아가서 "지혜가 곧 마음이다[知卽是心]."라
는 명제를 제시하고, 다음과 같이 말하였다.

> 어떤 사람이 물었다. "매번 경전의 말씀을 들으면, 미혹은 더럽고 깨
> 달음은 청정하고, 버려두면 범인이고 수행하면 성인이라고 하는데,
> 세간과 출세간의 모든 존재를 생기게 할 수 있는 이것은 어떤 물건
> 입니까?" 답하기를, "마음이라고 하면, 어리석은 자는 이름을 생각하
> 고 단번에 이미 알았다고 대답할 것이다. 지혜로운 자는 응당 '무엇
> 이 마음입니까?' 하고 다시 물을 것이다. 그러면 '지혜가 곧 마음'이
> 라고 답할 것이다."라고 하였다.37)

---

36) 『하택신회선사어록(荷澤神會禪師語錄)』, 석준 등이 편찬한『중국불교사상자료선편』
제2권 · 제4책, p.89, "眞如之性, 卽是本心."

37) 『선원제전집도서(禪源諸詮集都序)』권하의 1, 『大正藏』48, p.406c, "設有人問: '每
聞諸經云, 迷之卽垢, 悟之卽淨, 縱之卽凡, 修之卽聖, 能生世間, 出世間一切諸法, 此是
何物?' 答云: '是心. 愚者認名, 便謂已識.' 智者應更問: '何者是心?' 答: '知卽是心.'"

그 뜻은 이렇다. 불경에서 항상 설명하고 있는 '마음'은 세간과 출세간의 모든 존재를 생겨나게 하는 근원이며, 일반인들은 단지 이름에서 마음을 인식하고, 진정으로 지혜로운 자는 당연히 '지혜가 곧 마음'임을 이해한다. 종밀은 중생이 지혜가 곧 마음이라는 것을 인식하고만 있어도 범부에서 성인으로 전환되는 대문의 열쇠를 진정으로 장악할 수 있다고 보았다.

신회는 본심설의 기초 위에서 다시 "중생심이 곧 불심이고, 불심이 곧 중생심이다."38)라고 하였다. 그는 본심은 중생심 중에서 본래 갖추고 있는 청정한 진여심이고, 불심과 본심은 상응하며, 중생심은 본래 청정하기 때문에, 중생심이 곧 불심이라고 생각하였다. 중생심이 곧 불심이라는 것은 중생심의 본질을 취해서 말한 것이며, 이는 마치 중생의 불성과 불의 불성이 같은 면도 있고 다른 면도 있는 것처럼, "이해하지 못하는 사람은 중생이 있고 불이 있다고 논하지만, 이해하는 사람은 중생심과 불심은 원래 차별이 없다."39)고 하는 것과 같다. 여기서 말하는 것은 중생이 본심에 대하여 명확하게 이해하고 깨닫고 있는가의 여부가 문제된다. 제대로 이해하고 깨닫지 못하면 중생과 불의 분별이 있게 되고, 만약 확실히 이해하고 깨달았다면 중생심과 불심은 본래 차별이 없다는 것이다. 그렇다면 어떻게 분명하게 이해하고 깨달을 수 있는가? 신회는 직지불심(直指佛心) 견성성불(見性成佛)을 제창하였다. 그는 북종(北宗)에서 말하는 '마음을 모아 선정을 취한다.' '마음에 머물러 청정함

---

38) 『하택신회선사어록(荷澤神會禪師語錄)』, 석준 등이 편찬한 『중국불교사상자료선편』 제2권·제4책, p.85, "衆生心卽是佛心, 佛心卽是衆生心."
39) 『하택신회선사어록(荷澤神會禪師語錄)』, 석준 등이 편찬한 『중국불교사상자료선편』 제2권·제4책, p.85, "若約不了人論, 有衆生有佛; 若其了者, 衆生心與佛心, 元不別."

을 본다.' '마음을 일으켜 바깥을 비춘다.' '마음을 거두어들여 내적
으로 증득한다.'40)는 네 가지의 명상 방법에 찬성하지 않았다. 그
는 "중생은 본래 자기 마음이 청정하다. 그런데 다시 그 마음을 닦
고자 한다면 그것이 바로 망심이니 해탈을 얻을 수 없다."41)고 하
였다. 신회는 해탈을 추구하기 위해 수행할 마음을 일으키는 것은
일종의 망심(妄心)이라고 생각하였다. 이러한 망심을 가지고 있는
사람은 청정한 불심을 바로 꿰뚫어 보지 못하므로 수행할 때는 먼
저 선정을 닦아 선정을 얻은 뒤에 다시 지혜를 발할 것을 주장하였
다. 또 이러한 사람은 "정(定)과 혜(慧)가 동등한 사람이라면, 불성
을 보았다고 말한다."42)는 도리를 이해하지 못한다. '등(等)'은 동
등하다는 의미이다. 신회는 정과 혜를 통일시켜야만 비로소 불성을
볼 수 있다고 생각하였다. "정을 말하는 자는 체를 얻을 수 없고,
혜를 말하는 자도 체를 얻을 수 없음을 볼 수 있다. 맑고 깊은 물
처럼 항상 적정하고, 갠지스 강의 모래처럼 수없이 교묘하게 응용
하면, 이것이 바로 정과 혜를 동등하게 배우는 것이다."43) 정과 혜
는 각각 다른 기능과 작용이 있어서, 정과 혜가 동등해야만 비로소
체(體)를 볼 수 있으며, 또 맑고 깊은 물처럼 항상 적정한 마음의
체를 꿰뚫어 보아야 비로소 견성하여 성불할 수 있다는 것이다.

　신회는 북종이 정과 혜를 둘로 분할하여 선정을 수행한 후에 지

---

40) 『중국불교사상자료선편』 제2권·제4책, p.86, "凝心取定, 住心看淨, 起心外照, 攝心
　　內證."
41) 『중국불교사상자료선편』 제2권·제4책, p.90, "衆生本自心淨, 若更欲其心有修, 卽是
　　妄心, 不可得解脫."
42) 『중국불교사상자료선편』 제2권·제4책, p.91, "若定慧等者, 名爲見佛性."
43) 『중국불교사상자료선편』 제2권·제4책, p.91, "言定者, 體不可得; 所言慧者, 能見不
　　可得體. 湛然常寂, 有恒沙巧用, 卽是定慧等學."

혜가 얻어진다[先定后慧]고 파악한 것으로 보았다. 즉 '망념에서 벗어나' 선정을 실천하는 데서 다시 발전하여 본각(本覺)의 지혜에 도달하는 것이지, 중생의 공적한 심령의 본체 중에 본래 존재하는 영지를 직접 체득하여 깨닫는 것이 아니며, 그 결과는 단지 집착과 무명만 증장할 뿐이어서 취하기에는 부족하다고 생각하였다. 신회는 '망념'은 진성(眞性)과 인연이 되어 서로 접촉한 후에 생기는 현상으로서, 자성은 없는 것이고 본래 공적한 것이어서 독립하여 존재할 수 없는 것이라고 생각하였다. 따라서 '망념을 벗어나는 것'은 불필요할 뿐만 아니라 사람들이 잘못된 길로 들어서게 하는 것이라고 생각하였다. 신회는 선정에서 지혜가 발생한다는 것에 반대하고, 지혜로써 선정을 포섭할 것[以慧攝定]을 주장하였는데, 이는 북종의 중행(重行)과 남종의 중지(重知)라는 서로 다른 수행방법을 반영한 것이다.

제3절 선문 삼종(三宗)의 심설(心說)

종밀의 『선원제전집도서(禪源諸詮集都序)』에서는 선교(禪敎)의 조화를 위하여 북종과 우두종과 남종을 선문의 대표로 삼고, 유식과 반야와 화엄을 선 이외의 기타 교파의 대표로 분별하여, 그들을 서로 참조하고 비교함으로써 선(禪)과 교(敎)의 대응성과 일치성을 제시하였다. 종밀은 선(禪)과 교(敎)를 조화하고 선문의 각파를 배열할 때, 심성의 수행을 척도로 삼아 선문을 크게 세 종류로 나누

어 선문 삼종(三宗)의 심설을 제출하였다.[44]

첫째는 식망수심(息妄修心)종이다. 이것은 신수(神秀)의 북종 계열 등의 주장을 말한다. 이 종파는 중생이 본래 불성을 갖추고 있지만 줄곧 무명과 번뇌에 뒤덮여 알지 못하고 보지 못하는 것으로 인식하였다. 중생은 반드시 스승의 언교(言敎)를 통하여 부지런히 마음을 닦고, 바깥 경계를 등지고 마음을 봄으로로써 망념을 소멸하고, 그 망념을 완전히 없애는 데 이르는 것이 바로 깨달음이며, 알지 못하는 것이 없는 경지에 들어서게 된다고 한다.

둘째는 민절무기(泯絶無寄)종이다. 이는 우두(牛頭, 法融)종 석두(石頭, 希遷) 계열 등의 주장이다. 이 종파는 일체의 사물은 모두 인연의 화합으로 생겨나는 것으로서 모두 공(空)한 것이라고 생각하였다. 중생과 보살과 불도 마치 꿈과 같고 환상과 같아서 모두 있다고 할 만한 것이 없이 본래 공적(空寂)하며, 이러한 공적함을 깨쳐서 이해하는 지혜야말로 얻을 수 없는 것이라고 생각하였다. 요컨대 집착할 만한 것은 아무것도 없으니, 중생도 없고 불도 없으며, 구속할 수 있는 법도 없고, 지을 불도 없다는 것이다. 무릇 지을 것이 있다면 그것은 모두 미혹이고 망념일 뿐이다. 이와 같이 본래 아무 일도 없고, 마음도 역시 존재하지 않고, 마음이 의지할 곳도 없다는 것이 명백해지면, 비로소 전도(顚倒)를 면하게 되어 해탈을 얻게 되는 것이다.

셋째는 직현심성(直顯心性)종이다. 이것은 진성(眞性)의 기초 위에 세워진 주장이다. 이 종파는 일체의 사물은 모두 단지 진성이 드러난 것일 뿐이며, 진성이 모든 사물의 본체라고 생각하였다. 본

---

44)『선원제전집도서(禪源諸詮集都序)』권상의 2,『大正藏』48, p.402b.

체가 되는 것은 범도 성도 아니고[非凡非聖], 인도 과도 아니며[非因非果], 선도 악도 아니고[非善非惡], 형상도 없고 조작함도 없는 것[無相無爲]이다. 그러나 체(體)의 용(用)인 진성(眞性)은 여러 가지 현상을 나타낼 수도 있어서 범인이 될 수도 있고 성인이 될 수도 있다.

종밀은 다시 직현심성종(直顯心性宗)을 신회(神會)의 하택선(荷澤禪)과 마조도일(馬祖道一)의 홍주선(洪州禪)으로 나누었다. 하택선의 특색은 이미 앞에서 인용하였고, 홍주선의 특색에 관해서 종밀은 다음과 같이 개괄하였다.

> 지금 말하고, 움직이고, 탐내고, 성내고, 사랑하고, 참고, 선악을 짓고, 고락을 받는 것 등이 바로 그대의 불성이다. 이것이 본래 불이니, 이것을 제외하고 또 다른 불은 없다. 이것이 천진자연임을 알라. 그러므로 일부러 마음을 일으켜 도를 닦을 수 없다. 도는 곧 마음이다. 마음으로 마음을 닦을 수는 없다. 악도 역시 마음이니, 마음을 되돌려 마음을 단절하려고도 할 수 없다. 단절하지도 않고 닦지도 않고 저절로 되는 대로 두는 이것을 바로 해탈이라고 한다. 성품은 허공과 같아서 늘지도 않고 줄지도 않는데, 무엇을 더하고 보탤 것인가? 단지 때에 따르고 장소에 따라 업을 쉬고 정신을 기르면, 부처의 태가 증장하고 자연히 신묘함이 발현된다. 이것이 바로 진정한 깨달음이요, 참된 수행이며, 진실한 증득이다.[45]

홍주종은 중생이 본래 불성을 가지고 있고, 모든 언어와 행위는 전부 불성이 자연적으로 발현된 것이라고 생각하였다. 도(道)도 마

---

45) 『선원제전집도서(禪源諸詮集都序)』 권상의 2, 『大正藏』 48, p.402c, "卽今能語言動作, 貪瞋慈忍, 造善惡受苦樂等, 卽汝佛性. 卽此本來是佛, 除此無別佛也. 了此天眞自然, 故不可起心修道. 道卽是心, 不可將心還修於心; 惡亦是心, 不可將心還斷於心. 不斷不修, 任運自在, 方名解脫. 性如虛空, 不增不減, 何假添補. 但隨時隨處息業養神, 聖胎增長, 顯發自然神妙. 此卽是爲眞悟眞修眞證也."

음이고, 악도 마음이기 때문에, 마음을 일으켜 도를 닦거나 악을
끊을 필요가 없으며, 단지 저절로 되는 대로 두는 것만이 진정으로
깨닫고 진실하게 증득할 수 있다는 것이다. 종밀은 하택선과 홍주
선의 공통점은 둘 다 진성(眞性, 佛性)을 중생의 본체로 인정하는
것과 진성의 작용을 인정하는 것이라고 생각하였다. 그러나 두 종
파의 형이상학적인 진심과 그것의 현실적 작용에 대해서는 서로
견해가 다르다고 생각하였다. 종밀은 이 두 종파 심성사상의 차이
점에 대하여 다음과 같이 언급하였다.

> 진심의 본체에는 두 종류의 작용이 있다. 첫째는 자성의 본질적 작용
> 이며, 둘째는 인연에 따른 응용이다. 구리거울에 비유하면, 구리라는
> 본질은 자성의 체이고, 구리의 밝음은 자성의 용이며, 밝음이 드러낸
> 거울에 비친 상은 연에 따른 용이다. 거울의 상은 연을 대하여 나타
> 난 것으로서, 나타난 상은 천차만별이라도, 밝음은 자성이 항상 밝은
> 것이다. 밝음은 오직 한 맛이며, 이것으로써 마음이 항상 고요함이
> 자성의 체임을 비유한 것이다. 마음이 항상 안다고 함은 자성의 용이
> 며, 이렇게 말하고, 분별하고, 동작하는 것들은 연을 따르는 응용이
> 다. 지금 홍주종이 가리키고 있는 말하는 것 등은 단지 연에 따른 용
> 일 뿐이고, 자성의 용은 결여되어 있는 것이다.[46)

종밀은 진심의 본체에 두 가지 작용이 있는데, 하나는 자성의 본
래 작용이고 또 하나는 조건에 따라 표현되는 언어동작이라고 하
였다. 종밀은 홍주종은 용을 중시하고 하택종은 체에 중점을 두는

---

46) 『중화전심지선문사자승습도(中華傳心地禪門師資承襲圖)』, 『속장경(續藏經)』 제1집・제
   2편・제15조・제5책, p.437, "眞心本體有二種用: 一者自性本用, 二者隨緣應用. 猶
   如銅鏡, 銅之質是自性體, 銅之明是自性用, 明所現影是隨緣用. 影卽對緣方現, 現有
   千差, 明卽自性常明, 明唯一味, 以喩心常寂是自性體, 心常知是自性用, 此能語言能
   分別動作等是隨緣應用. 今洪州指示能語言等, 但是隨緣用, 缺自性用也."

것으로 보았다. 홍주종은 단지 대상의 인연에 따른 작용[隨緣應用]을 중시할 뿐이어서 수연응용이 표현한 언어동작은 심층적인 주체적 성격이 결핍되어 있고, 하택종은 자성 본래의 작용을 중시하고, 이것을 본지(本知)와 영지(靈知)로 삼아 영지의 주체적 성격을 부각시키고 있다. 여기에서 종밀은 객관적으로 홍주선의 중대한 모순을 폭로하고 있다. 그것은 불성의 작용을 일상적인 언어동작으로 귀결시킨 것이며, 이러한 추세를 위하여 반드시 인간의 번뇌·과실·착오 등 모든 것을 불성의 체현으로 말한다고 파악하고, 이는 자연주의와 행위주의가 표출하는 모종의 결함을 모면하기 힘들게 함으로써 종교적 인문·도덕적 정신가치를 삭감한다는 것이다. 종밀이 구리거울에 비유하여 설명한 진심본체의 작용에 관해서 살펴보면, 중생이 기지(機智)를 잃지는 않았지만 어떻게 본지(本知), 즉 영지를 가지고 있는 존재라고 할 수 있는지, 자성본용과 수연응용은 또 무슨 관계인지, 또 상식으로써 어떻게 이러한 문제들을 설명할 것인지는 결코 쉬운 일이 아니다. 그래서 훗날 하택선은 홍주선사의 배격을 받게 되는데 이는 결코 우연이 아니었다.

또 한 가지 흥미로운 것은 종밀이 마니보주(摩尼寶珠)에 비유하여 선문(禪門) 각파의 사유방식의 차이를 설명하고 아울러 그 득과 실을 평가하여 판단하였는데, 문장이 매끄럽고 명백하다. 그 내용은 아래와 같다.

> 하나의 보배 구슬(마니주)은 오직 둥글고 맑고 밝아서 전혀 일체 차별 색상이 없다. 그처럼 체가 밝기 때문에, 바깥의 사물을 대할 때 모든 차별 색상을 드러낼 수 있다. 그 색상 자체에는 차별이 있어도, 밝은 구슬이 변하거나 바뀐 적은 없다. 구슬이 나타낸 색이 아무리

백천 가지라고 하더라도, 지금 밝은 구슬과 서로 맞지 않는 흑색을 취하여, 영명한 지견(知見)과 어둡고 검은 무명(無明)에 견준다면, 서로 맞지는 않겠지만, 그 체는 동일하다. 마니주에 흑색이 나타날 때는 그 전체가 철저히 다 검어서 전혀 밝음을 볼 수 없다. 어리석은 아이나 시골 사람이 그것을 보면 그것은 그야말로 검은 구슬이다.

어떤 사람은 이렇게 말한다. "이것이 밝은 구슬이라고 하여도 확실하게 믿지 않고, 도리어 남들 앞에서 화를 내며 사기꾼이라고 한다. 여러 가지 일리 있는 말을 하여도 끝까지 들으려 하지 않는다. 설사 밝은 구슬이라고 믿는 사람일지라도, 자신이 본 그 검은색에 묶이고, 또 속이 검은색에 얽히고 덮이어 가려져 있다고 말한다. 갈고 닦고 씻기를 기다려 검고 어두운 것이 제거되고 밝은 모습이 나타나야 비로소 직접 밝은 구슬을 보았다고 말하기 시작한다."

또 다른 사람들은 이렇게 말한다. "이 검고 어두운 것이 바로 밝은 구슬이다. 밝은 구슬의 본체는 영원히 볼 수 없다. 알고 싶어 하는 사람은 검은 것이 곧 밝은 구슬이며 나아가 청색, 황색 등도 모두 밝은 구슬이라는 것이다. 이 말을 믿는 어리석은 자들이 검은 모양만을 기억하거나 여러 가지의 모양이 다 밝은 구슬이라고 생각한다. 혹은 다른 때에 흑자주·미취청주·푸른 구슬 내지 붉은 구슬·호박·흰 석영 등의 구슬도 보면 모두 마니주라고 말한다. 혹은 다른 때에 마니주가 어떤 색깔도 대하지 않고 단지 밝고 맑은 모양만을 가지고 있을 때를 보면 오히려 알아보지 못한다. 이것은 인식할 수 있는 여러 가지 색을 볼 수 없음으로써 하나의 밝은 구슬의 모습에만 국한하여 의심하고 두려워하기 때문일 것이다."

또 이런 사람들도 있다. 구슬 속의 여러 가지 색깔은 모두 허망하다는 소리를 듣고, 체는 모두 철저히 공하므로, 이 밝은 구슬도 모두 공하다고 헤아리고, 아무것도 얻을 것이 없다고 하는 사람이 바야흐로 달인이며, 한 가지 법이 있음을 잘 모른다고 생각한다. 이는 색과 상이 모두 공한 곳에 공하지 않은 구슬이 있음을 깨닫지 못한 것이다.47)

---

47) 『중화전심지선문사자승습도(中華傳心地禪門師資承襲圖)』, 『속장경(續藏經)』 제1집·제2편·제15조·제5책, pp.436~437, "如一摩尼珠, 唯圓淨明, 都無一切差別色相. 以體明故, 對外物時, 能現一切差別色相. 色相自有差別, 明珠不曾變易. 然珠所現色, 雖百千般, 今且取與明珠相違者之黑色, 以況靈明知見, 與黑暗無明, 雖卽相違, 而是一體. 謂如珠現黑色時, 徹體全黑, 都不見明. 如痴孩子, 或村野人見之, 直是黑珠. 有人語云: 此是明珠. 灼然不信, 却嗔前人, 謂爲欺誑. 任說種種道理, 終不聽覽. 縱

종밀은 위 글에 세 단계의 의미가 있다고 하였다. 첫째 단계는 마니보주(摩尼寶珠)에 진심(眞心)을 비유하고, 밝고 맑은 본성[明淨本性]에 영지를 비유하였다. 보배 구슬은 본성이 밝고 맑아서 주위 사물이 가지고 있는 각종 색채를 드러낼 수 있다. 보주를 어두운 곳에 두면 검은색으로 보이는데, 무지한 사람이 보면 검은 구슬로 여긴다. 어떤 사람이 그것은 밝은 구슬이라고 지적해 주어도 그는 거짓말이라고 생각한다. 설령 밝은 구슬이라고 믿을지라도 그는 흑색을 흔들어 없애려고 한다. 그리하여 밝고 맑은 형상이 나타날 때 비로소 친히 밝은 구슬을 보았다고 한다. 이 첫 단계는 신수(神秀)의 북종선(北宗禪)을 평론한 것이다. 인용문 속의 검은색은 망념을 비유한 것이다. 북종은 '망념에서 벗어나 깨달음을 구할 것'을 주장하였다. 종밀은 검은색은 망(妄)이고, 밝은 구슬은 진(眞)이며, 망념은 본래 공(空)하고, 진심은 본래 청정함을 이해하지 못한 것이라고 보았다. 선수행은 미망에서 벗어날 것을 요구하며, 여러 차례 이를 거론하는 것은 시간을 낭비하는 것이라고 보았다.

둘째 단계는 홍주선(洪州禪)을 평론한 것이다. 이 종의 주장은 "이 검고 어두운 것이 바로 밝은 구슬이다." 따라서 밝은 구슬을 알려고 한다면 오직 검은색 속으로 들어가서 찾아야 한다는 것이다. 종밀에 의하면, 이러한 결과로 첫째는 각종 검은색의 둥근 사

有肯信是明珠者, 緣自睹其黑, 亦謂言被黑色纏裏覆障, 擬待磨拭揩洗, 去却黑暗, 方得明相出現, 始名親見明珠. 復有一類人, 指示云: 卽此黑暗便是明珠. 明珠之體, 永不可見. 欲得識者, 卽黑便是明珠, 乃至卽靑黃種種皆是. 致令愚者的信此言, 專記黑相或認種種相爲明珠. 或於異時, 見黑子珠, 米吹靑珠, 碧珠, 乃至赤珠, 琥珀, 白石英等珠, 皆云是摩尼. 或於異時, 見摩尼珠都不對色時, 但有明淨之相, 却不認之, 以不可見有諸色可識認故, 疑恐局於一明珠相故. 復有一類人, 聞說珠中種種色皆是虛妄, 徹體全空, 卽計此一顆明珠都是其空, 便云都無所得方是達人, 認爲有一法, 便是未了. 不悟色相皆空之處, 乃是不空之珠."

물을 모두 보배 구슬로 보게 되며, 둘째는 진정한 보주를 보게 될 때에도 검은색이 아니라는 이유로 보배 구슬이 아니라고 생각한다는 것이다. 종밀은 이것이 홍주종의 '모든 것이 다 진실[一切皆眞]'이라는 종지의 폐단이라고 생각하였다.

셋째 단계는 우두종(牛頭宗)을 평론한 것이다. 이 종은 비록 밝은 구슬의 각종 색채가 모두 공(空)하다는 것은 알고 있지만, 밝은 구슬 그 자체는 공하지 않다는 도리를 깨닫지 못한 것이라고 생각하였다.

종밀은 북종이 검은색을 떠나 구슬을 구하고, 홍주종은 검은색을 구슬로 삼고, 우두종은 검은색과 구슬이 모두 공하다고 하여, 세 종파는 각기 결함을 지니고 있어 가장 좋은 선법은 하택선이라고 생각하였다.

> 맑고 둥글고 밝은 것이 바로 구슬의 본체라고 직접 말하는 것이 어떤가. 그 검은색은 ……모두 허망한 것이다. 검은색을 제대로 바르게 보면, 검은 것은 본래 검은 것이 아니다. 단지 그 밝음은 ……여러 가지 색과 모양을 대했을 때 하나하나에서 맑고 둥글고 밝은 것을 보기만 한다면 구슬에 대하여 의혹이 없을 것이다.[48]

하택종은 보배 구슬의 구슬 본체는 수정처럼 투명하고 밝은 것이지만 보배 구슬에 비친 색과 모양은 허망한 것이라고 생각하였다. 그래서 보배 구슬에 비친 각종 색과 모양 가운데서 밝고 맑은

---

48) 『중화전심지선문사자승습도(中華傳心地禪門師資承襲圖)』, 『속장경(續藏經)』 제1집 · 제2편 · 제15조 · 제5책, p.437, "何如直云唯瑩淨圓明, 方是珠體. 其黑色…… 悉是虛妄. 正見黑色時, 黑元不黑, 但是其明, ……卽於諸色相處, 一一但見瑩淨圓明, 卽於珠不惑."

본성을 보아야 한다는 것이다. 이 말은 심성의 현상과 본체는 구별
이 되는 것이기도 하고 또 통일이 되는 것이기도 하지만 마땅히 통
일이 되는 것이어야 한다는 뜻이다. 종밀은 기타 각파에서 어떤 사
람은 현상과 본체의 통일을 분열시켰고, 어떤 사람은 현상과 본체
의 구별을 무시하였으며, 또 어떤 사람은 현상과 본체를 모두 공
(空)으로 귀결시켰는데, 이러한 견해는 모두 정확한 것이 아니라고
보았다.

또한 종밀은 진심본각을 참조하여 계열로 삼고 심성론의 다른
사상에 의거하여 선문과 기타 교파를 세 가지로 분별하였다. 위에
서 말한 바와 같이 선의 삼종(三宗)은 '식망수심종(息妄修心宗)·민
절무기종(泯絕無寄宗)·직현심성종(直顯心性宗)'이다.49) 교의 삼교
(三敎)는 '밀의의성설상교(密意依性說相敎)·밀의파상현성교(密意破
相顯性敎), 현시진심즉성교(顯示眞心卽性敎)'이다.50)

종밀은 삼종과 삼교를 상호 대응시키고, 아울러 '직현심성종(直
顯心性宗)'과 '현시진심즉성교(顯示眞心卽性敎)'를 최고의 단계로
삼았다. 사실상 이것은 종밀이 제창한 화엄선이나 하택선의 심성사
상으로서 선(禪)과 교(敎)를 통일시킨 학설이다.

종밀이 귀납한 삼교의 하나인 '밀의의성설상교(密意依性說相
敎)'가 가리키는 것은 인천인과교(人天因果敎)인 소승교와 대승교
의 법상유식종이다. 종밀이 파악한 이러한 교의 공통점은 중생이
진성(眞性)에 대한 미혹으로 말미암아 망집(妄執)을 일으키고, 망
집은 도를 닦아 성불하는 데에 장애가 된다는 것이었다. 따라서 이

---

49) 『선원제전집도서(禪源諸詮集都序)』 권상의 2, 『大正藏』 48, p.402b.
50) 『선원제전집도서(禪源諸詮集都序)』 권상의 2, 『大正藏』 48, p.402b.

들 교는 모두 아집(我執)이라는 망념을 소멸시킬 것을 주장하고 마음을 닦는 것을 중시하였다. 이는 '식망수심종(息妄修心宗)'과 서로 일치한다.

'밀의파상현성교(密意破相顯性敎)'는 대승공종(大乘空宗)과 삼론종(三論宗)이 이에 해당된다. 이 교에서 말하는 성(性)은 무성(無性)을 가리킨다. 즉 무성을 성으로 삼는 것이다. 종밀에 의하면, 이 교에서는 주체의 식(識)과 변하는 경(境), 다시 말해서 주관세계와 객관세계는 모두 다 허망(虛妄)에 속하고, 심성은 공적(空寂)할 뿐이며, '민절무기종(泯絶無寄宗)'과 서로 합치한다고 주장하였다.

'현시진심즉성교(顯示眞心卽性敎)'는 화엄종과 천태종을 가리킨다. 이 교에서는 일체 중생은 모두 본각진심을 가지고 있으며, 진심이 곧 중생의 본성이라고 한다. 또 심성은 이미 공적하며, 항상 그 공적하다는 사실을 알고 있고, 그러기에 진심으로 되돌아갈 것을 주장한다. 이는 '직현심성종(直顯心性宗)'과 서로 부합된다.

종밀은 삼교와 삼종을 서로 배대(配對)시킨 후에 이렇게 말했다.

> 삼교와 삼종은 일미의 법이므로 먼저 삼종 불교에 의거하여 삼종 선심을 증명해야 한다. 그런 후에라야 선과 교를 모두 잊고 마음과 불이 함께 공적해진다. 모두가 공적하면 생각 생각마다 모두 불이 되어 한 생각도 불심 아닌 것이 없다. 둘 다를 잊으면 구구절절이 모두 선이 되어 한 구절도 선 아닌 것이 없다.[51]

---

51) 『선원제전집도서(禪源諸詮集都序)』 권하의 1, 『大正藏』 48, p.407b, "三敎三宗是一味法, 故須先約三種佛敎證三宗禪心, 然後禪敎雙忘, 心佛俱寂. 俱寂卽念念皆佛, 無一念而非佛心; 雙忘卽句句皆禪, 無一句而非禪敎."

이것은 종밀이 심성사상을 기초로 한 선교(禪敎)의 통일론을 총괄적으로 설명한 것이다. '일미(一味)'는 평등하고 차별이 없다는 뜻이다. 근본적으로 말하자면, 삼교와 삼종은 사상적으로 일치하고 피차 원융, 회통한다. 따라서 수행에 있어서는 먼저 삼종교리에 따라 삼종선심을 깨달아 증득한 후 선과 교 쌍방을 다 잊는 경지에 도달해야 마음과 불이 함께 적멸의 경지에 도달한다. 이와 같이 마음과 불이 함께 적멸해야 비로소 생각 생각마다 모두 불이 되고 한 생각마다 불심이 되는 것이다. 이와 같이 선과 교 쌍방을 잊게 되면, 교에서 말하는 한마디 한마디가 모두 선이 되고, 한마디도 선과 교 아닌 것이 없게 되는 것이다. 이렇게 각 교파와 종파는 과정은 달라도 한곳으로 돌아가 최후에는 모두 성불의 경지에 도달하는 것이다.

제18장 석두종(石斗宗)의
영원교결설(靈源皎潔說)

혜능 이후 선종은 청원(靑原)과 남악(南岳) 두 계파 위주로 변화·발전하였다. 청원행사(靑原行思, ?~740)는 "지금 말하고 있는 것이 너의 마음이며, 이 마음이 바로 불이다."[52]라고 주장하였다. 그의 제자 석두희천(石頭希遷, 700~790)은 행사(行思)를 계승하고, 행사를 초월하여, 남악 계열의 홍주종(洪州宗)과는 다른 문풍(門風)을 여는 데 결정적인 작용을 하였다. 희천(希遷)의 사상적인 기초 위에서 청원 계열의 석두종(石頭宗)은 훗날 조동(曹洞)·운문(雲門)·법안(法眼) 삼종으로 다시 분화되었는데, 한때는 홍주종에 필적하는 세력을 형성하기도 하면서 큰 영향을 끼쳤다.

석두종은 홍주종과 마찬가지로 혜능선종의 심성론 학설을 계승하였고, 생명현상으로부터 자아의 본심과 본성을 인식하였다. 즉 본심과 본성을 파악한 기초 위에서 주체와 객체, 유한과 무한, 순간과 영원의 대립을 극복하고, 번뇌와 고통과 생사를 초월함으로써

---

52) 『종경록(宗鏡錄)』 권97, 『大正藏』 48, p.940b, "卽今語言卽是汝心, 此心是佛."

정신적 바탕을 건립하여 해탈을 얻을 것을 주장하였다. 그러나 홍주종과는 다른 점도 있다.

상대적으로 설명하면 석두종 사람들은 화엄종과 선문(禪門)인 우두종(牛頭宗)의 사상을 수용하는 데 치중하였고, 돈점(頓漸) 법문의 조화를 주장하였다. 또한 심령 자체의 밝고 맑고 원만함을 설명하는 것을 중시하였고, 아울러 심성에서 이(理)와 사(事)의 통일, 본(本)과 말(末)의 모순적인 관계, 주체와 객체의 안치(安置), 일심(一心)과 만물의 관계, 우주와 인생의 진실을 파악함으로써 깨달음을 구하였다. 이로 인해 면밀하고 고고(高古)한 문풍으로써 홍주종의 치열하고 민첩한 문풍과 더불어 진기함과 화려함을 다투는 선문 문화의 경관을 다시 형성하였다.

제1절 심령담원(心靈湛圓)

『조당집(祖堂集)』 권4에 의하면, 석두희천은 『조론(肇論)』「열반무명론(涅槃無名論)」 중의 "만물을 모아 자기로 삼은 자는 오직 성인일 뿐이리라!"[53]라는 구절을 읽고서 깊이 감명을 받아 감탄하면서 이렇게 말했다. "성인에게는 자기가 없으므로 자기가 아닌 것도 없다. 법신은 상이 없는데 누가 자타를 말하겠는가? 둥근 거울에 재빨리 비치는 그 사이라도 만상의 체는 오묘해서 스스로 나타

---

53) 『고려대장경(高麗大藏經)』에서는 "남만상이성기자(覽萬像以成己者)"라고 되어 있으나, 『조론중오집해(肇論中吳集解)』에 근거하여 고침. "會萬物以成己者, 其唯聖人乎!"

난다. 경(境)과 지(智)는 하나가 아닌데, 누가 오고 감을 말하겠는
가?"54) 석두종의 기본사상을 대표하는 『참동계(參同契)』에 이에
대한 글이 하나 있다. 「열반무명론」55)의 이 말은 성인(불)의 경지
를 말하는 것이며, 희천은 여기에서 성인에게는 자기가 없으며[無
己, 無我] 법신은 한량이 없고 만물은 일체이므로 인간이 만약 만
물과 합하여 일체(一體)가 되어 경(境)과 지(智)가 합일된다면, 이
것이 바로 성인, 즉 불의 경지를 체득한 것이라고 하였다. 따라서
희천은 만물을 합하여 일체로 하는 주체적인 심령 본성을 탐구하
고 토론하는 것을 중시하였다.

석두희천은 제자들에게 자신의 법문을 소개할 때 다음과 같은
중요한 말을 한 적이 있다.

> 그대들은 알아야 한다. 자기 심령의 본체는 단상(斷常)을 떠난 것으
> 로서 성품은 더럽거나 깨끗하지 않고 담연하고 원만하여 범부와 성
> 인이 동일하다. 응용에 끝이 없고 심·의·식을 떠나 있다. 삼계 육
> 도는 자기 마음에서 나타난 것일 뿐이니, 물에 비친 달과 거울에 비
> 친 그림자가 어찌 생멸이 있겠는가? 그대들이 이것을 알기만 한다면
> 갖추지 못한 것이 없을 것이다.56)

이 글은 자기의 마음, 즉 자기 심령의 체(體)와 자성(性)과 공능
과 특징을 설명하고 있다. 희천은 자기 마음의 체(體)는 단상(斷常)

---

54) 『고려대장경(高麗大藏經)·보유(補遺)』 제45권, p.257b: 『조당집(祖堂集)』 권4, p.77,
　　전국 도서관 문헌축소 복사센터, 1993, "聖人無己, 靡所不己. 法身無量, 誰云自他?
　　圓鏡虛鑑於其間, 萬像體玄而自現. 境智眞一, 孰爲去來?"

55) 이 책이 승조(僧肇)의 저술인가에 대해서는 학계에 다른 관점이 있다.

56) 『남악석두희천대사(南岳石頭希遷大師)』, 『경덕전등록(景德傳燈錄)』, 『大正藏』 51,
　　p.309b, "汝等當知: 自己心靈, 體離斷常, 性非垢淨; 湛然圓滿, 凡聖齊同; 應用無方,
　　離心, 意, 識. 三界六道, 唯自心觀; 水月鏡像, 豈有生滅? 汝能知之, 無所不備."

에서 벗어나 있으며, 자기 마음의 자성은 오염되어 있지도 않고 청정하지도 않은 것이라고 생각하였다. 다시 말해서 자기 마음의 체성은 단상(斷常)과 정구(淨垢)를 초월하여 담연하고 원만하다는 것이다. 동시에 자기의 마음은 범부와 성현도 보편적으로 지니고 있다는 것이다.

자기 마음의 공능은 모든 곳에 두루 미쳐서 방소가 없으며 일반적인 심(心)·의(意)·식(識)의 활동을 떠나 있고 자기의 마음은 삼계육도(三界六道)를 현현할 수 있기에 갖추고 있지 않은 것이 없다. 이를 통해 볼 때 희천이 말하는 자기 마음은 바로 중생의 오묘한 영혼이고 제불의 본각(本覺)이며 모든 범부와 성현을 위시한 살아 있는 것들이 공통적으로 갖추고 있는 진심(眞心)이기도 하다.

희천 이후 석두종 사람들은 다시 진심과 망심·수면과 진심은 무엇인가 등의 문제에 대한 설명을 통하여 자기 마음이 담연하고 원만함을 증명하기도 하였다. 희천과 그의 법사(法嗣)인 조주(潮州) 대전(大顚) 화상은 일찍이 마음[心, 본래의 면목]과 눈썹을 치세우고 눈을 깜빡이는[揚眉動目] 관계를 토론한 적이 있다. 훗날 대전은 상당하여 제자들을 가르칠 때 진심(본심)에 대해 다음과 같이 명쾌하게 정의를 내렸다.

도를 배우는 자는 모름지기 자가(自家)의 본성을 알려고 하므로 마음의 모습을 보면 바야흐로 도를 볼 수 있다. 요즘 사람들은 단지 눈썹을 올리거나 눈을 움직이거나, 말하거나 침묵하는 것만을 마음의 요체라고 인정하는 자가 많은 것을 볼 수 있는데 이는 실제로는 제대로 깨닫지 못한 것이다. 이제 내가 그대들을 위하여 분명하게 설명할 것이니 각자 잘 들어라. 허망하게 떠오르는 모든 망상과 견해와

알음알이를 제거하기만 하면 그것이 그대의 참마음이다. 이 마음은
티끌 경계를 대할 때나 고요한 침묵을 지키고 있을 때와 아무런 관
계가 없다. 마음 그대로가 바로 부처이니 닦고 다스릴 필요가 없다.
어찌 그런가? 근기에 따라 비추면서 냉정하고 자유롭게 활용하고 그
활용하는 곳을 끝까지 추구하여도 끝내 얻을 수 없다. 오묘한 작용을
하는 것, 이것이 본심이다.57)

위의 설명에서 대전(大顚) 화상은 먼저 홍주종 사람들의 관점을
비판하였는데, 그들은 눈썹을 치세우고 눈을 깜빡이는 것을 불성
(진심)의 표현으로 삼고 있으나 실은 선법의 진제(眞諦)를 요달하
지 못하고 있음을 지적하고, "허망하게 떠오르는 모든 망념과 견해
와 알음알이를 제거하면" 그것이 바로 참마음이라고 강조하였다.
말하자면 진심은 모든 허망한 지각과 기억과 견해와 인식 등을 배
제하는 것이어서 닦고 다스릴 필요가 없다는 것이다.

왜 이렇게 설명하는 것일까? 그것은 진심이 여러 가지 다른 정
황에 따라 일체를 관조할 수 있고 무한히 오묘한 작용을 갖추고 있
으며 명확히 깨치더라도 또한 얻을 수도 없기 때문이다. 이것은 대
전 화상이 보기에는 진심이 중생에게 본래 갖추어져 있는 절대 순
진하고 신묘한 작용을 하는 정신적인 주체이고 성불의 내재적인
근거임을 설명한 것이다. 어떤 사람은 이 마음이 곧 불심이고 불이
라고 한다.

청량문익(清凉文益)선사의 제자로서 법안종(法眼宗) 사람이었던

---

57) 『경덕전등록(景德傳燈錄)』 권14, 「조주대전화상(潮州大顚和尙)」, 『大正藏』 51, p.313a,
"夫學道人須識自家本心, 將心相示, 方可現道. 多見時輩, 只認揚眉動目, 一語一默,
驀頭印可, 以爲心要, 此實未了. 吾今爲汝諸人分明說出, 各須聽受, 但除却一切妄運
想念見量, 即汝眞心. 此心與塵境及守認靜默時全無交涉, 即心是佛, 不待修治. 何以
故? 應機隨照, 冷冷自用, 窮其用處, 了不可得, 喚作妙用, 乃是本心."

소암(紹巖)선사는 마음의 요체[心要]를 설명함과 동시에 다음의 두 가지 견해에 반대하였다. 하나는 말로 담소하고[言語談笑], 마음을 모아 고요히 침묵하고[凝然杜默], 찾아 탐방하고[參尋探訪], 산을 보고 물을 즐기는 것[觀山玩水] 등이 본심의 표현이라 여기는 것이고, 또 하나는 마음속의 망상에서 벗어나 시방세계[日, 月, 太虛를 포함]를 두루 섭렵할 수 있는 일종의 심령을 별도로 추구하는 것을 본래 진심으로 여기는 것이다.58) 그는 이 두 가지 관점이 모두 정확하지 못한 것이라고 생각하였다. 소암선사의 입장에서 보면, 진심과 일상적인 표현·진심과 외부세계는 같지도 않지만 분리할 수도 없는[不卽不離] 관계라는 것이다.

그렇다면 인간이 수면 상태일 때는 통상적으로 지각활동이 정지되는데, 이때 인간의 진심이나 본성은 여전히 존재하고 있는 것일까? 수면 상태일 때의 진심과 본성은 어떻게 인식하는가? 이것은 석두종 선사들이 열심히 탐구하고 토론한 하나의 화제(話題)였다.

당나라 말 오대(五代)의 저명한 선사였던 현사사비(玄沙師備, 835~908)는 어떤 선사는 단지 손을 들고 발을 딛고 눈썹을 치세우고 눈을 깜빡이는 것만 할 수 있을 뿐이라고 비평을 한 후에, 수면현상에 근거하여 인간 마음의 총명함과 신령스러움의 한계성에 대해 평론하고, 아울러 인간 몸의 주재성에 대하여 새로운 견해를 제시하고, 이렇게 말했다.

또 문득 똑같이 말하기를, 소소영령한 영대지성[心意識]이 있어서

---

58) 「항주진신보탑사소암선사(杭州眞身寶塔寺紹巖禪師)」, 『경덕전등록(景德傳燈錄)』 권 25, 『大正藏』 51, p.415bc.

(그것이) 능히 보고 들으며 오온신 속에서 마음대로 주재한다고 말하
는데, 이런 말로 스스로 선지식인 양 자처한다면 이것은 크게 사람을
속이는 것이라는 걸 알아야 한다. 내가 지금 그대에게 말하노니, 그
대가 만일 소소영령함을 그대의 진실로 삼는다면 어째서 잠잘 때에
는 소소영령함이 작용하지 않는가? 만약 밤에 잠잘 때에 소소영령함
이 없다면 어째서 낮에는 소소영령함이 있는가? ……내 그대에게 말
하노니, 그대의 소소영령은 다만 전진(前塵)의 6경(境)인 색·성·향
·미·촉·법에 의하여 일어나는 분별 의식일 뿐이다. 말해 보라.
이것이 바로 소소영령함인가? 만약 전진(前塵)의 6경(색·성·향·
미·촉·법)이 없다면 (그대의 소소영령도 없는 것이니 그렇다면) 그
대의 소소영령은 거북이 털이나 토끼 뿔과 같은 것이다. 그대들의 진
실은 어디에 있는가? 그대들이 이제 이 오온으로 된 몸의 주인에게
서 벗어나고자 한다면 그대들의 비밀스러운 금강체를 알라.59)

‘소소영령(昭昭靈靈)’은 명백하고 총명한 영혼이다. ‘영대(靈臺)’
는 마음이고, ‘오온신전(五蘊身田)’은 사람의 몸을 말한다. ‘선지식
(善知識)’은 도덕과 학문을 갖추고 불법을 전수(傳授)할 수 있는
사람을 가리킨다. ‘잠(賺)’은 속인다는 뜻이며, ‘진(塵)’은 경(境)이
나 경계를 말하는 것으로서, 통상적으로 색(色)·성(聲)·향(香)·미
(味)·촉(觸)·법(法) 육진(六塵) 혹은 육경(六境)을 가리킨다. ‘전
진(前塵)’이란 앞의 대상을 나타내는 것이다. ‘금강체(金剛體)’란
금강(金剛)처럼 견고한 신체를 비유한 것으로서 불신(佛身)의 공덕
을 의미한다.

위의 글은 인간이 잠을 잘 때 지각을 잃게 되는 것으로부터, 인

---

59) 「복주현사사비선사(福州玄師師備禪師)」, 『경덕전등록(景德傳燈錄)』 권18, 『大正藏』
    51, p.345a, "更有一般便說, 昭昭靈靈, 靈臺智性, 能見能聞, 向五蘊身田里作主宰.
    恁麼爲善知識? 大賺人知麼? 我今問汝, 汝若認昭昭靈靈是眞實, 爲什麼瞌睡時又不
    成昭昭靈靈? 若瞌睡時不是, 爲什麼有昭昭時? ……我向汝道, 昭昭靈靈, 只因前塵
    色, 聲, 香等法而有分別, 便道此是昭昭靈靈, 若無前塵, 汝此昭昭靈靈同於龜毛兎
    角. 仁者, 眞實在什麼處? 汝今慾得出他五蘊身田主宰, 但識取汝秘密金剛體."

간의 마음이 명백하고 총명한 영혼이라는 것을 가지고 인간의 주
재성과 중생이 진실하다고 하는 말은 사람을 기만하는 말임을 논
증하고, 사람들이 말하는 명백하고 총명하다고 하는 것은 단지 외
경(外境) 등의 사물에 대하여 분별하는 것일 뿐임을 지적하고 있
다. 사실상 중생의 진실과 주재성은 다른 것이 아니라 바로 자신의
'비밀금강체(秘密金剛體)', 즉 자신의 공덕(功德)이다.

사비(師備)선사가 보기에는, 중생의 마음과 영혼의 진실성과 주
재성은 활동과 그 특성을 인지하는 것이 아니고 불교의 공덕이다.
불교의 공덕이 있을 때에만 비로소 중생의 운명을 지배하고 결정
하는 주재를 할 수 있는 것이다.

송대 법안종(法眼宗)의 본선(本先)선사 역시 인간이 잠을 잘 때
와 깨어 있을 때 본성의 존재문제를 탐구하고 이렇게 말했다.

> 여러분들은 밤에 깊이 잠들면 아무것도 모른다. 아무것도 모른다면
> 그대들은 그때에 여러분들에게 본래의 성품이 있다고 생각하는가?
> 만약 그때 본래의 성품이 있다고 말하면 그때에도 역시 아무것도 모
> 르기에 죽은 것이나 다름이 없고 만약 그때 본래의 성품이 없다고
> 해도 그때 갑자기 잠이 깨면 있는 그대로를 알게 된다. ……이럴 때
> 이것은 무엇인가? 모르겠거든 각자 궁구하여 알라.60)

본선선사는 인간이 잠들어 있을 때에는 '아무것도 모르고', 깨어
있을 때는 '사실 그대로를 안다'는 것으로써 인간의 본성(실제로는
지각을 지칭)이 줄곧 존재하는 것인가 아닌가 하는 문제를 고찰하

---

60)「온주서록사본선선사(溫州瑞鹿寺本先禪師)」,『경덕전등록(景德傳燈錄)』권26,『大正
藏』51, p.427ab, "爾等諸人夜間眠熟不知一切, 旣不知一切, 且問: 爾等那時有本來
性? 若道那時有本來性, 那時又不知一切, 與死無異; 若道那時無本來性, 那時睡眠
忽醒覺知如故. ……如是等時是個什麽? 若也不會, 各自體究取."

고 있다. 수면은 일종의 각성 상태가 주기적으로 교체되어 출현하는 유기체의 상태이며, 오늘날에는 컴퓨터를 이용하여 수면과정 중의 변화상황을 관측할 수 있다는 것을 우리는 알고 있다. 인간은 수면 시에 지각을 잃을 수 있다. 생리학과 심리학의 각도에서 볼 때, 본선선사가 여기에서 제시한 문제는 지각작용의 메커니즘 문제이다. 그는 지각을 인간의 본성에 귀결시켜 파악하고 제자들에게 이러한 본성에 대하여 관찰하고 탐구하기를 요구하였으며 정신적인 해탈을 얻을 수 있는 것의 중요한 실마리로 삼았다.

여기서 우리들은 인도의 부파불교를 연상할 수 있는데, 그들은 인간이 깊이 잠들게 되면 감각과 지각을 잃어버린 상황하에서 중생에게 다른 식(識)이 여전히 존재하는가 존재하지 않는가에 대한 문제를 탐구하였다. 그들은 존재한다고 생각하고 아울러 세심(細心) · 세의식(細意識) · 보특가라(補特伽羅, 신체에 의지해 있는 내재심식, 본성) 등의 설명을 하고, 인간의 심층적인 의식구조를 분석 · 이해하고 중생들이 윤회하게 되는 과보의 본체를 확립하였다.

> "어떤 것이 생멸하지 않는 마음입니까?" 하고 묻자, 스승(문익)이
> "어떤 것이 생멸하는 마음이던가?"라고 답했다. 스님이 다시 "학인이
> 보지 못하는 것을 어찌하겠습니까?"라고 하자, 스승이 "그대가 보지
> 못한다면 생멸하지 않는 것이라고 해도 옳지 않다!"고 하였다.61)

이 글의 의미는 만약 중생이 자기의 마음을 본다면 그 사람의 마음은 생기고 멸하는 것일 뿐만 아니라 또한 생기지도 않고 멸하

---

61) 「대법안문익선사어(大法眼文益禪師語)」, 『경덕전등록(景德傳燈錄)』 권28, 『大正藏』
   51, p.448b, "問: '如何是不生不滅底心?' 師(卽文益)曰: '那個是生滅底心?' 僧曰:
   '爭奈學人不見.' 師曰: '汝若不見, 不生不滅底也不是!'"

지도 않는 것이라는 뜻이다. 만약 보지 못한다면 생기거나 멸하는 것도 아니고, 또한 생기지도 않고 멸하지 않는 것도 아니다. 이것은 인간의 마음이 생멸(生滅)과 불생멸(不生滅)의 통일체임을 강조하고 있는 것이다. 어떤 사람은 마음이 생멸과 불생불멸을 초월하는 것이라고도 하고, 중요한 것은 중생이 스스로 자신의 마음을 보려고 하는 것이라고 생각하였다.

석두종 사람들은 중생은 본래 담연하고 원만한 자기 마음을 가지고 있다고 주장하고, 불성은 본래 존재하는 것이라는 기초 위에서 더 나아가 단번에 받아들여 선의 경지로 깨달아 들어갈 것을 제창하였다. 희천이 행사(行思)를 처음 만났을 때 다음과 같은 대화를 나누었다.

> 선사께서 "그대는 어디에서 왔는가?"라고 묻자, 희천이 "조계에서 왔습니다."라고 하였다. 선사가 "무엇을 얻으러 왔는가?"라고 묻자, "조계에 가기 전에도 잃은 것은 없었습니다."라고 하였다. 선사가 "그렇다면 조계에는 무엇 하러 갔는가?"라고 묻자, "조계에 가지 않았다면 어찌 잃지 않은 것을 알았겠습니까?" 하고 답하였다.62)

희천은 조계에서 참학(參學)함으로써 무엇을 배웠느냐는 행사의 물음에 대해서 조계에 가기 전에도 결코 그 어떤 것도 잃지 않았음을 알게 되었다고 말했다. 그렇다면 어찌하여 조계에 갔었느냐고 묻자 희천은 조계에 가지 않았다면 어떻게 자신이 그 어떤 것도 잃은 것이 없다는 것을 알 수 있었겠는가 하고 반문하였다. 희천의

---

62) 「길주청원산행사선사(吉州靑原山行思禪師)」, 『경덕전등록(景德傳燈錄)』 권5, 『大正藏』 51, p.240b, "師問曰: '子何方而來?' 遷曰: '曹溪.' 師曰: '將得什麼來?' 曰: '未到曹溪亦不失.' 師曰: '怎麼用去曹溪作什麼?' 曰: '若不到曹溪, 爭(怎)知不失?'"

이러한 스스로 본심을 믿고 스스로 본심을 알고 갖추지 않은 것이 없이 깊고 고요하며 원만한 것, 이것이 바로 석두종 선학사상의 기초이며 이 종파에서 학인을 지도하고 자기 마음을 직지하고 자기 마음을 몸소 깨치는 불과(佛果) 성취의 요체이기도 하다. 희천은 문하생 혜랑(慧朗)과 대전(大顚)을 깨우치고 이끌었는데, 이 방면에도 두 가지 전형적인 예가 역사에 기록되어 있다.

> (혜랑이) 건주의 공산에서 대적(마조도일)을 만났을 때, 대적이 물었다. "그대는 무엇을 구하러 왔는가?" 선사(혜랑)가 "부처님의 지견을 구하려고 왔습니다."고 답하자, "부처에게 지견 따위는 없다. 지견은 마의 경계이다. 그대는 남악에서 왔는데도 아직 석두의 조계심요를 보지 못한 듯하구나! 그대는 도로 돌아가거라!" 혜랑은 명을 받고 남악으로 돌아와서 석두를 찾아가 물었다. "어떤 것이 부처입니까?" 석두가 "그대에게는 불성이 없다."고 하자, "꿈틀거리는 생령들은 어떠합니까?"라고 묻자, 석두가 "꿈틀거리는 생령들에게는 오히려 불성이 있다."고 하였다. "어찌하여 혜랑에게는 없는지요?" 하고 말하자, 석두가 "그대는 당연히 있는 것을 수긍하지 않기 때문이다!" 하였다. 선사는 그 말끝에 깨닫게 되었다.63)

'준동함령(蠢動含靈)'은 일체의 중생을 의미한다. 희천은 먼저 혜랑에게 불성은 일체 중생이 가지고 있는 것이어서 사람마다 누구에게나 있는 것이지만 다만 혜랑이 '긍정적으로 받아들이지 않은' 까닭에 '무엇이 불인가?'라는 문제가 생겼음을 말한다. 혜랑은

---

63) 「담주초제사혜명선사(潭州招提寺慧朗禪師)」, 『경덕전등록(景德傳燈錄)』 권14, 『大正藏』 51, p.311b, "(慧朗)往虔州龔山謁大寂(馬祖道一), 大寂問曰: ‘汝來何求?’ 師(慧朗)曰: ‘求佛知見.’ 曰: ‘佛無知見, 知見乃魔界. 汝從南岳來, 似未見石頭曹溪心要爾, 汝應却歸.’ 師承命回岳造於石頭, 問: ‘如何是佛?’ 石頭曰: ‘汝無佛性.’ 曰: ‘蠢動含靈又作麼生?’ 石頭曰: ‘蠢動含靈却有佛性.’ 曰: ‘慧郎爲什麼却無?’ 石頭曰: ‘爲汝不肯承當.’ 師於言下信入."

불이 자기의 마음속에 있고, 불성은 본래 있는 것임을 명백하게 알지 못한 것이다. 그래서 희천은 아직 마음이 명백하지 않고 스스로의 믿음이 결핍되어 있는 혜랑에게 한 방을 가하고, 그에게는 불성이 없다고 말하고 그에게 맹렬한 각성을 촉구하여 자기의 마음을 몸소 깨달아 긍정적으로 받아들이게 한 것이다. 또 이런 기록도 있다.

> 조주대전 화상이 석두를 처음 만났을 때, 석두가 선사에게 "어떤 것이 그대의 마음인가?" 하고 물었다. 대전 화상이 답하였다. "지금 말씀하신 것이 그것입니다." 이에 석두가 큰 소리로 꾸짖으며 대전을 내쫓았다. 열흘쯤 지나서 이번에는 대전이 석두에게 물었다. "지난번 저의 대답이 옳지 않았다면 그것 외에 어느 것이 제 마음이겠습니까?" 석두가 "눈썹을 치세우거나 눈을 깜박이는 짓은 치우고 그대의 마음을 가지고 오너라."라고 하자, 선사가 "가져다 드릴 마음이 없습니다."라고 하였다. 석두선사가 "처음에는 마음이 있다고 하더니 어찌하여 마음이 없다고 말하는가? 마음이 없다는 것도 똑같이 비방하는 것이다."고 하자 대전 화상은 이에 크게 깨달았다.64)

희천은 본래 자기의 마음이 있다고 하는 대전의 신념이 확고한가 아닌가를 떠보기 위하여 고의로 그가 유심(有心)과 무심(無心)이라고 말하는 것을 허락하지 않았을 뿐이며, 사실은 중생의 현실적인 심령이 곧 자기의 진심이고 성불의 근본임을 강조한 것이다. 그는 제자들이 꼬치꼬치 따지지 말고 무엇이 마음인가를 탐구하여, 직접 자기 마음을 깨달아 성불할 것을 요구하였다. 대전은 이 가르침을 받고서 크게 깨달았다.

---

64) 「조주대전화상(潮州大顚和尙)」, 『경덕전등록(景德傳燈錄)』 권14, 『大正藏』 51, pp.312~313a, "潮州大顚和尙初參石頭, 石頭問師曰: '那個是汝心?' 師曰: '言語者是.' 便被喝出. 經旬日, 師却問曰: '前者旣不是, 除此外何者是心?' 石頭曰: '除却揚眉運目, 將心來.' 師曰: '無心可將來.' 石頭曰: '元來有心, 何言無心? 無心盡同謗.' 師言下大悟."

중생의 본심은 담연하고 원만하다는 기본관점에서 출발하여, 석두종의 사람들은 '즉심즉불(卽心卽佛)'설을 고양하였다. 희천은 이렇게 말하였다.

> 나의 법문은 과거 부처님이 전해 주신 것이다. 선정과 정진을 논하지 않고, 오직 부처님의 지견(知見)만 통달하면 마음 그대로가 부처이다. 마음과 부처와 중생, 보리와 번뇌는 이름만 다를 뿐 본체는 하나이다.65)

희천은 불의 지견에 통달한다는 것은 곧 중생이 사물의 실상을 철저히 이해하여 진실한 지혜와 명철한 견해를 갖추는 것이고 그 중생의 마음이 바로 불이라고 생각하였다. 이른바 심불상즉(心佛相卽)이란, 양자의 체성(體性)이 서로 동일함을 말하는 것이다. 이것은 중생의 마음의 체가 갖추지 못한 것이 없어서 스스로 알 수만 있다면 바로 불이 된다는 것을 강조한 것이다. 중생의 주체적인 마음은 무한한 능력을 지니고 있어서, 불의 경계를 포함한 각종 경지는 모두 마음의 작용이 나타난 것이다.

문익선사(文益禪師)는 이렇게 말하였다. "옛 성현이 보았던 여러 가지 경계도 오직 자기의 마음을 본 것이다."66) 선종의 앞선 성현들의 수행은 자기의 마음속에 나타난 여러 가지 경계를 보는 것이었다. 이것이 바로 석두종 사람들이 보편적으로 봉행한 '명심(明

---

65) 「남악석두희천대사(南岳石頭希遷大師)」, 『경덕전등록(景德傳燈錄)』 권14, 『大正藏』 51, p.309b, "吾之法門, 先佛傳授. 不論禪定精進, 唯達佛之知見, 卽心卽佛. 心佛衆生. 菩提煩惱, 名異體一."

66) 「대법안문익선사어(大法眼文益禪師語)」, 『경덕전등록(景德傳燈錄)』 권28, 『大正藏』 51, p.448b, "古聖所見諸境, 唯見自心."

心)’과 ‘식심(識心)’이다.

소암(紹巖)선사는 “오직 여러 어진 자들의 명심을 도모하는 것, 이 이외에는 달리 도리가 없다.”[67]고 하였다.

단하선사(丹霞禪師, 728~824)도 “마음을 알면 마음이 곧 불이다. 어떤 불을 감히 다시 더 이루리오?”[68]라고 하였다.

조동종(曹洞宗)의 천동정각(天童正覺, 1091~1157)은 마음이 제불의 본각이고 중생의 오묘한 영혼(妙靈)이지만, 망념에 미혹되고 가려져서 고요히 앉아 말없이 궁구할 필요가 있고, 허망한 인연과 허황한 습속을 배제함으로써 심령의 맑고 밝고 원만함을 드러내어야 한다고 생각하였다. 그는 이러한 생각에 상응하여 ‘묵조선(默照禪)’을 제창함으로써 임제종(臨濟宗)의 대혜종고(大慧宗杲)가 제창한 ‘간화선(看話禪)’과 서로 대립하였다.

석두종 사람들은 중생의 자성청정(自性淸淨)성을 가장 훌륭한 성품이라고 강조하고 마음이 곧 불이라고 주장하였다. 따라서 그들은 마음 밖에서 불을 구하는 견해와 방법에 대하여 강력하게 반대하였다. 이 방면에 있어서 희천의 삼전(三傳) 제자인 덕산(德山) 선감선사(宣鑑禪師, 780~865)의 말은 매우 전형적인 것이다. 그는 이렇게 말했다.

달마는 누린내 나는 오랑캐이고, 석가와 노자는 마른 똥 덩어리이고, 문수와 보현보살은 똥지기이며, 등각과 묘각은 집착을 깨뜨린 범부이고, 보리와 열반은 당나귀를 매는 말뚝이고, 십이분교는 귀신의 장부

---

67) 「항주보탑사소암선사(杭州寶塔寺紹巖禪師)」, 『경덕전등록(景德傳燈錄)』 권25, 『大正藏』 51, p.415b, “只圖諸仁者明心, 此外別無道理.”

68) 「단하화상완주음이수(丹霞和尙玩珠吟二首)·二)」, 『경덕전등록(景德傳燈錄)』 권30, 『大正藏』 51, p.463c, “識心心則佛, 何佛更堪成?”

이고 부스럼을 닦는 종이이며, 사과(四果)와 삼현(三賢)과 초심십지
는 옛 무덤을 지키는 귀신이어서 스스로 구하여도 얻지 못한다.69)

선감선사는 선종의 조사(祖師)인 달마에 대해 통렬하게 욕을 하
기 시작하였고, 계속해서 석가불·보살·불교의 경지·불교경전·도
를 구하고자 하는 중생의 발심과 수행단계 등등에 이르기까지 온
갖 상스러운 욕설을 퍼부으며 마음 밖의 불교와 마음 이외의 불을
철저하게 부정하였다.

희천의 제자 단하천연(丹霞天然)선사는 희천이 그를 가르친 '절
수자호(切須自護)', 즉 모름지기 자기 마음의 순수하고 청정함을
철저히 보호하라는 가르침에 근거하여 수업할 때, 그의 제자들에게
직접 말하였다. "참선은 그대들이 알 수 있겠지만 부처야 어찌 이
룰 수 있으리오? '불'이라는 한 글자는 영원히 듣고 싶지 않다."70)
선법의 올바른 이해를 추구하기 위하여 '불(佛)'이라는 한 글자의
의미와 가치를 버릴 것을 강조하였다.

『송고승전(宋高僧傳)』 권11 『당남양단하산천연전(唐南陽丹霞山
天然傳)』에는 단하천연선사의 다음과 같은 유명한 고사가 실려 있
다. 단하선사가 혜림사(慧林寺)에 머물 때, 어느 날 갑자기 날씨가
매우 추워 그는 목불(木佛)을 태워서 온기를 취하였다. 다른 승려
들이 그 모습을 보고 그를 맹렬하게 비난하고 질책하였다. 그가 목
불을 태워 사리(불의 유골)를 얻으려 했다고 대답하자, 승려들은

---

69) 「덕산선감선사(德山宣鑑禪師)」, 『오등회원(五燈會元)』 권7, 중책, p.374, 북경, 중화
서국, 1984, "達摩是老臊胡, 釋迦老子是干屎橛, 文殊, 普賢是担屎漢. 等覺, 妙覺是
破執凡夫, 菩提, 涅槃是系驢橛, 十二分敎是鬼神簿, 拭瘡疣紙. 四果三賢, 初心十地
是守古冢鬼, 自救不了."

70) 「등주단하산천연선사(鄧州丹霞山天然禪師)」, 『경덕전등록(景德傳燈錄)』 권14, 『大
正藏』 51, p.311a, "禪可是爾解底物, 豈有佛可成? 佛之一字, 永不喜聞."

나무에 무슨 사리가 있느냐고 하였다. 그는 이때, 그렇다면 왜 나를 질책하는 것이냐고 반문하였다. 이 고사에는 단하천연선사가 우상숭배를 하지 않는다는 선명한 입장이 충분히 표현되어 있다.

요약하면 석두종의 많은 선사들은 중생의 심령은 일상의 행위와 동작과 다르고, 일체의 망념과 편견도 배제하는 것이라고 보았다. 그것은 염(染)과 정(淨)을 초월하고(절대청정), 수면과 각성도 초월하며, 삶과 죽음도 초월하고, 선천적으로 본래 지니고 있는 것이며, 갖추지 않은 것이 없고, 깊고 고요하며 원만한 것이라고 생각하였다. '마음이 곧 불'이라는 것은 중생의 심령이 성불의 근거이며 밖을 향하여 불을 구한다든지 맹목적으로 숭배하는 것도 모두 선법에 부합되지 않는다는 것이다.

제2절 심지자연(心地自然)

석두종 사람들은 마음[心]과 법(法)의 관계에 대해서 자주 논하였는데, '법'은 외계의 사물과 불법 등을 포함하여 여러 가지 의미를 가지고 있다. '마음과 바깥 사물, 마음과 불법의 관계는 어떠한가?'는 불교 심성론의 중대한 문제이다. 마음과 바깥 사물은 주체와 객체의 관계이며, 마음과 불법은 주체와 수행준칙의 관계로서, 두 가지 모두 심성의 성질과 공능문제를 직접 언급하는 것이다. 석두종의 사람들은 이 두 가지 방면에 대하여 논의를 거치면서 진일보하여 인간 마음의 자연스러운 성품을 부각시켜, 중생의 마음 바탕은 자연이고, 마음은 취하고 버리는 것이 없으며, 사물에 부합되지 않고, 자유자재하며, 불법을 구족하고 있어 모든 것이 나타나고 이루어지는 것이라 강조하였다.

석두희천은 『참동계(參同契)』에서, "신령한 근원은 밝고도 맑고 가지 친 가닥은 가만히 흐른다."71)고 하였다. 여기서 '영원(靈源)'은 마음의 근원을 말하며, 모든 사물과 현상의 근원이 된다. 영원교결청정(靈源皎潔淸淨)은 자성청정심이자 불성이다. '지파(枝派)'는 사물을 말한다. 만물은 영혼의 근원에서 파생되어 드러나는 것이다. 따라서 마음과 만물은 한 몸이며 마음과 사물은 관통하는 것이라고 말할 수 있다. 그러나 사물은 마치 어두운 땅 속에서 흐르는 것과 같아서 마음과 사물이 한 몸이라는 이 관통관계는 확 트여 명백한 것은 아니다. 마음의 근원에서 만물이 파생된다는 관계에서 출발하여 『참동계(參同契)』에서는 마음과 사물은 근본과 지말[本末]·드러나고 숨음[顯隱]·서로가 서로에게 흘러 들어가는[交互流注] 관계라고 하였다.

마음과 사물의 이런 복잡한 관계에 대해서는 특히 법안종 사람들이 탐구와 토론에 열중하였다. 문익선사(文益禪師)의 제자인 혜명선사(慧明禪師)는 항상 이러한 문제를 다른 사람들에게 질문함으로써 상대방의 선수행 조예를 가늠하곤 하였다. 한번은 두 명의 선객(禪客)이 혜명이 거처하고 있는 대해산(大海山)에 왔었는데, 혜명은 다음과 같은 매우 철학적인 문제를 제시하였다.

---

71) 「참동계(參同契)」, 『경덕전등록(景德傳燈錄)』 권30, 『大正藏』 51, p.459b, "靈源明皎潔, 枝派暗流注."

혜명선사가 "상좌들은 어디에서 왔는가?" 하고 묻자, "도성에서 왔습니다."라고 대답하였다. 선사가 "상좌들이 도성을 떠나 이 산으로 왔으니 도성은 상좌들만큼 적어졌을 것이고, 이 산은 그대들만큼 더해졌을 것이다. 더해졌다면 마음 밖에 법이 있고, 적어졌다면 마음 법이 두루 미치지 못한 것이다. 이 도리가 일리 있다고 생각되면 머물고 알지 못하겠으면 떠나라." 그 두 선객은 아무런 대답도 하지 못했다.72)

'잉(剩)'은 많다는 의미이다. 두 선객이 도성을 떠나 대해산에 왔기 때문에 도성은 두 사람이 줄었고 대해산에는 두 사람이 많아졌다. 많다는 것은 주체인 마음 이외에 따로 법이 있다는 것이고, 적다는 것은 주체인 마음이 전체에 두루 미치지 못함을 표명한 것이다. 하나는 많고, 하나는 적다는 것은 심법(心法)과 외계인 도성과 대해산의 관계를 어떻게 관통하여 설명할 것인가를 언급한 것이며, 선수행에 있어서는 하나의 큰 문제이다. 두 선객은 마음이 만물을 생한다[心生萬物]는 것과 마음과 사물은 하나의 체[心物一體]라는 관통된 사상으로부터 문제에 대한 답을 할 수 없었다. 나중에 혜명선사는 천태산에 머물면서 때때로 박학하고 암기에 강한 친구가 찾아오면 선의 이치에 대해 토론을 하기도 하였는데, 다음과 같은 이야기가 전해 온다.

혜명선사가 "말이 많으면 도와는 멀어진다. 지금 어떤 일을 들어 물으리라. 위로 여러 성현과 선덕들 중에서 깨닫지 못한 분도 있는가?" 붕언이 "성현과 선덕이라고 불리면서 어찌 깨닫지 못한 분이 있겠습니까?"라고 했다. 선사가 "한 사람이 참마음을 일으켜 근원으로 돌아

---

72) 「항주보은사혜명선사(杭州報恩寺慧明禪師)」, 『경덕전등록(景德傳燈錄)』 권25, 『大正藏』 51, p.410b, "師(慧明)問曰: '上座離什麼處?' 曰: '都城.' 師曰: '上座離都城到此山, 則都城少上座, 此山剩上座. 剩則心外有法, 少則心法不周. 說得道理卽住, 不會卽去.' 其二禪客不能對."

이것은 마음이 만법을 낳고[心生萬法], 마음과 사물은 하나의 체
[心物一體]라는 선의 이치에 의하여, 이전의 한 선사가 진실한 마
음으로 마음의 근원으로 돌아가기만 하면 시방이 공허하고 외계가
모두 소멸된다고 가르쳤지만, 지금 천태산은 의연히 우뚝 솟아 있
어서 결코 사라지지 않았으니, 이를 어떻게 설명할 것인가를 묻는
것이다.

혜명선사가 제창하고자 했던 진정한 의미는 '색(사물)을 보는 것
은 곧 마음을 보는 것[見色(物)便見心]'이라는 선의 깨달음으로써
마음과 사물의 대립을 해소하고, 마음과 사물이 하나가 되는 것을
체득하고 이해하게 하는 것이었다.

법안종 사람들은 일반적으로 사람들은 마음과 사물을 분리하여,
사물에서 마음(본심)을 볼 수 없으며 만약 사물에서 마음을 볼 수
있다면 마음과 사물은 한 조각을 이루게 되어, "마음 밖에 법이 있
다."든가 "마음 법은 두루 미치지 못한다는 것과 같은 문제가 있을
수 없고, 마음 밖의 천태산이 의연하게 우뚝 솟아 있다."는 문제도
없게 된다고 생각하였다.

법안종 사람들은 한 걸음 더 나아가 '색(사물)을 보는 것은 곧
마음을 보는 것'이라고 할 때의 '마음'은 어떠한 마음인지, 이 마음
과 사물은 같은가 다른가에 대하여 깊이 연구하였다. 문익의 제자

---

73) 「항주보은사혜명선사(杭州報恩寺慧明禪師)」, 『경덕전등록(景德傳燈錄)』 권25, 『大正
藏』 51, p.410b, "[師(慧明)]曰: '言多去道遠矣, 今有事借問: 只如從上諸聖及諸先德,
還有不悟者也無?' 朋彦曰: '若是諸聖先德豈不有悟者哉?' 師曰: '一人發眞歸源, 十
方虛空, 悉皆消殞, 今天台山巍然, 如何得消殞去? 朋彦不知所措.'"

청용선사(淸聳禪師)는 다음과 같은 문제를 제시하였다.

> 색(사물)을 보면 마음을 본다 하니, 무엇이 마음인가? 산하대지, 삼라
> 만상, 청·황·적·백, 남·여 등의 형상은 마음인가 마음이 아닌
> 가? 마음이라면 어찌 사물의 형상이 되었겠는가? 마음이 아니라면,
> 또 '색을 보면 곧 마음을 본다.' 하였으니, 알겠는가? 오직 이를 미혹
> 했으므로 전도되어 여러 가지 다른 생각을 함으로써, 같고 다름이 없
> 는 것에서 억지로 같고 다르다는 생각을 낳는다. 만일 지금이라도 당
> 장 바로 알아서 본마음을 활짝 깨달으면 훤하게 한 물건도 보고 들
> 을 것이 없으련만 만일 마음을 떠나 따로 해탈을 구하는 이가 있다
> 면, 이들은 옛사람이 이르기를 '물결에 홀려서 근원을 찾으려는 사
> 람'이라고 했다. 그런 무리들은 끝내 깨닫기 어렵다.[74]

이것은 한 측면에서는 외계의 수없이 많은 사물들이 결코 마음
이 아니지만, 다른 한 면에서는 선법이 '사물을 보는 것이 곧 마음
을 보는 것'임을 요구한다는 것을 설명한 것이다. 궁극적으로 도대
체 어떻게 마음을 인식하고, 마음과 사물의 관계를 인식할 것인가?

청용선사(靑聳禪師)는 중생들의 일반적인 견해에서 본다면 본래
같지도 않고 다르지도 않은 마음과 사물이 같고 다른 분별을 낳게
되는 것이라고 생각하였다. 만약 중생이 문득 본심과 통하면, 본심
은 밝고 청정하여, 볼 수 있고 들을 수 있는 사물은 하나도 없으므
로 마음과 사물의 동이(同異)와 대립(對立) 문제가 없어지게 된다.
이와 같이 본심을 몸소 깨우친 기초 위에서 '사물을 보는 것이 바로

---

74) 『항주영은청용선사(杭州靈隱淸聳禪師)』, 『경덕전등록(景德傳燈錄)』 권25, 『大正藏』
   51, p.413b, "見色便見心, 且喚什麼作心? 山河大地, 萬象森羅, 青黃赤白, 男女等相,
   是心不是心? 若是心, 爲什麼却成物象去? 若不是心, 又道見色便見心? 還會麼? 只
   爲迷此而成顚倒種種不同, 於無同異中强生同異. 且如今直下承當, 頓豁本心, 皎然
   無一物可作見聞. 若離心別求解脫者, 古人喚作迷波討源, 卒難曉悟."

마음을 보는 것[見色便見心]’이라는 마음과 사물의 일체를 실현하면 이것이 바로 진정한 해탈의 길이고 해탈의 경지가 되는 것이다.

본선선사(本先禪師)도 ‘오직 마음이 나타난 것일 뿐[唯心所現]’이라는 것의 뜻은 무엇인가 하는 문제를 제시하였다.

> 모든 존재가 생기는 것은 마음이 나타난 것일 뿐이라고 하는 이런 말은 좋은 법문이다. 다시 물었다. “그대들은 눈으로 모든 사물을 보고, 귀로 모든 소리를 듣고, 코로 모든 향기를 맡고, 혀로 모든 맛을 보고, 몸으로 모든 부드럽고 매끈한 감각들을 느끼고, 뜻으로 모든 존재를 분별하는데, 눈·귀·코·혀·몸·뜻이 상대하는 사물들도 오직 그대들의 마음인가? 그대들의 마음이 아닌가? 만약 그대들의 마음이라면, 어찌하여 그대들의 몸과 혼연히 한 덩어리가 되지 못하고, 어찌하여 상대하는 사물은 오히려 눈·귀·코·혀·몸·뜻의 밖에 있는가? 만약 눈·귀·코·혀·몸·뜻이 상대하는 사물이 그대들의 마음이 아니라면, 모든 존재가 생기는 것은 마음이 나타난 것일 뿐이라는 말을 어찌 하겠는가?[75]

이것은 다음의 질문을 하는 것이다. “사람들이 감각하고 인식하는 모든 사물은 인간의 마음인가 아니면 마음이 아닌 것인가? 만약 인간의 마음이라고 한다면, 만물은 어찌하여 사람들의 신체가 사망하는 데 따라 함께 사라지지 않고 오히려 인간의 몸 밖에서 여전히 존재하는가? 만약 만물이 인간의 마음이 아니라고 한다면, 불전(佛典)에서는 또 어찌하여 만물은 ‘오직 마음이 나타난 것[唯心所現]’

---

75) 「온주서록사본선선사(溫州瑞鹿寺本先禪師)」, 『경덕전등록(景德傳燈錄)』 권26, 『大正藏』 51, p.427b, “諸法所生, 唯心所現, 如是言語好個入底門戶. 且問: “爾等諸人眼見一切色, 耳聞一切聲, 鼻嗅一切香, 舌知一切味, 身觸一切軟滑, 意分別一切諸法, 只如眼·耳·鼻·舌·身·意所對之物, 爲復唯是爾等心? 爲復非是爾等心? 若道唯是爾等心, 何不與爾等身都作一塊了休? 爲什麼所對之物却在爾等眼·耳·鼻·舌·身·意外? 爾等若道眼·耳·鼻·舌·身·意所對之物非是爾等心, 又焉奈諸法所生, 唯心所現?”

이라고 하는가?" 이것은 하나의 모순이다. 본선선사는 이것이 '사물을 보는 것이 곧 마음을 보는 것[見色便見心]'이라는 것에서 이해와 깨달음을 구할 것을 요구하는 것이라고 보았다.

마음과 사물, 마음을 보는 것[見心], 오직 마음일 뿐[唯心]이라는 문제에 대하여 가장 형상적이고·생동적이고·전형적인 것은 지장계침(地藏桂琛)과 문익(文益)이 세 번 나눈 대화의 일단을 기록한 공안(公案)일 것이다.

한번은 문익이 도반들과 참학(參學)을 하려고 외출했을 때, 눈바람이 길을 막아 잠시 창주성(彰州城)의 서지장원(西地藏院)에 머물게 되었는데, 이때 계침(桂琛)을 배알하고 다음과 같은 대화를 나누었다.

지장(즉 桂琛)이 "이번 길은 어디로 가는가?" 하고 묻자, 문익선사가 "행각을 가는 것입니다."고 답하였다. 지장이 "무엇이 행각하는 일인가?"라고 묻자, 선사가 "모르겠습니다."라고 답하였다. 지장이 "모른다고 하니 가장 적절한 말이군."이라고 하였다.
또 동행한 세 사람이 『조론』을 거론하다가, "천지와 나는 같은 뿌리다."라는 대목에 이르자, 지장 스님이 물었다. "산하대지가 상좌 자신과 같은가 다른가?" 선사가 "다릅니다."고 하자, 지장 스님이 손가락 두 개를 세웠다. 이번에 선사가 "같습니다."라고 하자 지장 스님은 다시 손가락 두 개를 세우더니 벌떡 일어나 가 버렸다.
눈이 그쳐 떠나겠다고 인사를 하자, 지장 스님이 문에서 전송하며 물었다. "상좌들은 평소에 늘 삼계는 마음일 뿐이며, 만법은 식(識)일 뿐이라고들 하더구먼." 하고는 정원에 있는 돌멩이를 가리키며 말하였다. "자, 말해 보게. 이 돌은 마음 안에 있는가? 마음 밖에 있는가?" 선사가 "마음 안에 있습니다."라고 답하자, 지장이 "행각하는 사람이 무슨 연유로 한 덩이 돌을 자신의 마음에 두고 있는가?" 하였다. 선사는 궁색하여 대꾸하지 못하고 옷 보따리를 내려놓고 지장 스님의 법석에서 결판을 구하려고 작정하였다. 거의 한 달여 동안 날마다 견해를 내면서 도리를 설명하자, 지장 스님은 그에게 "불법은 그런 것이 아니다."라고 하였다. 그러자 선사가 "저는 이제 할 말도 없고 설명할 이치도 막혔습니다." 지장 스님이 "불법을 논하면 모든 것은 있는 그대로다."라고 하자, 선사는 그 말끝에 크게 깨달았다.76)

위의 글에는 모두 세 개의 질문과 세 개의 답이 있다.

첫째 질문은 무엇이 행각이냐는 것이고, 문익의 대답은 모른다는 것이었다. 이른바 모른다는 것은 아는 것을 구하는 것에 집착하지 않고, 알아야 할 대상에도 집착하지 않고, 자연스럽게 있는 그대로를 행하는 것이다. 이 대답을 계침은 가장 적절한 것이라고 생각하였다.

둘째 질문은 사람과 산하대지 및 사람의 두 손가락은 같은가 다른가를 묻는 것이었다. 계침이 이 물음을 제기한 뜻은 만물은 자신과 동근동체(同根同體)이므로 같은가 다른가로 말할 수 없고, 본래 그런 것이 본래 자연스럽다는 것을 말하는 데 있다. 단지 분별하는 마음을 일으킬 때만 비로소 같거나 다르다는 구별이 있는 것이다.

셋째 질문은 돌멩이가 마음속에 있는 것인가, 아니면 마음 밖에 있는 것인가를 묻는 것이다. 이 역시 수많은 선사들을 곤혹스럽게 하였던 큰 문제이다. 계침은 마음으로 말하면 일체는 모두 자연 그

---

76) 「청량문익선사(淸凉文益禪師)」, 『오등회원(五燈會元)』 권10, 중책, pp.560~561, "藏(桂琛)問: '此行何之?' 師(文益)曰: '行脚去.' 藏曰: '作麼生是行脚事?' 師曰: '不知.' 藏曰: '不知最親切' 又同三人擧『肇論』至 '天地與我同根'處, 藏曰: '山河大地, 與上座自己是同是別?' 師曰: '別.' 藏竪起兩指, 師曰: '同.' 藏又竪起兩指, 便起去. 雪霽辭去, 藏門送之. 問曰: '上座尋常說三界唯心, 萬法唯識', 乃指庭下片石曰: '且道此石在心內? 在心外?' 師曰: '在心內.' 藏曰: '行脚人著什麼來由, 安片石在心頭?' 師窘無以對, 即放包依席下求決擇. 近一月餘, 日呈見解, 說道理. 藏語之曰: '佛法不恁麼.' 師曰: '某甲詞窮理絶也.' 藏曰: '若論佛法, 一切見(現)成.' 師於言下大悟."

대로 존재하고, 마음속의 돌멩이도 그대로 존재하는 하는 것이므로 결코 사람의 부담을 가중하지 않는다고 생각하였다. 또 마음속에 돌멩이가 존재하지 않는 것도 자연스러운 것이어서 역시 결코 사람의 부담을 경감시키지 않는다고 생각하였다. 이것이 이른바 "불법을 논하면, 모든 것이 있는 그대로다."라는 것이다.

이 공안의 핵심은 마음의 본성 그대로[心性自然]라는 사상을 선양하여, 주체적으로 자기의 마음을 분명하게 깨치고, 주체로써 객체를 포용하고, 객체를 융합하여, 인간과 사물의 대립을 없애고, 인간과 자연의 한계를 초월할 것을 주장하는 것이다. 이것은 수행에 있어서 마음이 사물을 따르지 말아야 하고, 마음을 취하거나 버리지 않아야 하고, 주관적인 정신에 있어서 어떠한 집착이나 속박이나 부담이나 수월하거나 자유자재한 것마저도 없애야 해탈을 얻을 수 있다는 것이다.

법안종 사람들은 마음의 본성 그대로[心性自然], 모든 것은 있는 그대로의 현상을 바르게 봄으로써 이루어진다는 일체현성(一切現成), 마음이 모든 것[心是一切]이라는 사상을 강력하게 제창하였다. 앞에서 인용했던 문익은 과거의 성인들이 본 여러 가지 경지는 오로지 자기의 마음을 본 것이라고 하였다. 그는 자기의 마음을 바르게만 본다면 "모든 소리가 부처의 소리이고, 모든 색이 다 부처의 색"77)이라고 생각하였다. 모든 것이 다 선의 경계이고, 부처의 경계라는 것이다. 이것이 진일보하여 자기의 마음이 모든 것이고, 밖에서 구할 필요가 없다는 주장을 하게 된 것이다.

---

77) 「대법안문익선사어(大法眼文益禪師語)」『경덕전등록(景德傳燈錄)』권28, 『大正藏』
    51, p.448c.

문익의 제자 덕소(德韶)는 다음과 같은 게송을 지었다. "사물의 깊은 도리를 깨달아 정상에 오르니 인간 세상이 아니구나. 마음 밖에 법이 있는 것이 아니니, 보이는 것이 다 청산이로다!"78) '사물의 깊은 도리를 깨닫는다는 것[通玄]'은 선수행을 말한다. '청산(靑山)'은 신선의 경지[仙境]를 비유한 것이다. 이것은 선사의 수행이 최고봉에 이르렀을 때에도 역시 마음 밖에는 아무것도 없으니, 그것에 대하여 인간 세상이 머무는 곳마다 모두 신선의 경계라고 한 것이다. 덕소는 이렇게 말하였다.

> 불법은 있는 그대로 모든 것을 갖추고 있다. 옛사람은 "둥글기가 태허와 같아서 모자람도 없고 남음도 없다."79)고 하였다.
> 대도는 확연한데, 어찌 고금(古今)을 견주겠는가. 이름도 없고 형상도 없는 그것이 법이고 수행이다. 법계가 끝이 없고 마음도 경계가 없으므로 드러나지 않는 일이 없고 나타나지 않는 말이 없다. 이와 같이 이해하면, 반야가 나타나고 이치가 지극하여 진제와 같음이 드러나, 산하대지와 삼라만상과 담과 벽과 기왓장이 모두 털끝만큼도 모자람이 없다.80)

이것은 인간의 본심이 불법을 갖추고 있어서 모든 것은 있는 그대로의 현상을 바르게 봄으로써 이루어지고, 모든 것이 자연이며, 마음과 외계의 모든 사물이 서로 상응하여 있는 곳마다 선경(禪境)

---

78) 「천태산덕소국사(天台山德韶國師)」, 『경덕전등록(景德傳燈錄)』 권25, 『大正藏』 51, p.408b, "通玄峰頂, 不是人間; 心外無法, 滿目靑山."

79) 「천태산덕소국사(天台山德韶國師)」, 『경덕전등록(景德傳燈錄)』 권25, 『大正藏』 51, p.409a, "佛法現成, 一切具足. 古人道: '圓同太虛, 無欠無餘.'"

80) 「천태산덕소국사(天台山德韶國師)」, 『경덕전등록(景德傳燈錄)』 권25, 『大正藏』 51, p.409c, "大道廓然, 詎齊今古, 無名無相, 是法是修. 良由法界無邊, 心亦無際; 無事不彰, 無言不顯; 如是會得, 喚作般若. 現前理極同眞際, 一切山河大地, 森羅萬象, 墻壁瓦礫, 幷無絲毫可得缺."

이 밝게 나타난다는 것이다. 반야지혜가 드러나면 세상의 모든 사물이 털끝만큼도 모자람이 없이 그대로 존재한다는 것이다. 이것은 더욱 분명하게 현실세계를 떠나지 않고 선에 의한 깨달음[禪悟]과 선의 경지[禪境]를 구할 것을 강조한 것이며, 선경과 현실세계는 원융회통한 일체(一體)임을 강조한 것이다.

이상의 논술에서, 석두종 사람들은 마음과 사물의 같고 다름[心物同異], 사물을 보는 것이 마음을 보는 것[見色見心], 오직 마음이 사물을 드러낼 뿐[唯心顯物]이라는 등의 문제에 대한 판단과 분석을 통하여 중생은 자기 마음을 개발함으로써 만물을 드러내고 만물을 포용하여, 마음과 사물의 한계와 대립을 없애고, 심물일체(心物一體)의 경지에 도달해야 한다고 강조하였음을 알 수 있다. 이것은 중생이 오로지 마음의 근원을 밝게 유지하고 마음자리를 본래 그대로 보호하고 유지하는 것이 바로 불법을 갖추고 성불하는 것임을 말한 것이다.

제3절 성리귀종(性理歸宗)

석두종 사람들이 말한 심령담원(心靈湛圓)과 심지자연(心地自然)은 결코 이성(理性)을 말하지 않은 것이 아니고, 이와는 반대로 인지이성과 도덕이성을 중요한 내용으로 포함하고 있다. 석두종은 선사들이 투철하게 수행할 때, 심지(心地)를 오염시키지 않고, 도덕적으로 순수하고 청정함을 유지해야 할 뿐만 아니라 우주와 인생의 실질에 대해서도 진실하고 절실하게 인식하고 깨달을 것을 요구하였다.

이 면에 있어서 석두희천은 화엄종이 제시한 이(理)와 사(事)의 범주와 이(理)와 사(事)의 원융이론을 수용하여, "현상[事]에 집착하면 아예 미혹한 것이고, 이치[理]에 계합해도 깨침은 아니다."[81] 라는 선법을 창조하여, 현상[事]에 집착하는 것은 미혹이고 이치[理]에 계합하는 것도 깨달음이 아니며, 정확한 것은 현상과 이치[理事]의 양변을 통일시켜 선경을 구하는 것임을 강조하였다. 이것이 바로 이와 사가 '서로 순환하는[回互]' 선수행 방법이다.

석두 계열의 조동종(曹洞宗) 사람들은 이러한 방법에 대하여 주도면밀한 설명을 하고 있으며, 운문(雲門)종과 법안(法眼)종의 선수행도 희천이 제시한 방법과 일맥상통한다.

우리가 주의할 것은 희천이 「참동계(參同契)」에서 '이(理)'를 파악한 후 다시 진일보하여 성리(性理, 靈源)와 물리(物理, 色質相) 두 종류로 나누고, 성리(性理)에서 이와 사의 관계를 통일하고 있는 점이다.[82]

이(理)와 사(事)는 원래 중국철학의 범주이다. 중국불교철학이 이와 사의 범주를 수용하여, 일반적으로 양자를 체용(體用)·본말(本末)과 대응되는 범주로 보았으며, 한 걸음 더 나아가 심물(心物)과 대응되는 범주로도 보았다. 다시 말해서, 이(理)는 체(體)·본(本)·심(心)을 가리키고, 사(事)는 용(用)·말(末)·물(物)을 가리킨다는 것이다.

---

81) 「참동계(參同契)」, 『경덕전등록(景德傳燈錄)』 권30, 『大正藏』 51 p.459b, "執事元是迷, 契理亦非悟."

82) 여징(呂澂), 『중국불학원류약강(中國佛學源流略講)』, p.239, 북경, 중화서국, 1979.

희천은 체성(體性)에서 '이(理)'를 논하였으며, 다시 주체와 객체의 서로 다른 체성에 주의하여 외재적인 물질세계와 내재적인 정신세계의 다른 체성을 제시하고, 심성의 이[性理 혹은 心理]와 사물의 이[物理, 즉 한 사물이 다른 사물과 구별되는 체성]라는 두 종류의 이(理)를 제기하였다.

「참동계(參同契)」에서 논의한 것에 의하면, 심성으로서의 이(理)는 내용상 두 가지 측면을 포함하고 있다. 이사(理事)관계의 통일에 대해 정확하게 이해하는 인식이성과 청탁(淸濁)의 분별을 명확하게 하는 도덕이성이다. 표현형식에 있어서는 명암(明暗)의 구별이 있다. 밝음[明]은 명백하고 직접적인 언어와 문자를 말하고, 어두움[暗]은 가려지고 어두운[隱晦] 간접적인 언어와 문자를 말한다. 밝음의 언어와 문자는 다시 청탁과 선악의 구분이 있으며, 어두움의 언어와 문자는 상(上)과 중(中)의 등급 구분이 있다. 이것은 선종의 각파가 선의 경지를 표현하고 설명한 언어문자에 비록 명암의 차이는 있어도 이러한 차이는 다시 성리(性理)로 귀결될 수 있으며 나아가서는 이사(理事)의 원융(圓融)에 도달하게 된다.

그렇다면 어떻게 성리(性理)의 기초 위에서 귀종(歸宗), 즉 이사(理事)의 융통(融通)으로 귀결될 수 있는가?

희천은 화엄종의 '십현문(十玄門)'[83] 사상을 흡수하여 '서로 순환하는[回互]' 사유모델을 제시하면서 "구비구비 온갖 경계는 회호하고 회호하지 않는 것들이 빙 둘러 돌아갔다가는 다시 만나고, 그렇지 않으면 제자리에 머문다."[84]고 하였다. 이 말의 뜻은 수행문

---

83) '십현문(十玄門)'은 화엄종 사람들이 모두 10가지 방면에서 본체와 현상, 현상과 현상의 원융무애(圓融無碍) 관계를 설명한 법문(法門)이다.

의 종류가 많은데 각각의 수행문이 모두 온갖 경계를 다 갖추고 있다는 것이다. 그러한 경지는 회호하고 회호하지 않는 두 가지 면을 가지고 있는데, 이른바 '서로 순환한다[回互]'는 것은 '더욱 서로 교섭하는 것', 즉 서로 영향을 미치고 · 품어 주고 · 화합하고 통한다는 것이다. 그리고 '서로 순환하지 않는다[不回互]'는 것은 '제자리에 머문다[依位住]'는 것, 즉 각자 본래 자리에 머물면서 서로 구별되어 난잡하지 않다는 것이다. 이것은 이치와 현상을 통일하는 면을 인식하려는 것일 뿐만 아니라 이치와 현상이 대립하는 면도 인식하려고 한 것이다. 이로 말미암아 희천은 나아가서 '본말수귀종(本末須歸宗)'85)을 강조하였는데, 이것은 마음과 사물은 반드시 이치와 현상이 원융한 종지로 돌아간다는 것이다. 그리고 '승언수회종(承言須會宗)'86)을 주장하였는데, 이것은 언어에 있어서도 반드시 이치와 현상이 원융한 종지로 돌아간다는 것이다.

"현상[事]은 상자와 뚜껑이 맞는 것처럼 존재하고, 이치[理]는 활과 화살이 버티는 것과 같다."87)고 하였는데, 여기서 '현상[事]'은 각종 용기의 뚜껑처럼 천차만별이지만, '이치[理]'는 사물의 여러 가지 차별에 집착하지 않고, 화살을 쏠 때 쏘는 화살마다 살 끝을 자세히 보고 관통시키는 것과 같다는 것이다. 이것도 역시 성리(性理)학상에서 이치[理]와 현상[事]의 통일적인 원리를 인식하여 깨닫고자 한 것이다.

---

84) 「참동계(參同契)」, 『경덕전등록(景德傳燈錄)』 권30, 『大正藏』 51, p.459b, "門門一切境, 回互不回互, 回而更相涉, 不爾依位住."

85) 「참동계(參同契)」, 『경덕전등록(景德傳燈錄)』 권30, 『大正藏』 51, p.459b.

86) 「참동계(參同契)」, 『경덕전등록(景德傳燈錄)』 권30, 『大正藏』 51, p.459b.

87) 「참동계(參同契)」, 『경덕전등록(景德傳燈錄)』 권30, 『大正藏』 51, p.459b, "事存函盖合, 理應箭鋒拄."

희천은 투철하게 수행하려는 사람은 현상과 이치가 원융하다는 종지를 이해하고 반드시 일상생활에서 수시로 체험하여야 하며 깨달음에 전념함으로써 마음을 비추어 어둡지 않아야 한다고 생각하였다. 이것은 개별적인 현상에서 일반적인 이치를 깨달을 것을 요구하는 것이다.

「참동계(參同契)」에 의하면, 이러한 측면에는 두 가지 요점이 있다. 첫째는 "사대의 성품이 그 자체로 돌아가는 것은 마치 어린아이가 어머니의 품으로 돌아가는 것과 같다."[88]는 것이다. '사대(四大)'는 사물을 구성하는 4대 요소이며 넓은 의미로는 모든 사물을 말한다. 이 말은 만물이 스스로 자체의 성품으로 돌아가는 것은 자식이 어미의 품으로 돌아가는 것과 같고, 지말이 근본으로 돌아가는 것이며 현상으로써 이치를 보는 것이라는 뜻이다. 둘째는 "만물에는 제각기 공덕이 있으니 작용과 처소를 말하는 것"[89]이라는 것이다. 이것은 만물의 공덕과 작용에는 동태적인 것[用]과 정태(靜態)적인 것[處]이 있는데, 둘 다를 갖추어 피차가 의존하면서 서로 전화(轉化)한다는 뜻이다.

용(用)으로부터 처(處)에 이르고, 동(動)에서 정(靜)으로 전화하는 것도 역시 사(事) 가운데서 이(理)를 보는 것이다. 이와 같이 사물을 인식하고, 사물을 체득하여 깨닫고, 자성을 회복하는 것이 사(事)를 보존하고 이(理)에 응하는 것이며, 사(事)에서 이(理)를 드러냄으로써 '현상 그대로가 진리[卽事而眞]'라는 경지에 도달하게

---

88) 「참동계(參同契)」, 『경덕전등록(景德傳燈錄)』 권30, 『大正藏』 51, p.459b, "四大性自復, 如子得其母."

89) 「참동계(參同契)」, 『경덕전등록(景德傳燈錄)』 권30, 『大正藏』 51, "萬物自有功, 當言用及處."

되는 것이다.

희천 이후에 석두종 사람들은 '현상 그대로가 진리[卽事而眞]'라는 사상을 한 걸음 더 발전시켰는데 이와 관련된 매우 전형적인 예가 있다. 조동종(曹洞宗) 창시자 중의 한 사람인 동산양개(洞山良价, 807~869)선사가 그의 스승인 운암담성(雲巖曇晟)선사에게 물었다. "스님이 돌아가신 후, 어떤 사람이 스님의 초상화를 그려 보라 요구한다면 어떻게 대답을 해야 되겠습니까?" 운암선사가 "그것 그대로이다."라고 하였다.90) 동산양개는 그 뜻을 알 수 없어 마음에 의문을 품고 있다가 나중에 시냇물을 건너다 물속에 비친 제 그림자를 본 순간 운암의 의도를 크게 깨닫고 게송을 한 수 지었다. "절대로 다른 데서 구하지 말라. 점점 더 나와는 멀어진다. 내 이제 나 홀로 가노라니, 곳곳에서 그를 만나게 되었다. 그가 바로 지금의 나인데 나는 지금 그가 아니네. 모름지기 이렇게 깨달아야 여여한 진리에 계합하리라."91)

'진(眞)'은 진의(眞儀) 또는 진상(眞像)을 의미하고, '거(渠)'는 그림자를 말한다. 이 말의 뜻은 물속에는 그림자가 있고 물 위에는 나의 형상이 있는데, 그림자는 바로 나이지만 나는 그림자가 아니다. 이와 같이 형상과 그림자를 마주 보니 현상 그대로가 진실이고, 개별 현상에서 일반적인 이치가 드러난다는 것이다. 양개는 여기에서 다시 한 번 "그것 그대로이다[卽遮個是]."라는 법문을 선양하였

90) 「균주동산양개선사(筠州洞山良价禪師)」, 『경덕전등록(景德傳燈錄)』 권15, 『大正藏』 51, p.321c, "和尙百年后, 忽有人間邈(一作邈)得師眞不? 如何祇對?" 雲巖說: "卽遮(這)個是."

91) 「균주동산양개선사(筠州洞山良价禪師)」, 『경덕전등록(景德傳燈錄)』 권15, 『大正藏』 51, p.321c, "切忌從他覓, 迢迢與我疏; 我今獨自往, 處處得逢渠. 渠今正是我, 我今不是渠; 應須恁麼會, 方得契如如."

다. 그의 문도(門徒)이면서 조동종의 또 다른 창시자인 조산본적(曹山本寂, 840~901)도 '상 그대로가 곧 진실임[卽相卽眞]'[92]을 제창하고, 접촉하는 모든 사상(事相)이 진실이라고 생각하였으며, 형상에서 본질을 보고 현상에서 본성이 드러나며, 형상이 곧 본질이고 현상이 곧 본체라고 주장하였다.

석두종 사람들은 화엄사상을 계승하여 이(理)와 사(事)의 원융(圓融)을 제창하였다. 그렇지만 "그림자는 바로 지금의 나이지만 나는 지금 그림자가 아니다[渠今正是我, 我今不是渠]."라는 것을 강조하고, 사(事)는 이(理)지만 이(理)는 사(事)가 아니니, 사(事)에서 이(理)를 보아야 한다고 강조하기도 하였다. 석두종은 이렇게 이(理)는 사(事)와 다르다는 것을 드러내 보임으로써 화엄종 사상과의 차이를 표현하였다.

제4절 무심합도(無心合道)

석두종 사람들은 반야공종(般若空宗)과 우두종(牛頭宗)의 이론을 중시하여 수용하였고, 동시에 중국 전통의 도가학설과 결합하여 무심합도(無心合道) 사상을 선양하였다.

선종에서 말하는 '도(道)'는 선도(禪道)와 불도(佛道)를 말한다. 도는 우주만물의 본질이고 체성(體性)의 총괄이면서 선수행의 궁극

---

92) 「무주조산본적선사(撫州曹山本寂禪師)」, 『경덕전등록(景德傳燈錄)』 권17, 『大正藏』 51, p.336c.

적 경지이기도 하다.

희천은 "눈에 보이는 대로 도를 만난다[觸目會道]." 즉 직감(直感)을 통하여 도와 합일할 것을 제창하였다. 이를 위하여 그는 모든 집착을 버리고 중생의 지견(知見)을 없앨 것을 강력히 주장하였다. 어떤 스님이 무엇이 해탈이냐고 묻자, 그는 "누가 그대를 속박했는가[誰縛汝]?"라고 답하였고, 또 어떤 것이 정토세계(淨土世界)냐고 물었을 때, 그는 "누가 그대를 더럽혔느냐[誰垢汝]?"고 답하였다. 다시 무엇이 열반이냐고 묻자, 그는 "누가 생사를 가져다 그대에게 주던가[誰將生死與汝]?"라고 반문하였다.93)

희천의 문인(門人)이었던 대전 화상(大顚和尙)이 그에게 가르침을 청하면서, "옛사람이 말하기를, '「도는 있다」, 「도는 없다」고 하면 두 가지 비방이 된다.'고 했으니, 스님께서 제거해 주십시오."라고 하였다. 그는 "한 물건도 없는데, 무엇을 제거하랴?"고 답하고, 대전선사에게 "목구멍과 입술을 막고 말해 보라."고 하자, 대전은 "그런 것은 없습니다."라고 하였다. 희천이 "그렇다면 그대는 입문할 수 있겠다."94)고 말하였다.

희천은 부처의 경지와 도가 있다든가 도가 없다든가 하는 것 등에 대한 여러 가지 집착을 없앨 것을 강조하였다. "한 물건도 없다[一物亦無]."고 말한 것은 사실상 주체무심(主體無心), 심무소기(心無所寄)를 강조하여 무심합도(無心合道)의 선수행을 제창한 것이다.

---

93) 「남악석두희천선사(南岳石頭希遷禪師)」『경덕전등록(景德傳燈錄)』 권14, 『大正藏』 51, p.309c.

94) 「남악석두희천선사(南岳石頭希遷禪師)」『경덕전등록(景德傳燈錄)』 권14, 『大正藏』 51, bc, "古人云: '道有道無是二謗', 請師除. 一物亦無, 除個什麼? 倂却咽喉脣吻道 將來. 無遮個. 若恁麼卽汝得入門."

희천 이후에도 석두종 사람들은 거듭하여 '무심합도(無心合道)' 사상을 선양하였다. 덕산선감(德山宣鑑)선사는 "자기와 관계없는 일을 허망하게 구하지 말라. 허망하게 구한 것은 얻어도 얻은 것이 아니다. 그대들은 다만 사물에 무심하라. 사물에 대하여 무심하기만 하면 비고도 신령스럽고 공하고도 묘하리라."95)라고 하였다. 허망하게 구하는 것은 유심(有心)이고, 무심(無心)은 허망하게 구하지 않는다. 이 말은 마음에 일이 없고, 일에 마음이 없게 되면, 허공처럼 텅 비고 신령스럽고 오묘한 경지에 도달하게 된다는 것이다.

석두종 사람들 중에서 가장 적극적으로 무심합도 사상을 선양한 이는 동산양개(洞山良价)선사이다. 그는 『무심합도송(無心合道頌)』이라는 유명한 게송을 지었는데, 이 글은 "도는 무심히 사람에게 부합하고, 사람은 무심히 도에 부합한다. 그 속의 뜻을 알고자 하는가. 하나는 늙는데, 하나는 늙지 않는다."96)라고 하였다. 여기서 '도'는 우주만물의 체성(體性)을 가리킨다. 이 글은 도(道)와 인간을 상대적인 것으로 봄으로써, 합도(合道)와 합인(合人)의 서로 다른 특징을 말하고 있다. '도무심합인(道無心合人)'이란 도의 체는 존재하지 않는 곳이 없는 특성[全體性, 整體性]이 있어서 자연스럽게 인간과 화합한다는 것으로 인간의 몸과 마음에 두루 존재한다는 의미이다.

'인무심합도(人無心合道)'의 무심(無心)은 인간의 유심(有心, 분

---

95) 「낭주덕산선감선사(郞州德山宣鑑禪師)」『경덕전등록(景德傳燈錄)』 권15, 『大正藏』 51, p.317c, "於己無事則勿妄求, 妄求而得亦非得也. 汝但無事於心, 無心於事, 則虛而靈空而妙."
96) 『경덕전등록(景德傳燈錄)』 권29, 『大正藏』 51, p.452c, "道無心合人, 人無心合道. 慾識個中意, 一老一不老."

별심)에 대하여 특별히 강조한 수행적 요구이다. 양개는 다음과 같이 말한 적이 있다. "반드시 마음과 마음이 사물에 걸리지 않게 하고, 걸음과 걸음이 일정한 장소가 없게 하라."97) "출가한 사람은 마음이 사물에 집착하지 않도록 해야 하노니, 이것이 참된 수행이다."98) 중생은 깨닫지 못하여 마음이 사물을 접촉할 때마다 사물에 집착하지만, 진정한 수행은 사물을 접촉하지 않고 집착하지도 않는 것이다. 이것이 무심이다. 다시 말해서 무심은 사물에 무심한 것이며, 사물을 추구하지도 않고 사물에 집착하지도 않는 것이다. 인간은 사물에 무심할 때에만 도와 계합(契合)할 수 있다. 즉 사물의 속박에서 초월하여 해탈할 때 비로소 도의 체를 체득하여 인식할 수 있는 것이다. 인간이 도를 체득하여 인간이 도와 계합하는 것이 바로 인간과 도가 합일되는 것이다. 도가 인간과 계합하는 것은 인간이 도와 계합하는 것과 다르다. 그 원인은 사람은 늙지만 도는 늙지 않는 데 있다. 늙는다는 것은 인간의 신체가 계속하여 변이(變異)한다는 것이며, 도는 늙지 않는다고 하는 것은 도는 변이하지 않고 영원하다는 것을 말한다. 생명이 짧은 인간이 영원한 도와 계합하면, 인간은 도에 귀속되며 영원한 도는 짧은 한계를 지닌 인간 속에 두루 존재하지만, 영원은 순간과 같지 않고 도는 인간과 다르다.

양개의 "도무심합인(道無心合人), 인무심합도(人無心合道)"라는 게송은 선림(禪林)에 중대한 영향을 미쳤다. 그의 제자 용아거둔(龍牙居遁)선사는 게송 18수를 지어 무심합도(無心合道) 사상을

---

97) 「균주동산양개선사(筠州洞山良价禪師)」, 『경덕전등록(景德傳燈錄)』 권15, 『大正藏』 51, p.322c, "直須心心不觸物, 步步無處所."
98) 「균주동산양개선사(筠州洞山良价禪師)」, 『경덕전등록(景德傳燈錄)』 권15, 『大正藏』 51, p.323b, "夫出家之人, 心不附物, 是眞修行."

고양하였다. 그중 3수를 인용하면 아래와 같다.

소를 찾으려면 반드시 발자국을 찾아야 하고 도를 배우려면 무심을
찾아야 하리라. 발자국이 있으면 아직도 소가 있어 무심의 도를 찾기
쉬울 것이다.
사람이 도를 배우려면 탐하고 구하지 말라. 모든 일에 무심하면 도와
계합하리라. 무심해야 비로소 무심의 도를 체득하리니 무심을 체득하
면 도 역시 쉬게 된다.
마음의 공은 도공의 편안함에 미치지 못한다. 도공과 심공은 그 모양
이 같다. 현지를 배우는 것은 도공에 도달한 사람이 아니면 설령 만
났다 해도 알기는 쉽지 않다.[99]

이 세 게송의 사상적인 요점은 세 가지이다. 첫째, 무심은 도를
배우는 근본과정이다. 둘째, 무심은 마음이 공한 것으로서 그 내용
은 탐하고 구하지 않는 것, 즉 만사만물에 대해서 탐내고 구하지 않
는 것이다. 셋째, 마음이 공한 것과 도가 공한 것은 형상은 같지만
현묘함을 배우는 자는 마땅히 무심으로부터 도와 계합하여 도의 공
에 도달해야 한다. 이것이 바로 '도(道)도 쉬는[道亦休]' 경지이다.

거둔(居遁)선사는 양개의 사상을 한 걸음 더 발전시켜 인간의 마
음[人心]과 도의 사상적 한계를 통하게 하여 인간의 마음과 도는
서로 차별이 없다고 생각하였다. 다음과 같은 기록이 남아 있다.

질문: "무엇이 도입니까?"
거둔선사: "다른 사람과 다르다는 마음이 없는 것이다." "어떤 사람이
다른 사람과 다르다는 마음이 없음을 체득하면 비로소 도인이다. 만

---

99) 『경덕전등록(景德傳燈錄)』 권29, 『大正藏』 51, p.453b, "尋牛須訪迹, 學道訪無心.
迹在牛還在, 無心道易尋. 夫人學道莫貪求, 萬事無心道合頭. 無心始體無心道, 體得
無心道亦休. 心空不及道空安, 道與心空狀一般. 參玄不是道空士, 一乍相逢不易看."

일 이것이 말뿐이라면 교섭할 길이 없다. 도를 닦는 수행자여, 그대들
은 활용하는 도인을 아는가? 하루 종일 옷 입고 밥 먹는 일을 제하고
는 털끝만큼도 다른 사람과 다르다는 마음이 없고, 사람을 속이려는
마음이 없어야 그가 비로소 도인이다. 만일 내가 얻었다거나 내가 알
았다고 하면 전혀 교섭할 길이 없다. 참으로 어려운 일이다.”100)

여기서 “도는 인간의 마음과 다름이 없다[道無異人心].”고 할 때
의 인심(人心)은 인간의 본심·진심을 가리키는 것으로서 무심을
말하는 것이다.101) 인간의 진심·무심이 바로 도이며, 도와 인간의
마음이 일치되는 것을 깨달을 수 있다면 선수행에 성공한 도인이
다. 이러한 경지에 도달하고자 한다면 일상생활 속에서 수시로 진
심을 보호하고, 진심이 손상되지 않도록 주의할 필요가 있으며, 그
렇지 않으면 도를 얻기는 어렵다.

무심합도(無心合道)와 즉사견리(卽事見理)는 일치되는 것이다.
이 둘은 석두종 사람들이 선수행의 과정과 도달하려는 경지에 대
한 표현방식의 차이일 뿐이다. 거둔(居遁)의 18수 게송 중에서 또
한 게송은 이렇다.

이마에서 흰 광채를 내는 몸이라도 현상을 보는 것이 어찌 이치에
친한 것 같으랴. 현상이 있음은 오직 이치가 있기 때문이나, 이치는
방편이어서 방편으로 하늘과 인간을 교화한다. 하루아침에 크게 깨달
아 모두 없어지면 바야흐로 일 없는 사람이라 불리리라.102)

---

100) 「호남용아산거둔선사(湖南龍牙山居遁禪師)」『경덕전등록(景德傳燈錄)』권17,『大
正藏』51, p.337c, “問: ‘如何是道?’ 師曰: ‘無異人心是.’ 又曰: ‘若人體得道無異人
心, 始是道人. 若是言說, 則勿交涉. 道者, 汝知打底道人否? 十二時中, 除却著依吃
飯, 無絲髮異於人心, 無誑人心, 此個始是道人. 若道我得我會, 則勿交涉, 大不容易.’”

101) 거둔은 게송에서 말하길: “오로지 문 앞의 나무만 생각하라. 까마귀가 머물고 날아가
는 것을 허용한다[唯念門前樹, 能容烏泊飛. 來者無心喚, 騰身不慕歸. 若人心 似樹,
與道不相違].”『경덕전등록(景德傳燈錄)』권29,『大正藏』51, p.452c.

이것은 이(理)가 사(事)에 비해 더욱 근본적이고, 이치를 보는 것이 사물을 보는 것에 비해 더 중요하다는 것을 말한다. 이치를 보는 것은 수행의 근본이고, 일단 사(事)와 이(理)가 원융함을 깨닫기만 한다면 해탈의 '일 없는 사람[無事人]'을 성취할 수 있다.

광일(匡逸)선사도 "옛 선덕이 이르길, '사람이 무심히 도에 합하고 도가 무심히 사람에게 합하여 사람과 도가 합하면 그것을 일 없는 사람이라 한다.'"103)고 하였다. 있는 그대로의 현상에서 이치를 보는 것[卽事見理]과 무심이 도와 계합하는 것은 둘 다 똑같이 '일 없는 사람[無事人]'이다. 이(理)와 도(道)는 서로 통하는 것이고, 이치를 보는 것과 도와 계합하는 것은 같은 일이다. 선수행의 실천에 있어서 무심과 현상을 보는 것은 통일된 것이다. 이것이 바로 일에 무심하고, 만사가 무심한 것이니[無心於事. 萬事無心], 이럴 때 비로소 이치를 보고 도와 계합하는 것[見理合道]이 되는 것이다.

위에서 서술한 바와 같이, 우두산(牛頭山)의 법융(法融)선사는 도신(道信)과 홍인(弘忍)의 동산 법문에서 제시한 '안심방편(安心方便)'설에 반대하고, '천심합도(天心合道)'설을 제창하였다. 법융이 말하는 '무심(無心)'은 심성이 본래 공한 것[心性本空]을 말하며, '도(道)'는 허공성(虛空性)·무분별성(無分別性)·무한성(無限性)·무소부재성(無所不在性)을 특징으로 하는 우주의 본질을 가리킨다. '무심합도(無心合道)'는 주체가 무심하여 우주만물이 허공처럼 텅 비고 본래 없다는 것을 깨치는 것이다. 법융이 말하는 도

---

102) 『경덕전등록(景德傳燈錄)』 권29, 『大正藏』 51, p.453a, "眉間毫相焰光身, 事見爭(怎)如理見親. 事有只因於理有, 理權方便化天人. 一朝大悟俱消却, 方得名爲無事人."

103) 「금릉보은광일선사(金陵報恩匡逸禪師)」, 『경덕전등록(景德傳燈錄)』 권25, 『大正藏』 51, p.411b, "不見先德云: '人無心合道, 道無心合人.' 人道旣合是名無事人."

(道)는 이(理)라고도 할 수 있으므로, '무심합도'는 '명심입리(冥心入理)'라고 할 수도 있다. 우두선의 무심합도 사상은 석두종 사람들에게 크게 영향을 끼쳤고, 이로써 석두종이 홍주종(洪州宗)과 하택종(荷澤宗)의 선법(禪法)과 구별되는 중요한 특징을 구성하게 되었다.

종밀(宗密)은 『선원제전집도서(禪源諸詮集都序)』 권상의 2에서 석두종과 우두종을 나란히 거론하면서 '민절무기종(泯絶無寄宗)'으로 함께 열거하였다.

> 민절무기종은 범인과 성인이 동등하고, 모두 꿈과 환상처럼 도무지 있는 것이 없다고 하였다. 본래 공적하여 없다는 것은 지금 시작된 것이 아니다. 이것은 무의 지혜에 도달하는 것으로서 얻을 수도 없는 것이다. 법계는 평등하여 불도 없고 중생도 없으며 법계라는 이름도 가명이다. 마음이 이미 없는데 누가 법계를 말하리? 수행도 없고 수행 아닌 것도 없고 부처도 없고 부처 아닌 것도 없다. 그 어떤 한 법도 열반보다 나은 것은 없으며 내가 말하는 것도 꿈과 같고 환상과 같다. 구속할 법도 없고 지을 부처도 없다. 지음이 있는 것은 모두 미망일 뿐이다. 이와 같이 본래 일 없는 데 도달하여 마음을 줄 곳이 없으면 바야흐로 전도를 면하게 되니 비로소 해탈이라 부른다. 석두선사와 우두선사가 산에서 내려와 모두 이런 이치를 보여 주었다.[104]

여기에서 종밀은 석두종과 우두종의 '무심합도(無心合道)' 사상의 공적한 성질을 제시하였는데, 이것은 물론 역사적 사실과도 부합되는 것이다. 하지만 종밀이 화엄선의 창도자로서, 화엄종의 이

---

104) 『大正藏』 48, p.402c, "泯滅無寄宗者, 說凡聖等法, 皆如夢幻, 都無所有. 本來空寂, 非今始無. 卽此達無之智亦不可得. 平等法界, 無佛無衆生, 法界亦是假名. 心旣不有, 誰言法界? 無修不修, 無佛不佛. 沒有一法勝過涅槃, 我說亦如夢幻. 無法可拘, 無佛可作. 凡有所作, 皆是迷妄. 如此了達本來無事, 心無所寄, 方免顚倒, 始名解脫. 石頭, 牛頭下至徑山, 皆是此理."

사원융(理事圓融) 사상이 석두종의 사람들에게 미친 영향과 이로 말미암아 초래된 석두종과 우두종의 사상적 차이에 대하여 지적하지 않은 점은 이해하기 힘든 부분이기도 하다.

제5절 무정설법(無情說法)

선종에서 산하대지와 수목화초(樹木花草) 등의 무정한 사물에도 불성이 있고 무정물이 성불할 수도 있다고 가장 먼저 말한 이는 우두종의 법융(法融)이다. 훗날 혜능의 제자 남양혜충(南陽慧忠)국사(國師)는 보다 진일보하여 무정한 것에는 불성만 있는 것이 아니라 무정물도 설법을 한다고 생각하였다. 이 무정설법은 무정물만 들을 수 있고 인간은 들을 수 없다. 석두종 사람은 이러한 사상의 영향으로 무정유성(無情有性)과 무정설법(無情說法) 사상을 함께 제창하였다.

석두희천이 제자의 물음에 다음과 같이 답한 적이 있다.

> 질문: "무엇이 선입니까?"
> 희천선사: "벽돌이다."
> 질문: "무엇이 도입니까?"
> 희천선사: "나무토막이다."[105]

---

[105] 「남악석두희천선사(南岳石頭希遷禪師)」, 『경덕전등록(景德傳燈錄)』 권14, 『大正藏』 51, p.309c, "問: '如何是禪?' 答曰: '磚礁.' 又問: '如何是道?' 師曰: '木頭.'"

이것은 질문하는 사람이 밖을 향하여 답을 찾는 것을 막기 위해 서이다. 이 회답은 희천이 도(道)와 선(禪)을 하나의 일로 보고 있음을 명확하게 설명한 것이면서 도로써 선을 논한 것이기도 하다. 그리고 그는 도와 선은 일체에 두루 미치어서 존재하지 않는 곳이 없다고 생각하였다. 무정한 사물인 벽돌이나 나무토막마저도 선이고 도인 것이다. 사실 이것은 무정유성(無情有性)설의 하나의 변형이다.

동산양개(洞山良价)는 혜충국사(慧忠國師)의 무정설법에 대해서 궁구하지 않았기 때문에 홍주종 사람인 위산영우(潙山靈祐)에게 가르침을 청한 적이 있었는데, 영우는 다시 운암담성(雲巖曇晟)에게 그를 데려가 소개하고 가르침을 청하였다.

> 운암에게 이르러 물었다. "무정설법을 어떤 사람이 듣습니까?"
> 운암이 답했다. "무정설법은 망정 없는 사람이 듣는다."
> 선사가 물었다. "화상께서는 들으셨습니까?"
> 운암이 말했다. "내가 들었다면, 그대는 나의 설법을 듣지 못하게 된다."
> 선사가 말하길, "그러면 양개는 호상의 설법을 듣지 못하겠습니다."
> 운암이 말하길, "그대는 나의 설법도 듣지 못하거늘 하물며 무정 설법이겠는가."
> 이에 선사는 운암선사께 게송을 지어 바치고 말하였다.
> "신기하고도 신기하여라. 무정설법의 부사의함이여. 귀로 들으려면 소리가 없으니 눈으로 들어야 알게 된다네."[106]

---

106) 「균주동산양개선사(筠州洞山良价禪師)」, 『경덕전등록(景德傳燈錄)』 권15, 『大正藏』 51, p.321c, "旣到雲巖問: '無情說法, 什麼人得聞?' 雲巖曰: '無情說法, 無情得聞.' 師曰: '和尙聞否?' 雲巖曰: '我若聞, 汝卽不得聞吾說法也.' 曰: '若恁麼卽良价不聞 和尙說法也?' 雲巖曰: '我說法汝尙不聞, 何況無情說法也.' 師乃述偈呈雲巖曰: '也 大奇, 也大奇, 無情說法不思議; 若將耳聽聲不現, 眼處聞聲方可知.'"

무정설법은 무정한 것만이 들을 수 있다는 점에서 운암과 혜충의 관점은 동일하다. 양개는 참구(參究)를 통하여, 무정설법은 불가사의한 것이며 인간의 감각기관으로는 직접 감지하기 어려운 것이고 언어문자로도 설명하기 어려운 것임을 깨닫게 되었다. 사람들은 일반적으로 귀로 소리를 듣고 눈으로 물질을 보지만, 무정설법은 '눈으로 소리를 들어야 비로소 알 수 있는 것이어서' 언어 외의 의미는 오직 자기의 마음으로 직접 체득하여야 깨달을 수 있는 것이다. 어쩌면 양개가 물을 건너면서 그림자를 보고 깨친 운암의 '그것 그대로이다(卽遮個是)'라는 의미는 무정설법을 들은 결과라고 말할 수 있지 않을까!

불교의 이론적인 사유에서 보면, 무정유성(無情有性)·무정설법(無情說法) 주장과 통하는 이론에 두 가지가 있다. 첫째는 중국 전통의 '도(道)는 존재하지 않는 곳이 없다.'는 이념을 흡수한 것인데, 이것이 진여는 고루 존재한다는 불교사상과 결합하여 도·진여는 무정한 것에도 두루 존재하므로 무정한 것에도 불성이 있어서 성불할 수 있으며 심지어 설법까지도 한다고 강조한 것이다. 둘째는 불교의 만법은 마음이 만드는 것이므로 만물은 마음을 떠나 존재할 수 없다는 이론인데, 무정한 사물도 역시 마음을 떠날 수 없으며 마음과 사물은 일체이고 마음은 지혜를 가지고 있고 불성이 있으므로 무정한 사물도 역시 지혜와 불성을 지니고 있다는 것이다. 이것은 우주의 본체와 주체의 본체를 분별한 것이다. 즉 객관과 주관 두 가지 방면에서 무정유성과 무정설법이라는 명제를 추론해 낸 것이다. 그러나 이러한 명제는 결코 불교의 각파가 모두 찬성한 것은 아니며 선종 내부에서도 하택종은 이와 상반된 입장을 견지하였다.

제6절 일심위종(一心爲宗)

오대(五代) 송나라 초기의 연수(延壽)는 법안종(法眼宗) 문익(文益)의 2대 제자이다. 그는 당시의 선풍(禪風)에 대하여 불만을 많이 품고 이렇게 말했다.

> "또 더러는 비심(非心)이니 비불(非佛)이니 비리비사(非理非事)에만 치우쳐서 말로 표현할 수 없음을 현묘한 것으로 삼는 이들도 많다. 이것은 단지 차전(遮詮)[107]의 병을 다스리기 위한 방편인 것을 알지 못하고, 이 방편에 집착하여 표적으로 오인하고, 도리어 표전(表詮)의 직접 가리키는 가르침을 믿지 않고, 실지를 잃어버리고 진심을 매각해 버리고 있다."[108]

당시의 일부 선사들[109]이 마음도 아니고 불(佛)도 아니며, 이(理)도 아니고 사(事)도 아니라고 똑같이 말하면서 이렇게 모든 설법을 다 부정한 것은 단지 참선(參禪)의 방편일 뿐임을 알지 못하는 것이라고 생각하였다. 이와 같이 불전(佛典) 가르침의 작용을 믿지 않고 부정하면, 세력이 반드시 헛되고 방탕하고 혼미한 쪽으로 흘러 진심을 매몰시킨다.

---

107) 遮詮, 表詮: 遮는 그른 것을 물리치는 것이고 表는 옳은 것을 나타내는 것이다. 詮은 사리를 갖추어 설명한 것을 말한다. 예를 들면 소금을 말할 때 '싱겁지 않다'고 부정어로 설명하면 遮詮이고, '짜다'고 긍정어로 표현하면 表詮이다.

108) 『만선동귀집(萬善同歸集)』 권상, 『大正藏』 48, p.959a, "如今多重非心非佛, 非理非事, 泯絶之言, 以爲玄妙, 不知但是遮詮治病之文, 執此方便, 認爲標的, 却不信表詮直指之敎, 頓遺實地, 昧却眞心."

109) 사실은 홍주종(洪州宗)과 석두종(石頭宗) 중 조동종(曹洞宗) 선사를 가리킨다.

연수는 법안종의 '선은 달마를 받들고, 교는 현수를 받든다[禪尊達摩, 敎尊賢首].'는 전통에 근거하여, 종밀의 화엄선의 사상적 노선을 수용하고, 선종 남종의 돈오(頓悟)와 화엄종의 원수(圓修)를 결합하여 '곧바로 돈오와 원수에 들어갈 것[直入頓悟圓修]'을 제창하고 선과 교(敎)의 통일에 주력하였다. 또 적극적으로 각 교의 교의를 조화하고 선(禪)과 정(淨)의 합일을 선양하고 선종이 나아가야 할 새로운 방향을 개척하는 데 깊은 영향을 끼쳤다.

선종과 기타 종파의 의리를 정리하여 불교의 사상을 통일하기 위하여, 연수는 그가 편찬한 백 권의 대작 『종경록(宗鏡錄)』에서 "일심을 종지로 삼는다[一心爲宗]."라는 명제를 제시하고, '심종(心宗)'으로써 불교 각종과 각파의 학설을 통일하는 데 있는 힘을 다하였다. 그가 설명한 일심(一心)사상과 화엄선의 심성론은 매우 유사하다. 연수는 각 종파를 정리하고 통합하여 남악 홍주종의 한계를 뛰어넘으려 하였으나, 실제로는 홍주종의 심성론 특히 홍주종의 선수행 방법과의 대립만을 표출하였다.

연수는 『종경록(宗鏡錄)』의 이름을 해석할 때, "일심을 세워 종지로 삼고 만물을 거울처럼 비춘다."110)고 하였다. '종(宗)'은 정종(正宗)·종지(宗旨)를 가리킨다. "일심을 세워 종지로 삼는다[擧一心爲宗]."는 것은 일심을 종지로 삼는다는 뜻으로서, 마음이 바로 종지, 즉 불교의 정종·종지라는 것이다. 사실 심종(心宗)도 선법(禪法)이고 선종(禪宗)이다. "만물을 거울처럼 비춘다[照萬物如鏡]."는 것은 만물을 관조(觀照)하기를 거울처럼 밝고 철저하게 한다는 의미이다. 연수는 불교교의 중에서 마음이 무엇보다도 중요하

---

110) 『종경록(宗鏡錄)』, 『大正藏』 48, p.417a, "擧一心爲宗, 照萬物如鏡."

고 중심이 되는 자리에 있고, 모든 존재는 마음이 만드는 것일 뿐이므로 "모든 법 중에서 마음이 으뜸이고"111) "온갖 밝음 중에서 마음의 밝음이 최상이다."112)라고 하였다. 그렇다면 연수는 마음의 내용과 공능에 대하여 어떻게 논술하였는가?

연수는 중생 성불의 근원을 제시하는 각도에서 마음을 설명하였다. 그는 "지금의 배우는 사람에 맞추어서 심성(心性)을 깨닫고 명백히 하는 곳에 따라 마음을 세워 종지로 삼는다."113)고 말했다. 그는 심성을 분명하게 밝히는 것을 중시하였는데, 그가 말하는 마음이란 진심(眞心)과 본심(本心)을 가리키는 것이며, 진여심(眞如心)·자성청정심(自性淸淨心)·여래장(如來藏)이라고도 한다. 그는 또 이렇게 말했다.

> 일승의 법이란 곧 한마음이요, 다만 한마음을 지킬 뿐이니 곧 마음의 진여문[心眞如門]이다. ……마음은 형색이 없어서 뿌리도 없고 머무름도 없으며 태어남도 없고 사라짐도 없으며 또한 각관(覺觀)으로서 행할 만한 것도 없다. 만약 관행(觀行)이 있다면, 이는 곧 수(受)·상(想)·행(行)·식(識)이다. 이는 본래 마음이 아니요, 모두가 유위(有爲)의 공용(功用)이다. 모든 조사는 이 마음으로써 마음에 전하였고 통달하면 인가(印可)하였으며 다시 다른 법이 없다. ……마음에서 생긴 것은 모두 허깨비와 같으니, 진심을 바로 알기만 하면 그대로가 진실이다.114)

---

111) 『종경록(宗鏡錄)』 권2 『大正藏』 48, p.423b, "一切法中, 心爲上首."

112) 『종경록(宗鏡錄)』 권2 『大正藏』 48, "一切明中, 心明爲上."

113) 『종경록(宗鏡錄)』 권1, 『大正藏』 48, p.417c, "約今學人隨見心性發明之處, 立心爲宗."

114) 『종경록(宗鏡錄)』 권2, 『大正藏』 48, p.426a, "一乘法者, 一心是. 但守一心, 卽心眞如門. ……心無形[無]色, 無根無住, 無生無滅, 亦無覺觀可行. 若有可觀行者, 卽是受想行識, 非是本心, 皆是有爲功用. 諸祖只是以心傳心, 達者印可, 更無別法. ……從心所生, 皆同幻化, 但直了眞心, 自然眞實."

‘각관(覺觀)’이란 추측하고 사유하고 찾고 구하는 작용을 말한다. 불이 중생을 교화하여 성불로 인도하는 교법은 오로지 일심(一心)을 말하는 것, 즉 사람들이 진여묘심(眞如妙心)을 지키도록 하는 것이다. 선종의 여러 선사들은 마음에서 마음으로 전하여[以心傳心], 본심에 곧바로 도달한 자에 대해서는 인가(印可)를 하였으며, 이 이외의 다른 법은 결코 없었다. 일반적인 심식활동에 의하여 생겨난 것은 모두 허깨비와 같이 변화하므로 진실하지 않지만 진심을 직접 깨달아 알기만 한다면 그대로가 진실하다는 것이다. 연수는 이 진심이야말로 중생성불의 기초라고 본 것이다.

심성을 진심으로 정립함과 동시에, 연수는 다시 심의 내용과 구조에 대해서도 설명하였는데, 『종경록(宗鏡錄)』 권34에 이렇게 설명되어 있다.

> 어떤 사람이 물었다. “매양 여러 경전에서 들건대, 미혹하면 때가 끼고, 깨치면 청정해지며, 방종하면 범부이고, 수행하면 성인이라고 하는데, 세간과 출세간의 모든 존재를 낼 수 있는 이것은 어떤 물건입니까?” (이는 공능과 뜻의 작용을 질문한 것이다.) 답하기를, “그것은 마음이다. (이름을 들어 답하였다) 어리석은 자는 이름만 알면 이미 알았다고 할 것이나, 지혜로운 자는 다시 물을 것이다. ‘무엇이 마음입니까?’ (그 체의 특징을 묻는다) 답하기를, ‘아는 그것이 바로 마음이다.’ (그 본체를 가리킨다)115) 이 한마디 말이 가장 친밀하고 가장 적절한 것이다.”116)

---

115) 이상 네 개 괄호 안의 문자는 일부 판본에서는 본문으로, 일부 판본에서는 주석으로 하고 있다. 주석으로 하는 것이 옳다고 본다.

116) 『大正藏』 48, p.616c, “設有人問: ‘每聞諸經云, 迷之卽垢, 悟之卽淨, 縱之卽凡, 修之卽聖, 能生世出世間一切諸法, 此是何物? (此擧功能義用問也)’ 答云: ‘是心. (擧名答也) 愚者認名, 便爲已識’, 智者應更問: ‘何者是心? (徵其體也)’ 答: ‘知卽是心, (指其體也) 此一言最親最的.’”

이 글은 마음의 명(名)·체(體)·용(用)을 언급한 것이다. 연수는 마음은 이름이고, 세간과 출세간의 모든 사물이 생길 수 있는 것은 마음의 작용이라고 생각하였다. 체(體)로 말하면, '아는 것이 마음[知卽是心]'이라는 것에서 '아는 것[知]'은 마음의 체이며, 마음이 되는 까닭의 체성(體性)이다. 그렇다면 여기에서 아는 것[知]은 무엇을 가리키는가? 진심이 본래 가지고 있는 체성으로서, 지(知)는 상지(常知)를 분명히 아는 것이다. 연수는 지(知)의 함의를 해석할 때 다음과 같이 말하였다.

> 어찌하여 여러 부처님의 가르침이 필요합니까?"
> 대답: "안다고 하는 것은 증득하여 아는 것이 아니고, 뜻으로 진정한 성품을 말하자면 허공이나 목석과는 다르기 때문에 안다고 말하는 것이다. 경계를 반연하여 분별하는 알음알이 같은 것이 아니고, 본체를 비추어 분명히 통달하는 지혜 같은 것도 아니며. 바로 진여의 성품인 자연상지이다."117)

연수가 말하는 '지(知)'는 진여의 성품, 즉 마음이 본래 가지고 있는 체성[本有體性]을 가리킨다. 이것은 외계사물에 대한 주관의 분별적인 '식(識)'과 다를 뿐만 아니라 체성을 관조하여 깨달아 실상(實相)을 요달한 성자(聖者)만 독자적으로 갖추고 있는 '지혜[智]'와도 다르다. 연수는 이러한 지(知)는 일종의 '해지(解知)'이지 '증지(證知, 智)'가 아니라고 생각하였다. 그는 중생의 자체적인 해

---

117) 『大正藏』 48, p.615a, "問: "旣云性自了了常知, 何須諸佛開示?" 答: "此言知者, 不是證知, 意說眞性, 不同虛空, 木石, 故云知也. 非如緣境分別之識, 非如照體了達之智, 直是眞如之性, 自然常知."

지는 교의(敎義)의 인증이 필요하다고 하면서 남양 혜충의 말을 인
용하였다. "선종의 법이란 마땅히 부처님의 말씀인 일승요의(一乘
了義)에 의거하여야 본원의 마음자리에 계합하고 서로 전하고 받
아 부처님의 도와 같아지는 것이다."118) 이것은 교의를 본원의 심
지로 취해야 함을 강조하고, 심성을 밝혀 깨달음에 도달해야 불도
와 같아진다는 것을 강조한 것이다. 연수는 해지(解知)와 해오(解
悟)의 기초 위에서 수행과 학습을 계속함으로써 진지(眞知)와 증오
(證悟)를 구해야 여실하게 불교의 진리를 체험하고 깨달아 진성을
드러내고 불의 경지에 들어갈 수 있다고 생각하였다.

연수는 마음이 성(性)과 상(相), 즉 체(體)와 용(用) 두 단계를
지니고 있다고 생각하였다.

> 성과 상의 두 문은 자기 마음의 체와 용이다. 작용은 갖추고 있어도
> 항상함의 체성을 잃으면 마치 물이 없는데 물결이 있는 것과 같다.
> 만약 체성을 얻었다고 해도 미묘한 작용의 문이 없으면 마치 물결이
> 없는데 물이 있는 것과 같다. 아직까지 물결이 없는 물은 있지 않았
> 고, 일찍이 축축하지 않은 물결은 없었다. 물결로써 물의 근원을 꿰
> 뚫고, 물로써 물결의 끝을 궁구하는 것은 마치 성이 다하면 상이 드
> 러나서 상이 성의 근원에 도달하는 것과 같다.119)

이것은 마음의 성·상과 체·용이 물과 물결처럼 서로를 이루어
함께 공존하는 관계임을 말하는 것이다. 즉 본(本)과 말(末), 본원

---

118) 『종경록(宗鏡錄)』 권1, 『大正藏』 48, p.418c, "禪宗法者, 應依佛語一乘了義, 契取
本原心地, 轉相傳授, 與佛道同."
119) 『종경록(宗鏡錄)』 권1, 『大正藏』 48, p.416b, "性相二門, 是自心之體用. 若具用而
失恒常之體, 如無水有波; 若得體而缺妙用之門, 似無波有水. 且未有無波之水, 曾
無不濕之波. 以波澈水源, 水窮波末, 如性窮相表, 相達性源."

(本源)과 현상(現象)이 서로가 서로를 드러내는 관계를 말하고 있
는 것이다. 연수는 또 마음의 성·상, 체·용(性相體用)과 마음의
공(空)·유(有), 이(理)·사(事), 진(眞)·속(俗)을 소통하고 대비시
켜 설명하였다.

> "이 공(空)과 존재[有]의 두 문은 본체[理]와 현상[事]의 두 문이기도
> 하고, 성품[性]과 모양[相]의 두 문이기도 하고, 체성[體]과 작용[用]
> 의 두 문이기도 하고, 진(眞)과 속(俗)의 두 문이기도 하다. ……서
> 로 돕고, 서로 받아들이고, 서로 옳다고 하고, 서로 그르다고 하고,
> 서로 두루 미치고, 서로 이루고, 서로 해치고, 서로 빼앗고, 서로 일
> 치하고, 서로 따로 존재하고, 서로 덮고, 서로 위배하면서, 하나하나
> 가 이와 같이 저마다 융통하게 된다. 이제 한마음의 성품이 없는 문
> 으로써 한꺼번에 다 거두어들이니, 이름과 뜻이 함께 끊어지고, 경과
> 관이 함께 녹아서, 뜻에 계합되고 말을 잊고 다 함께 종경으로 돌아
> 간다.120)

'무성(無性)'은 곧 상공(相空)이다. 이것은 공유(空有)·이사(理
事)·성상(性相) 등 서로 다른 두 문이 서로서로 원융, 회통한다는
것을 말한다. 지금 '일심무성(一心無性)'의 법문으로써 공유(空有)
·이사(理事)·성상(性相) 등의 두 문을 다 거두어 이름과 이치를
다 끊어 없애고, 주객이 서로 원융하고, 말을 잊고 이치와 계합하
여 함께 선지(禪旨)로 돌아간다는 것이다.

여기서 우리가 주목할 가치가 있는 것은 연수가 이사(理事)와 성
상(性相)·체용(體用)·진속(眞俗)·공유(空有)를 통하게 했을 뿐

---

120) 『종경록(宗鏡錄)』 권8, 『大正藏』 48, p.458c, "此空有二門, 亦是理事二門, 亦是性
相二門, 亦是體用二門, 亦是眞俗二門, ……或相資相攝, 相是相非, 相遍相成, 相
害相奪, 相卽相在, 相覆相違, 一一如是, 各各融通. 今以一心無性之門. 一時收盡,
名義雙絶, 境觀俱融, 契旨忘言, 咸歸宗鏡."

만 아니라 이사(理事)를 특히 중시하여, "어찌하여 오직 일심을 세워 종경으로 삼습니까?"라는 질문에 답할 때, "이 일심법은 이와 사를 원만하게 갖추고 있다."121)고 한 것이다. 마음속의 이사원융(理事圓融)이 일심을 세워 종경으로 삼은 근본 원인임을 강조하고 있는 것이다. 그는 『만선동귀집(萬善同歸集)』 권상에서, 만법은 오직 마음일 뿐[萬法唯心]이므로 수행은 반드시 이사(理事)에 의지해야 한다고 지적하고, 아울러 이사관계를 다음과 같이 설명했다.

> 이와 사는 그 뜻이 그윽하여 밝히기 어렵다. 그러나 자세히 추구하여 보면 같지도 않고 다르지도 않다. 그러므로 성의 진실한 이치[理]와 상의 텅 비어 공한 현상[事]은 그 역용이 서로 통하고, 펴고 거두는 것도 동시에 일어난다. ……사(事)는 이(理)로 인해 세워지고, ……이(理)는 사(事)로 인하여 드러난다. ……만약 사(事)를 떠나 이(理)만을 추구하면 성문의 어리석음에 떨어질 것이고, 또 이(理)를 떠나 사(事)를 행하면 범부의 집착과 같을 것이다. ……속진에 함께하여도 걸림이 없이 인연 따라 자재하니, 하는 일마다 불사 아닌 것이 없다.122)

이것은 이와 사가 같지도 않고 다르지도 않은 관계여서, 마땅히 이사원융의 사상으로써 수행을 지도하면 자유자재하게 인연 따라 되는 대로 일체의 수행이 모두 불사(佛事)가 된다는 것이다.

연수는 위에서 설명한 내용을 갖추고 있는 진심은 범부와 성인

---

121) 『종경록(宗鏡錄)』 권2, 『大正藏』 48, p.424c, "云何唯立一心, 以爲宗鏡", "此一心法, 理事圓備."

122) 『大正藏』 48, p.958b, "若論理事, 幽旨難明. 細而推之, 非一非異. 是以性實之理, 相虛之事, 力用交徹, 舒卷同時. ……事因理立, ……理因事彰. ……若離事而推理, 墮聲聞之愚; 若離理而行事, 同凡夫之執. ……同塵無閡, 自在隨緣. 一切施爲, 無非佛事."

에게 두루 있다고 생각하여, "모든 법계, 시방의 제불, 대보살들, 연각, 성문, 일체 중생이 모두 이 마음과 같다."123)고 하였다. 이 일심법(一心法)은 "대비의 아버지이고, 반야의 어머니이며, 법보의 창고이며, 만행의 근원이다."124) 중생이 진심을 깨달으면 바로 불의 지혜를 이루게 된다는 것이다. 연수는 결론적으로 진심이 중생 성불의 근원임을 강조한 것이다.

석두종 내부에서도 심성론에 대한 각파의 구체적인 관점은 비록 다른 점은 있어도 기본적인 주장은 일치한다. 이상으로 우리는 석두종의 심성론에 대하여 간략히 논술하면서 살펴보았다. 그 가운데서 가장 주의해 볼 점은,

첫째, 석두종 심성론의 기본이 되는 것은 진심(眞心, 本心)설이란 것이다. 이 진심설은 남종의 하택종 계열의 심성론과 보조를 같이했을 뿐만 아니라 남종 홍주종 계열의 심성론과도 결코 다르지 않다. 따라서 진심설(眞心說)을 연구하고 이해하고 파악하는 것은 혜능 계열의 선종과 나아가서는 선학(禪學) 이론 전반을 열 수 있는 열쇠가 된다.

둘째, 석두종 계열의 조동종과 운문종과 법안종 삼종은 희천의 영원(靈源)과 그 지파(枝派), 이(理)와 사(事), 본(本)과 말(末)의 사상을 계승하여, 내재적인 심성의 개발을 중시하였고, 사리원융(事理圓融)·종사견리(從事見理)·즉사이진(卽事而眞) 사상을 부각시켰다. 그러나 이 삼종 간에는 일정한 차이점도 있다. 상대적으로

---

123) 『종경록(宗鏡錄)』 권2, 『大正藏』 48, p.424c, "一切法界, 十方諸佛, 諸大菩薩, 緣覺, 聲聞, 一切衆生, 皆同此心."
124) 『종경록(宗鏡錄)』 권2, 『大正藏』 48, p.424c, "是大悲父, 般若母, 法寶藏, 萬行原."

말하면, 조동종은 이사원융(理事圓融)을 가장 중시하였고, 마음의 본각(本覺)도 중시하였으며, 운문종은 일체현성(一切現成)을 강조하였고, 법안종은 진유심조(盡由心造)를 부각시켰으며, 사리원융에 대해서도 말하였다.

셋째, 석두종 사람들은 화엄선과 우두선 사상을 수용하여, 지(知)를 심체(心體)로 삼아 이사원융(理事圓融)을 말하였고, 또한 무심합도(無心合道)를 제창하기도 하였다. 해지(解知)와 무지(無知)의 사이를 어떻게 조화하고, 이사원융과 무심합도를 어떻게 통일시킬 것인가, 선사들은 비록 이론적으로는 소통을 시켰으나 해지(解知)와 무심(無心)을 모두 바깥 사물에 집착하지 않는 것으로 정립하였고, 이(理)와 도(道)를 대응시켜 동등시한 점들은 아직 이론적으로 어려운 점이 남아 있는 것 같다.

넷째, 석두종 사람들은 불교의 진유심조(盡由心造)라는 기본사상을 계승하였으나, 외계의 사물이 어떻게 마음으로부터 만들어지는가는 적지 않은 선사들을 곤혹스럽게 하였던 큰 문제였다. 동시에 석두종은 도가의 최고범주인 '도(道)'를 흡수하여, 회도(會道)와 합도(合道)를 강조하였다. 이와 같이 만물 본원으로서의 마음과 만물의 최고 궁극적 존재로서의 도는 심성론의 가장 기본적인 범주가 되었는데, 마음과 도를 철학적인 사유의 과정에 어떻게 관통시킬 것인가는 선사들이 저술할 때에도 어려운 점이 있었던 것 같다.

다섯째, 석두종의 심성론은 이사(理事)관계와 심물(心物)관계에 대한 설명을 중시한 까닭으로 송명이학과 심학의 발생에 끼친 영향은 지극히 깊고도 엄청난 것이었다.

제19장 홍주종(洪州宗)의
평상심시도설(平常心是道說)

홍주종(洪州宗)은 남악 회양(懷讓) 문하의 마조도일(馬祖道一, 709~788)이 개창한 문파이다. 마조가 홍주(洪州, 지금의 江西省 南昌市 일대)에 거주하면서 선풍(禪風)을 떨쳤기 때문에 홍주종이라고 한다. 마조도일의 선법을 계승한 위앙종(潙仰宗), 임제종(臨濟宗) 및 임제종에서 파생되어 나온 양기파(楊岐派)와 황룡파(黃龍派)는 모두 홍주종 법계에 속한다. 이 계열은 후세에 선종의 정계(正系)로 인정받았다. 서술상 편의를 위하여, 여기서는 단지 마조도일과 그의 문도였던 백장회해(百丈懷海), 대주혜해(大珠慧海), 회해(懷海)의 제자 황벽희운(黃檗希運), 위산영우(潙山靈祐) 및 영우(靈佑)의 문도 앙산혜적(仰山慧寂) 등의 심성사상을 살펴보고, 임제종의 심성사상에 대해서는 별도의 장(章)에서 따로 논한다.

마조도일 이래로 홍주선은 혜능(慧能)과 회양(懷讓)의 성정자오(性淨自悟) 방향을 따르고, 진일보하여 선(禪)의 선명하고 강렬한 생활의 의미를 부각시켰으며, 중생이 일상생활을 하는 가운데서 하

는 모든 것은 언제 어디서나 모두가 진리의 체현이고, 중생의 마음
이 일어나고 생각이 움직이는 것, 눈썹을 치세우고 눈을 깜빡이는
것 등의 모든 활동과 표현은 다 불성이 드러난 것이고, 그 모든 것
이 진실한 가치와 의의를 지니고 있다고 생각하였다. 홍주종은 '자
연에 순응하여[順乎自然]', 마음과 생각을 쉬고 선악에 대해서도
생각하지 않을 것을 제창하였으며, 나아가서는 '평상심이 도[平常
心是道]'라는 심성론의 새로운 체계를 구성하였다.

'평상심시도(平常心是道)'라는 이 심성론의 명제는 홍주종이 추
진한 생활선(生活禪)의 이론적인 기초가 되었다. '평상심시도(平常
心是道)'는 '즉심즉불(卽心卽佛)', '비심비불(非心非佛)'로도 표현
되며, 나중에는 '무심시도(無心是道)' 등의 설법으로 나타났다. 홍
주종의 심성론과 종풍(宗風)은 일상적인 분별과 동작을 허망한 것
으로 보는 북종이나, 일체는 모두 꿈과 환상이며 본래 일 없다는
우두종의 관점과 다르고, 언설을 세우고 지혜를 중시하는 하택종의
품격과는 매우 큰 차이가 있다.

제1절 평상심시도(平常心是道)와 촉류시도(觸類是道)

홍주종 사람들은 나고 죽는 것에 물들지 않고, 가고 머무는 데
자유로운 경지를 추구하기 위하여, 중생 깨달음의 근거와 성불의
근원을 지속적으로 탐구하여 '평상심이 도[平常心是道]'라고 하는
명제를 제시하고, 평상심을 중생 성불의 근원으로 간주하였다. 평

상심이란 무엇인가? 또 '평상심이 도'라고 하는 것은 어떤 것인가?
마조도일은 이렇게 말하였다.

> 도(道)는 닦을 것이 없으니 물들지만 말라. 무엇을 물든다고 하는가.
> 생사심(生死心)으로 작위와 지향이 있게 되면 모두가 물드는 것이다.
> 그 도를 당장 알려고 하는가? 평상심(平常心)이 도이다. 무엇을 평상
> 심이라고 하는가? 조작이 없고, 시비가 없고, 취하고 버림[取捨]이
> 없고, 단상(斷常)이 없으며, 범부와 성인이 없는 것이다. ……지금
> 가고 머물고 앉고 눕고 하는 일상생활과 인연 따라 중생을 이끌어
> 주는 이 모든 것이 도이다. 도는 바로 법계이니, 갠지스강의 모래처
> 럼 많은 오묘한 작용까지도 이 법계에서 벗어나지 않는다.125)

마조도일의 문도(門徒)였던 남전보원(南泉普願, 748~834)은 조
주종심(趙州從諗, 778~897)을 맞이하여 교화할 때, 역시 이것으
로써 일깨웠다. 사료에 이렇게 기록되어 있다.

> 남전 스님께 조주가 물었다. "무엇이 도입니까?"
> 남전 스님이 답하였다. "평상심이 도이니라."
> 조주가 다시 물었다. "그러면 닦아 나아갈 방향이 있습니까?"
> 남전 스님이 답했다. "향하기만 하여도 어긋나느니라."
> 그래도 조주는 의심이 나는 듯 다시 물었다.
> "닦지 않는다면 어떻게 도를 알겠습니까?" 이에 남전 스님이 자세히
> 설명하였다. "도는 아는 데 속하는 것이 아니며 알지 못하는 데 속하
> 는 것도 아니다. 안다는 것은 허망한 지각[妄覺]이고, 알지 못한다는
> 것은 무기(無記)이다. 만약 참으로 의심할 것이 없는 도에 통달한다
> 면, 허공이 시원스럽게 탁 트인 것과 같으니, 어찌 구태여 말로 다투

---

125) 『경덕전등록(景德傳燈錄)』 권28, 『大正藏』 51, p.440a, "道不用修, 但莫汚染. 何爲
汚染? 但有生死心, 造作趣向, 皆是汚染. 若欲直會其道, 平常心是道, 謂平常心無
造作, 無是非, 無取舍, 無斷常, 無凡無聖. ……只如今行住坐臥, 應機接物, 盡是道.
道卽是法界. 乃至河沙妙用, 不出法界."

겠느냐?” 조주는 이 말 끝에 단박 깨달았다.126)

이 글 뒤의 게송은 이렇게 말했다.

봄에는 꽃 피고 가을엔 달 밝고,
여름엔 바람 불고 겨울엔 눈 내리니,
쓸데없는 생각만 마음에 두지 않으면,
언제나 한결같이 좋은 시절일세.127)

소위 ‘평상심(平常心)’이란 “조작(造作)이 없고, 시비(是非)가 없고, 취사(取舍)가 없고, 단상(斷常)이 없고, 범부와 성인이 없는” 마음이며, “하찮은 일에 걸리지 않는” 마음이다. 즉 중생이 본래 갖추고 있고, 일부러 조작하지 않고, 분별을 하지 않는 본심(本心)·성심(聖心)을 말한다. 이것은 미혹과 깨달음을 포괄하며, 일방적인 그 어떤 정체심에도 기울어지지 않는 중생의 일상적이고 현실적인 마음이다. 평상심은 천연성(天然性)·정체성(整體性)·현실성이라는 특징을 갖추고 있으며, 평상심은 가고 머물고 앉고 눕는 등 일상생활의 기거동작에서 나타난다.

위에서 인용한 이른바 ‘도’, ‘도는 곧 법계[道卽是法界]’라고 말하는 ‘법계’는 불법의 경지이다. 도일(道一) 스님은 또 “도는 색상이 아니다.”128)라고 하여, 도는 장애가 없고 형상도 없는 것이라고 하였다. 또 “도는 바로 마음인데, 마음을 가지고 다시 마음을 닦을

---

126) 『무문관(無門關)』, 『大正藏48』, p.295b, “南泉因趙州問如何是道, 泉曰: ‘平常心是道.’ 州云: ‘還可趣向否?’ 泉云: ‘擬向卽乖.’ 州云: ‘不擬爭知是道?’ 泉云: ‘道不屬知, 不屬不知; 知是妄覺, 不知是無記. 若眞達不擬之道, 猶如太虛, 廓然洞豁, 豈可强是非也!’ 州於言下頓悟.”

127) 『무문관(無門關)』, 『大正藏48』, p.295b, “春有百花秋有月, 夏有凉風冬有雪; 若無閑事挂心頭, 便是人間好時節.”

128) 『고존숙어록(古尊宿語錄)』 권1 상책, p.2, 북경, 중화서국, 1994, “道非色相”.

수는 없다."129)라고 하였다. 이것은 도는 마음인데, 마음 그 자체가 마음을 닦을 방법이 없다는 말이다. 이와 같이 도는 수행에 속하는 것이 아니고 단지 체득해야 알 수 있는 것이다. 그래서 다시 "대도를 체득하여 알라."130)고 말하는 것이다.

다시 말해서 도는 일종의 체득해서 깨쳐야 하는 직각(直覺)의 대상경지이다. 보원(普願) 스님도 도는 "마치 허공처럼 확 트여서 넓고", "도는 알고 모르는 것에 속하는 것이 아니다."라고 하였다. 아는 것[知]과 모르는 것[不知]이라는 이원(二元)적이고 상대적인 방식에서 맴돌아서는 도를 깨치는 데 심각한 장애가 된다. 여기에서 말하는 '도'는 불도(佛道)를 말하는 것으로서, 현상(現象)을 초월하고, 형상을 초월하며, 시공을 초월하고, 인식을 초월하는 성불의 경지이다. 이러한 경지는 마치 허공과 같아서 광대하고 공활하며 적정하고 투철하다. 도는 초월적인 것이며, 일체의 상을 떠난 것이다. 또한 내재적인 것이며 마음과 다른 것이 아니다. '도는 바로 마음'이라고 할 때의 이 마음은 별다른 마음이 아니라 바로 평상심이다. 중생이 현실의 마음에 따라 취하고 버림이 없고, 집착하는 것이 없고, 시비를 분별하지 않는, 이런 자연스러운 동작이 바로 도를 체현(體現)하는 것이며, 이것이 바로 도이다. 이것이 바로 '평상심이도'라는 것이다. 이처럼 홍주종 사람들은 현실적인 사람들의 마음과 불도를 연계하고 소통시켜 양자가 서로 통하고 서로 대등한 것으로 봄으로써 성불의 근거와 과정에 새로운 학설을 제공하였다.

---

129) 『원각경대소초(圓覺經大疏鈔)』 권3의 하, 『속장경(續藏經)』 제1집 · 제14조 · 제3책, p.279, "道卽是心, 不可將心還修於心."

130) 『고존숙어록(古尊宿語錄)』 권1 상책, p.5, "體會大道".

홍주종 사람들은 '평상심이 도'라는 명제에 대하여 논증을 진행하였다. 논증에는 두 개의 단계가 있다. 하나는 마음이 만법의 근본이라고 생각한 것이고, 둘은 마음의 활동이 바로 불성의 작용이라고 강조한 것인데, 후자가 논증의 중점이다.

혜능(慧能)과 회양(懷讓)은 일관되게 마음이 만법을 낳는다는 사상을 선양하였다. 회양은 "일체 만법은 모두 마음에서 생겨난다."131)고 하였으며, 도일(道一)도 "일체의 법이 모두 마음의 법이고, 일체의 이름도 다 마음의 이름이며, 만법은 모두 마음에서 생겨나니 마음이 만법의 근본이다."132)라고 하였다. 도일의 2대 제자 황벽희운(黃檗希運, ?~850)도 "이 법이 곧 마음이고, 마음 외에는 법이 없다. 이 마음이 곧 법이고, 법 외에는 마음이 없다."133)고 하였다. 여기서 말하는 '법'은 주로 불법을 가리키는 것이다. 남종의 선사들은 불법과 존재하는 모든 것들은 다 마음에서 생기는 것이며, 마음 밖에 존재하는 것이 아니므로 마음이 근본이라고 생각하였다. 그러므로 마음은 중생이 수행하여 성불하는 근본이고, 종교를 실천하는 중추여서, 가장 관건이 되는 의의를 가지고 있는 것이라고 강조하였다. 그러나 일반적으로 말로만 설명하는 마음의 작용은 공허하고 실속이 없어서, 홍주종 사람들은 마음의 활동과 표현 방면에서 논증하였다.

마음의 활동이 곧 불성의 작용이라는 측면에 대한 논증에서, 홍

---

131) 『고존숙어록(古尊宿語錄)』 권1 상책, p.2, "一切萬法, 皆從心生."

132) 『경덕전등록(景德傳燈錄)』 권28, 『大正藏』 51, p.440a, "一切法皆是心法, 一切名皆是心名, 萬法皆從心生, 心爲萬法之根源."

133) 『황벽산단제선사심법요(黃檗山斷際禪師心法要)』, 『大正藏』 48, p.380b, "此法卽心, 心外無法; 此心卽法, 法外無心."

주종 사람들은 다시 현상('立處')과 진여, 마음과 본성의 관계라는
두 가지 상관관계에서 설명을 전개하였는데, 도일(道一)선사는 이
렇게 말했다.

> 여러 가지가 성립되지만 모두 한마음에서 비롯된 것이다. 세울 수도
> 있고, 없앨 수도 있는 것이 모두 오묘한 작용이며, 모두 자신의 일이
> 다. 진리를 떠나서는 설 곳이 없으니, 서는 곳이 바로 진리이며, 모두
> 가 자신의 본바탕이다. 그렇지 않은 자라면 또 어떤 사람인가? 모든
> 것이 다 불법이니, 모든 것은 곧 해탈이다. 해탈이란 바로 진여이니,
> 모든 것은 진여에서 벗어나지 않는다. 가고 머물고 앉고 눕는 모든
> 것이 생각으로는 헤아려 볼 수 없는 작용이며, 때를 기다려서 이루어
> 지는 것이 아니다.134)

이 글의 뜻은 모든 현상과 사상(事象)이 다 자기 마음의 오묘한
작용이라는 것이다. 결코 마음의 진실(진여)을 떠나 별도의 현상이
있는 것이 아니어서 현상이 곧 마음의 진여라는 것이다. 모든 현상
은 다 불법(佛法)이 드러난 것이고, 진여에서 나온 것이며, 중생이
가고 멈추고 앉고 눕는 것[行住坐臥] 모두가 마음이라는 진여의
불가사의한 묘용이라는 것이다.

위 인용문 중의 "진리를 떠나서는 설 곳이 없으니, 서는 곳이 바
로 진리이다."라는 것은 승조(僧肇)의 『부진공론(不眞空論)』에 나
오는 유명한 구절의 일부분인데, 이는 진리의 세계와 현실적 존재
사이의 분리되지도 않고 같지도 않은[不離相卽] 관계를 설명한 것

---

134) 『경덕전등록(景德傳燈錄)』 권28, 『大正藏』 1, p.440a, "種種成立, 皆由一心也. 建
　　　立亦得, 掃蕩亦得, 盡是妙用, 妙用盡是自家. 非離眞而有立處, 立處卽眞. 盡是自家
　　　體. 若不然者, 更是何人? 一切法皆是佛法, 諸法卽解脫, 解脫者卽眞如. 諸法不出
　　　於眞如, 行住坐臥, 悉是不思議用, 不待時節."

이다. 이것은 중국의 고유사상에서 이상과 현실은 서로 연결되어 있고 서로 같다[相連相卽]는 사유의 영향 아래 형성된 매우 중요한 이념이다. 이 이념을 훗날 불교학자들이 우주의 현상과 본질의 관계, 중생과 불의 관계, 나아가 현실행위와 본원 진심과의 관계 등을 이해하고 파악하는 데 심원한 영향을 끼쳤다. 도일은 승조의 이 문구를 인용하여, 중생의 현실적인 심령의 전체가 다 진실이고, 중생의 일상행위도 다 심진여의 작용이라는 것으로 확대하여, 비종교적인 수행범주에 속하는 평범한 세속행위도 모두 불성의 표현으로 귀결시켰다.

사람의 모든 동작이 다 불성의 작용이라는 홍주종의 논거에 대하여 종밀(宗密)은 다음과 같이 총괄하여 말했다.

> 사대로 된 골육과 혀, 이, 눈, 귀, 손발은 스스로 말하고 보고 듣고 움직일 수 없다. 지금 한 생각이 끝나면, 온몸은 변하거나 무너지지 않으나, 입은 말할 수 없고, 눈은 볼 수 없고, 귀는 들을 수 없고, 다리는 갈 수 없고, 손은 만들 수 없다. 그러므로 말을 하고 동작을 하는 것은 반드시 불성임을 알 수 있다.[135]

홍주종 사람들의 관점에 의하면, 인간의 육체 자체는 말을 하거나 동작을 할 수 없으며 그것이 말을 하고 움직일 수 있는 것은 불성의 지배 결과라는 것이다. 이것은 현상과 본체의 관계라는 각도에서 현상 그 자체는 본체의 지배를 받는다는 것을 강조한 것이다.

---

135) 『원각경대소초(圓覺經大疏鈔)』권3의 하, 『속장경(續藏經)』제1집 · 제14조 · 제3책, p.279, "四大骨肉, 舌齒眼耳手足. 并不能自語言見聞動作. 如一念今終, 全身都未變壞, 卽便口能不語, 眼能不見, 耳不能聞, 脚不能行, 手不能作, 故知語言作者, 必是佛性."

"불성은 모든 것이 여러 가지로 차별되어 있는 것이 아니고, 모든 것을 여러 가지로 차별되게 할 수 있는 것이다."136) 즉 불성은 현상이 아니라 현상의 근원을 낳는 것이며, 현상은 본체가 드러난 것임을 말하는 것이다. 이러한 의미에서 볼 때, 현상과 그것을 발생한 근원은 구별되지 않는다고 할 수 있다.

홍주종에서는 중생의 현실적인 행위로 나타난 모든 것은 다 불성의 작용이고, 중생 평상심의 개별 혹은 전체는 불성의 작용이 직접 발휘된 것이라고 생각하였다. 종밀은 이에 대해 홍주종은 단지 '인연에 따른 작용[隨緣用]'만 말할 뿐 '자성의 작용[自性用]'에 대해서는 설명하지 못했다고 논평하였다. 말하자면, 인연에 따른 심성의 활동에 맡길 뿐이어서, 심성의 내재적인 영지(靈知)의 작용이 아니고, 진(眞)과 망(妄)을 분별하지 못하여, 불교의 수행에 도움이 되지 않는다는 것이다.

홍주종의 주장은 남양혜충(南陽慧忠, 法을 펼친 연대는 722~769)선사에 의해 다시 "몸은 무상하지만 심성은 항상하다[身無常而心性是常]."는 관점으로 귀결되었지만, 그것은 "형상은 사라져도 정신은 사라지지 않는다[形滅神不滅]."는 외도(外道)의 사상이라고 하여 배척되었다. 역사의 기록은 이렇다.

> 남양 혜충국사께서 선객에게 물었다: "어디서 왔는가?" "남방에서 왔습니다."라고 답하자, 국사께서: "남방에는 어떤 선지식이 있는가?"라고 물으니, "선지식이 아주 많습니다."라고 하였다. 국사께서 "어떻게 사람을 가르치던가?" 하고 물으니, "그곳의 선지식들은 당장에 바

---

136) 『원각경대소초(圓覺經大疏鈔)』 권3의 하, 『속장경(續藏經)』 제1집 · 제14조 · 제3책, p.279, "佛性非一切差別種種, 而能作一切差別種種."

로 학인들에게 '마음이 곧 부처요, 부처는 깨닫는다는 뜻이다. 그대
들은 지금 보고 듣고 깨닫고 아는 성품을 모두 갖추고 있는데, 이 성
품은 눈썹을 치세우고 눈을 깜박이고 가고 옴에 활용되는 등 온몸에
두루 미쳐 있다. 머리를 만지면 머리가 알고 다리를 찌르면 다리가
안다. 그러므로 정변지라고 부른다. 이것을 떠나서 따로 부처는 없다.
이 몸에는 생멸이 있지만, 심성은 비롯함이 없는 옛날부터 생멸한 적
이 없다. 몸이 생멸한다는 것은 용이 환골하고 뱀이 껍질을 벗는 것
과 같고, 사람이 헌 집을 나서는 것과 같다. 몸은 이처럼 무상하나
그 성품은 항상하다. 남방에서 말씀한 것은 대략 이렇습니다."
혜충국사가 말했다. "만약 그렇다면, 외도와 다를 바가 없다. 그들은
말하기를, '나의 이 몸에는 하나의 신비한 성품이 있어서 이 성품이
고통과 질병을 안다. 그러다가 몸이 무너지면 정신이 떠나는데, 마치
집에 불이 나면 집주인은 밖으로 나가서, 집은 무상하고 집주인은 항
상한 것과 같다.' 이런 것을 깊이 살펴보면, 그릇된 것과 바른 것을
분별할 수 없으니 어느 쪽이 옳은가? 내가 전에 행각을 다닐 때에도
이런 무리를 많이 보았는데 요즘은 더욱 번성하고 있다. 삼백 명이나
오백 명이 되는 대중을 모아 놓고 눈으로 사람들을 바라보면서 말하
기를 '이것이 남방의 종지'라고 한다. 그들은 『단경』을 이리저리 바
꾸고, 천한 말을 덧붙이고 섞어서 성인의 뜻을 삭제하고 후학들을 어
지럽히니, 어찌 가르침이라 하겠는가? 괴로운 일이로다, 우리의 종이
망하는구나! 만일 보고 듣고 깨닫고 아는 것을 불성이라고 한다면 『정
명』은 '법은 보고 듣고 깨닫고 아는 것을 떠났다.'고 하지 않았으리
라. 만일 보고 듣고 깨닫고 아는 것만 행한다면, 이는 보고 듣고 깨
닫고 아는 것이지 법을 구하는 것이 아니다."137)

---

137) 『경덕전등록(景德傳燈錄)』 권28, 『大正藏』 51, pp.437c∼438a, "南陽慧忠國師問禪
　　客: '從何方來?' 對曰: '南方來.' 師曰: '南方有何知識?' 曰: '知識頗多.' 師曰: '如
　　何示人?' 曰: '彼方知識直下示學人: 卽心是佛, 佛是覺義. 汝今悉具見聞覺知之性,
　　此性善能揚眉瞬目, 去來運用, 遍於身中. 挃頭頭知, 挃脚脚知, 故名正遍知, 離此之
　　外, 更無別佛. 此身卽有生滅, 心性無始以來未曾生滅. 身生滅者, 如龍換骨, 蛇脫
　　皮, 人出故宅. 卽身是無常, 其性常也. 南方所說大約如此.' 師曰: '若然者, 與彼先
　　尼外道無有差別. 彼云: 我此身中有一神性, 此性能知痛痒. 身壞之時神則出去, 如
　　舍被燒, 舍主出去, 舍卽無常, 舍主常矣. 審如此者, 邪正莫辨, 孰爲是乎? 吾比游
　　方, 多見此色, 近尤盛矣! 聚却三五百衆, 目視云漢, 云是南方宗旨. 把他『壇經』改
　　換, 添糅鄙譚, 削除聖意, 惑亂後徒, 豈成言敎? 苦哉! 吾宗喪矣! 若以見聞覺知是佛
　　性者', 『淨名』不應云: '法離見聞覺知, 若行見聞覺知, 是則見聞覺知, 非求法也.'"

이 글에서 홍주종은 스스로 남방의 종지는, 몸은 생멸이 있으나 성품은 생멸이 없는 것, 즉 몸은 무상하지만 성품은 항상한 것[身無常, 性是常]에 귀결되는 것으로 보았다고 파악된다. 혜충은 성[心性, 佛性, 靈知] 불멸설이 영혼 불멸설과 같으며, 이는 사실상 일종의 형멸신불멸(形滅神不滅)을 주장하는 외도의 그릇된 설과 같은 것이라고 보았다. 또한 혜충은 남방의 종지는 『단경(壇經)』의 사상을 왜곡하고, 선종의 정신을 상실시킨 것으로 생각하였다. 이것은 선종 내부의 첫 번째 신멸신불멸(身滅神不滅)의 논쟁이기도 하다.

종밀과 혜충 등의 비평에 대응하기 위하여, 훗날 일부 홍주종 선사들은 중생의 일상적인 행위는 마음의 작용일 뿐만 아니라 성품이 드러난 것이라고 말하였다. 그들이 인용한 논거는 전해 내려오는 인도 이견왕(異見王, 보리달마의 숙부)과 바라제존자(波羅提尊者, 인도 제27조 般若多羅門의 제자)의 문답이다. 바라제는 "성품을 보는 것이 불이다[見性是佛]."라고 주장하였고, 아울러 견성(見性)은 중생의 일상적 행위 중에 표현되는 것임을 강조하였다. 이 문답은 현재 『경덕전등록(景德傳燈錄)』 권3의 '제28조 보리달마' 전(傳)에 남아 있으며, 그것은 『보림전(寶林傳)』의 기록에 근거한 것으로 아마도 홍주종 문하의 견해로 추측된다. 내용은 다음과 같다.

> "무엇이 부처인가?" 하고 왕이 물으니, 바라제가 답하기를, "견성을
> 하면 부처입니다." …… 왕이 말하길, "성품이 어느 곳에 있나이까?"
> 존자가 답하기를, "작용하는 데 있습니다." 왕이 말하길, "이 무엇이

홍주종 계열의 주장은 훗날 송명 이학자(理學者)들의 비평을 받았는데, 이러한 주장은 견문각지에 대한 범론이고, 마땅히 해야 할 것과 해서는 안 될 것을 분별하지 못한 것이며, 오로지 마음만 이야기할 뿐 성품에 대해서는 명확하지 않아서 불교의 도덕성, 순정성과 장엄성을 해쳤다고 질책하였다.

작용입니까?” …… 바라제가 게송으로 말하였다. “태중에 있을 때에
는 몸이요, 세상에 처할 때에는 사람이요, 눈에 있어서는 보는 것이
요, 귀에 있어서는 듣는 것이요, 코에 있어서는 냄새 맡는 것이요, 혀
에 있어서는 말하는 것이요, 손에 있어서는 잡는 것이요, 발에 있어
서는 걸어 다니는 것으로서, 펴 놓으면 갠지스강의 모래 수와 같은
세계에 가득 차고, 거둬들이면 하나의 티끌 속에 들어가나니, 아는 이
는 이것을 불성이라 하고, 모르는 이는 정혼(精魂)이라 하나이다.”138)

여기서 말하고 있는 성품의 작용은 태아와 인간의 몸이 보고 듣
고 깨닫고 아는[見聞覺知] 활동을 가리키고, 불성과 중생의 견문각
지는 그 어떤 차별도 없다고 생각하는 것이다. “성품을 보는 것이
불이다[見性是佛].”라는 것은 중생의 일상적인 견문각지와 불성이
다름이 없음을 깨달아 알면, 이것이 바로 불성이 드러난 것이고,
이렇게 성품을 보는 것이 불이라는 것을 설명한 것이다.

송대의 이학자 주희는 여러 차례에 걸쳐 홍주종 사람들이 ‘작용
하는 것이 성품이다[作用是性]’라는 설을 비평하였고, 하택종 사람
들의 “‘지’라는 한 글자는 온갖 오묘한 문이다[知之一字, 衆妙之
門].”라는 설도 비평하였다. 아울러 이 두 종파의 비평을 연계하여
둘 다 ‘체(體)’를 무시하고 ‘용(用)’을 중시한다고 생각하였다. 실제
로 이 두 종파의 설은 다른 것이다. 예를 들면, 종밀(宗密)은 비록
하택종과 홍주종이 일률적으로 ‘심성을 바로 드러내는 종[直顯心
性宗]’에 귀결되는 것으로 파악하였지만, 하택선과는 달리 홍주종
의 선에는 ‘자성용(自性用)’이 결핍되어 있다고 격렬하게 비평하였

---

138) 『경덕전등록(景德傳燈錄)』 권3, 『大正藏』 51, p.218b, “問曰: ‘何者是佛?’ 答曰:
    ‘見性是佛.’ …… 王曰: ‘性在何處?’ 答曰: ‘性在作用.’ 王曰: ‘是何作用?’ ……波羅
    提卽說偈曰: ‘在胎爲身, 處世名人, 在眼曰見, 在耳曰聞, 在鼻辨香, 在手談論, 在
    手執捉, 在足運奔, 遍現俱該沙界, 收攝在一微塵, 識者知是佛性, 不識喚作精魂.’”

다. 주희의 관점에 의하면, '성(性)'은 체(體)이고 '지(知)'는 용(用)
이다. 이렇게 위에서 논한 양종의 논설을 모두 '용(用)'을 '체(體)'
로 삼는 것으로 귀결시킴으로써 하택종의 '지(知)'의 심체(心體)적
의의를 지워 버렸던 것이다.

홍주종 사람들의 '평상심시도(平常心是道)'라는 명제는 선종사
(禪宗史)에 있어서 중요한 이론적 의의와 실천적 의의를 지니고 있
다. 마조(馬祖)는 바깥에서 구할 필요 없이 자기의 마음을 직관하
는 '직지인심(直指人心)'을 강조하였다. 마조의 후계자들은 한 걸
음 더 나아가 사려(思慮)를 분석할 필요 없이, 단지 자신이 갖추고
있는 불성을 철저히 깨달아 아는 것만이 불의 경지를 성취하는 것
이라고 강조하였다. 이것이 진보하여 명확하게 제시된 것이 바로
'직지인심(直指人心), 견성성불(見性成佛)'139)이라는 주장이다. 동
시에 그것은 또 현실 생활의 일상적인 표현 중에서 자신이 갖추고
있는 불성을 깨달아 알고 불의 경계를 철저히 깨달을 것을 강조하
였다. 그리고 심성(心性)의 체용(體用)관계 문제에 있어서는 과거
에 마음의 본체[心體]를 자각하는 것을 중시하던 것에서 회귀하여,
마음의 작용을 철저하게 깨닫는 것의 가치를 강조하는 쪽으로 전
환하였다. 하택종 사람들은 마음의 본체, 즉 영지(靈知)의 작용을
중시하여, "'지'라는 한 글자는 온갖 묘한 문[知之一字, 衆妙之
門]"이라고 생각하였다.

홍주종 사람들은 이와는 달리 자기 마음을 바로 보는 것[直指]을
불성으로 삼았으며, 자기 마음의 작용은 모두 불성의 표현이며,

---

139) "직지인심(直指人心), 견성성불(見性成佛)"은 황벽희운(黃檗希運)이 가장 먼저 명확
하게 표현하고 설명하였다(「황벽산단제선사전심법요(黃檗山斷際禪師傳心法要)」,『大
正藏』 48, p.384a).

"'지'라는 한 글자는 온갖 재앙의 문"140)이라고 생각하였다. 하택종과 홍주종이 심성론에 있어서 대립하게 된 요지는 전자는 형이상학적인 영지(靈知)의 작용을 부각시킨 데 비해, 후자는 심령(心靈)의 현실적인 작용을 부각시킨 점이다. 또 전자는 심성의 본체에 대한 탐구와 토론을 중시하였다면, 후자는 심성의 현실적인 작용을 긍정하고 중시하였다. 확실히 홍주종의 주장은 한층 더 감성화(感性化)·경험화(經驗化)·생활화(生活化)·행위화(行爲化)하는 것을 특징으로 하고 있는데, 특히 남종이 이를 환영하고 수용하여 하택종의 지위를 대신하였다.

하택종의 영지설은 중생이 본래 갖추고 있는 반야지혜와 절대적인 깨달음을 강조하였다. 이는 의심할 나위 없이 인간의 주체성을 확인하고 찬미한 것이다. 이와 마찬가지로 홍주종의 '평상심시도(平常心是道)'설도 일종의 철저한 주체화(主體化) 이론이다. 홍주종의 설은 심령 중의 미망(迷妄)과 깨달음[覺悟]을 분석하여 구별하지 않고, 모든 평상심이 도이고, 모든 마음의 작용이 불성의 체현(體現)이라고 하였다. 이것은 홍주종 사람들이 현실의 인생을 긍정한 것이고, 인간이 감성적 존재임을 긍정한 것이다. 인도불교사에 있어서 이렇게 세간의 현상에 대하여 대담하고 광범위하게 긍정한 것은 일찍이 없었던 일이다. 이는 인간의 주체성을 새로 발굴하고 개척한 것이며, 인간의 주체성을 충분히 철저하게 확인한 것이고 찬양한 것이다.

홍주종의 '평상심시도(平常心是道)' 주장은 선(禪)을 생활화하고

---

140) 『대혜보각선사어록(大慧普覺禪師語錄)』 권16, 『大正藏』 47, p.879b, "知之一字, 衆禍之門."

행위화하는 쪽으로 이끌었다. 가고 머물고 앉고 눕는[行住坐臥] 등의 일상적인 생활과 행위가 모두 불성의 체현이라면, 불성(佛性)·불도(佛道)·진리는 중생 자신의 외부 세계에 존재하는 것이 아니고, 수행을 하거나 자기 마음에 본래 가지고 있던 깨달아 아는 힘을 빌려서 얻는 것도 결코 아니며, 중생이 일상생활에서 행위로 실천하는 가운데 이미 완전하게 갖추어져 있는 것이다. 일상생활이 바로 선수행이고 선이라고 할 수 있다. 홍주종은 보통의 생활실천에 새로운 의의를 부여하였고, 동시에 선수행을 일상생활이나 일상행위의 궤도 위로 전이시켰다. 이것은 일종의 생활화된 선이고 행위화된 선이며 생활화된 불교이자 행위화된 불교이다. 이렇게 가장 평상적인 세속행위 속에서 불성의 작용을 체현하고 선정(禪定)의 묘미가 넘치게 해야 한다는 주장은 불교의 실천을 위한 새로운 천지와 새로운 길을 열었으며, 선이 일상적인 행위를 자연스럽게 하는 가운데서 생동·활발함·자연·소박함·유연함·유머·정숙함·엄격 등 다양한 자태의 기풍을 충분히 발현하게 하였다.

'평상심이 도[平常心是道]'라는 것은 '부딪히는 모든 것이 도[觸類是道]'라는 것이기도 하다. 종밀은 『원각경대소초(圓覺經大疏鈔)』 권3의 하에서 홍주종의 선법을 총결하면서 "부딪히는 모든 것이 도이니 마음에 맡긴다."[141]고 하였다. '촉류시도(觸類是道)'는 사상적인 주장이며, '마음에 맡기는 것[任心]'은 선수행의 실천이다. 종밀은 촉류시도(觸類是道)에 대해 다음과 같이 해석하였다.

마음을 일으키고 생각을 움직이고, 손가락을 퉁기고, 기침하고, 눈썹

---

141) 『속장경(續藏經)』 제1집·제14조·제3책, p.279, "觸類是道而任心".

을 치세우는 등 하고 짓는 행위가 모두 불성 전체의 작용이지, 다른
제2의 주재자는 없다. 밀가루로 여러 가지 음식을 만들어도 하나하나
의 음식은 다 밀가루이듯이, 불성도 역시 그렇다. 탐ㆍ진ㆍ치 전체가
선악을 짓고 고락을 받기 때문에, 그 하나하나가 다 불성이다.142)

여기서 '촉류(觸類)'는 선악(善惡)과 고락(苦樂) 심지어 탐(貪)ㆍ진
(瞋)ㆍ치(痴)까지도 포함하는 사람들의 일상적인 모든 행위, 즉 인
류의 모든 행위와 동작을 가리킨다. '도(道)'는 불도(佛道)이자 불
성(佛性)이기도 하고 불사(佛事, 불이 하는 일)이기도 하다. 위의
글은 인간의 모든 동작과 행위가 모두 불성이고, 모두 불성 전체의
작용이라고 생각한다는 것이다. 홍주종 사람들의 입장에 의하면,
인간의 행위와 동작은 평상심의 체현이기 때문에, '부딪히는 모든
것이 도'이고, '평상심(平常心)'이 모두 '도(道)'라는 것이다. 그러
므로 두 명제의 의미는 동일한 것이다.

'촉류시도(觸類是道)'라는 표현형식은 승조(僧肇)의 『부진공론
(不眞空論)』의 '촉사이진(觸事而眞)' 관념의 영향을 직접 받은 것
이다. 승조는 "도가 멀리 있다고 하겠는가? 부딪히는 모든 것이 다
진리이다! 성인이 멀리 있다고 하겠는가? 사물의 이치를 체득하면
신성과 함께하는 것이다!"143)라고 말한 적이 있다. '도(道)'는 부처
의 도[佛道]와 부처의 진리[佛理]이다. '사(事)'는 사상(事象)이나
현상을 말하고, '진(眞)'은 진실이나 진리를 가리킨다. '촉사이진(觸
事而眞)'은 천차만별의 현상이 상주(常住)하는 진실한 진리의 체현

---

142) 『속장경(續藏經)』 제1집ㆍ제14조ㆍ제3책, p.279, "起心動念, 彈指ㆍ謦咳ㆍ揚眉, 固
所作所爲, 皆是佛性全體之用, 更無第二主宰. 如麵作多般飮食, 一一皆麵, 佛性亦
爾. 全體貪ㆍ瞋ㆍ痴, 造善惡, 愛苦樂故, 一一皆性."

143) 『조론(肇論)』, 『大正藏』 45, p.153a, "道遠乎哉? 觸事而眞! 聖遠乎哉? 體之卽神!"

이고, 이를 다시 말하면 '도(道)'이기도 하고 불도(佛道)이기도 하다. 선종 사람들은 '촉(觸)' 자를 애용하였다. 예를 들면 '부딪히는 모든 것은 다 밝다[觸物皆明]', '부딪치는 모든 것이 다 도이다[觸類是道]', '눈에 닿는 모든 것이 불성이다[觸目皆是佛性]' 등이 그런 것이다. 이것은 오로지 마음을 안으로만 관찰하지 말 것을 강조하고, 일체의 현상에서 깨달음을 얻고 눈앞의 현상에서 진실을 파악하고 해탈을 구할 것을 강조한 것이다.

'마음에 맡기는 것[任心]'에 관하여, 종밀은 다음과 같이 해석하였다.

> 마음에 맡긴다고 하는 것은 업을 쉬고 정신을 기르는 데로 가는 문이다. 이른바 악을 짓거나 선을 닦는 마음을 일으키지 않는다고 말하는 것도 도를 수행하는 것이 아니다. 도는 곧 마음이니, 마음을 가지고 다시 마음을 닦을 수는 없다. 악도 역시 마음이니, 마음으로 마음을 끊을 수는 없다. 끊지도 않고 짓지도 않고, 자유롭게 맡겨 두는 것을 해탈인이라 하고 과량인(규격을 초월한 훌륭한 사람)이라고도 한다. 구속할 법도 없고, 지을 불도 없다. 무엇 때문인가? 심성 이외에 얻을 수 있는 것은 한 법도 없기 때문이다. 그러므로 오직 마음에 맡기는 것을 수행이라고 한다.[144]

이것은 '마음에 맡기는[任心]' 방법과 내용과 이유를 설명한 것이다. 즉 심성(心性) 외에는 불법이 없고, 중생의 마음이 바로 불성이기 때문에 마음에 맡겨야 한다는 것이다. 마음에 맡기면서도 마음을 일으키지 않는다는 것은 의도적으로 선을 닦거나 악을 끊는

---

144) 『원각경대소초(圓覺經大疏鈔)』 권3의 하, 『속장경(續藏經)』 제1집 · 제14조 · 제3책, p.279, "言任心者, 彼息業養神之行門也. 謂不起心造惡修善, 亦不修道. 道卽是心, 不可將心還修於心; 惡亦是心, 不可以心斷心. 不斷不造, 任運自在, 名爲解脫人, 亦名過量人. 無法可拘, 無佛可作. 何以故? 心性之外, 無一法可得, 故云但任心卽爲修也."

등의 불사를 하는 것이 아니고, 심성에 맡겨 마음이 자연스럽게 하
도록 두었을 때 정신의 해탈에 도달할 수 있다는 것이다.

제2절 청정본심(淸淨本心)과 견문각지(見聞覺知)

위에서 이미 언급한 바와 같이, 일부 홍주종 사람들은 중생의 일
상적 행위는 마음의 작용일 뿐만 아니라 불성이 드러난 것이라고
생각하였다. 회해(懷海)와 희운(希運)의 제자들도 심성의 체용(體
用)관계에 대하여 이론적 색채가 매우 풍부한 논술을 하였다.

선종의 심요(心要)를 잘 드러내어서 항상 제자들이 인용한 회해
(懷海, 720~814)의 말이 있다.

> 신령스런 광명 홀로 빛나니 육근육진을 멀리 벗어났도다.
> 본체가 참되고 항상함을 드러내니 문자에 걸림이 없도다.
> 심성은 물들지 않아 본래 원만하나니
> 허망한 인연만 떠나 버리면 곧 여여한 부처라네.145)

'신령스런 광명이 홀로 빛나다[靈光獨耀]', '본체가 참되고 항상
함을 드러내다[體露眞常]', '심성은 물들지 않는다[心性無染]'는
것은 모두 심성의 본체를 형용하는 것이다. 위의 글은 대단히 유명
한 것으로, 심성은 청정하고 원만하게 이루어져 있어서 모든 것을

---

145) 『고존숙어록(古尊宿語錄)』 권1 상책, p.8, "靈光獨耀, 逈脫根塵, 體露眞常, 不拘文
字; 心性無染, 本自圓成, 但離妄緣, 卽如如佛."

고요하고 밝게 비추는 공능을 지니고 있다는 뜻이다.

심성은 현상에 따라 작용을 일으키며, 작용을 함으로써 본체가 뚜렷하게 드러나 보이게 한다. 또 심성은 미혹하고 허망한 인연에서 벗어나기만 하면 그 즉시 불과 같아진다. 이것이 회해(懷海)가 심성의 체용과 성불의 관계에 대한 문제를 종합적으로 설명한 요강이다. 회해는 한 걸음 더 나아가 중생은 심성이 작용하지 않으면 견문각지(見聞覺知)에 속박된다고 강조하였다. 그는 "단지 지금처럼 하나하나의 경계와 법에 물들지도 않고 알음알이[知解]에 의지하지도 않으면 이것이 바로 자유인이다."146)라고 하였다. 또 "견문각지에 속박되지 않고, 모든 경계에 미혹되지 않고, 자연스럽게 신통묘용을 갖춘 것이 해탈인이다."147)라고 하였다. '지해(知解)'는 중생이 사려 분별로 세운 견해를 말한다. '견문각지(見聞覺知)'는 심식(心識)이 바깥 경계[外境]와 접촉하는 작용을 말한다. 안식(眼識)의 작용은 보는 것이고, 이식(耳識)의 작용은 듣는 것이며, 비(鼻)·설(舌)·신(身) 세 가지 식의 작용은 느낌[覺]이고, 의식(意識)의 작용은 지(知)이다. 견문각지는 마음의 체가 드러나는 것, 즉 작용인데, 만약 견문각지에 국한되면 곧 속박되어버리고 만다. 만약 중생이 견문각지의 속박을 받지 않는다면 그가 바로 자유인이고 해탈인이다.

희운(希運)은 더 나아가 회해의 관점을 이렇게 말했다.

---

146) 『고존숙어록(古尊宿語錄)』 권1 상책, p.16, "只如今於一一境法都無受染, 亦莫依住知解, 便是自由人."

147) 『경덕전등록(景德傳燈錄)』 권6, 『大正藏』 51, p.250a, "不被見聞覺知所縛, 不被諸境所惑, 自然具足神通妙用, 是解脫人."

본래 근원이 청정한 이 마음은 중생의 세계와 제불의 세계, 산과 물, 모양이 있는 것과 없는 것 등 시방세계가 모두 평등하여 너다 나다 하는 생각이 없다. 이 본래 근원이 청정한 마음은 항상 스스로 뚜렷이 밝아서 두루 비추고 있는데도 세상 사람들은 깨닫지 못하고, 오직 보고 듣고 느끼고 아는 것을 마음으로 생각하고, 견문각지에 덮여서 정교하고 밝은 본체를 보지 못하고 있다. 그러나 당장에라도 무심하기만 하면 본마음 자리가 스스로 나타나서, 밝은 햇살이 허공에 떠올라 시방을 두루 비추듯 장애가 없어진다. 그러므로 도를 배우는 사람들은 오로지 보고 듣고 느끼고 아는 일거일동을 마음이라고 오인하는 것이다. 이 보고 듣고 느끼고 아는 것을 텅 비워 버리면, 마음 길이 끊어져서 들어갈 틈이 없어진다. 다만 보고 듣고 느끼고 아는 곳에서 본래 마음을 인식하더라도, 본래 마음은 견문각지에 속하지도 않고, 그렇다고 해서 견문각지를 떠나 있는 것도 아니다. 그러므로 견문각지에서 견해를 일으켜서도 안 되고, 또 견문각지에서 생각을 움직여서도 안 된다. 또 견문각지를 떠나서 마음을 찾아서도 안 되며, 또 견문각지를 떠나 법을 취해서도 안 된다. 그렇게 즉하지도 않고 떠나지도 않고, 머물지도 않고 집착하지도 않고, 종횡으로 자재하면 도량 아닌 곳이 없다.148)

이것은 홍주종 사람들이 본심과 각지의 관계에 대하여 아주 전면적으로 논술한 것이다. 그 요점은 다음과 같이 몇 가지로 정리해 볼 수 있다. (1) '본원청정심(本源 淸淨心)'은 일종의 중생·제불·산하 내지 온 세계를 전혀 차별하지 않는 마음의 본체이다. (2) '본원청정심'은 정교하고 밝은 본체이며, 뚜렷이 밝아서 두루

---

148) 『황벽산단제선사전심법요(黃檗山斷際禪師傳心法要)』, 『大正藏』 48, p.380 bc, "卽此本源淸淨心, 與衆生諸佛, 世界山河, 有相無相, 遍十方界, 一切平等, 無彼我相. 此本源淸淨心, 常自圓明遍照. 世人不悟, 只認見聞覺知爲心, 爲見聞覺知所覆, 所以不睹精明本體. 但直下無心, 本體自現. 如大日輪升於虛空, 遍照十方, 更無障碍. 故學道人唯認見聞覺知施爲動作, 空却見聞覺知, 卽心路絶無入處. 但於見聞覺知處認本心, 然本心不屬見聞覺知, 亦不離見聞覺知. 但莫於見聞覺知上起見解, 亦莫於見聞覺知上動念, 亦莫離見聞覺知覓心, 亦莫離見聞覺知取法. 不卽不離, 不住不著, 縱橫自在, 無非道場."

비추는 공능을 갖추고 있지만, 중생이 이를 깨닫지 못함으로써 견문각지를 마음으로 삼고 진정한 본체의 마음을 보지 못한다. (3) 중생은 당장 무심하여야 한다. 즉 직접 본심으로 깊이 들어가 체득하고, 마음이 견문각지에 집착하지 않으면 본체를 드러낼 수 있으니, 그것이 바로 '신령스런 광명 홀로 빛나, 육근과 육진을 멀리 벗어난 것'이다. (4) 중생은 반드시 견문각지로부터 본심을 체득하여 깨달아야 한다. 그렇지 않으면 '마음길이 끊어져 들어갈 곳이 없다[心路絶無入處].'는 것이다. (5) 견문각지는 본심이 아니지만, 본심이 견문각지와 떨어져 있는 것도 아니다. 양자는 부즉불리의 관계이므로, 견문각지 위에서 생각을 움직이고 견해를 일으키는 것이 아닐 뿐만 아니라 견문각지를 떠나서 본심을 찾거나 불법을 구할 수도 없다.

이러한 사상의 요점은 두 가지로 요약할 수 있다. 첫째, 본원인 마음은 청정하고 원만하고 밝아서 일체를 두루 비추고, 견문각지와 같지 않으며, 중생은 견문각지로써 본심을 뒤덮을 수 없다. 둘째, 본심도 견문각지를 떠나 홀로 존재하지 않으며, 중생도 견문각지를 벗어날 수 없으므로, 자신의 생명 현상을 벗어나 본심을 체득하여 깨달을 수는 없다. 이것은 본심과 견문각지의 구별을 확인하고, 동시에 견문각지가 없으면 본심도 없고, 견문각지를 떠나서 본심을 체득하여 깨달을 수도 없다는 것을 강조하고, 견문각지 하는 가운데서 그 본체를 볼 것을 주장한 것이다. 이것은 일종의 심성의 체용불이론(體用不二論)이며, 작용에서 본체를 보는 심성론이다.

제3절 즉심즉불(卽心卽佛)과 비심비불(非心非佛)

'평상심이 도'라는 명제는 중생 '자신이 보배 창고'이며, 마음 그 자체가 불심이고, 도이며, 불이라는 것이다. 마조도일(馬祖道一)은 이 명제의 기초 위에서 다시 표리(表裏)의 두 가지 측면에서 중생심과 불심이 다르지 않다는 사상을 다음과 같이 설명하였다.

> 여러분, 각자 자기의 마음이 부처임을 믿으시라. 이 마음이 바로 부처의 마음이다. 달마대사는 남천축국으로부터 몸소 중국에 오셔서 상승인 일심법을 전하여 지금 그대들을 깨닫게 하였다. 또 『능가경』을 인용하여 중생의 마음을 증명하셨으니, 그대들이 전도되어 이 일심법이 각자에게 있음을 믿지 않을까 두려웠던 것이다. 그러므로 『능가경』에서 '부처의 말씀은 마음을 종지로 삼고, 무문을 법문으로 삼는다.'고 하였다. 또 '모든 법을 구하는 자는 구하는 것이 없어야 하고, 마음 밖에 따로 부처가 없고, 부처 밖에 따로 마음이 없다.'고 하였다.[149]

마조의 제자 대주혜해(大珠慧海)가 마조에게 선법을 가르쳐 줄 것을 청하자, 마조는 몽둥이로 혜해의 머리를 치며 말했다.

> 나의 이곳에는 한 물건도 없는데 무슨 불법을 구한단 말인가? 자기의 보배 창고는 돌아보지 않고, 자기를 버리고 이리저리 다니면서 무엇을 하려는가![150]

---

149) 『경덕전등록(景德傳燈錄)』 권6, 『大正藏』 51, p.246a, "汝等諸人, 各信自心是佛, 此心卽是佛心. 達摩大師從南天竺國來, 躬至中華, 傳上乘一心之法, 令汝等開悟, 又引『楞伽經』文, 以印衆生心地. 恐汝顚倒, 不自信此心之法各各有之, 故『楞伽經』云, 佛語心爲宗, 無門爲法門. 又云, 夫求諸法者, 應無所求, 心外無別佛, 佛外無別心."

150) 「대주혜해선사(大珠慧海禪師)」, 『오등회원(五燈會元)』 권3 상책, p.154, 북경, 중화

혜해가 "무엇이 저(혜해)의 보배 창고입니까?" 하고 다시 묻자, 마조가 답했다.

> 지금 나에게 묻는 그것이 바로 그대의 보물 창고이다. 모든 것이 다 갖추어져 있으므로 부족함이 없어 자유로이 사용할 수 있는데, 왜 밖에서 구하려고 하는가?151)

훗날 황벽희운(黃檗希運)도 이렇게 말했다.

> 달마대사가 서천(인도)에서 온 것은 오직 한마음법을 전하여 일체 중생이 본래 부처임을 바로 가르쳐 주려는 것이었다. 수행에 의지하지 말라. 다만 현재 자기의 마음을 분명히 알고 자기의 본성만을 보고, 다시 따로 구하지 말라. 무엇이 자기 마음을 아는 것인가? 지금처럼 말을 하고 있는 것이 바로 그대의 마음이다.152)

대주혜해는 일찍이 "마음 그대로가 바로 부처이다[卽心卽佛]." '무엇이 불인가?'에 대해 설명을 한 적이 있다. 기록에 의하면, "어떤 행자가 '마음 그대로가 바로 부처라고 하는데, 어떤 것이 부처입니까?' 하고 물었다. 스승(혜해)이 '너는 어느 것이 부처가 아니라고 의심하는가 지적해 보라.'고 하자 그는 대답하지 못했다. 대사가 '통달하면 온 세계가 다 그렇고, 깨닫지 못하면 영원히 어긋난다.'"153)고 하였다. 대주는 중생이 자신 마음의 본체를 깨달으면 모

서국, 2984, "我這裏一物也無, 求什麼佛法? 自家寶藏不顧, 抛家散走作麼!"

151) 「대주혜해선사(大珠慧海禪師)」, 『오등회원(五燈會元)』 권3 상책, p.154, "卽今問我者, 是汝寶藏. 一切具足, 更無缺少, 使用自在, 何假外求?"

152) 『황벽단제선사완릉록(黃檗斷際禪師宛陵錄)』, 『大正藏』 48, p.386b, "達摩從西天來, 唯傳一心法, 直指一切衆生本來是佛, 不假修行. 但如今識取自心, 見自本性, 更莫別求. 云何識自心? 卽如今言語者, 正是汝心."

든 것이 불이지만, 깨치지 못하면 그 어느 곳에도 불은 없다고 보았다. 그는 "마음을 떠나 부처를 구하는 것은 외도이고, 마음이 부처라는 것에 집착하는 것은 마귀이다."154)라고 강조하였다. 자기 마음이 부처이긴 하지만, 마음을 떠나는 것도 마음에 집착하는 것도 모두 잘못임을 지적한 것이다. '마음을 떠나면[離心]' 성불할 길이 없으며, '마음이 부처라고 고집하는 것[執心是佛]'은 일종의 집착이지 해탈이 아니다.

조주종심(趙州從諗)선사도 "금으로 만든 부처는 용광로를 건너지 못하고, 나무로 만든 부처는 불을 견디지 못하며, 진흙으로 만든 부처는 물을 건너지 못하지만 참부처는 내 속에 앉아 있다."155)고 하였다. 위에서 인용한 몇몇 선사들의 말씀 중에서 우리가 주목할 점은 세 가지이다. 첫째, 달마조사가 전수한 것은 '마음법[心法]'임을 강조하고, '마음'에서 깨달을 것을 요구한 것이다. 둘째, 자기 마음이 부처이며, 이 마음이 불심이라고 여기는 것이다. 이것이 바로 '즉심즉불(卽心卽佛)'이다. 여기서 '즉심(卽心)'은 이 마음, 즉 당장 눈앞의 현실적인 마음이다. '즉불(卽佛)'은 불심을 떠나지 않은 그대로가 바로 불심이다. 셋째는 중생의 현실적 마음이 불심이고 더 나아가 "법을 구하는 자는 구하는 바가 없어야 한다[求法者, 應無所求]."고 요구한다. 이것은 황벽희운(黃檗希運)이 보다 명확하게 지적한 것으로서 '본심을 바로 가리키고 수행에 의지하지

---

153) 『경덕전등록(景德傳燈錄)』권6, 『大正藏』51, p.247a, "有行者問: '卽心卽佛, 那個是佛?' 師云: '汝疑那個不是佛? 指出看.' 無對. 師曰: '達卽遍境是, 不悟永乖疏'"

154) 『경덕전등록(景德傳燈錄)』권6, 『大正藏』51, p.248a, "離心求佛者外道, 執心是佛者爲魔."

155) 정혜중(淨慧重) 편, 『조주선사어록(趙州禪師語錄)』권중 [209], p.42, 하북성불교협회, 1993, "金佛不度爐, 木佛不度火, 泥佛不度水, 眞佛內裏坐."

말라.'는 것이다. 비록 마조는 혜능 이래의 '자기 마음에 부처가 있다[自心有佛].' '자기 마음이 부처이다[自心是佛].'라는 사상을 계승하기는 하였으나, 마조 이전의 선사들도 대부분 중생이 본래 가지고 있는 진실한 마음이 부처이고 진실한 마음이 부처의 본질이나, 현실적인 마음이 물들어서 허망한 마음의 상태를 나타내므로, 망심을 배제하기만 하면 반드시 부처가 된다고 강조하였다. 마조는 이와 달리 그가 말한 '즉심(卽心)'의 심은 평상심이며, '평상심이 도[平常心是道]'라고 하였다. 다시 말해서 중생의 현실 속 모든 마음이 불도이고 불심이며 부처라는 것이다.

훗날 마조는 다시 '마음도 아니고 부처도 아니다[非心非佛]'라는 사상을 제창하고 다음과 같이 말하였다.

질문: "무엇이 부처입니까?"
선사: "마음이 곧 부처이다." …….
질문: "화상께서는 어찌하여 마음이 곧 부처라고 하십니까?"
선사: "어린아이의 울음을 그치게 하기 위해서이다."
질문: "울음을 그쳤을 때에는 어찌하시렵니까?"
선사: "마음도 아니고, 부처도 아니다."
질문: "이 두 종류 외의 사람이 찾아오면 어떻게 지도하시렵니까?"
선사: "아무것도 아니라고 말해 주겠다."
질문: "그 가운데 홀연히 누군가 찾아오면 어찌하시렵니까?"
선사: "그로 하여금 대도를 체득하게 하겠다."156)

'비심비불(非心非佛)'의 두 개의 '비(非)' 자는 모두 부정하는 의

---

156) 『고존숙어록(古尊宿語錄)』 권1 상책, p.4, 5, "問: '如何是佛?' 師云: '卽心卽佛.' ……問: '和尙爲什麼說卽心卽佛?' 師曰: '爲止小兒啼.' 曰: '啼止時如何?' 師曰: '非心非佛.' 曰: '除二種人來. 如何指示?' 師曰: '向伊道, 不是物.' 曰: '忽遇其中人來時如何?' 師曰: '且敎伊體會大道.'"

미이다. 이것은 즉심즉불(卽心卽佛)을 부정하는 것이다. 마음과 부처라는 관념을 모두 부정하려는 것으로서, 그 목적은 배우는 사람들의 '즉심즉불'에 대한 집착을 깨뜨리고, 이 마음이 바로 부처라는 관념에 집착하지 않도록 강조하는 것이다. 이러한 관념이 있으면, 마음으로 마음을 찾게 되고 부처로 부처를 구하게 되고, 알음알이라는 기존의 패턴에 빠져 마음이 속박되어 해탈할 수 없다는 것이다. 비심비불(非心非佛)은 즉심즉불(卽心卽佛) 관념에서 초탈하면 당장 그 자리에서 직접 불심을 취하게 되는 한층 높은 해탈의 경지라는 것이다.

그러면 즉심즉불과 비심비불은 어떤 관계인가? 이는 비교적 복잡한 문제이기 때문에 전면적으로 깊이 탐구할 필요가 있다. 그러기 위해서 우리는 다음과 같은 몇 가지에 주의해야 한다.

(1) 다른 계도방법과 선수행의 경지이다. 위에 인용된 문장을 통해서 볼 때, 마조가 설명한 '즉심즉불'은 '아기의 울음을 그치게 하기 위한 것', 즉 선수행자가 바깥으로 추구하는 것을 방지하고, 사람들이 자기 마음으로 향하여 깨달음을 열도록 이끌기 위해서이다. 선수행자가 밖을 향하여 추구하는 것을 그치기만 하면, 바로 '비심비불'을 말하고, 마음이나 부처에 집착하지 않을 수 있게 되는 것이다. 이로부터 즉심즉불과 비심비불은 수행참여 대상에 근거한 두 종류의 다른 계도방법이고, 높낮이가 다른 두 가지 경지임을 알 수 있다.

도일(道一)의 제자 이궐복우산(伊闕伏牛山)의 자재(自在)선사도 "마음이 곧 부처라 함은 병이 없는데 병을 찾는 말이며, 마음도 아니고 부처도 아니라고 함은 약으로 병을 다스리는 말이다."157) 이것은 자기의 마음이 본래 원만하게 불성을 갖추고 있다는 것을 명백하게 알지 못하고 줄곧 밖을 향하여 추구하는 사람, 즉 병이 없는데 병을 찾는 사람들에게는 즉심즉불을 말한 것이고, 자기의 마음은 본래 원만하게 불성을 갖추고 있다는 사실을 이해하고 다시 밖에서 추구하지 않는 사람, 즉 이미 약으로 병을 치료한 사람에게는 비심비불이라고 말하는 것이다. 자재(自在)선사도 이와 같이 두 가지 종류의 방법과 경지를 설명하였다.

(2) 긍정적인 표현[表詮]과 부정적인 표현[遮詮], 상호 수용과 보충

이 점은 대매법상(大梅法常, 752~839)선사의 고사로써 설명할 수 있다. 법상은 마조도일로부터 '즉심즉불'이라는 한마디를 듣고 즉시 크게 깨친 후, 절강성 여조(余姚)에서 남으로 70리 떨어진 대매산(大梅山)에 거주하였다. 도일은 그의 깨달음 정도를 시험해 보기 위해 사람을 보내 법상을 만나 보게 하였다.

> 스님: "화상께서 마조도일선사를 뵙고 얻은 것이 무엇이기에 이 산에
> 서 사십니까?"
> 선사: "마조선사께서 나에게 마음이 곧 부처라 하시기에 나는 여기에
> 와서 산다."
> 스님: "마조선사의 요즘 불법은 다릅니다."
> 선사: "어떤 차이가 생겼는가?"
> 스님: "근래에는 마음도 아니고 부처도 아니라고 하십니다."
> 선사: "그 늙은이가 끝없이 사람을 혼돈스럽게 하는구나. 그대는 마
> 음도 아니고 부처도 아니라고 해라. 나는 오직 마음이 곧 부처
> 라고 하겠다." 그 스님이 돌아가 이를 마조에게 아뢰었다.
> 마조: "대중이여, 매실이 익었구나!"[158]

---

157) 『경덕전등록(景德傳燈錄)』 권7, 『大正藏』 51, p.253 가B, "卽心卽佛, 是無病求病
句; 非心非佛, 是藥病對治句."

　이 단락은 문자상의 의미로 보면, 법상은 즉심즉불을 견지하고 마조도 그것을 인정하였다. 실질적으로 마조는 법상이 이미 '즉심즉불'과 '비심비불'에 대한 분별심이 없고, 언어문자의 제한을 받지 않고, 한 면을 고집하지 않아서 걸림이 없고, 마음이 이미 자유자재하고 당장에 곧바로 불심을 취하여, 한 문에 깊이 들어와 불도에 투철하다는 것을 긍정한 것이다.

　여기에는 또 마조와 법상 사제 간의 공통된 견해도 드러나 있다. 즉심즉불과 비심비불은 중생의 심성과 불성의 관계에 대한 두 종류의 언어문자상의 표현방식, 즉 긍정적인 표현방식[表詮]과 부정적인 표현방식[遮詮]을 말하는 것이다. 표전(表詮)은 정면에서 긍정적으로 표현하여 설명함으로써 사물의 속성과 의의를 드러내는 것이며, 차전(遮詮)은 반대 면에서 부정적인 표현으로 설명함으로써 사물은 본래 속성과 의의를 갖추고 있지 않다고 배제하는 것이다. 마조와 제자가 보기에, 즉심즉불은 표전이며, 비심비불은 차전이다. 이것은 표전과 차전의 두 가지 측면에서 중생의 심성과 불성은 차별이 없다는 사상을 설명하는 것이며, 지금 당장 불심을 직지하는 것이 이 둘을 회통하는 것이다.

　두 가지 명제는 언어 문자의 표현방식으로서, 서로 통하고 서로 수용하며, 공존하고 서로 보완하는 것이지, 서로 거부하거나 배척하는 것이 아니다. 이것은 위에서 인용한 "일체의 법은 모두 마음이다 ……갖가지로 성립되어 있어도 모두 한 마음에서 나온 것이

---

158) 『경덕전등록(景德傳燈錄)』 권7, 『大正藏』 51, p.254C, "問云: '和尙見馬師得個什麼便住此山?' 師云: '馬師向我道卽心卽佛, 我便向遮里住.' 僧云: '馬師近日佛法又別.' 師云: '作麼生別?' 僧云: '近日又道, 非心非佛.' 師云: '遮老漢惑亂人未有了日, 任汝非心非佛, 我只管卽心卽佛.' 其僧回擧似馬祖, 祖云: '大衆, 梅者熟也!'"

다. 세워도 얻고 없애 버려도 얻으니 모두 다 묘한 작용이다. 묘한 작용은 전부 자기 것이다."159)라는 마조의 말이다. 긍정적인 표현도 부정적인 표현도 모두 자기 마음의 오묘한 작용이다. 관건이 되는 것은 자신의 평상심을 참으로 바르게 알고 파악하여 깨닫는 것이다.

이 말들이 지닌 의의에 관해서는 불교 이외의 학자들도 반응을 보였다. 원대의 도사(道士)인 목상조(牧常晁)가 편찬한 『현종직지만법동귀(玄宗直指萬法同歸)』 권4에서는, "'불교에서는 즉심즉불이라고도 하고 비심비불이라고도 한다. 그 말에 반대는 없는가?' 하니, '즉심즉불은 물고기도 잡고 토끼도 잡는 것이고, 비심비불은 그물과 덫을 잊어버리는 것이다.'"160)라고 하였다. 표전과 차전, 긍정과 부정은 서로 상반되면서도 서로를 이루어 주는 것이다.

(3) 언어를 초월한 대도의 체득

"무엇이 불이냐?"는 질문에 대해 마조는 네 가지 다른 대답을 하였다. 순서대로 보면, '즉심즉불(卽心卽佛)' → '비심비불(非心非佛)' → '불시불(不是佛)' → '체회대도(體會大道)'이다. 이것은 선승이 한 단계 한 단계 차례로 나아가 선의 깨달음에 깊이 몰입하도록 계도하는 과정이다. 또한 즉심즉불과 비심비불은 구경이 아님을 나타내는 것으로서, 즉심즉불에 집착하는 것뿐만 아니라 비심비불에 집착하는 것도 똑같이 일종의 속박이며, 진정한 해탈이 아니라는 것

---

159) 『경덕전등록(景德傳燈錄)』 권28, 『大正藏』 51, p.440a, "一切法皆是心, ……種種成立, 皆由一心也. 建立亦得, 掃蕩亦得, 盡是妙用, 妙用盡是自家."

160) 『정통도장(正統道藏)』 제40권, p.31913, 대만, 문예인서관, 1977, "或曰: '佛敎有曰卽心卽佛, 又曰非心非佛, 其言得無反耶?' 答云: '卽心卽佛是得魚得兎也; 非心非佛是忘筌忘蹄也.'" 아래에 인용한 『정통도장』은 모두 이와 동일한 판본이다.

이다. 진정한 해탈은 대도를 체득하는 것이다. 이것이 바로 평상심시도(平常心是道) 혹은 촉류시도(觸類是道)에 내재되어 있는 심오한 진제(眞諦)이다. 마조의 제자 백장회해(百丈懷海)도 언어 문자에 묶여서는 안 된다고 강조하면서, "말이나 문자로 하면 모두가 비방이다."161)라고 하였다. 그는 '즉심즉불'은 부정하지 않는 말이고, '비심비불'은 부정하는 말이니, 전자에 집착하면 '자연외도(自然外道)'에 속하고, 후자에 집착하면 '공견외도(空見外道)'에 속하니, 모두 '끊을[割斷]' 필요가 있으며, 오직 심성에 맡겨야 비로소 대도를 체득하여 부처의 경지에 도달할 수 있다고 하였다.

제4절 심즉시불(心卽是佛)과 무심시불(無心是佛)

앞의 제15장 제2절에서 인용한 『소실육문(少室六門)·제사문안심법문(第四門安心法門)』에 이미 "마음이 무심하면 불도를 통달한 것"162)이라는 사상이 있었다. 마조도일(馬祖道一) 이후 희운(希運) 선사 등은 마조의 '즉심즉불(卽心卽佛)'과 '평상심시도(平常心是道)'라는 명제에서 한 걸음 더 나아가 '심즉시불(心卽是佛)'과 '무심시도(無心是道)'라는 명제로 발전시켰다.

'심즉시불(心卽是佛)'에 관하여 희운은 다음과 같이 말했다.

---

161) 『고존숙어록(古尊宿語錄)』 권1 상책, p.18, "若說文字, 皆是誹謗."
162) 『大正藏』 48, p.370b, "卽心無心, 是爲通達佛道."

모든 부처님과 일체 중생은 한마음일 뿐 거기에 다른 법은 없다. 이
마음은 아득한 옛날부터 생기거나 없어진 적도 없고, 푸르지도 않고
누렇지도 않고, 정해진 틀도 없고 모양도 없고, 있고 없음에 속하지
도 않고, 새롭거나 낡음을 따질 수도 없고, 길거나 짧지도 않고, 크지
도 작지도 않아서, 모든 한계와 분량, 개념, 자취, 상대성을 초월하여
바로 그 몸 그대로일 뿐이다. 그러므로 생각을 움직였다 하면 그대로
어긋나 버리고, 허공처럼 끝이 없어 재어 볼 수도 없다. 오직 이 한
마음 그대로가 부처이며, 부처와 중생이 새삼스레 다를 바가 없다.
단지 중생이 모양에 집착하여 밖에서 구하니, 구하면 구할수록 잃게
된다. 부처에게 부처를 찾게 하고 마음으로 마음을 잡으려 하면, 겁
이 지나고 몸이 다하더라도 바라는 것은 끝내 얻을 수 없다. 마음을
쉬고 생각을 잊어버리면 부처가 저절로 나타난다는 것을 알지 못한
다. 이 마음 그대로가 부처이고, 부처가 곧 중생이다. 그러니 중생이
라고 해서 이 마음이 줄어드는 것도 아니고, 부처라고 해서 이 마음
이 더 늘어나는 것도 아니다.163)

이것은 중생과 모든 부처님이 똑같이 '오직 한마음일 뿐[唯是一
心]'을 말하는 것이다. 이 마음은 생멸을 초월하여 영원한 것이고,
늘지도 않고 줄지도 않아서 불변하는 것이며, 형상과 상대성을 초
월하여 절대적인 것이며, 허공처럼 잴 수도 없는 무한한 것이다.
이것은 하나의 우주 진심으로서, 이른바 모든 부처와 중생이 공동
으로 갖추고 있는 본원청정심이다. 중생이 마음과 생각을 쉴 수만
있다면, 바로 그 자리에서 본원청정심을 체득하여 깨달을 수 있으
며, 부처가 저절로 눈앞에 나타나 부처가 되는 것이다. 부처란 다

---

163)『황벽산단제선사전심법요(黃檗山斷際禪師傳心法要)』,『大正藏』48, p.379 c, "諸佛
與一切衆生, 唯是一心, 便無別法. 此心無始以來, 不曾生, 不曾滅, 不靑不黃, 無形
無相, 無屬有無, 不計新舊, 非長非短, 非大非小, 超過一切限量, 名言, 縱迹, 待對,
當體便是, 動念卽乖. 有如虛空, 無有邊除, 不可測度. 惟此一心卽是佛, 佛與衆生更
無別異. 但是衆生著相外求, 求之轉失, 使佛覓佛, 將心捉心, 究劫盡形, 終不能得.
不知息念妄慮, 佛自現前. 此心卽是佛, 佛卽是衆生. 爲衆生時, 此心不減; 爲諸佛
時, 此心不添."

를 아닌 '부처가 곧 마음[佛卽是心]'이고, 본원청정심이다. 다시 말해서 '마음이 곧 부처[心卽是佛]'라는 것은 중생의 마음이 바로 부처라는 것이다.

그래서 희운은 다시 "그대의 마음이 부처이고, 부처는 곧 마음이다. 마음과 부처가 다르지 않기 때문에 마음 그대로가 부처라고 하는 것이다."164)라고 하였다. 이것은 마조도일의 '즉심즉불(卽心卽佛)'이라는 명제를 계승하고, 한 걸음 더 나아가 마음과 부처가 같다[心佛一如]는 사상을 발휘한 것이고, 중생의 '오직 이 한마음[唯此一心]', 즉 우주의 진심과 본원청정심이 부처라는 것을 강조한 것이다. 이와 같이 마음이 곧 부처라면, "이 법이 곧 마음이고……이 마음이 곧 법"165)이라고 말할 수도 있을 것이다. 여기서 '법(法)'은 불법을 말한다. 진심과 불법은 다른 것이 아니다. 희운은 몽둥이로 때리거나 큰 소리로 고함치는 것을 문도들의 본심을 바로 일깨우는 방편으로 삼았고, 이런 것이 이후 임제종 종풍의 효시가 되었다.

'무심이 도[無心是道]'라는 것을 말하기 전에, 먼저 마조도일의 '무문을 법문으로 삼는다[無門爲法門]'라는 것에 대한 해설을 소개할 필요가 있다. 마조는 자기 마음이 부처라는 것의 의미와 경계에 대하여 "오직 침묵과 계합해야 얻는다. 이 한 문을 무위법문이라고 한다. 얻고 싶거든 무심을 알기만 하면 된다. 그러면 홀연히 깨쳐 얻게 되리라."166)고 하였다. 그는 계속해서 이렇게 말했다.

---

164) 『황벽단제선사완릉록(黃檗斷際禪師宛陵錄)』, 『大正藏』 48, p.385b, "汝心是佛, 佛卽是心, 心佛不異, 故云卽心是佛."

165) 『황벽산단제선사심법요(黃檗山斷際禪師心法要)』, 『大正藏』 48, p.380b, "此法卽心…… 此心卽法."

『능가경』에서 '부처님은 마음을 종지로 삼고, 무문을 법문으로 삼으라.'고 하셨다. 무슨 까닭으로 부처님은 마음을 종지로 삼으라고 말씀하셨는가? 부처님이 말씀하신 마음이란 마음 그대로가 부처라는 것이다. 지금 말하는 것은 바로 이 마음을 말한 것이다. 그래서 부처님은 마음을 종지로 삼으라고 말씀하신 것이다. 무문을 법문으로 삼으라고 한 것은, 본성의 공에 도달하면 다시 한 법도 없으니, 본성 자체가 문이다. 또 본성에는 형상이 있는 것도 아니어서 문이 있는 것도 아니다. 그런 까닭에 무문을 법문으로 삼으라고 말씀하신 것이다.167)

이것은 보리달마(菩提達摩) 선사가 전한 심법(心法)이다. 『능가경』에서는 불교교의가 마음을 종지로 삼아, '마음 그대로가 바로 부처[卽心卽佛]'라는 의미를 강조하고 있음을 설명한 것이다. 무문을 법문으로 삼는다는 것은 불법을 포함한 일체 법의 본성이 모두 공적하다는 것에 분명하게 도달할 것을 요구하는 것이다. 이 공적한 본성이 바로 법문이다. 그래서 '무문(無門)'이라고 부르는 것이다. 이 '무문'은 또 '무위법문(無爲法門)'이라고도 하는데, 단지 무심을 알고 침묵과 계합하여 깨달음에 도달하는 법문이다. 위에서 "부처님이 마음을 종지로 삼으라고 말씀하신 것"은 이론을 말한 것이고, "무문을 법문으로 삼으라는 것"은 실천을 말한 것인데, 이 양자는 완전히 통일된 것이다. 중생이 만약 '무문을 법문으로 삼음'으로써 일체 법의 본성이 공적함을 깨달아 절대로 집착하지 않는다면, 본원청정심이 드러나 마음 그대로 부처가 되어 불과를 성취하게 되는 것이다. 이 '무심위법문(無心爲法門)' 사상과 마조의 '평상심시

---

166) 『황벽단제선사완릉록(黃檗斷際禪師宛陵錄)』, 『大正藏』 48, p.385b, "唯是默契得, 這一門名爲無爲法門, 若欲會得, 但知無心, 忽悟卽得."

167) 『종경록(宗鏡錄)』, 『大正藏』 48, p.418b, "『楞伽經』云: 佛語心爲宗, 無門爲法門. 何故佛語心爲宗? 佛語心者, 卽心卽佛. 今語卽是心語, 故云佛語心爲宗, 無門爲法門者, 達本性空, 更無一法, 性自是門, 性無有相, 亦無有門, 故云無門爲法門."

도(平常心是道)'라는 명제는 이후 선사들의 '무심시도(無心是道)' 사상의 본보기가 된 것이다.

대주혜해(大珠慧海)는 마조도일의 사상을 계승하고, 다시 진일보하여 '무심(無心)'을 제창하였다. 그는 한편으로는 "자기 자신의 보배 창고가 모든 것을 갖추고 있어 마음대로 사용할 수 있으니, 밖에서 구하지 말라!"168)고 하고, 또 한편으로는 "노승은 쓸 마음도 없고 닦을 도도 없다."169)고 강조하였다. 혜해는 '자기의 보배 창고[如來藏, 本心]'를 긍정하면서도 '무심(無心)'을 강조하였다. 그가 말하는 '무심'이란 사물을 감수(感受)하지 않고 집착하지 않는 것을 말한다. 그는 주체(主體)가 아무 생각 없이 분별이 없는 상태에서 공적(空寂)하고 청정하면 정신적 해탈을 획득할 수 있다고 생각하였다. 역사에 다음과 같은 기록이 남아 있다. "질문: '스님(혜해를 말함)께서도 도를 닦을 때 노력을 하십니까?' 선사: '노력을 한다.' 질문: '어떻게 노력을 하십니까?' 선사: '시장하면 밥을 먹고, 피곤하면 잠을 잔다.' 질문: '다른 사람들도 모두 그러하니, 스님과 마찬가지로 노력을 한다고 하겠습니까?' 선사: '같지 않다.' 질문: '왜 다릅니까?' 답: '그들은 밥을 먹을 때 밥을 먹지 않고 백 가지 분별을 따지고, 잠을 잘 때엔 잠을 자지 않고 천 가지 계교를 일으킨다. 그것이 다른 까닭이다.'"170) 이것은 무심하여 구하지 않고 따

---

168) 『경덕전등록(景德傳燈錄)』 권28, 『大正藏』 51, p.440c, "自家寶藏一切具足, 使用自在, 不假外求."

169) 『경덕전등록(景德傳燈錄)』 권28, 『大正藏』 51, p.441b, "老僧無心可用, 無道可修."

170) 『경덕전등록(景德傳燈錄)』 권28, 『大正藏』 51, p.247c, "問: '和尙修道還用功否?' 師曰: '用功'. 曰: '如何用功?' 師曰: '饑來吃飯, 困來卽眠.' 曰: '一切人總如是同師用功否?' 師曰: '不同.' 曰: '何故不同?' 師曰: '他吃飯時不肯吃飯, 百種須索, 睡時不肯睡, 千般計較, 所以不同也.'"

지지 않고 일체 자연에 순응하는 것이 도를 닦기 위해 노력하는 것이라는 법문이다.

회해(懷海)의 양대 제자인 영우(靈祐, 771~853)와 희운(希運)도 '무심' 수행을 제창하였다. 영우는 '무심이 도[無心是道]'라고 주장하였다. 이른바 '무심시도'란 "감정이 사물에 얽매이지 않으면 얻게 되며"171) "범인과 성인의 생각이 다하면 본체의 참되고 항상함이 드러나고, 진리와 현상이 둘이 아니면 여여한 부처"172)라는 것이다. '정(情)'이란 정식(情識)을 가리킨다. '무심'이란 범부와 성인에 대하여 분별하는 정식(情識)이 완전히 소멸되어, 범부와 성인에 대하여 분별도 하지 않고 취하지도 버리지도 않을 때, 진심의 본체가 드러나며 현상과 본체가 서로 원융하고 합치되어, 깨달음의 경지에 도달하여 부처가 되는 것이다. 그래서 영우(靈祐)도 항상 다음과 같이 대중을 가르쳤다.

> 위로부터 모든 성인들은 단지 흐린 쪽의 일을 말씀하여 지나치게 근심했을 뿐이다. 허다한 나쁜 생각과 망상·습관적인 일이 없으면, 마치 가을 물이 맑은 것처럼 청정하여 함이 없고 담박하여 걸림이 없게 되니, 그를 일러 도인이라고 하고 일 없는 사람이라고 한다.173)

영우는 중생이 만약 나쁜 생각·망상·습관적인 일 등을 하지 않는다면, 그것이 진정으로 '일 없음[無事]'과 '청정무위(淸淨無

---

171) 『경덕전등록(景德傳燈錄)』 권9, 『大正藏』 51, p.264c, "情不附物卽得".

172) 『경덕전등록(景德傳燈錄)』 권9, 『大正藏』 51, p.265, "凡聖情盡, 體露眞相, 理事不二, 卽如如佛."

173) 『경덕전등록(景德傳燈錄)』 권9, 『大正藏』 51, p.264c, "從上諸聖, 只是說濁邊過患, 若無如許多惡覺·情見·想習之事, 譬如秋水澄淳, 淸淨無爲, 澹濘無碍, 喚他作道人, 亦名無事之人." 또 '견(見)' 자는 원래 '시(是)' 자로 되어 있었으나 고쳤음.

爲)’에 도달한 것이며, 그것이 바로 ‘도(道)’에 부합하는 것이고, 해탈한 ‘도인(道人)’을 성취한 것이라고 생각하였다. 영우가 말하는 도인이란 바로 ‘일 없는 사람[無事人]’이다. 영우의 말을 통해 볼 때, ‘무심(無心)’은 ‘무사(無事)’이며, 망상이나 습관을 생각하는 일이 없는 것이다. ‘무심’·‘무사’에 도달한 사람이 ‘일 없는 사람[無事人]’이다.

‘무심이 도[無心是道]’라는 명제에 관하여 상세히 논술한 사람은 희운선사이다. 희운은 ‘무심’의 중요성을 강조하면서 이렇게 말했다.

> 시방의 모든 부처님께 공양을 올리는 것이 무심도인 한 사람에게 공양하는 것만 못하다.174)
> 무심하면 당장 본체가 저절로 드러난다.175)
> 무심할 수만 있다면, 그것이 바로 구경이다. 도를 배우는 이가 당장 무심한 상태가 될 수 없다면, 억겁을 수행해도 끝내 도를 이루지 못할 것이니, 그것은 성문·연각·보살의 단계적 수행에 얽매어 해탈을 얻지 못하는 것이다.176)

이것은 중생이 지금 당장 무심할 수 있다면, 진심의 본체가 저절로 드러나 바로 구경의 경지에 도달하게 되어 해탈을 얻게 된다는 것이다. 당장 무심할 수 없는 상태에서는 아무리 오랫동안 수행하더라도, 각종 수행단계에 얽매어 도를 이룰 수 없고 해탈을 얻을

---

174)『황벽산단제선사전심법요(黃檗山斷際禪師傳心法要)』,『大正藏』48, p.380 a, “供養十方諸佛, 不如供養一個人無心道人.”

175)『황벽산단제선사전심법요(黃檗山斷際禪師傳心法要)』,『大正藏』48, p.384b, “直下無心, 本體自現.”

176)『황벽산단제선사전심법요(黃檗山斷際禪師傳心法要)』,『大正藏』48, p.380 b, “但能無心, 便是究竟. 學道人若不直下無心, 累劫修行, 終不成道, 被三乘功行拘系, 不得解脫.”

수도 없다고 한다. 희운이 보기에는 '무심(無心)'이 중생이 해탈을 얻을 수 있는 유일한 법문이었다.

그렇다면 무엇이 '무심(無心)'인가? 희운의 견해는 다음과 같다.

> 무심한 사람에게는 일체의 마음이 없다.[177]
> 이런 마음이 곧 무심한 마음으로서 모든 모양을 떠난 것이다. 중생과 부처가 서로 다를 것이 없다.[178]
> 이 법 그대로가 마음이어서 마음 밖에는 아무 법도 없다. 이 마음 그 대로가 법이어서 법 밖에는 어떤 마음도 없다. 마음 그 자체는 마음 이라 할 것도 없고 또한 무심이라 할 것도 없다.[179]

당시 어떤 사람이 "마음은 서로 전해지는 것이라면서 어떻게 또 마음이 없다고도 합니까?" 하고 묻자, 희운이 "한 법도 얻지 않는 것을 일러 마음을 전하는 것이라고 한다. 이런 마음을 분명히 알면, 이것이 바로 마음도 없고 법도 없는 것이다."[180] 희운이 말한 무심 은 그 어떤 사려(思慮) 분별 작용도 없고, 모든 형상을 떠나고, 모든 차별하는 마음을 벗어난 것이다. 무심은 무심한 마음이라고 할 수 있다. 그것은 중생의 마음이고 중생의 본심이다. 무심은 결코 마음의 존재가 완전히 없어진 것이 아니고, 범성(凡聖)·선악(善惡)·미추(美醜) 등 분별하는 모든 정식(情識)에서 멀리 벗어난 진심(眞心)을 가리키는 것이다. 이것은 집착도 없고 장애도 없는 일

---

177) 황벽산단제선사전심법요(黃檗山斷際禪師傳心法要)』, 『大正藏』 48, p.380a, "無心 者, 無一切心地."

178) 황벽산단제선사전심법요(黃檗山斷際禪師傳心法要)』, 『大正藏』 48, p.380b, "此心 卽無心之心, 離一切相, 衆生諸佛更無差別."

179) 황벽산단제선사전심법요(黃檗山斷際禪師傳心法要)』, 『大正藏』 48, p.380b, "此法卽 心, 心外無法; 此心卽法, 法外無心. 心自無心, 亦無無心者."

180) 황벽산단제선사전심법요(黃檗山斷際禪師傳心法要)』, 『大正藏』 48, p.383a, "若心相 傳, 云何言心亦無? 不得一法, 名爲傳心; 若了此心, 卽是無心無法."

종의 자유경지에 머무는 것이다.

『황벽산단제선사전심법요(黃檗山斷際禪師傳心法要)』와 『황벽단제선사완릉록(黃檗斷際禪師宛陵錄)』에는 여래장에 관한 희운의 견해를 분별하여 실어 놓았다. 그는 여래장도 본성이 공적한 것이라고 생각하였으며, 이를 일러 '공여래장(空如來藏)'이라고 하였다. 이 '공여래장'은 '무심'과 내용적인 면에서 일치되고 있다. 심지어는 서로 동일하기까지 하여 실질적으로는 '무심'이라고 할 수 있다. 희운은 "여래장에는 작은 티끌 하나조차 있을 수 없으니, 이는 곧 '있음[有]을 부수는 법왕이 세간에 출현하심' 바로 그것이다."181)라고 하였다. "여래장은 본래 자체가 공적하여 절대로 한 법에 머물지 않는다."182)는 것은 여래장이 청정하고 공적하여 세간의 그 어떤 존재에도 집착하지 않는 것을 말한다. 또 "이제껏 알고 있었던 모든 것을 깨끗이 다 비워 버리고 다시 더 분별하지 않는다면 그것이 바로 공여래장이다."183) "도량이란 오직 온갖 견해를 일으키지 않는 것이다. 법이 본래 공한 것임을 깨닫는 것을 공여래장이라고 한다."184)는 이런 말들은 뜻에 따른 견해를 모두 배제하고, 일체의 뜻에 따른 견해를 내지 않고, 분별하지 않고, 성품의 공함을 깨달을 것을 강조한 것이니, 이것이 바로 '공여래장'이다.

---

181) 황벽산단제선사전심법요(黃檗山斷際禪師傳心法要)』, 『大正藏』 48, p.382c, "如來藏者, 更無纖塵可有, 即是破有法王出現世間."

182) 『황벽단제선사완릉록(黃檗斷際禪師宛陵錄)』, 『大正藏』 48, p.385b, "如來藏本自空寂, 并不停留一法."

183) 『황벽산단제선사전심법요(黃檗山斷際禪師傳心法要)』, 『大正藏』 48, p.382 c, "從前所有一切解處, 盡須并却令空, 更無分別, 即是空如來藏."

184) 『황벽단제선사완릉록(黃檗斷際禪師宛陵錄)』, 『大正藏』 48, p.385b, "道場者, 只是不起諸見, 悟法本空, 喚作空如來藏."

희운의 관점에 의하면, 여래장은 공여래장이다. 따라서 그는 여래장을 말해 놓고 다시 공여래장을 말하며, 본원청정심을 말하면서 또 무심을 말했다. 이른바 공여래장과 무심은 모두 중생의 정신적 주체가 분별을 짓지 않고, 정견(情見)을 일으키지 않고, 집착을 낳지 않고, 사물과 형상과 차별에서 멀리 벗어나 있는 것을 가리키는 것이다. 그러므로 '무심'은 정신의 본원과 수행공부(방법)와 깨달음의 경지라는 세 단계 의의를 갖추고 있다고 말할 수 있다.

수행공부로서 어떻게 '당하무심(當下無心)'을 실현할 수 있는가? 희운은 이렇게 설명했다.

당장 무심한 상태가 된다는 것은 일체의 법이 본래 있다고 할 것도 없고, 얻을 것도 없고, 의지할 것도 없고 머무를 것도 없고, 주관도 없고 객관도 없다는 사실을 분명하게 아는 것이다. 망념을 일으키지 않으면 바로 깨달음[菩提]을 증득하게 된다.185)

이 글은, 무심에 도달하려면 일체의 존재가 모두 공하여 있다고 할 것이 없으며, 주체에 대해서 말하자면 하나도 얻을 것이 없다는 것을 진실하고 바르게 알 필요가 있다는 것을 설명한 것이다. 이와 같이 주체와 객체의 구분이 없어지면, 망념이 일어나지 않게 되어, 깨달음을 증득하게 되는 것이다. 희운은 '무심'의 요점을 "마음이 한 물건에도 집착하지 않는 것"186)이라고 결론지었다. 그는 또 다음과 같이 생동적으로 말하였다.

---

185) 『황벽산단제선사전심법요(黃檗山斷際禪師傳心法要)』, 『大正藏』 48, p.380c, "當下無心, 決定知一切法本無所有, 亦無所得, 無依無住, 無能無所, 不動妄念, 便證菩提."
186) 『황벽산단제선사전심법요(黃檗山斷際禪師傳心法要)』, 『大正藏』 48, p.381a, "莫於心上著一物."

이것은 매일 같이 밥을 먹지만 쌀을 씹어 본 적이 없고, 매일 같
이 길을 걷지만 땅을 디뎌 본 적이 없다는 말이다. 모든 사물에서
벗어나지 않으면서도 사물에 의해 미혹되지 않으면, 이것이 바로
'무심'이고, '자재인(自在人)'이라는 것이다.

무심에 도달하여 보리를 증득하기 위해서, 희운은 특히 알음알이
를 반대하였다. "첫째, 알음알이를 내지 말라."188)고 강조하고, "우
리의 이 선종은 위로부터 지금까지 이어 내려오면서, 사람들이 알
음알이를 구하게 한 적이 없었다. '오로지 도를 배우라.'는 말은 일
찍이 접한 인용구지만 그래도 도는 역시 배울 수 없었다. 뜻을 두
고 알음알이를 배우면 오히려 도에 어둡게 된다."189) 즉 분별하는
알음알이와 알음알이의 도구인 언어와 문자는 모두 도를 얻는 것
을 막고 해탈에 장애가 된다. 만약 도를 배우려는 의지가 있다면
그것이 오히려 도를 어둡게 한다고 생각한다. 알음알이를 배제하기
위하여, "백 가지로 많이 아는 것이 구함이 없는 것만 못하니, 이
것이 제일 중요하다."190)고 하는데, 이것은 구하는 것이 없어야 알

---

187) 『황벽산단제선사전심법요(黃檗山斷際禪師傳心法要)』, 『大正藏』 48, p.384a, "終日
吃飯, 未曾咬着一粒米; 終日行, 未曾踏着一片地. 與麼時, 無人我等相, 終日不離
一切事, 不被諸境惑, 方名自在人."

188) 『황벽산단제선사전심법요(黃檗山斷際禪師傳心法要)』, 『大正藏』 48, p.382c, "第一
不得作知解".

189) 『황벽산단제선사전심법요(黃檗山斷際禪師傳心法要)』, 『大正藏』 48, p.382c, "我此
禪宗, 從上相承以來, 不曾教人求知求解, 只云學道, 早是接引之詞, 然道亦不可學.
情存學解, 却成迷道."

음알이가 생기는 것을 방지할 수 있으므로, 도를 배우고 수행을 하는 데 있어서 제일 중요한 법요로서 견지해야 한다는 것이다.

희운은 심지어 망심을 제거할 생각을 하고 그에 따른 노력을 하는 것도 해가 된다고 생각하였다. "망령을 일으켜 망령을 없애려 하면 또 다른 망령을 이룬다. 망령은 본래 뿌리가 없다. 단지 분별로 인하여 있는 것이니, 그대가 범부다 성인이다 하는 두 곳에서 감정을 없애기만 하면 자연히 망령은 없어진다."191) 이것은 '망령을 없애려고' 생각하는 것도 역시 구하는 것이 있는 것이어서 망심이 일어나는 작용이 있는 것이므로 마땅히 배제되어야 한다는 것이다.

희운이 무심을 배우고 닦는 것에 대하여 묘사한 아래의 말은 매우 생동적이며 형상적이다.

> 단지 가고 머물고 앉고 눕는 모든 시간 가운데서 오로지 무심함을 배우기만 하면, 분별도 없고 의지할 것도 없고 집착할 것도 없다. 종일토록 둥둥 떠오르는 기운에 맡겨 두어, 마치 바보와 비슷하게 되어 세상 사람들이 모두 그대를 알아보지 못하더라도, 그대가 일부러 사람들이 알게 하거나 모르게 할 필요가 없다. 마음은 마치 큰 바윗덩어리와 같아서 도무지 갈라진 틈이 없으니, 일체의 법이 너의 마음을 뚫고 들어가지 못하게 어디에도 집착함이 없어야 한다. 이와 같아야 비로소 적은 부분이라도 상응하는 것이 있다고 할 것이다. 그리하여 삼계의 경계를 확 뚫고 지나가면 부처가 세상에 출현하셨다고 하는 것이다.192)

---

190) 『황벽산단제선사전심법요(黃檗山斷際禪師傳心法要)』, 『大正藏』 48, p.383b, "百種多知, 不如無求, 最第一也."

191) 『황벽단제선사완릉록(黃檗斷際禪師宛陵錄)』, 『大正藏』 48, p.383a, "起妄遣妄亦成妄, 妄本無根, 只因分別而有, 爾但於凡聖兩處情盡, 自然無妄."

192) 『황벽단제선사완릉록(黃檗斷際禪師宛陵錄)』, 『大正藏』 48, p.386c, "如今但一切時中, 行住坐臥, 但學無心, 亦無分別, 亦無依倚, 亦無住著. 終日任運騰騰, 如痴人相似. 世人盡不識爾, 爾亦不用教人識不識. 心如頑石頭, 都無縫罅, 一切法透汝心不

희운은 '무심을 배우는 것'이 그 모습은 마치 바보처럼 보이더라도 마음은 큰 바윗덩어리와 같으며, 일상생활에 있어서는 모든 것에 대하여 분별도 하지 않고 의지하지도 않고 집착하지도 않는 것이며, 이와 같아야 비로소 무심과 상응하고 나아가 불을 성취할 수 있다는 것이다.

희운은 무심과 도의 관계에 대해서도 논하였는데, 그는 무심이 도라고 생각하였다. "이 도라는 것은 천진하여 본래 이름이 없다. 단지 세상 사람들이 이것을 모르고 뜻으로 헤아리는 데 미혹되었으므로 여러 부처님이 나오시어 이 일을 깨뜨리기 위해 말씀하신 것이다. 너희 모든 사람들이 이해하지 못할까 두려워 방편으로 '도'라는 이름을 세우셨으나 이름에 얽매어 알음알이를 내서는 안 된다. 그러므로 고기를 잡았으면 통발을 잊어버리라고 하는 것이다. 몸과 마음이 자연히 도에 도달하면 마음을 알게 되는 것이다."193) 여기서 '도'는 불도, 즉 해탈의 도를 말한다. 희운은 대도는 천진하고 이름이 없다고 생각하였고, '도'는 방편으로 세운 이름이고, 단지 도에 도달하기 위하여 방편으로 설명한 것이므로 집착해서는 안 되며, 반드시 알음알이를 제거해야 비로소 대도(大道)에 분명히 도달할 수 있다고 하였다. 그는 "도에 방위와 처소가 없는 것을 대승심이라고 하였다. 이 마음은 안과 밖, 중간 어디에도 있지 않으며 실로 방위와 처소가 없다."194)고 하였다. 또 "몸과 마음 모두가

入, 兀然無著, 如此始有少分相應, 透得三界境過, 名爲佛出世."

193) 『황벽산단제선사전심법요(黃檗山斷際禪師傳心法要)』, 『大正藏』 48, p.382c, "此道天眞, 本無名字, 只爲世人不識迷在情中, 所以諸佛出來說破此事. 恐汝諸人不了, 權立道名, 不可守名而生解, 故云, 得魚忘筌, 身心自然達道識心."

194) 『황벽산단제선사전심법요(黃檗山斷際禪師傳心法要)』, 『大正藏』 48, p.382c, "道無方所, 名大乘心. 此心不在內外, 中間, 實無方所."

없는 것을 큰 도라고 한다.”195)고 하였다. 다시 말해서 ‘도’는 ‘방위와 처소가 없는 것’이다. 그것이 마음(大乘心)이고 무심(몸과 마음이 함께 없는 것)이다. 중생이 만약 지금 당장 무심할 수 있다면 ‘도’와 서로 말없이 계합하게 된다. 희운은 당장 무심하게 되는 것과 도를 깨치는 것을 같은 일로 보았다.

그는 결론적으로 다음과 같이 말하였다. “마음 그대로가 부처이며, 무심이 도이다. 단지 마음을 내고 생각을 움직여 유와 무, 길고 짧음, 너와 나, 주관과 객관 등의 마음이 없으면, 마음은 본래 부처이고 부처는 본래 마음이다. 마음은 허공과 같다. ……단지 자기 마음을 알기만 하면 나도 없고 남도 없으며, 본래 부처이다.”196) 마음은 본래 부처이고, 마음은 허공과도 같다. 무심은 여러 가지 분별하는 마음을 내지 않는 것이며, 이것이 도이다. 중생이 만약 자기 마음을 깨달아서 분별을 내지 않고, 나도 남도 없으면 허공과 같아진다. 이것이 바로 부처가 된 것이다.

‘무심’을 제창한 것은 중국 선종사상의 하나의 큰 주장이다. 인도의 ‘무심’은 반야공종(般若空宗)의 수행과 깨달음의 출발점인 동시에 귀결점이다. 그것은 수행하는 주체가 자아의식이 없고, 사려가 없고, 분별이 없어야, 나도 없고[無我] 법도 없는[無法] 경지에 도달한다고 한다. 중국 선종의 ‘무심시도(無心是道)’설은 의심할 나위 없이 인도불교의 반야공관(般若空觀)과 여래장학설을 계승한

---

195) 『황벽산단제선사전심법요(黃檗山斷際禪師傳心法要)』, 『大正藏』 48, p.384b, “身心俱無, 是名大道.”

196) 『황벽산단제선사전심법요(黃檗山斷際禪師傳心法要)』, 『大正藏』 48, p.384b, “卽心是佛, 無心是佛. 但無生心動念有無, 長短, 彼我, 能所等心. 心本是佛, 佛本是心, 心如虛空, ……但識自心, 無我無人, 本來是佛.”

것이다. 동시에 중국 도가의 '도'에 관한 학설도 흡수하여 다시 구
성한 것이다.

제5절 유정무불성(有情無佛性)과 무정유불성(無情有佛性)

중생에게 불성이 있는가 없는가 하는 문제는 처음부터 끝까지
선사들이 관심을 가졌던 중요한 문제였다. 마조 이래로 홍주종 사
람들은 유정(有情)과 무정(無情), 유성(有性)과 무성(無性)의 의의
에 대해 새로운 해석을 함으로써 원래 유정과 무정의 불성유무에
대한 의의가 새로이 발전하게 되었다. 이 밖에도 일부 선사들은 유
정과 무정의 불성유무 문제에 대해 다른 설법을 하였고, 대상이 다
르면 계도하는 법문도 달라져야 한다고 봄으로써 후세인들에게 깨
달음을 얻게 하는 화두를 남겼다.
　『황벽단제선사완릉록(黃檗斷際禪師宛陵錄)』에 이런 기록이 있다.

　　질문: "부처의 성품과 중생의 성품은 같습니까, 다릅니까?"
　　선사: "성품에는 같고 다른 것이 없지만, 삼승의 가르침에 의거해 말
　　하면 부처의 성품이 있고 중생의 성품이 있다고 말할 수 있다. 삼승
　　의 인과가 있어서 그에 따라 같고 다름이 있는 것이다. 그러나 불승
　　과 조사들께서 서로 전하신 것에 의거하면 그렇게 말하지 않고, 오직
　　일심이 있을 뿐이어서, 같지도 않고 다르지도 않고, 원인도 아니고
　　결과도 아니라고 한다. 그래서 '오직 이 일승의 도뿐이며, 이승도 없
　　고 삼승도 없다. 단 부처님의 방편설은 제외한다.'고 한 것이다."197)

---

197) 『大正藏』 48, pp.384c～385a, "問: '佛性與衆生性爲同爲別?' 師云: '性無同異, 若

146

'삼승교(三乘敎)'는 불교에서 중생을 각기 다른 조건에 따라 성문승(聲聞乘) · 연각승(緣覺乘) · 보살승(菩薩乘) 세 종류로 나누어 설명하는 교법이다. 희운선사는, 삼승교에 의거하여 말하자면 부처의 성품과 중생의 성품에 같고 다른 문제가 있으나, 만약 삼승으로 나누지 않고, 오직 유일한 성불의 방법(佛乘)과 선종의 조사들이 서로 전한 것만을 말한다면, 부처의 성품과 중생 성품의 같고 다름은 말하지 않고, 오직 한마음만 있을 뿐이라고 하며, 부처와 중생은 모두 이 마음이 같고, 마음은 성불의 근본이 된다고 생각하였다. 희운은 불성과 중생성이 같고 다른 것에 치우치지 않았다고 할 수 있다.

마조의 법을 이은 대주혜해(大珠慧海)는 '무정물에는 성품이 없다[無情無性].'는 설에 찬성하고, 동시에 그는 무정물에 불성이 있는가, 없는가 하는 문제와 주체의 견성(見性, 眞如本性) 공능 및 그 철저한 깨달음의 경지를 연계시켜 다음과 같이 설명하였다.

질문: "선사께서는 왜 푸른 대나무는 모두가 법신이고, 휘늘어진 아름다운 개나리는 반야 아닌 것이 없다는 말씀을 인정하지 않습니까?"
대사: "법신은 형상이 없는데 푸른 대나무에 맞추어 형상을 이루고, 반야는 지각이 없는데 개나리를 대하여 형상을 드러냈기 때문이다. 저 개나리와 푸른 대나무 때문에 반야법신이 있는 것이 아니다. 그래서 경전에서 '부처님의 진법신은 마치 허공과도 같아서, 사물에 따라 형상을 드러내는 것은 마치 물속의 달과 같다.'고 하였다. 개나리가 반야라면 반야는 무정물과 같을 것이고, 푸른 대나무가 법신이라면 푸른 대나무는 작용도 할 수 있을 것이다. ……만약 성품을 보았다면 그 사람은 도(道)도 얻었다고 하겠지만, 도는 얻어지는 것이 아니

約三乘敎, 卽說有佛性有衆生性, 遂有三乘因果, 卽有同異. 若約佛乘及祖師相傳, 卽不說如是事, 唯有一心, 非同非異, 非因非果. 所以云, 唯此一乘道, 無二亦無三, 除佛方便說.'"

다. 형편에 따라 말하여도 옳고 그름에 막히지 않는다. 만약 성품을
보지 못했다면, 그 사람은 푸른 대나무라고 말하면 푸른 대나무에 집
착하고, 개나리라고 말하면 개나리에 집착하며, 법신이라고 하면 법
신에 걸리고, 반야라고 해도 반야를 모른다. 그래서 모두가 논쟁을
하는 것이다.”198)

이것은 반야지혜와 법신의 형상이 없는 것[無象]이 허공과 같아
서 사물에 따라서 형상을 나타낼 수 있다는 것을 말한다. 미혹한
사람은 이 점을 이해하지 못하고, 푸른 대나무가 법신이고 개나리
가 반야라고 말한다. 이것은 사실 여전히 흔적과 형상에 집착하는
것으로서 법신 반야를 정식(情識)이 없는 초목으로 본 것이다. 진
정으로 깨달음에 도달한 사람은 종횡으로 자유자재하여, 거처하는
곳에 따라 법신을 드러낼 수 있으며, 결코 푸른 대나무와 개나리에
국한되지 않는다. 다시 말해서, 진정으로 진여본성을 보고 깨달아
해탈의 경지에 도달한 사람은 푸른 대나무가 법신이고 개나리가
반야라고 말할 수도 있고, 푸른 대나무는 법신이 아니고 개나리는
반야가 아니라고 말할 수도 있다. 왜냐하면 그것은 모두 인연에 따
라 나타난 법신이고, 분별을 초월하고, 옳고 그름으로 막혀 장애를
받는 일이 없기 때문이다. 만약 진여의 본성을 보아 깨닫지 못하여
해탈의 경지에 도달하지 못한 사람은, 분별에 국한되어 어떤 것을
말하면 바로 그것에 집착한다. 이런 사람들에게 푸른 대나무가 법

---

198) 『경덕전등록(景德傳燈錄)』 권28, 『大正藏』 51, p.441bc, “問: ‘禪師何故不許靑靑翠
竹盡是法身, 郁旭黃花無非般若?’ 師云: ‘法身無象, 應翠竹以成形; 般若無知, 對黃
花而顯相. 非彼黃花翠竹而有般若法身. 故經云: 佛眞法身, 猶若虛空; 應物現形, 如
水中月. 黃花若是般若, 般若卽同無情; 翠竹若是法身, 翠竹還能應用. ……若見性,
人道是亦得, 道不是亦得, 隨用而說, 不滯是非. 若不見性, 人說翠竹著翠竹, 說黃花
著黃花, 說法身滯法身, 說般若不識般若, 所以皆成爭論.’”

신이고 개나리가 반야라고 말하면 틀림없이 옳고 그름에 막혀서 논쟁을 하게 된다는 것이다.

여기서 선종의 경지와 경지에 도달하는 방법문제를 언급하겠다. 홍주종 사람들은 철저하게 깨달은 경지는 반드시 다음의 세 가지 덕성을 갖추어야 한다고 생각했다. 첫째는 주관적인 반야의 지혜이고, 둘째는 객관적인 법신의 현현이며, 셋째는 주관과 객관이 교섭한 결과 해탈한 자유로움이다. 진정한 선(禪) 생활은 일상생활과 행사에서 때와 처지에 따라 위에서 말한 세 종류의 경지가 나타나야 된다는 것이다. 홍주종 사람들은 이러한 경지에 도달하려면, 방법상으로 청정한 마음의 근원이나 불성의 정체(整體)로부터 일상적인 행사로 드러나야 된다고 생각하였는데, 이것이 바로 전체[理]로부터 개별적인 것[事]이 표현되어 나오는 것이다.199) 홍주종 사람들은 법신[理]은 때와 장소에 따라 나타난다는 견해를 가지고 법신의 현현을 푸른 대나무와 개나리에 국한시키는 관점에 반대하였다. 『고존숙어록(古尊宿語錄)』 권1에는 또 이런 기록이 있다.

> 어떤 사람이 물었다.
> "'유정은 불성이 없고, 무정은 불성이 있다.'고 한 것은 무슨 뜻입니까?"
> 스님께서 말씀하셨다.
> "인간으로부터 부처에 이르는 것은 성인이라는 생각에 집착하는 것이고, 인간에서 지옥에 이르는 것은 범부라는 생각에 집착하는 것이다. 지금처럼 범부와 성인의 두 경계에 물들어 애착하는 마음이 있다면, 이를 '유정은 불성이 없다.'고 한다. 그리고 범부와 성인이라는 두 경계와 유·무 모든 법에 대하여 취하고 버리는 마음이 전혀 없고, 취하고 버리는 것이 없다는 생각마저도 없으면 '무정은 불성이

---

199) 여징(呂澂), 『중국불학원류약강(中國佛學源流略講)』, p.379. 참조.

있다.’고 하는 것이다. 망정의 얽매임이 없기 때문에 무정이라고 부
르는 것이지, 목석이나 허공·노란 국화꽃·푸른 대나무 등 감정이
없는 것을 가지고 불성이 있다고 하는 것과는 다르다. 이들에게 불성
이 있다고 한다면 그들 중에 수기를 받고 성불했다는 자를 경전에서
볼 수 없는 까닭이 무엇인가? 지금 비추어 깨닫는다는 것은 유정이
변하여 달라지지 않는 점이 푸른 대나무와 같고, 모든 근기에 응하지
않음이 없고 때를 모름이 없는 것이 노란 국화꽃과 같다는 것이다.”
또 말씀하셨다.
“부처님의 단계를 밟아 보았다면 무정에 불성이 있다고 하겠지만, 부처
님의 단계를 밟아 보지 못했다면 유정에게 불성이 없다고 하겠다.”200)

이것은 백장회해(百丈懷海)선사의 ‘유정무불성(有情無佛性), 무
정유불성(無情有佛性)’이라는 명제에 대한 논증과 해설이다. 문장
속의 ‘정(情)’은 생각에 대한 집착[情執], 즉 물들어서 애착하는 마
음[染愛心]을 가리킨다. ‘유정’은 생각에 대한 집착[情執]이 있다는
것이지 정식(情識)이 있는 중생을 가리키는 것은 아니다. ‘무정(無
情)’은 생각에 대한 집착이 없다는 것이지 정식(情識)이 없는 사물
을 말하는 것이 아니다. 이른바 ‘유정무불성(有情無佛性)’은 생각
에 대한 집착이 있고, 분별이 있고, 취하고 버림이 있는 까닭에 불
성이 없다고 말하는 것이며, 소위 ‘무정유불성(無情有佛性)’이란
생각에 대한 집착이 없고, 분별도 없고, 취하고 버림도 없는 까닭
에 불성이 있다고 하는 것이다.

---

200) 『고존숙어록(古尊宿語錄)』 권1 상책, pp.18~19, “問: ‘如何是有情無佛性, 無情有
佛性?’ 師云: ‘從人至佛是聖情執, 從人至地獄是凡情執. 只如今但於凡聖二境有染
愛心, 是名有情無佛性; 只如今但於凡聖二境及一切有無諸法都無取捨心, 亦無無
取捨知解, 是名無情有佛性. 只是無其情系, 故名無情. 不同木石太虛·黃葉翠竹之
無情, 將爲[無情]有佛性. 若言有者, 何故經中不見受記而得成佛者? 只如今鑑覺,
但不被有情改變, 喩如翠竹; 無不應機, 無不知時, 喩如黃華.’ 又云: ‘若踏佛階段,
無情有佛性; 若未踏佛階段, 有情無佛性.’”

이것은 중생의 주체가 생각에 대한 집착이 있는가 없는가 하는 각도에서 불성이 있고 없음을 설명한 것이다. 우주만물을 유정식과 무정식의 두 종류로 구분하여 그것의 불성 유무를 논하는 것과는 그 개념의 함의·논증의 각도·명제의 내용에 있어서 모두 같지 않다. 이른바 "푸르디푸른 대나무는 모두 법신이고, 아름다운 개나리는 반야 아닌 것이 없다."는 것이 만약 주체의 생각에 대한 집착도 없고, 분별도 없고, 취하고 버림도 없는 깨달음의 경지를 말하는 것이라면, 주체가 일종의 마음의 영묘함을 느껴 깨친 현상이므로, 푸른 대나무를 생각에 집착하여 변화하는 일이 없는 것에 비유할 수 있으며, 노란 국화를 근기에 맞추고 때를 아는 것에 비유할 수 있다. 그러나 푸른 대나무나 국화 등의 정식이 없는 사물 그 자체가 불성을 갖추고 있다고 말하는 것은 결코 아니다.

마조의 사상은 조주(趙州)의 적손 종심(종심)에게 전수되었는데, 종심은 유정과 무정에 불성이 있는가 하는 문제에 대하여 다른 정황을 근거로 융통성 있는 견해를 채택하였다.

> "개에게도 불성이 있습니까?" 하고 물었더니, 선사께서 "없다."고 답하였다. 학승이 말하기를, "위로는 모든 부처님에서 아래로는 개미에 이르기까지 모두 불성이 있는데, 어찌하여 개에게는 없습니까?" 선사가 답하기를, "그에게 업과 식의 성품이 있기 때문이다."201)

일반적으로 말할 때, 대승불교는 통상적으로 일체 중생은 모두 불성을 가지고 있다는 관점을 견지하였고, 혜능(慧能) 이래 선종도

---

201) 『조주진제선사어록(趙州眞際禪師語錄)』, 『고존숙어록(古尊宿語錄)』 권13 상책, p.222, "問: '狗子還有佛性也無?' 師云: '無.' 學云: '上至諸佛, 下至蛭子, 皆有佛性, 狗子爲什麼無?' 師云: '爲伊有業識性在.'"

마찬가지의 견해를 유지하고 있었다. 그러나 종심(從諗)은 오히려 중생으로서의 개와 같은 종류는 불성이 없다고 생각하였고, 그 이유는 개에게는 업(業)과 식(識, 分別)이 있기 때문이라고 하였다. 아마도 그는 업과 식은 불성과 상반되는 것이므로 업과 식이 있는 것은 불성이 없다고 본 것 같다. 그런데 조주종심(趙州從諗)은 이와 상반되는 견해도 제시하였다.

스님이 조주에게 물었다. "개에게도 불성이 있습니까?" 조주 스님이 "있다."고 하자, 스님이 "있다면, 어째서 개가 되었습니까?" 하고 물었다. 조주가 이르길, "알고 있으면서 일부러 개가 된 것이다."202)

이것은 개에게도 불성이 있다는 것을 긍정한 것이며, 그 이유는 개에게도 앎[知]이 있기 때문이다. 또 주목할 만한 것은 어떤 학승이 조주에게 "무엇이 조사께서 서쪽에서 오신 까닭입니까?"라고 물으니, 그가 "뜰 앞의 잣나무."라고 답한 것이다.203) 어떤 학승이 또 "잣나무에도 불성이 있습니까?" 하고 묻자 그는 "있다[有]."고 답하였다.204) 이것은 정식(情識)이 없는 수목에도 불성이 있다는 것을 의미한다. 이와 같이 모순되는 설법의 진의(眞意)는 어디에 있는가? 이러한 답은 모두 학승(學僧)을 깨우치기 위한 일종의 방편적인 교법으로 보이며, 학승이 스스로 깨치도록 유도하는 것이

---

202) 『만송노인평창천동각화상송고종용암록(萬松老人評唱天童覺和尙頌古從容庵錄)』 권2, 『大正藏』 48, p.238b, "僧問趙州: '狗子還有佛性也無?' 州云: '有.' 僧云: '旣有, 爲什麼都撞入這個皮袋?' 州云: '爲他知而故犯.'"

203) 『조주진제선사어록(趙州眞際禪師語錄)』, 『고존숙어록(古尊宿語錄)』 권13 상책, p.213, "如何是祖師西來意. 庭前柏樹子."

204) 『조주진제선사어록(趙州眞際禪師語錄)』, 『고존숙어록(古尊宿語錄)』 권13 상책, p.234, "柏樹子還有佛性無?" "有."

다. 유와 무는 일종의 분별이므로, 조주종심(趙州從諗)은 개와 잣
나무에 불성이 있는가 없는가 하는 것을 빌려서 학승의 유와 무에
대한 집착을 타파하려고 한 것이다. 철저하게 깨달은 경계는 분별
을 초월하는 것이며, 설명한 유무(有無)도 역시 분별을 초월하여
존재하는 것이다. 조주종심은 불성도 유무를 초월하고 분별을 초월
하여 존재하는 것이라고 본 것이다.

소 결

　위의 설명을 종합하여 보면 홍주종 사람들의 심성론에 관한 내용
은 상당히 풍부하며, 그들은 '평상심이 도[平常心是道]'라는 것을
사상적인 핵심으로 삼고 심성론의 새로운 체계를 구성하였다. 이 체
계 속에서 평상심·본심·즉심(卽心)·비심(非心)·무심·불성 등
의 내용을 언급하였고, 마음과 도·무심과 도·마음과 불·비심과
불·무심과 불·마음과 견문각지·불성의 유무 등 각종 관계 혹은
각종 문제에 대해 논술하였다. 또 평상심이 도이다[平常心是道]·
마음도 아니고 부처도 아니다[非心非佛]·무심이 도이다[無心是道]
등의 새로운 이념을 제시하였고, 본원청정심과 견문각지, 유정무불
성(有情無佛性)과 무정유불성(無情有佛性)의 관계에 대하여 새로운
설명을 진행함으로써 불교의 심성론과 불성론을 발전시켰다.

　홍주종 사람들은 이러한 아주 독특한 심성론의 기초 위에서, 선
수행의 새로운 사상적 원칙과 운용의 모델과 격조 높은 가풍을 형

성하였다. 그중 두드러진 것으로는 다음과 같은 것이 있다.

1. 주체의 자주성 정신이다. 홍주종 사람들은 한 걸음 더 나아가 수행의 주체가 선수행의 결정적인 요소이고, 주체의 의식[心]은 선수행의 내재적인 근거라고 강조하였다. 그래서 사람의 마음을 바로 가리키고[直指人心], 마음의 성품에 맡겨[縱任心性] 주체의식의 능동적인 작용을 충분하게 발휘할 것을 주장하였다.

2. 수행의 자연주의 원칙이다. 홍주종 사람들은 중생의 일상 행위와 동작은 모두 내재되어 있는 불성이 전체적으로 드러난 것이므로 모든 것이 다 진실이라고 생각하였다. 그래서 정신을 수양하고 성품을 보존[養神存性]하여 자연에 맡기고, 자연스럽게 진행되는 가운데서 자아초월을 실현할 것을 강조하였다.

3. 생활의 세속화된 경향이다. 홍주종 사람들은 자연을 따르는 생활선을 제창하고, 현실생활을 하는 가운데서 현실적 목적을 초월할 것을 주장하였다. 이것은 일종의 정신을 초월하는 것이지 결코 피안의 세계를 추구하는 것이 아니며, 또한 초월을 실현하여 다시 현실 속으로 되돌아오는 것이다. 그러므로 강렬하게 세속화된 경향을 나타냈다고 본다.

4. 방법상으로 알음알이[知解]에 반대하는 특징이 있다. 홍주종 사람들은 직지인심(直指人心), 견성성불(見性成佛)을 제창하였고, 이에 따라 직관적인 깨달음을 강조하고 알음알이를 반대하였으며, 도를 배우고 도를 깨닫는 데 있어서 언어문자의 작용을 경시하였다. 뿐만 아니라 정해진 틀도 없고 규범도 없는 수행형식을 채택하여, 은어(隱語)·동작(動作)·몽둥이와 할[棒喝]과 같은 여러 가지 '예리한 언동[機鋒]'을 발전시켰다. 이 때문에 나중에 등장하는 남

종 중에서 언어와 문자의 작용을 중시하는 일파와 대립하게 된다.

홍주종의 심성론은 혜능 이래의 성정자오(性淨自悟) 사상을 계승한 기초 위에서 더 나아가 불교와 도가·유가의 사상을 융합하여 개조하고 발전시킨 결과이다. 불교 내부에서 홍주종은 주로 여래장 사상을 말한 『능가경(楞伽經)』과 성공(性空)사상을 말한 『금강경(金剛經)』을 조화하고 융합하고 회통하였는데, 이러한 측면에서 볼 때, 홍주종의 심성론은 보리달마 이래의 선(禪)사상과 관련된 것을 총괄한 것이라고 볼 수 있다. 전반적인 사상의 배경을 볼 때, 홍주종 심성론에 있어서 보다 중요한 것은 중국의 도가·유가와 융합한 것이며 특히 도가사상의 산물이라는 것이다. 도가의 도·도는 자연을 따라야 한다[道法自然]·만물을 똑같이 취급하라[齊萬物]·옳고 그름을 동일하게 보라[齊是非]·무위·무지·무욕·무심205) 등의 개념·명제·사유방식과 유가의 '높고 밝음을 지극하게 하고 중용을 따른다[極高明而道中庸].'는 사상적 틀은 불교의 사상을 개조하고 홍주종 심성론의 중요한 사상적 요소를 형성하였다고 말할 수 있다. 따라서 홍주종의 심성론 사상은 중국 고유의 문화관념에 뿌리를 두고 있다고 말할 수 있다.

---

205) '무심(無心)'이라는 용어는 곽상(郭象)의 『장자내편주(莊子內篇注)』에 자주 보인다.

제20장 임제종(臨濟宗)의 일념심청정 (一念心淸淨)과 무사시귀인설(無事是貴人說)

당나라 말기에 선사 의현(義玄, ?~867)이 임제종(臨濟宗)을 창립하였다. 임제종 사람들은 충실하게 마조(馬祖)와 희운(希運) 등 선사들의 심성사성을 계승하여, 평상심이 도이고[平常心是道], 무심이 도[無心是道]라는 사상적인 기초 위에서 일념으로 마음이 청정[一念心淸淨]하면 부처라는 것과 일 없음[無事]이 귀한 사람[貴人]이라는 등의 심성(心性)에 관한 명제를 제시하였다.

임제종 사람들이 제기한 심성에 관한 명제는 한 면으로는 생명과 마음 밖에 존재하는 초월적인 이상을 부정하는 것이었다. 즉 생각 생각마다 밖을 향하여 구하는 것을 부정하고, 부처도 초월하고 조사(祖師)도 초월할 것을 강력하게 주장하였다. 그리고 현실적인 인간과 인간 마음의 무한한 가치를 긍정하고, 선(禪)의 진정한 이상은 중생의 생명 속에 내재되어 있으므로, 반드시 안으로 향하여 자성(自省)할 것을 강조하고, 현실 속 인간의 '활발한' 창조정신을 중시하였다.

또 다른 한 면은 경전의 가르침을 초월하여 독립적으로 인생의 오묘한 비밀을 궁구하고, 직관적으로 우주의 진실을 체득하는 것을 중시하였다. 선수행을 할 때는 몽둥이로 치거나 한 마디 소리를 지르는[棒喝] 방식이 보편적으로 사용되었고 심지어는 조사를 비난하고 부처를 욕하는 등 여러 가지로 일반인이 보기에는 상식을 초월하거나 일상에 반하는 방법을 사용하기도 하였다. 이것은 불교 내부에서 솟아 나온 일종의 새로운 인문주의적 인생관이다. 그 핵심 사상은 주체의 내재적인 개성과 외재적인 행위를 충분히 존중하는 데 있다. 이와 같이 특색이 풍부한 임제종의 심성이론은 선종 심성학설의 발전이라고 볼 수 있으며, 임제종 사람들의 심성이론에 대한 논술은 임제종 사람들이 선수행 실천을 깊이 인식하는 데 도움이 되었다.

임제종의 대표적인 인물로는 창시자 의현(義玄)이 있고, 나중에 이 종파가 다시 여러 파로 나누어졌을 때, 황룡파(黃龍派)를 창시한 혜남(慧南, 1002~1069)과 양기파(楊岐派)를 창시한 방회(方會, 992~1049), 양기파의 전수자 대혜종고(大慧宗杲)와 무문혜개(無門慧開) 등 인물이 있다. 우리는 이러한 사람들의 언행을 주요 근거로 삼아 설명하려고 한다.

제1절 심청정(心淸淨)과 자신심(自信心)

선을 수행하는 것은 결국 성불하기 위한 것이다. 그렇다면 어떻게 성불할 수 있는가? 임제종 사람들도 이 점에 주의하고 심성 방면에서 성불의 근원을 찾았다. 의현은 이렇게 말했다.

> 그대는 부처가 되고 싶거든 만물을 따르지 말라. 마음이 생기면 여러 가지 법이 생겨나고, 마음이 없어지면 여러 가지 법도 사라진다. 한 마음이 생기지 않으면 만법에 허물이 없다. 세간이든 출세간이든, 부처도 없고 법도 없으며, 앞에 나타나지도 않지만 또한 잃은 적도 없다.206)

여기서 '법(法)'은 불법을 가리킨다. 이것은 부처와 불법이 모두 마음에 따라 생겨나고 마음에 따라 소멸된다는 것을 말하는 것이다. 한마음이 생기지 않으면 부처도 없고 법도 없다. 부처가 되려고 하면, 오직 마음에서 해탈의 근원을 찾아야 한다. 한 개인이 성불을 할 수 있느냐 없느냐의 관건이 되는 것은 마음이다. 또 다른 역사 기록도 있다.

> "무엇이 진실한 부처이고, 진실한 법이고, 진실한 도입니까? 가르쳐 주시옵소서." 하니, 스승이 이르길, "부처는 마음이 청정한 것이고, 법은 마음이 밝은 것이고, 도는 어디서든 걸림 없이 청정하고 밝은 것이다. 셋이 곧 하나이니, 모두 공허한 이름일 뿐 실재 있는 것은 아니다."라고 하였다.207)

여기서는 한 걸음 더 나아가서 마음이 청정한 것이 부처이고, 마

---

206) 『진주임제혜조선사어록(鎭州臨濟慧照禪師語錄)』, 『大正藏』 47, p.502b, "爾欲得作佛, 莫隨萬物. 心生種種法生, 心滅種種法滅. 一心不生, 萬法無咎. 世與出世, 無佛無法, 亦不現前, 亦不曾失."

207) 『진주임제혜조선사어록(鎭州臨濟慧照禪師語錄)』, 『大正藏』 47, pp.501c~502a, "問: '如何是眞佛, 眞法, 眞道? 乞垂開示.' 師曰: '佛者, 心淸淨是, 法者, 心光明是, 道者, 處處無碍淨光是. 三卽一, 皆是空名, 而無實有.'"

음이 밝은 것이 불법이며, 어디서도 걸림 없는 청정한 광명이 불도
라고 설명하고 있다. 위에서 '부처란 마음이 청정한 것이다[佛者,
心淸淨].'라는 것은 의현이 부처를 정의한 것이다. 그는 부처란 다
른 것이 아니라 바로 마음이 청정한 것이라고 생각하였다. 그렇다
면 어떤 것이 마음이 청정한 것인가? 사상적인 연원관계에서 말하
면, 의현이 말한 심청정(心淸淨)의 실제적인 것과 의현의 스승 희
운(希運)의 '본원청정심(本源淸淨心)'과 홍주종 선사들의 여래장
(如來藏) 불성설(佛性說)은 일맥상통하는 것이다. 그 실질은 전부,
본래의 성품은 청정심이지 미혹하고 허망한 마음이 아니라는 것을
가리킨다. 의현은 마음의 청정[心淸淨]에 대하여 자기만의 독특한
설명을 하였는데, 이 측면에 있어서 그의 '마음과 마음은 다를 바
가 없다[心心不異].'와 '마음은 허깨비와 같다[心如幻化].'는 설법
은 특히 주의해 볼 만한 가치가 있다. 의현은 이렇게 설명하였다.

> 오직 법을 듣는 사람, 어디에도 의지함이 없는 도인이 모든 부처님의
> 어머니다. 그러므로 부처는 의지함이 없는 데서 생겨난다. 만약 의지
> 함이 없음을 깨닫는다면 부처라는 것도 얻을 것이 없다. 만약 이와
> 같이 보게 된다면 이것이야말로 참되고 올바른 견해이다.208)
> 옛사람들이 '평상심이 곧 도'라고 하였다. "대덕아! 무엇을 찾느냐?
> 지금 바로 눈앞에서 법문을 듣고 있는 그 사람, 아무것도 의지하지 않
> 는 무의도인(無依道人)은 너무도 분명하고 결코 부족한 것이 없다.
> 그대들이 만약 조사나 부처님과 다르지 않기를 바란다면, 오직 이와
> 같이 보면 된다. 의심하여 그르치지 말라. 그대들의 순간순간 마음이
> 다르지 않음을 이름하여 살아있는 조사[活祖]라 한다.209)

---

208) 『진주임제혜조선사어록(鎭州臨濟慧照禪師語錄)』, 『大正藏』 47, p.498c, "唯有聽法
　　 無依道人, 是諸佛之母. 所以佛從無依生. 若悟無依, 佛亦無得. 若如是見得者, 是眞
　　 正見解."

여기서 말하는 '의지하지 않는다[無依]'는 것은 그 어떤 대상도 반연(攀緣)하지 않고, 의탁하는 것도 없고 의지하는 것도 없는 것을 말한다. 구체적으로는 보리에도 의지하지 않고, 열반에도 의지하지 않으며, 부처님에게도 의지하지 않고, 각종의 내외 조건에 의지하지 않는 것을 의미한다. 의현은, 의지함이 없는 것은 불법의 정수(精髓)이고 성불의 원인이므로, 부처는 의지함이 없는 것에서 생긴다고 생각하였다. 중생이 만약 진정으로 의지함이 없는 것의 의미를 깨닫는다면, 부처는 의지함도 없고 기다림도 없고, 그 어떤 조건에도 의존하지 않으므로, 얻을 것이 아무것도 없으며, 부처가 되려고 수행하는 자나 선(禪)을 수행하는 자는 보리와 열반에 의지하거나 그것을 추구해서는 안 되며, 그렇게 할 때 성불과 같은 실재 목표에 이른다는 것이 명백해진다. 의현은 이와 같은 도리를 이해한 사람이 바로 진정한 '무의도인(無依道人)'이라고 생각했다. 이 '무의도인'은 범부와 성인, 염오와 청정 등을 포함하는 그 어떤 사물에도 의지하지 않는다. 따라서 여기에서 말하는 '무의(無依)'란 사실상 청정(淸淨)을 의미하는 것임을 알 수 있다. 의탁하는 것이 없고, 의지하는 것도 없는 것은 곧 마음이 청정한 것이다. '무의도인(無依道人)'은 마음이 청정하며, 중생 마음의 본래 면목을 체현(體現)한 사람이다. 이른바 '순간순간의 마음이 다르지 않다[心心不異].'는 것은 수행자가 시종 마음의 청정함[心淸淨]을 유지하여 변이(變異)가 생기지 않는 것이다. 다시 말해서, 중생의 현실적인 마음은 중단이 없고, 항상 청정하고, 변하지도 달라지지도 않아서,

---

209) 『진주임제혜조선사어록(鎭州臨濟慧照禪師語錄)』, 『大正藏』 47, p.499c, "古人云: 平常心是道. 大德, 覓什麼物? 現今目前聽法無依道人. 歷歷地分明1) 未曾欠小. 爾若欲得與祖佛不別, 但如是見, 不用疑誤. 爾心心不異, 名之活祖."

역력하게 분명하다. 이렇게 활발하고 생생한 평상심과 청정심을 갖추어야 비로소 살아 있는 조사와 부처, 즉 진정한 부처라고 할 수 있다. 의현의 관점에 의하면, 인간의 현실적인 심성의 본질이 바로 인간의 이상적 인격이며, '순간순간의 마음이 다르지 않은[心心不異]' 사람, 즉 중단 없이 항상 청정한 마음을 유지하는 사람이 이상적인 인격을 체현한 사람이다.

심청정(心淸淨)의 또 하나의 의미는 '마음은 허깨비와 같다[心如幻化].'는 것이다. 의현은 다음과 같이 말했다.

> 그대가 만법이 나지 않고 마음은 허깨비와 같다는 것을 알면, 다시는
> 한 티끌 한 법도 없어 어딜 가나 청정하니, 그것이 부처이다.210)

의현은 모든 사물과 불법이 다 마음을 따라 생기고 마음을 따라 소멸되며, 마음이 변하면 있고 변하지 않으면 없으니, 본래는 생겨남도 없고 자성(自性)도 없는 것이라고 생각하였다. 이것은 본질적으로 보면 모두가 공(空)한 것이고 모두가 공상(空相)이라는 것이다. 마음은 허깨비와 같아서, 마음은 마술사가 마술을 부리는 것처럼 만물을 드러내지만, 그것은 결코 진실한 사물이 아니고, 꿈과 같고 환상과 같은 거짓 형상에 지나지 않는다. 마음에는 본래 그어떤 사물도 존재하지 않는다. 심지어는 일체의 불법도 존재하지 않아서 곳곳이 다 청정한 것이다. 중생이 만약 이러한 견해를 가지고, 만물과 불법은 생겨나는 것이 아니고 공(空)한 것임을 이해하고, '마음은 허깨비와 같다는 것'을 알게 된다면 이 사람이 바로 부

---

210) 『진주임제혜조선사어록(鎭州臨濟慧照禪師語錄)』, 『大正藏』 47, p.498b, "爾若達得萬法無生, 心如幻化, 更無一塵一法, 處處淸淨是佛."

처이다. 심청정(心淸淨)은 주관에서 만물과 불법은 실재하는 것이라는 관념과 집착을 배제하고, 마음을 만물과 불법을 실제로 생기게 할 수 있는 실유하는 마음이라고 보는 관념을 제거하고 파악하는 것이다. 만약 이 점에 도달할 수 없다면 마음이 청정하지 않은 것이므로 당연히 해탈은 얻을 수 없다.

심청정(心淸淨)은 중생이 부처가 되는 근거이며, 이로 인해 의현은 한 걸음 더 나아가 일념(一念)의 마음이 청정한 것이 바로 부처라는 사상을 제시한 것이다. 그는 이렇게 말했다.

> 그대가 부처와 조사와 차별이 없기를 바란다면 바깥에서 구하지 말라. 그대의 한 생각 마음의 청정한 빛이 그대 집안의 법신불이다. 그대의 한 생각 마음의 분별없는 빛이 그대 집안의 보신불이다. 그대의 한 생각 마음의 차별이 없는 빛이 그대 집안의 화신불이다. 이 세 가지의 몸은 그대, 즉 지금 내 앞에서 법을 듣고 있는 바로 그 사람이다. 밖을 향해 헤매면서 구하지만 않는다면 이런 공용이 있을 것이다.211)

조사는 종파를 개창한 사람[開祖] 혹은 개창자의 교법을 전승(傳承)한 사람[列祖]을 의미한다. '일념(一念)'은 지극히 짧은 시간, 즉 한순간을 말한다. 따라서 '일념심(一念心)'이란 한순간의 마음 상태를 의미한다. '무분별(無分別)'은 주체가 외계에 대하여 그 어떤 분별도 하지 않는 것을 말한다. '무차별(無差別)'이란 객관의 사물이 평등하고 동일하여 그 어떤 차이나 구별이 없는 것을 가리킨다.

위 글의 의미는 사람이 부처나 조사(祖師)처럼 되고 싶으면 밖을

---

211) 『진주임제혜조선사어록(鎭州臨濟慧照禪師語錄)』, 『大正藏』 47, p.497b, "爾要與佛祖不別, 但莫外求. 爾一念心上淸淨光, 是爾屋裏法身佛; 爾一念心上無分別光, 是爾屋裏報身佛; 爾一念心上無差別光, 是爾屋裏化身佛. 此三種身, 是爾卽今目前聽法底人, 只爲不向外馳求, 有此功用."

향하여 고심하면서 불과(佛果)와 부처의 경계를 추구하지 말고, 안으로 향하여 자기 마음의 공용을 발굴해야 한다는 것이다. 단지 한 순간의 마음이 청정하고, 분별이 없고 차별이 없는, 바로 이것이 법신불과 보신불과 화신불 삼신불이다. 삼신불은 현실적으로 한 순간의 마음이 청정한 사람이기도 하다. 의현은 사람들이 육도에 윤회하면서 갖가지 고난을 받는 까닭은 바로 세속적인 감정과 지혜에 막히고 격리되어 해탈을 얻지 못하기 때문이라고 생각하였다. 사람들이 만약 밖으로 추구하는 것을 멈추고 안으로 추구하는 쪽으로 전환한다면, 빛을 회광반조(回光返照)하여 바로 부처와 조사와 구별이 없어진다는 것이다. 이것이 바로 '한 순간의 마음이 청정하면 부처'라는 것이며, 이는 임제종의 기본 명제인 동시에 근본사상이기도 하다. 임제종의 각종 교학방법과 선수행 실천 및 조사를 힐난하고 부처를 욕하는 등의 상식을 초월하는 행위는 모두 이 기본명제와 근본사상을 구체적으로 표현한 것이다.

한 순간의 마음이 청정하면 바로 부처라는 사상의 기초 위에서, 의현은 사람들이 고도의 자신감을 가지고 그 자신이 조사이고 부처라는 믿음을 견지할 것을 강조하였다. 그는 사람들이 조사나 부처가 되지 못하는 까닭의 관건은 자신감의 결여에 있다고 보았다.

예컨대, 산승이 사람들에게 가르쳐 준 것은 단지 그대들이 사람들에게 미혹당하지 말고, 사용할 곳에서는 사용하고, 다시 머뭇거리거나 의심하지 말라는 것이다. 지금 배우는 사람들이 얻지 못하는 것은 그 병이 어디에 있는가? 병은 스스로 믿지 못하는 곳에 있다. 그대가 만약 스스로 믿지 못하면, 바쁘게 돌아다니면서 온갖 경계에 끌려 다니다가 그 수만 가지 경계와 서로 주거니 받거니 하다가 자신을 빼앗

겨 자유롭지 못할 것이다. 그대들이 만약 생각 생각마다 찾아 헤매는
마음을 쉴 수 있다면, 조사와 부처와 다름이 없을 것이다. 그대들은
조사와 부처를 알고 싶은가? 내 앞에서 법을 듣고 있는 그대들이 바
로 그 사람이다. 그런데 배우는 사람들은 믿음이 부족하여 바깥으로
내달리며 구하고 있다.212)

'산승(山僧)'이란 산속에 있는 스님이라는 뜻이며, 선사가 자신을
겸손하게 말하는 것이다. 의현이 보기에 사람들이 조사와 부처가
되지 못하는 근본문제는 자기에 대한 믿음이 없다는 데 있다고 생
각하였다. 그래서 자기에 대한 믿음을 강조하였는데, 그 까닭은 사
람들 자신이 본래 조사이고 부처이기 때문이다. 법을 듣는 모든 사
람이 바로 조사이고 부처이다.

의현은 사람들이 충분히 자신감을 가질 수 있도록 격려하고 호
소하였다. 이른바 자기에 대한 믿음이란 회의(懷疑)와 의혹을 단절
하여 없애고, 자주 자립하며, 다른 사람에게 의지하지 않고, 다른
사람의 의혹을 받지 않으며, 밖을 향하여 추구하지 않는 것이다.
이에 근거하여 그는 공개적으로 "큰 그릇은 다른 사람의 유혹을 받
지 않는다. 가는 곳마다 주인이 되라. 서 있는 그곳이 모두 진리의
자리이다."213)라고 선언하였다. 여기서 '사람들의 유혹을 받지 않는
다[不受人惑].'는 것은 자기 자신에 대한 믿음을 굳게 가지고, 자주
독립적이며, 다른 사람에게 기대지도 않고, 권위를 숭배하지도 않

<hr>

212) 『진주임제혜조선사어록(鎭州臨濟慧照禪師語錄)』, 『大正藏』 47, p.497b, "如山僧指
    示人處, 只要爾不受人惑, 要用便用, 更莫遲疑. 如今學者不得病在甚處, 病在不自
    信處. 爾若自信不及, 卽便茫茫地徇一切境轉, 被他萬境回換, 不得自由. 爾若能歇
    得念念馳求心, 便與祖佛不別. 爾欲得識祖佛麼? 只爾面前聽法底是. 學人信不及,
    便向外馳求."
213) 『진주임제혜조선사어록(鎭州臨濟慧照禪師語錄)』, 『大正藏』 47, p.499a, "如大器者,
    直要不受人惑, 隨處作主, 立處皆眞."

는 것을 말한다. '사람들의 유혹을 받지 않는다[不受人惑].'고 할 때의 '사람[人]'은 조사(祖師)와 부처를 가리킨다. 의현은 인간의 운명은 인간이 자신의 손안에 장악하고 있다고 보았다. 사람은 스스로 자신의 운명을 주재해야 하며, 다른 사람에게 유혹되어 믿거나, 그 권위를 맹목적으로 따라서도 안 되고, 다른 사람들을 이겨내고 부처와 조사들도 초월하여야 한다고 보았다. 회해(懷海)와 희운(希運) 이래로 선종 사람들은 조사(祖師)를 초월해야 한다고 주장하였으나, 의현의 시대에 이르러서는 보다 명확하게 '부처를 초월하고 조사를 넘어라[超佛越祖].'고 주장하였고, 선수행의 주체는 마땅히 부처와 조사의 권위보다 높아야 한다고 강조함으로써, 주체의 자립자신(自立自信) 사상이 극치에 이르렀다.

제2절 견문각지(見聞覺知)와 전체대용(全體大用)

위에서 언급한 중생 주체의 청정심은 무심(無心)이고 공심(空心)이며, 생사도 없고[無生無死], 형상도 없는 것[無形無相]으로서, 이것이 모든 상(相)이 공(空)한 무분별심에 도달한 것이며, 이것이 마음의 한 측면이다. 마음의 또 다른 면은 본래 스스로 구족하고 있어서, 즉 자신이 각종 공능과 작용을 갖추고 있어서, 모든 것을 분별할 수 있고, 이런 분별하는 능동적 작용이 다시 무분별의 기초 위에서 구체화되어, 사물의 실상, 즉 공상(空相)을 인식하는 무분별의 분별을 하는 것이다.

    임제종 사람들은 마음의 능동적 작용과 마음에 내재되어 있는 본성의 관계에 대해 설명하였다. 이것은 사람들이 보고 듣고 느끼고 아는 것[見聞覺知]은 모두 불성의 작용이라는 것을 진일보하여 강조한 것이다. 이러한 작용은 불성 전체의 작용이며, 이것을 '전체대용(全體大用)'이라고도 한다. 불성 전체의 작용으로서의 견문각지는 중생이 해탈하고 성불하는 계기(契機)가 된다. 이러한 측면에 대한 의현의 아주 전형적인 어록이 있다.

> 도를 배우는 벗들이여! 마음의 작용은 형상이 없어서 시방세계를 꿰뚫는다. 눈에 있을 때는 본다고 하고, 귀에 있을 때는 듣는다고 하고, 코에 있을 때는 냄새를 맡고, 입에 있을 때는 말을 하며, 손에 있을 때는 잡고, 발에 있을 때는 걸어 다닌다. 본래 정밀하고 밝은 한 덩어리가 나누어져 우리 몸의 여섯 가지 부분과 화합하였을 뿐이다. 한 마음도 없는 줄 알면 어디서든지 해탈한다. 산승의 이와 같은 말은 그 뜻이 어디에 있는가? 다만 도를 배우는 사람들이 내달려 구하려는 모든 마음을 쉬지 못하고 저 옛사람들의 부질없는 기연과 경계를 반연하기 때문이다.
> 도를 배우는 벗들이여! 산승의 견해로 말할 것 같으면 보신불과 화신불의 머리를 앉은자리에서 끊는다. 십지만심(十地滿心)을 성취한 보살도 마치 날품팔이 하는 놈과 같고, 등각과 묘각도 칼을 쓰고 족쇄를 찬 꼴이다. 아라한과 벽지불은 뒷간의 똥오줌과 같고, 보리와 열반은 당나귀를 매는 말뚝과 같다. 어째서 그러한가? 도를 배우는 이들이 3아승지겁이 공(空)한 것임을 알지 못하기 때문에 이러한 장애가 있는 것이다.
> 진정한 도인이라면 결코 그렇지 않고, 그저 인연 따라 묵은 업을 녹일 뿐이다. 자유롭게 옷을 입고 가려면 가고 앉으려면 앉을 뿐, 한 생각이라도 부처님의 과(果)를 바라지 않는다. 어째서 그러한가? 옛사람이 이르기를 '만약 업을 지어서 부처를 구하고자 한다면, 부처가 오히려 생사의 큰 징조가 된다.'고 하였다.214)

    '도류(道流)'는 선도(禪道)에 종사하는 수행자를 말한다. '십지만

심(十地滿心)'은 '십지심(十地心)', 즉 '십지(十地)'이며, 수행하는 열 가지 마음을 의미한다. '등묘이각(等妙二覺)'의 '등각(等覺)'은 평등 일여한 진여의 이치를 깨닫는 것을 뜻하며, 보살이 수행하여 도달한 가장 높은 자리의 깨달음의 경지이다. '묘각(妙覺)'은 부처의 각행(覺行)이 원만하고 절묘하여 위가 없는 깨달음의 경지를 가리킨다. '삼지겁(三祇劫)'의 '삼지(三祇)'란 삼승지(三僧祇)이다. '승지(僧祇)'는 무수(無數)함을 의미한다. 여기서 '겁(劫)'은 시간의 명칭이다. 따라서 삼지겁이란 극히 긴 시간을 말한다. 의현의 위의 설명은 다음과 같은 몇 단계의 의미를 가지고 있다.

첫째, 마음은 형체가 없다는 것이다. 마음은 사지(四肢)와 감각기관을 관통하여 보고 듣고 느끼고 아는 등의 작용으로 표현된다. 그러한 마음이 형체가 없고 공하고 청정하게 된다면, 어디를 가든 자유롭게 해탈한다는 표현이다.

둘째, '십지만심(十地滿心)', '등묘이각(等妙二覺)', '나한벽지(羅漢辟地)'와 '보리열반(菩提涅槃)'은 모두 집착해서는 안 되는 것들이다. 수행자가 밖을 향하여 조사가 되고 부처를 이루고자 추구하는 것은 공(空)의 도리를 이해하지 못하여 가지게 된 일종의 장애이다.

셋째, 진정한 도인은 한 생각의 마음도 불과를 희구하지 않고, 업을 짓지 않을 뿐만 아니라 부처를 구하지도 않는다는 것이다. 이

214) 『진주임제혜조선사어록(鎭州臨濟慧照禪師語錄)』, 『大正藏』 47, p.497c, "道流, 心法無形, 通貫十方. 在眼曰見, 在耳曰聞, 在鼻嗅香, 在口談論, 在手執捉, 在足運奔. 本是一精明, 分爲六和合. 一心旣無, 隨處解脫. 山僧與麼說, 意在什麼處? 只爲道流一切馳求心不能歇, 上他古人閑機境. 道流, 取山僧見處, 坐斷報化佛頭, 十地滿心猶如客作兒, 等妙二覺擔枷鎖漢, 羅漢辟支猶如厠穢, 菩提涅槃如系驢橛. 何以如此? 只爲道流不達三祇劫空, 所以有此障碍. 若是眞正道人, 終不如是. 但能隨緣消舊業, 任運着衣裳, 要行卽行, 要坐卽坐, 無一念心希求佛果. 緣何如此? 古人云: '若欲作業求佛, 佛是生死大兆.'"

것은 불성의 본래 작용을 보전하여 인연에 따라 자연에 맡긴다는 것이다. 현실의 삶은 전생에 지은 업의 지배를 받기 때문에 번뇌와 고통 속에 빠져 있어서 진정한 자유가 없다. 이것은 구도자(求道者)가 각종 현실생활에 순응하여 생명의 현실적 활동에 몰입함으로써 불성의 전체 작용을 충분히 발휘할 것을 요구하고, 고통스럽고 어려운 현실생활을 생기발랄하게 변화시키고 활발하고 자유롭게 되라는 것이다. 말하자면, '가려고 하면 가고, 앉으려고 하면 앉는' 자연스러운 동작과 보고 듣고 느끼고 아는 속에서 옛날의 업을 소멸하여 해탈을 얻는 것이다. 이것은 일상의 현실생활을 충분히 긍정하는 것이며, 아울러 일상의 현실생활 속에서 인생의 진실을 깨달아 현실적인 주체가 고도의 자유를 실현하게 하려는 것으로 볼 수 있다.

임제종 사람들은 또 홍주종 마조도일(馬祖道一)의 '평상심이 도[平常心是道]' 혹은 '부딪히는 모든 것이 도[觸類是道]'라는 사상을 계승하여 발휘하고, 나아가 '어디를 가든 주인이 되라. 서 있는 그곳이 모두 진리의 자리이다[隨處作主, 立處皆眞].' '그 자리에서 깨달으면 어디서든 해탈한다[當處發生, 隨處解脫].'는 명제를 제시함으로써 주체가 때와 장소에 따라 스스로 깨닫기를 강력하게 제창하였다. 의현은 이렇게 말했다.

도를 배우는 벗들이여! 불법은 애써 공들여서 배우는 것이 아니다. 그저 평상대로 아무 일 없는 것이다. 똥 싸고 오줌 누고, 옷 입고 밥 먹으며, 피곤하면 눕는 것이다. 어리석은 사람들은 나를 비웃겠지만 지혜로운 이는 알 것이다. 옛사람이 말하기를 '자신 밖을 향해서 공부하는 사람은 모두가 어리석고 고집스런 놈들이다.'라고 하였다. 그대들이 어디를 가나 주인이 된다면 서 있는 곳마다 그대로 모두 진리가 된다. 어떤 경계가 다가온다 하여도 거기에 얽매이지 않을 것이다. 설령 묵은 습기와 무간 지옥에 들어갈 다섯 가지 죄업이 있더라도 그것 자체가 해탈의 큰 바다가 될 것이다.215)

대덕들이여! 이제 빛의 그림자를 희롱하는 정체를 알아내어라. 이것은 모든 부처님의 본래 근원이며, 모든 곳은 도를 배우는 이들이 돌아갈 곳이다. 그대들의 사대로 된 육신은 법을 말하거나 들어도 알지 못하고, 오장육부도 법을 말하거나 들어도 알지 못하고, 허공도 법을 말하거나 들어도 모른다. 그렇다면 법을 말하고 들을 줄 아는 것은 무엇인가? 바로 그대들 눈앞에 뚜렷하면서도 아무 형체도 없이 홀로 밝은 이것이 법을 말하고 들을 줄 아는 것이다. 만약 이렇게 볼 수 있다면 조사나 부처와 다르지 않을 것이다. 다만 모든 시간 가운데서 더 이상 한순간도 끊임이 없으면 눈에 보이는 것 그대로이겠지만, 정념이 생기면 지혜가 막히고, 생각이 변하면 자체가 달라진 것이니, 그 때문에 삼계에 윤회하여 가지가지 고통을 받는다.216)

'오무간(五無間)'은 오무간지옥(五無間地獄)을 말한다. 이 지옥 속에서는 돌고 돌며 영원히 쉬지 않고 학대를 받아야 하는 지옥 중에서도 가장 처참한 곳이다. '빛의 그림자를 희롱하는 정체[弄光影底人]'는 단지 표면만 보고 진리를 철저하게 보지 못하는 어리석은 자를 가리킨다. 의현은, 불법은 애써 노력하여 배우는 것이 아니고 단지 너무나 평상적인 일이기 때문에 고심하며 추구할 필요가 없는 것이라고 생각하였다. 설령 우둔한 사람이라 할지라도 그에게도

---

215) 『진주임제혜조선사어록(鎭州臨濟慧照禪師語錄)』, 『大正藏』 47, p.498a, "道流, 佛法無用功處. 只是平常無事, 屙屎送尿, 著衣吃飯, 困來卽臥. 愚人笑我, 智乃知焉. 古人云: 向外作工夫, 總是痴頑漢. 爾且隨處作主, 立處皆眞. 境來回換不得. 縱有從來習氣, 五無間業, 自爲解脫大海."

216) 『진주임제혜조선사어록(鎭州臨濟慧照禪師語錄)』, 『大正藏』 47, p.497bc, "大德, 爾且識取弄光影底人, 是諸佛之本原, 一切處是道流歸舍處. 是爾四大色身不解說法聽說, 脾胃肝膽不解說法聽法, 虛空不解說法聽法, 是什麼解說法聽法? 是爾目前歷歷底, 勿一個形段孤明, 是這個解說法聽法. 若如是見得, 便與祖佛不別. 但一切時中, 更莫間斷, 觸目皆是. 只爲情生智隔, 想變體殊, 所以, 輪回三界受種種苦."

성불의 본원은 있다. 빛의 그림자를 희롱하는 사람은 실제로는 '홀로 뚜렷이 밝은 것[孤明歷歷]'이기도 하다. 청정심을 가지고 일체의 중생을 분명히 알 수 있으면 사실상 부처나 조사와 다를 바가 없다. 불법은 현실의 일상생활 속에 있어서 '눈에 보이는 것이 모두 그것이니[觸目皆是]', 오로지 자연에 수순하면 해탈을 얻을 수 있다. 수행자는 '어디서든 주인이 되어야[隨處作主]' 하고, 어떤 일이든 어느 곳이든 모두 도량으로 보고, 때와 장소에 따라 자기가 주인이 되면 외재적인 속박을 받지 않는다. 이렇게 자기가 주인이 되는 곳에 상주하는 진실한 진리가 포함되어 있는 것이고 구현되어 있는 것이다. 일상에서 하는 일이 모두 불법과 진리로 충만해 있으며, 모두 해탈하고 성불하는 계기가 되는 것이다. 이러한 도리를 이해하지 못하고 줄곧 밖을 향해 공부하는 사람은 영원히 삼계(三界)에서 윤회하며 해탈을 얻지 못한다.

양기파(楊岐派)의 창시자인 방회(方會)도 이렇게 말했다.

모든 공양 가운데 법공양이 가장 수승하다. 조사의 종지에 의거하여 법령을 내린다면 조사와 부처도 종적을 숨기고 천하가 깜깜할 것인데, 어찌 여러분이 여기 서 있을 여지를 용납하며, 하물며 산승이 입을 벌리기를 기다리랴. 비록 그렇다 하더라도 우선 두 번째 근기[第二機]를 향해서라면 약간의 언어문자를 설하고 큰 작용을 번거롭게 일으키니 움직이는 족족 완전한 진실이다. 이미 진실이라고 이름을 붙였지만 진실을 여의지 않고 성립하였으므로 그 자리가 바로 진실이다. 그러므로 그 자리에서 생겨나 그 자리에서 해탈하는 것을 바로 여기서 알아야 하는데, 이를 '시끄러운 시장 속에서 찰간대에 오르니 사람들 모두가 그것을 본다.'고 하는 것이다.217)

217) 『양기방회화상어록(楊岐方會和尙語錄)』, 『大正藏』 47, p.641b, "諸供養中, 法供養
最勝. 若據祖宗令下, 祖佛潛踪, 天下黯黑, 旣容諸人在者裏立地, 更待山僧開兩片

여기서 말하는 '두 번째 근기[第二機]'는 위의 등급인 '큰 근기 [大機]'와 상대되는 것으로서 일반적인 중생과 수도자를 말한다. 양기 방회(方會)가 위의 단락에서 제기한 의미는 의현이 한 말과 공통점이 있다. 그들은 똑같이 불법은 존재하지 않는 곳이 없고, 각양각색의 현상이 모두 진리가 체현된 것이라고 강조하였다. 진리 와 존재는 긴밀하게 서로 연계되어 있어서 사람들이 스스로 주인 이 되는 곳이 진리가 존재하는 곳이 되는 것이다. 이것이 바로 방 회가 말한 "큰 작용을 번거롭게 일으키니 움직이는 족족 완전한 진 실이다."라는 것이다.

불도를 닦는 자는 이 때문에 마땅히 '그 자리에서 생겨나 그 자 리에서 해탈하는 것'을 깨달아야 한다. 즉 자주 자립하는 곳에 존 재하는 것이 바로 해탈하는 것이다. 말하자면 수도자가 일상생활 속에서 사람의 마음을 바로 가리키고 자주 자립한다면 바로 그 자 리가 해탈의 장소라는 것이다. 불법은 존재하지 않는 곳이 없다고 한다면, 왜 여전히 불법을 널리 전해야 하는가? 양기 방회는 이것 은 단지 중생과 수도자들이 나아갈 길을 인도하여 도를 얻어 성불 하게 하기 위한 임시적인 방편이라고 생각하였다. 불법은 오직 스 스로 체험으로 증득하는 것이므로 언어로 표현하기 어려운 것이다.

황룡파(黃龍派)의 창시자인 혜남(慧南)의 견해는 보다 더 형상적 이고 간결하다.

"도가 멀리 있다고 하겠는가? 접촉하는 사물 그 자체가 진실이다! 성

皮. 雖然如是, 且向第二機中, 說些葛藤. 繁興大用, 擧步全眞. 旣立名眞, 非離眞而
立, 立處卽眞. 者裏須會, 當處發生, 隨處解脫. 此喚作鬧市裏上竿子, 是人總見."

인이 멀리 있다고 하겠는가? 사물의 이치를 체득하면 신성과 함께 하는 것이다!" 성인에게 있어서 도는 모두 귀종사의 주장자 위에 있으니, 그대들은 어찌하여 알려고 하지 않는가! 만약 이를 알기만 한다면 시방찰토는 가지 않아도 이르고, 백천삼매는 닦지 않아도 이루리라.218)

여기서 '귀종(歸宗)'은 당시 혜남(慧南)이 거주하고 있었던 여산(廬山)의 귀종사(歸宗寺)를 말한다. '주장(拄杖)'은 승려가 행각을 하거나 사부가 권계를 하거나 상당하여 설법할 때 사용하는 도구인 주장자를 말한다. 어떤 주장자는 윗부분에 크고 작은 고리가 매달려 있어 흔들어 소리를 내어 경각작용을 하는 데 사용되었다. 혜남은 '도(道)'와 '성(聖)'이 결코 멀리 있는 것도 아니고 신비로운 것도 아니며, 법을 듣는 사람들이 바로 눈으로 보고 있는 혜남의 주장자 위에 있다는 것을 강조하였다. 그는 배우는 자들에게 주장(拄杖) 위, 즉 바로 그들의 눈앞에 있는 것이 진리를 깨우치는 곳이라고 계도한 것이다. 배우는 자들이 그것을 알게 되면 수행공부를 성취하여 해탈의 경지에 진입하게 되는 것이다.

위에서 살펴본 의현(義玄), 방회(方會), 혜남(慧南) 선사들 말씀의 핵심사상은 불도(佛道)와 진리는 결코 바깥 세계에서 구하는 것이 아니고, 또 결코 목적을 가지고 하는 수행을 통해서 얻어지는 것도 아니며, 그것은 사람들의 일상생활 속에 들어 있는 것으로서, 중생이 보고 듣고 느끼고 아는 것이 바로 불성의 전체 작용이라는 것이다. 불도와 진리는 사람들의 일상생활 속에서 자연적으로 발휘되는 적극적인 작용이므로, 사람들이 고심하여 그 작용을 발휘할

<hr>

218) 『황룡혜남선사어록(黃龍慧南禪師語錄)』, 『大正藏』 47, p.637a, "道遠乎哉? 觸事而眞! 聖遠乎哉? 體之卽神 ……道之於聖, 總在歸宗拄杖頭上, 汝等諸人何不識取! 若也識得, 十方刹土不行而至, 百千三昧無作而成."

필요가 없고, 단지 인연에 따라 저절로 되는 대로 맡겨 두어 자연에 순응하면 그것은 생기 넘치게 발현되어 나오는 것이다. 선사들의 선수행생활은 언제 어디서나 사사건건이 모두가 선이고, 모두 즐겁고 행복하며, 모두 진실하고 완전하고 아름다운 생명과 희열이 넘치는 정취가 있다. 이것은 의심할 나위 없이 인간생활의 합리성을 긍정하는 것이며, 사람들이 본래의 면목을 행사(行事)하는 것, 즉 일상적인 행위에 조작을 가하거나 정욕과 욕망을 더하지 않는 합리성을 긍정하는 것이다. 이와 같이 종교생활과 일상생활이 완전히 융합되어 일체를 이루어 실로 종교생활의 새로운 천지가 열린 것이다.

임제종 사람들은 '가는 곳마다 주인이 되라[隨處作主].' '가는 곳마다 해탈하라[隨處解脫].'를 강조함으로써, 초기 홍주종에 비하여 더욱더 주체의 자주적 작용을 부각시키고, 생활 속에서 어디서든 깨달음을 체득하라는 현실적인 성격을 부각시키고, 선종의 대중화와 생활화를 촉진시켰다. 이로 인해 교학방법과 선수행방식은 더욱 맹렬해졌고, 방법상으로도 공간적으로도 더욱 융통성 있고 광활해졌으며, 동시에 규칙 없는 가운데서도 규범을 잘 준수하여 끝없이 넓어졌다. 그러다 나중에는 뜻에 따르고 본성에만 맡기는 등 방탕해지고 어디에도 구속되지 않게 되어 광적인 선풍조의 폐해에 묻혀 버리게 되었다.

제3절 '무사(無事)'와 '무(無)'

임제종의 창시자인 의현은 한 걸음 더 나아가 '일 없는 것이 귀한 사람[無事是貴人]'이라는 명제를 제시하였다. '일 없는 사람[無事人]'이 부처이고 '일 없는 것[無事]'이 인간의 진정한 본질이라고 생각하였다.

> 도를 배우는 이들이여, 참으로 바른 안목을 얻는 것이 무엇보다도 중요하다. ……일 없는 것이 귀한 사람이니 일부러 조작하지 말고 평상 그대로 하면 될 뿐이다.219)
> 그대들 제방에서는 '닦을 것도 있고 깨칠 것도 있다.'고 하는데 착각하지 말라. 설령 닦아 깨친다고 하더라도 그것은 모두 생사의 업이다. 그대들은 육도만행을 빠짐없이 닦는다고 말하지만 내가 보기에는 모두가 업을 짓는 것이다. 그러므로 부처를 구하고 법을 구하는 것은 지옥의 업을 짓는 것이고, 보살을 구하는 것도 업을 짓는 것이며, 경전을 보고 논서를 보는 것도 역시 업을 짓는 것이다. 그러나 부처와 조사는 일 없는 사람이다. 그러므로 유루유위와 무루무위가 청정한 업이다. 어떤 눈먼 중들은 배불리 먹고 좌선하며 관법을 닦는다고 한다. 그들은 생각이 새나가는 것을 붙들어 달아나지 못하게 하면서 소란스러운 것을 싫어하고 조용한 것만을 찾는데, 그것은 외도의 법이다. 조사께서 말씀하길, "너희가 만약 마음에 머물러 고요함을 보고, 마음을 일으켜 바깥을 관조하고, 마음을 가다듬어 안으로 맑게 하고, 마음을 한곳으로 모아 선정에 든다면, 이러한 무리들은 모두가 조작을 하는 것이다."라고 하셨다. 지금 이렇게 법문을 듣는 그대들이 어떻게 저것을 수행하고 증득하며 장엄하려 하겠느냐! 저것은 닦을 물건도 아니고 장엄할 수 있는 물건도 아니다. 만약 그것이 장엄하게 된다면 무엇이든지 장엄할 수 있을 것이다.220)

---

219) 『진주임제혜조선사어록(鎭州臨濟慧照禪師語錄)』, 『大正藏』 47, p.497c, "道流, 切要求取眞正見解. ……無事是貴人, 但莫造作, 只是平常."

위의 두 단락을 개괄해 보면 세 가지 의미가 있다. 첫째는 불교의 각양각색 수행하고 증득하는 행위를 비난하고, 일체의 수증행위는 모두 '업을 짓는 것'이고, 모든 불법도 다 조작이고, 부처를 구하고 법을 구하는 것도 역시 지옥의 업을 짓는 것이며, 자유와 해탈을 요구하는 것에 위배된다는 것이다. 둘째는 일 없는 사람[無事人]이 조사와 부처이며, 청정한 업은 번뇌가 있는 것과 번뇌가 없는 것, 조작이 있거나 조작이 없는 모든 활동을 포괄하는 것임을 제시한 것이다. 셋째는 신수(神秀)의 북종 일파는 마음이 곧 불이고, 현실의 사람이 무한한 가치가 있는 진리를 갖추고 있음을 모르는 것을 비판하였다. 한결같이 마음으로 수행을 하는 것, 즉 "마음에 머물러 고요함을 보고, 마음을 일으켜 바깥을 관조하고, 마음을 가다듬어 안으로 맑게 하고, 마음을 한곳에 모아 선정에 든다."는 것도 사실상으로는 바깥을 향하여 가치를 구하고 취하는 것으로서 성불의 목표와는 배치된다는 것이다.

의현이 여기에서 말하는 '무사(無事)'란 당연히 아무 일도 하지 않는 것이 아니라 인위적으로 조작하는 일을 하지 않는 것, 즉 바깥으로 추구하지 않는 것을 의미한다. 이렇게 외재적인 조작이 없는 것은 특별히 의도하지 않고 안으로 노력하는 것을 포함하여, 부처도 구하지 않고 법도 구하지 않는 것이다. 다시 말해서 '무사(無

---

220) 『진주임제혜조선사어록(鎭州臨濟慧照禪師語錄)』, 『大正藏』 47, p.499b, "爾諸方言道, 有修有證. 莫錯, 沒有修得者, 皆是生死業. 爾言六度萬行齊修, 我見皆是造業. 求佛求法, 卽是造地獄業, 求菩薩亦是造業, 看經看法亦是造業. 佛與祖師是無事人. 所以有漏有爲, 無漏無爲, 爲淸淨業. 有一般瞎禿子, 飽吃飯了, 便坐禪觀行, 把捉念漏, 不令放起, 厭喧求靜, 是外道法. 祖師云: 爾若住心看靜, 擧心外照, 攝心內證, 凝心入定, 如是之流, 皆是造作. 是爾如今與麼聽法底人, 作麼生擬修他證他莊嚴他! 渠且不是修底物, 不是莊嚴得底物. 若敎他莊嚴, 一切物卽莊嚴得."

事)’는 일상의 행위 속에서 평상적이고 일 없는 도리를 체득하고 깨닫는 것을 말한다. 현실생활 속에서 ‘평상심(平常心)’을 유지하고, 일상생활에 순응하여, 배고프면 먹고, 졸리면 자는, 무주무념(無住無念), 무사무려(無思無慮)의 자연에 맡겨 자유자재한 것이다. 의현이 보기에 ‘무사(無事)’는 인간의 진정한 본질인 본래의 면목이다. ‘일 없는 것이 귀한 사람[無事是貴人]’이라는 명제는 ‘평상심이 도[平常心是道]’라는 사상이 한 걸음 더 발전한 것이라고 할 수 있다.

이와 관련하여 의현은 다시 ‘무위진인(無位眞人)’이란 것을 제시하여 임제선(臨濟禪)의 이상적 인격과 최고의 주체성을 다음과 같이 표술하였다.

> “사람의 몸속(붉은 고깃덩어리)에는 한 사람의 무위진인이 있어 항상 그대들의 얼굴을 통해 들어가고 나오고 있다. 그런데도 아직 그것을 보지 못한 자는 봐라, 봐.” 이때 한 승려가 물었다. “무엇이 무위진인입니까?” 선사는 선상(禪床) 아래로 내려와 그를 움켜잡고 말했다. “도이다, 도.” 그 승려가 생각을 더듬고 있자, 선사가 그를 밀치며 말했다. “무위진인이라, 이 무슨 마른 똥 막대기냐.” 하고 방으로 돌아가 버렸다.221)

의현은 무위진인(無位眞人)의 경지를 이렇게도 묘사하였다. “불에 들어가도 타지 않고, 물에 들어가도 빠지지 않으며, 삼도의 지옥에 들어가도 마치 정원에서 노니는 것과 같고, 아귀 축생에 들어

---

221) 『진주임제혜조선사어록(鎭州臨濟慧照禪師語錄)』, 『大正藏』 47, p.496c, “上堂云: ‘赤肉團上有一無位眞人, 常從汝等諸人面門出入, 未證據者看看.’ 時有僧出問: ‘如何是無位眞人?’ 師下禪床把住云: ‘道, 道.’ 其僧擬議, 師托開云: ‘無位眞人是什麼干屎橛?’ 便歸方丈.”

가도 과보를 받지 않는다.”222) ‘무위진인’은 철저하게 자기의 본래 면목을 보고, 여러 가지 상대적 차별상을 초월하고, 정체되거나 막히지 않는 무한한 자유인이다. 무위진인은 결코 자신의 육체를 벗어나지 않고, 또한 신통이 광대하고, 변화를 예측할 수 없고, 인과 응보를 초월한 사람이다. 무위진인은 절대의 보편성을 지니고, 지금 바로 중생의 신상(身上)에 나타나는 것이고, 중생의 현실 생활에서 나타나는 것이므로, 따로 먼 곳에서 구하려 한다면 커다란 착오이다. 그래서 의현은 다시 “무위진인이 무슨 마른 똥 막대기인가? [無位眞人是什麼干屎橛?]”라고 한 것이다. 마른 똥 막대기는 더러운 물건을 문질러 닦는 것인데, 더럽지 않다면 그것은 사용할 필요가 없는 것이다. 즉 중생의 마음이 청정하다면 따로 무위진인을 구할 필요가 없다는 뜻이다. 의현의 말은 사람들이 밖에서 자신의 부처를 추구하는 것을 타파하기 위한 것이다. 우리가 보기에 무위진인은 무한한 자유를 가진 정신의 주체이다. 어떤 사람은 무위진인이 정신 주체의 무한한 자유경지라고 한다. 의현의 무위진인은 도가의 이상적인 인격인 ‘진인(眞人)’관념과 사상적으로 연원(淵源) 관계가 있다.

황룡혜남(黃龍慧南)은 의현의 ‘심청정(心淸淨)’과 ‘무사(無事)’라는 사상을 설명할 때, ‘마음을 쉬는 것[息心]’을 제시하고 다음과 같이 말했다.

도는 닦음을 빌리지 않으니, 오염시키지 않으면 될 뿐이다. 선은 배

---

222) 『진주임제혜조선사어록(鎭州臨濟慧照禪師語錄)』, 『大正藏』 47, p.500a, “入火不燒, 入水不溺, 入三涂地獄如游園觀, 入餓鬼畜生而不受報.”

움을 빌리지 않으니, 마음을 쉬는 것을 귀히 여긴다. 마음을 쉬었기
때문에 마음마다 생각이 없고, 닦지 않기 때문에 걸음마다 도량이다.
생각하지 않기 때문에 벗어날 삼계가 없고, 닦지 않기 때문에 구해야
할 보리도 없다.223)

‘식심(息心)’의 ‘식(息)’은 그쳐 쉰다는 의미이다. ‘삼계(三界)’는
중생이 거주하는 욕계(欲界)·색계(色界)·무색계(無色界)이다. 혜
남이 말하는 ‘식심(息心)’은 밖으로 추구하는 마음과 생각을 그치
고 쉬게 한다는 것으로서, 특별한 의도를 가지고 수행할 필요가 없
고, 범인과 성인의 구별을 해서도 안 된다는 것을 제창한 것이다.
또 ‘가는 곳마다 도량[步步是道場]’이란 주장은 초탈할 삼계도 없
고 추구할 보리도 없다는 것으로서, 일상생활 속에서 인연에 따라
되는 대로 두어서 바로 깨달음을 체득할 것을 강조한 것이다.

양기(楊岐) 일파는 임제의현의 사상을 선양할 때, 알음알이[知
解]에 대한 반대를 이끌어 내는 데 치중하였고, 아울러 ‘무(無)’ 자
를 배워 도를 깨치고, 성불의 본원을 바로 가리키는 것을 중요법문
으로 삼았다. 일본학자 유전성산(柳田成山)의 견해에 의하면,224)
조주종심(趙州從諗)선사 200여 년 후에 양기 일파의 5조인 법연
(法演, ?~1104)이 있었는데, 그 『법연선사어록(法演禪師語錄)』에
최초로 ‘조주무자(趙州無字)’ 공안(公案)이 나타나 있다고 한다.

승려가 조주 스님께 물었다. “개에게도 불성이 있습니까?” 조주 스님

---

223) 『황룡혜남선사어록(黃龍慧南禪師語錄)』, 『大正藏』 47, p.632c, “道不假修, 但莫汚
　　染; 禪不假學 貴在息心. 息心故心心無慮, 不修故步步道場. 無慮則無三界可出, 不
　　修則無菩提可求.”
224) 유전성산(柳田聖山) 『신과 중국(神與中國)』 p.172, 北京, 三聯書店, 1988.

이 "없다."고 하자, 승려가 "일체 중생에게 다 불성이 있는데, 개에게
는 어찌하여 없다는 것입니까?" 조주 스님이 "개에게는 업과 식이
있다."고 하였다. 선사(5조 법연)가 이르길, "대중들이여, 그대들은
평소의 생활에서 이 문제에 대하여 어찌 생각하는가. 노승은 평소 단
지 무자화두를 드는 것으로 그만이다. 그대들이 만약 이 '무(無)'라는
한 글자를 철저히 깨달으면 천하의 사람들도 그대들을 어찌지 못할
것이다."라고 하였다.225)

이 글은 조주종심(趙州從諗)이 개에게는 업(業)과 식(識, 분별)이
있는 존재이기 때문에 불성이 없다고 생각하였다는 것을 말한다. 5
조 법연은 이 설법을 이용하면서도 진일보하여 '무(無)'자를 거론
하며, '무'자에 대해 깊이 깨달으면 생사에서 해탈하여 선을 깨닫
는 경지에 도달한다고 생각하였다.

대혜종고(大慧宗杲, 1089∼1163)도 역시 '무'자를 궁구하는 것
을 매우 중시하고 다음과 같이 말했다.

한 승려가 조주 스님에게 "개에게도 불성이 있습니까?"라고 묻자, 조
주 스님은 "없다(無)."고 하였다. 이 한 글자는 허다한 그릇된 지식과
생각을 억제하는 그릇이다.226)
한 승려가 조주 스님께 "개에게도 불성이 있습니까?"라고 묻자, 조주
스님이 "없다."고 한 것처럼, 오로지 공안의 참구에 전념하고 직관을
운영할 뿐이지, 이렇다고 해도 안 되고 저렇다고 해도 안 된다. 또
의도적인 마음으로 평등한 깨달음을 기다리지 말고, 또 (조사들이)
들어 보이는 곳을 향해 납득하려고 하지도 말고, 또 현묘한 앎을 짓

---

225) 『大正藏』 47, p.665bc, "上堂擧僧問趙州: '狗子還有佛性也無?' 州云: '無.' 僧云:
    '一切衆生皆有佛性, 狗子爲什麼却無?' 州云: '爲伊有業識在.' 師云: '大衆, 爾諸人
    尋常作麼生會? 老僧尋常只擧「無」字便休. 爾若透得這一個字, 天下人不奈爾何.'"

226) 「답부추밀(계신)(答富樞密季申)」, 『대혜보각선사어록(大慧普覺禪師語錄)』 권26, 『大
    正藏』 47, p.921c, "僧問趙州: '狗子還有佛性也無?' 州云: '無.' 此一字子, 乃是摧
    許多惡知惡覺底器仗也."

지도 말고, 또 있다 없다고 하면서 헤아리지도 말고, 또 진실로 없는
무(無)라고 사랑하지도 말고, 또 그냥 우두커니 앉아만 있지도 말고,
또 부싯돌을 쳐서 번갯불이 번쩍이는 곳을 알려고도 하지 말라. 곧장
사용할 것 없는 마음을 얻어라. 마음이 있는 곳이 없을 때 공에 떨어
지는 것을 두려워하지 않으면, 그곳이 오히려 좋은 곳이다.227)

여기서 '제시(提撕)'는 온 마음을 기울여 공안을 참구하는 것을
의미하고, '거각(擧覺)'은 자신의 직관을 운용하고 강화하는 것을
말한다. 위의 두 단락은 모두 '무'자가 그릇된 지식과 생각을 부수
는 유력한 수단과 도구라는 것이다. 참선하는 자는 정신을 고도로
집중하여, 온몸과 마음을 투입하여 '무'자를 참구하고 이해해야 하
고, 직관을 운용하여 반복적으로 깨달음을 체득하고, 일체의 분별
을 배척하고, 이성적인 사유를 단절하여, 바로 사용할 것이 없는
마음에 도달해야, 마음이 갈 곳이 없어, 일종의 공적(空寂, 空無)한
경지에 진입한다는 것이다. 종고(宗杲)의 관점에 의하면, '개에게도
불성이 있는가?'라는 공안을 투철하게 참구하여 알게 되면, 번뇌가
타파되어 차별이 없는 경지에 들어가게 되는데, 이때는 심지어 백
정마저도 칼을 놓고 즉시 성불하게 된다.228)

　종고는 직관을 제창하기 위하여, 알음알이와 분별의 장애를 초월
할 것을 매우 강조하고 이렇게 말했다.

---

227) 「답장사인상원(안국)」(答張舍人狀元「安國」),『대혜보각선사어록(大慧普覺禪師語錄)』
　　　권30,『大正藏』47, p.941b, "如僧問趙州: '狗子還有佛性也無?' 州云: '無.' 只管提
　　　撕擧覺, 左來也不是, 右來也不是; 又不得將心等悟, 又不得向擧起處承當, 又不得作
　　　玄妙領略, 又不得作有無商量, 又不得作眞無之無卜度, 又不得坐在無事甲裏, 又不
　　　得向擊石火閃電光處會. 直得無所用心, 心無所之時, 莫怕落空, 這裏却是好處."
228) 『대혜보각선사어록(大慧普覺禪師語錄)』권28,『大正藏』47, p.933b.

도는 지(知)에도 속하지 않고, 부지(不知)에도 속하지 않는다. 지는 허망한 깨달음[妄覺]이요, 부지는 무기(無記)에 불과하다. ……규봉은 이를 일러 영지(靈知)라고 했고, 하택은 지(知)라는 한 글자가 중묘(衆妙)의 문이라고 했다. 반면에 황룡사심은 "지(知)라는 한 글자가 온갖 허물의 문"이라고 했다. 규봉과 하택의 입장은 잘 살펴보면 쉽지만, 사심의 경우는 잘 살펴보아도 어렵다. 여기서는 모름지기 방편을 뛰어넘는 안목을 갖추어야 하는 것이지, 다른 사람에게 말하거나 전해 줄 수도 없다.229)

이것은 하택신회(荷澤神會)와 규봉종밀(圭峰宗密)이 지(知)를 강조하는 사상을 비평한 것이다. 종고는 언어와 문자에 집착하는 것을 강력하게 반대하였고, 지각의 성가심을 타파하고 경전의 속박에서 벗어날 것을 주장하였다. 그도 역시 '지(知)라는 한 글자'는 '온갖 화의 문'이라고 생각하였다.

법연(法演)과 종고(宗杲)를 계승한 무문혜개(無門慧開, 1183~12 60)선사는 당시 선문에 널리 유행하였던 '무'자를 공부하는 추세에 적응하기 위하여, 각종 어록 속의 저명한 공안 48칙(則)을 정선하여, 별도로 평창(評唱, 해설)과 시송(詩頌)을 더하여 『무문관(無門關)』이라는 책을 한 권 편집하였는데, 이 책은 한때 성행하였다. 이 책의 제1칙은 조주종심(趙州從諗)선사의 '조주의 개[趙州狗子]'라는 공안이다.

조주종심선사께 한 선승이 "개에게도 불성이 있습니까?" 하고 묻자 조주선사께서 "없다."라고 대답하셨다. 무문선사가 이르길, "참선은

---

229) 『대혜보각선사어록(大慧普覺禪師語錄)』 권16, 『大正藏』 47, p.879b, "泉云: '道不屬知, 不屬不知. 知是妄覺, 不知是無記.' …… 圭峰謂之 '靈知', 荷澤謂之 '知之一字, 衆妙之門.' 黃龍死心云: '知之一字, 衆禍之門.' 要見圭峰, 荷澤則易, 要見死心則難, 到這裏須是具超方眼, 說似人不得, 傳於人不得."

모름지기 조사관(祖師關)을 통달해야 하고, 오묘한 깨달음은 궁극적으로 마음 길이 끊어져야 한다. 조사관을 꿰뚫지 못하고 마음 길을 끊지 못하면, 이는 모두 짚으로 만든 허수아비와 같다. 말해 보라. 어떤 것이 조사관인가? 다만 이 '무(無)'자 하나가 종문(宗門)의 한 관문(一關)이다."230)

　무문혜개(無門慧開)는 조사관을 투철하게 참구해야 하고 마음 길을 끊어야 함을 강조하고, 아울러 '무'자를 조사관의 기준으로 세웠다. 동시에 '무'자를 어떻게 참구해야 하느냐에 대해 다음과 같이 생동적이고 형상적인 설명을 하였다.

　삼백육십의 골절(骨節)과 팔만 사천의 털구멍 등 전신에 의단(疑端)을 일으켜, 밤낮으로 이 '무(無)'자를 들어 참구(參究)하되, 허무한 알음알이를 짓지 말 것이며, 있다 없다는 알음알이도 짓지 말고, 불타는 쇠구슬을 삼킨 것처럼 토하고 토해도 나오지 않게 하여, 종전의 나쁜 지식과 생각을 모두 다 없애고, 오래오래 두고 순숙(純熟)하면 자연히 안팎이 하나가 된다. 마치 벙어리가 꿈을 꾼 것처럼, 혼자만 알다가 문득 깨달아 분명하면, 하늘이 놀라고 땅이 흔들리니, 관우 장군이 대도(大刀)를 빼앗아 손에 쥔 것과 같으니, 부처를 만나면 부처를 죽이고, 조사를 만나면 조사를 죽여, 생사의 차안에서 자유자재를 얻고 육도사생(六道四生) 가운데서 자유롭게 지내는 그대로가 삼매(三昧)가 된다.231)

<hr>

230) 『大正藏』 48, p.292c, "趙州和尙因僧問: '狗子還有佛性也無?' 州云: '無.' 無門曰: '參禪須透祖師關, 妙悟要窮心路絶. 祖關不透, 心路不絶, 盡是依草附木精靈. 且道, 如何是祖師關? 只者一個 「無」字, 乃宗門一關也.'"

231) 『大正藏』 48, p.293a, "將三百六十骨節, 八萬四千毫竅, 通身起個疑團, 參個 "無" 字. 晝夜提撕, 莫作虛無會, 莫作有無會. 如吞了個熱鐵丸相似, 吐又吐不出, 蕩盡從前惡知惡覺. 久久純熟, 自然內外打成一片. 如啞子得夢, 只許自知; 驀然打發, 驚天動地. 如奪得關將軍大刀入手, 逢佛殺佛, 逢祖殺祖, 於生死岸頭得大自在, 向六道四生中遊戲三昧."

‘무’자를 어떻게 참구할 것인가에 대하여 무문혜개선사는 다음과 같이 강조하였다. 먼저 온몸을 다하여, 생긴 의심 덩어리를 해결해야 하고, 아울러 모든 의지력과 주의력을 집중하여, 일어났다 사라졌다 하면서 흐르는 의식을 ‘무’자에 전념하도록 이끌고, 이전의 모든 나쁜 지식과 생각을 다 없애고, 각종 집착을 철저하게 제거하고, 사려분별을 다 없애야 한다. 이와 같이 견지하여 오래오래 지나면, 공부가 이루어져 문득 ‘무’자 정신을 깨닫고, 깨달음이 열려 기쁨이 넘치고, 주객이 합일되고 유유자적하게 되어, 주체의 무한한 자유를 드러내고 철저한 해탈을 획득하게 된다.

양기 일파가 제시한 ‘무’자를 참구하는 독특한 방법은, 선종 학인(學人)들이 ‘무’자에 대해 열렬하게 찬미한 것을 표명한 것이며, 또한 ‘무’자 사상이 남김없이 다 표현되게 하는 발전을 이룬 것이기도 하였다. 여기에서 다음의 세 가지 점을 지적할 수 있다. 첫째, ‘무’자 공안(公案)의 ‘무’자 그 자체는 사상이 아니고 일종의 선수행방법이다. 예를 들면,『무문관(無門關)』에서 말한 바와 같이 ‘무’자를 참구하는 것은 ‘무’자를 허무로 여기거나, 있다 · 없다고 하는 근거 없는 이해를 할 수 없다는 것이다. 만약 ‘무’자를 철학사상으로 여겨 사고하고 분석하면, ‘그릇된 지식과 생각[惡知惡覺]’의 곤경에 빠져들어 해탈을 얻을 수 없다. 둘째, 선종 학인이 참구하는 방법으로서 ‘무’자를 선택한 것은 결코 우연이 아니고 아주 심오한 철학사상에 기초하고 있는 것이다. 그중 하나는 선종 학인들이 보편적으로 반야학의 일체개공(一切皆空) 사상에 동의하고 있다는 것이다. 즉 세계 만물의 본성이나 본질은 공(空)이며, 공이 곧 무(無)라고 생각한 것이다. 이 공(空)이나 무(無)는 일반적으로 말하는 비존재가 아니며, 존재를 초월한 비존재의 절대적인 본성이다.
셋째는 천지는 근원이 같고[天地同根], 하늘과 인간은 하나이고[天
人合一], 만물은 한 몸[萬物一體]이라는 중국의 전통적인 사상이
선종의 사유방식을 깊이 지배하고 있다는 것이다. 선종의 학인들은
'무'자 참구를 통하여, 인생과 우주의 본성을 체득하여 깨닫고, 주
체와 객체의 진실을 파악하여 내외를 한 데 뭉침으로써, 정신적 자
유를 획득하려고 했음을 알 수 있다. 이것은 견성성불(見性成佛)
사상이 새로 발전을 한 것이기도 하다. 선종 학인들에게 내재되어
있었던 마음 길은 만물의 본성은 공무(空無)하다는 기초 위에서 주
객의 합일을 실현하였고, 또한 '무'자 참구를 통하여 이러한 종교
적 체험을 실현함으로써 자유라는 이상적인 경지에 도달한 것이라
고 말할 수 있을 것 같다. 셋째는 방법적인 면에서 볼 때 '무'자 참
구와 도가의 무위(無爲)는 서로 통하는 것 같다. 그것은 하나의 행
을 온 마음을 다하여 수습하는 불교의 일행삼매(一行三昧)와 거의
같게 보이기 때문이다.

제4절 보리심(菩提心)과 충의심(忠義心)

양기파(楊岐派)의 전수자인 대혜종고(大慧宗杲)는 선종 사상사
에서 '백세의 스승[百世之師]', '임제종의 중흥[臨濟中興]'이라는
성대한 영예를 누렸다. 그는 남송시대 항금파(抗金派)와 투항파(投
降派)가 격렬하게 투쟁하던 시대에 살았기 때문에, 강렬한 애국우

민(愛國憂民) 의식과 항금파에 공감하는 정치적 견해를 가지고 있었다. 그는 조정으로부터 높은 대접을 받았고, 황제로부터 자색 가사(袈裟)를 하사받았으며, 대사(大師)로 봉해지기도 하였다. 그러나 한때는 조정으로부터 잔인하게 내쳐지고 승적을 박탈당하여, 호북성과 호남성의 전염병이 돌던 지역으로 떠돌아다니기도 하였다. 이런 파란만장하고 무상한 인생 속에서도 그는 출가한 승려로서 중국 전통의 도덕관념을 견지하였고, '보리심이 곧 충의심[菩提心是則忠義心]'이라는 명제를 제시함으로써 선종 심성론 사상사에서 눈부신 빛을 발하였다.

종고(宗杲)는 『시성기의(示成機宜)』「계공(季恭)」에서 다음과 같이 말하였다.

> 보리심이 곧 충의심이다. 이름은 다르지만 그 바탕은 같은 것이다.
> 이 마음과 이치가 서로 만나면 세간과 출세간이 한꺼번에 성취되어
> 적지도 않고 남지도 않는다.232)

'즉(則)'은 즉(卽)과 같다. 보리심은 지혜심에 속하고 충의심은 도덕심에 속한다. 종고는 불가의 지혜와 유가의 도덕이 통일된 것이라고 생각하였다. 이른바 '일망타취(一罔打就)'라는 것은 보리심이 일단 충의심과 서로 결합하기만 하면, 바로 세간의 선심(善心)·도덕과 출세간의 발심(發心)·불법이 총망라되어 남음이 없다는 것이다.

종고는 여기서 한 걸음 더 나아가 유교와 불교의 양가는 상즉상통(相卽相通)한다고 생각하였다. 그는 『답왕장원「성석」(答汪狀元「聖

---

232) 『대혜보각선사어록(大慧普覺禪師語錄)』 권24, 『大正藏』 47, p.912c, "菩提心則忠義心也, 名異而體同. 但此心與義相遇, 則世出世間一罔打就, 無少無剩矣."

錫」)』에서 "만약 개에게 불성이 없다는 화두를 꿰뚫는다면 ……유가가 곧 불가이고, 불가가 곧 유가이며, 승려가 곧 속인이고, 속인이 곧 승려이며, 범부가 곧 성인이고, 성인이 곧 범부이다."라고 하였다.233) 그는 유불(儒佛)이 상즉(相卽)하고, 승속(僧俗)도 상즉하고, 범성(凡聖)도 상즉한다고 생각하였다. 이것은 사실 당시의 특수한 환경 아래서 승려가 세속을 등져서는 안 되고, 불가는 마땅히 유가의 윤리도덕과 상호 협조하여 군왕에게 충성하고 국가에 보답하고, 송나라 조정의 강산을 보위해야 한다는 것을 강조한 것이다. 이 점에 대해서는 그 자신도 인정하고, "나는 비록 불교를 배우는 사람이지만, 임금을 사랑하고 나라를 걱정하는 마음은 충성스럽고 의로운 사대부와 같다."234)고 하였다. 종고의 입장이 정의롭고 그 사상은 진보적이라는 것을 당연히 인정해야 할 것이다.

종고는 또한 시대적 성향도 농후해서 충의(忠義)와 간사(奸邪)함을 비교하여 분명하게 대립시키고, 이는 각기 다른 본성에 의해 결정되는 것이라고 생각하고 이렇게 말하였다.

충의와 간사함은 태어나면서부터 함께 생기는 것이다. 충의로운 사람이 간사한 사람들 사이에 있는 것은 마치 청정한 마니 구슬이 진흙탕 속에 아무리 오래 놓여 있더라도 오염될 수 없는 것과 같다. 무엇 때문인가? 본성이 청정하기 때문이다. 간사한 사람이 충의로운 사람들 사이에 있는 것은 마치 더러운 독을 깨끗한 그릇에 두고 아무리 오랜 세월이 흘러도 개조될 수 없는 것과 같다. 무엇 때문인가? 본성이 탁하고 더럽기 때문이다. 앞에서 말한 차별은 사람에게 있는 것이

<hr>

233) 『대혜보각선사어록(大慧普覺禪師語錄)』 권28, 『大正藏』 47, p.932b, "若透得狗子無佛性話, ……儒卽釋, 釋卽儒; 僧卽俗, 俗卽僧; 凡卽聖, 聖卽凡."

234) 『대혜보각선사어록(大慧普覺禪師語錄)』 권28, 『大正藏』 47, p.912c, "予雖學佛者, 然愛君憂國之心, 與忠義士大夫等."

지 법에 있는 것이 아니라고 한 것은 바로 이 도리이다. 예를 들면, 간사한 사람과 충의로운 사람이 똑같이 성인의 책을 보더라도, 성인의 책은 법이어서 원래 차별이 없지만, 간사한 사람과 충의로운 사람이 그것을 읽으면 나름대로 이해하여 차별이 생기는 것이다.235)

이것은 충성스럽고 의로운 사람이 충성스럽고 의로우며, 간사한 사람이 간사한 까닭은 교법(敎法)의 차이에 있는 것이 아니라 그 사람들이 선하고 악한 다른 본성을 가지고 있기 때문임을 설명한 것이다. 이러한 차이는 완전히 전생의 업력이 달라서 결정되는 것으로서 선천적인 것이며, 후천적으로 다시 선량한 자가 선을 행하고, 악한 자가 악행을 하면 새로운 업력이 형성된다. 이와 같이 중생의 선악 본성은 영원히 고치거나 변화시킬 수 없는 것이다. 간사한 사람은 단지 악업 짓는 것을 고칠 때 비로소 선성(善性)이 생길 수 있다. 종고는 이렇게 인류의 본성이 서로 다르다는 이론으로써 당시 항금파(抗金派)와 투항파(投降派)가 첨예하게 대립하고 있었던 심성의 근원을 설명하였다.

제5절 청정심(淸淨心)과 일심법계(一心法界)

위에서 서술한 충의와 간사라는 두 종류의 본성설에 상응하여 종고는 진심과 망심을 구별하여 논술하였고, 중생이 어떻게 도를

---

235) 『대혜보각선사어록(大慧普覺禪師語錄)』 권24, 『大正藏』 47, p.912c, "忠義, 奸邪與生俱生. 忠義者處奸邪中, 如淸淨摩尼寶珠置於淤泥之內, 雖百千歲不能汚染, 何以故? 本性淸淨故. 奸邪者處忠義中, 如染毒置於淨器, 雖百千歲亦不能變改, 何以故? 本性濁穢故. 前所云差別在人不在法, 便是這個道理也. 如奸邪, 忠義二人, 同讀聖人之書, 聖人之書是隨法, 元無差別, 而奸邪, 忠義讀之, 類而領解, 則有差別矣."

닦아야 하는가에 대해서는 마음을 우주진심의 문제로 제고하고 자신만의 독특한 견해를 발표하였다.

종고는 마음을 본체심(本體心, 心體)·진심·망심·수행심 네 가지로 분류하였다. 그리고 본체심에 관해서 그는 "이 마음은 실체가 없으며",236) "이 마음은 안과 밖과 중간의 그 어느 곳에도 없어 실로 방소(方所)가 없으니, 첫째, 알음알이[知解]를 짓지 말라. 다만 너희들이 지금 정으로 헤아리는 것으로써 도를 삼는다고 말하니, 정으로 헤아림이 만약 다한다면 마음에 방소가 없으리라."237) 라고 하였다. 그는 본체로서의 마음은 일종의 비실체적인 작용을 하고, 그것은 안팎이나 중간이라는 공간적인 제한을 받지 않는 것이라고 생각하였다. 중생이 만약 상식과 평범한 감정으로써 헤아린다면 마음은 고정된 범위 안에 제한되어 버리지만, 상식과 평범한 감정을 없애 버리면 마음의 잠재된 능력과 작용이 충분히 발휘되어 나온다.

종고는, 본체심은 순수하게 일종의 정신적 활동·능력·작용에 속하며, 그 자체는 실체가 아니고 선악(善惡)의 색채도 띠지 않는다고 생각하였다. 중생과 부처의 본체심은 서로 동일하지만 단지 작용이 같지 않아서, 미혹할 때는 망상심(妄想心)이 되고 깨쳤을 때는 보리심이 된다. 그는 "부처님이 말씀하시길, '마음이 있는 것은 모두 부처가 될 수 있다.'고 하였다. 이 마음은 세간의 번뇌 망상심이 아니고, 위없는 대보리심을 내는 것을 말한다. 이 마음이

---

236) 『대혜보각선사어록(大慧普覺禪師語錄)』 권26, 『大正藏』 47, p.924c, "此心無有實體."
237) 『대혜보각선사어록(大慧普覺禪師語錄)』 권26, 『大正藏』 47, p.918b, "此心不在內外中間, 實無方所, 第一不得作知解, 只是說汝而今情量處爲道, 情量若盡, 心無方所."

있다면 성불할 수 없는 자는 없다."238)고 하였다. '마음'이 번뇌 망상 속에서 뒹굴면 망심(妄心)이고 범부이며, '마음'이 무상보리를 구하기 위하여 발동할 수 있다면 이것이 진심이고 성불할 수 있다는 것이다. 망심과 진심은 동일한 마음의 심체(心體)에서 나온 것이지만 양자는 대립되는 것이다. "조사께서 말씀하시길, '인연경계 자체는 좋고 나쁨이 없다. 좋고 나쁨이 있는 것은 네 마음으로 지은 것이다. 너의 마음이 억지로 이름 짓지 않는다면 망정이 어디에서 일어나겠는가. 망정을 일으키지 않으면 진심이 너의 주위에 있음을 알 것이다.'고 하였다."239) 종고는 외부 경계에는 좋고 나쁨의 구분이 없는데, 좋고 나쁨은 단지 인간의 주관심이 작용한 탓이라고 생각하였다. 망정(妄情)이 생기지 않으면 진심은 어디서나 나타날 수 있다. 망심은 전도되어 분별하는 망정(妄情)이며, 진심은 원시의 천진하고 소박한 심령(心靈)이다. 종고는 또 중생들이 마땅히 수행하는 마음을 운용할 것을 강조하였다. 즉 애써 선수행을 하고 깨달음을 구하는 수도심(修道心)으로 망심을 깨끗이 제거하여 진심으로 전환하고 승화시켜야 한다고 강조하였다.

우리가 주의 깊게 볼 점은, 종고가 중생의 수행은 평범한 마음을 진심으로 승화시키는 것이라고 논술했을 때, 화엄종의 법계 진심설을 수용하여, 화엄의 우주진심설로써 선종의 청정심의 내용을 풍부하게 하고, 새로 이상적인 경계를 구축하였다는 것이다. 마조도일(馬祖道一) 이래 대주혜해(大珠慧海), 임제의현(臨濟義玄), 양기방

---

238) 『대혜보각선사어록(大慧普覺禪師語錄)』 권26, 『大正藏』 47, pp.923c~924a, "佛言 '有心者皆得作佛.' 此心非世間塵勞妄想心, 謂發無上大菩提心. 若有是心, 無不成佛者."

239) 『대혜보각선사어록(大慧普覺禪師語錄)』 권30, 『大正藏』 47, p.939c, "祖師曰: '境緣無好醜, 好醜起於心. 心若不强名, 妄情從何起? 妄情旣不起, 眞心任遍知.'"

회(楊岐方會) 등도 모두 사상적으로 『화엄경(華嚴經)』의 영향을 받았다. 특히 마음과 부처와 중생 셋은 차별이 없다는 것과 상즉상입(相卽相入), 이사원융(理事圓融) 등의 관념으로부터 많은 영향을 받았다.

이 방면에서 제일 먼저 선종의 평상심(平常心)과 청정심을 화엄의 일심법계(一心法界)로 귀결시킨 개척자가 종고이다. 그는 "화엄의 중중무진법계는 결단코 허황한 말이 아니다."240)고 하여, 화엄종 법계설에 적극적으로 찬성하였다. '법계(法界)'는 통상적으로 일체의 현상과 본체를 가리킨다. 화엄종 사람들은 법계를 다른 종류로 분류하였는데, 최종적으로는 '일진법계(一眞法界)'로 귀결시켰다. 이른바 '일진법계(一眞法界)'는 중생과 제불의 본원청정심(本原淸淨心)이며, '일심법계(一心法界)', 일진무애법계(一眞無碍法界)라고도 한다. 여기서 '일심(一心)'이란 진실은 둘이 아니고[眞實不二], 하나와 여럿이 장애되지 않고[一多無碍], 크고 작은 것이 서로 용납하고[大小相容], 현묘하기가 추측할 수 없으며[玄妙莫測], 만물을 총괄하여 두루 널리 포용하는 작용을 가지고 있다는 의미로서, 이것은 사실상 우주의 궁극적인 본체이다. 심령이 이러한 본체로 회귀하면 진실로 청정하고 조화롭게 회통하는 정신적 경지에 진입하게 된다. 종고는 마음의 작용에 대해서 이렇게 말했다.

순간순간 마음이 사물을 접촉하지 않고, 순간순간 생각이 반연을 끊으면, 하나의 티끌 속에서 법계를 보고, 하나의 티끌이 온 법계 안에 두루 퍼짐을 본다.241)

---

240) 『대혜보각선사어록(大慧普覺禪師語錄)』 권28, 『大正藏』 47, p.933c, "華嚴重重法界, 斷非許語."

진여의 청정한 경계에서는 하나도 소멸된 적 없으며, 염과 정의 인연
따라 십법계를 이룬다.242)

이것은 화엄종의 사상을 수용한 것으로서, 순간순간 마음과 생각
이 바깥의 사물을 접촉하거나 반연하지 않으면, 작은 티끌과 법계
가 서로서로 스며들고 두루 존재하는 것을 직관할 수 있는데, 이것
이 바로 최고의 정신적인 경계라고 생각하였다. 이러한 경지는 크
고 작은 것이 서로를 받아들이고, 염정(染淨)이 서로 상즉하고, 자
유자재하고 원융무애하다.

종고는 '무'자를 참구하는 선수행을 통하여, '일체개공(一切皆
空)'의 경지에 도달한 후에도 다시 계속 수행할 필요가 있으며, 그
렇게 함으로써 '진공묘유(眞空妙有)'의 경지로 나아가, 최종적으로
는 마음의 양[心量]을 확충하여, 마음의 작용이 '두루 널리 포용하
는[周遍含容]' 경지에 진입한다고 생각하고, 이렇게 말했다.

자기 마음의 밝고 묘한 수용과 구경안락과 여실히 청정한 해탈 변화
의 묘함을 나타낸다.243)
그 가운데서 하나가 무량이 되고, 무량이 하나가 되기도 하며, 작은
가운데 큰 것을 나타내기도 하고, 큰 가운데 작은 것을 나타내기도
하며, 도량에서 움직이지 않고 시방세계에 두루 퍼지며, 몸으로 시방
의 끝없는 허공을 머금는다.244)

---

241) 『대혜보각선사어록(大慧普覺禪師語錄)』 권28, 『大正藏』 47, p.818a, "心心不觸物,
念念絶攀緣. 觀法界於一微塵之中, 見一微塵遍法界之內."

242) 『대혜보각선사어록(大慧普覺禪師語錄)』 권28, 『大正藏』 47, p.847c, "眞如淨境之
界, 一泯未嘗存, 能隨染淨緣, 遂成十法界."

243) 『대혜보각선사어록(大慧普覺禪師語錄)』 권28, 『大正藏』 47, p.923b, "顯得自心明
妙受用, 究竟安樂, 如實淸淨 解脫變化之妙."

244) 『대혜보각선사어록(大慧普覺禪師語錄)』 권28, 『大正藏』 47, p.901b, "於中一爲無
量, 無量爲一. 小中現大, 大中現小. 不動道場, 遍十方界, 身含十方, 無盡虛空."

　　마음 꽃이 밝게 피어 시방세계를 비추고, 하나의 털끝에서 보왕(寶
　　王)의 세계를 나타내며, 미세한 티끌 속에 앉아서 대법륜(大法輪)을
　　굴린다.245)

　이것은 화엄의 경지요, 화엄선의 경지이며, 종고 임제선(臨濟禪)
의 경지이기도 하다. 이러한 경지에 도달한 심령은 충실하고 풍부
하며, 하나와 많은 것이 상즉하고, 크고 작은 것이 함께 드러나 허
공의 적막함을 면하게 된다. 종고는 청정심을 일심법계(一心法界)
에 귀결시켜 임제선과 화엄학을 통일하였는데, 일체를 원융하게 하
는 그의 감정과 관심은 세속을 사랑하는 마음을 구현한 것이다.

　종고는 일찍이 경산(徑山) 능인사(能仁寺)의 주지를 두 차례나
하였는데, 그가 설법하는 자리는 대성황을 이루었다. 그의 사상은
아주 창조적이고 특색이 있었기 때문에, 그는 경산파(徑山派)의 창
시인으로 불렸다. 종고는 독특한 사상으로써 선종의 심성론과 본체
론과 경계론을 풍부하게 하였다.

　종합하면 임제종 사람들은 홍주종의 심성론을 계승하고 발전시
켰음을 명확하게 알 수 있고, 다시 진일보하여 다음과 같은 특징을
강화하였다. 첫째, 인류 본래의 가치와 무한한 가치를 더 한층 긍
정하였고, 자주자신(自主自信)을 제창하고, 한 걸음 더 나아가 주
체의식의 의미를 부각시켰다. 둘째, 인간의 현실에 관심을 가지고,
인간의 살아가는 숨결이 풍부한 현실 활동을 충분히 긍정하고, 무
한한 개성과 자유로운 천지를 개척하였다. 셋째, 선수행방법을 더욱
간단명료하고 실용적인 쪽으로 활발하고 준엄하게 추진하였다.

---

245) 『대혜보각선사어록(大慧普覺禪師語錄)』 권28, 『大正藏』 47, p.886b, “心花發明, 照
　　　十方刹, 便能於一毛端現寶王刹, 坐微塵裏轉大法輪.”

하택종 사람들은 '지(知)'에 대한 사상을 중시하였으나, 임제종 사람들은 거의 모두 반대하는 태도를 견지하였다. 그들은 직지인심 (直指人心)과 마음의 깨달음을 구해 얻을 것[求得心悟]를 강조하였다. 동시에 정도는 달라도 화엄의 원융사유와 원융한 감정으로 인간의 마음을 깨닫는 세계, 즉 인생 최고의 이상적인 경지를 형상화하였다. 이러한 점에 있어서는 대혜종고(大慧宗杲)가 가장 뛰어났다.

임제종의 심성이론은 불교가 중국화하는 과정에서 부단하게 발전한 모습을 잘 드러내고 있는데, 이 방면에서 주목할 만한 요소로는 첫째, 도가의 만물일체(萬物一體)라는 직관적인 사유를 계승하여, '무'자 참구의 효용성을 엄청나게 돌출시킨 것이다. 둘째, 보리심을 충의심과 동등시하고, 나아가 심성도덕에 있어서 유가와 불가의 합류를 촉진시킨 것이다. 셋째, 부처와 성인과 조사의 권위를 더욱 무시하고, 불경 계율의 속박을 돌파하고, 자아를 주인으로 삼을 것을 강력하게 제창하여, 인간의 존엄한 품위와 숭고한 가치를 충분히 나타냄으로써 어떤 의미에 있어서는 종교의 신성한 영역을 초월하였다.

제21장 유·불 심성사상의 상호작용

중국불교의 심성사상을 논술한 후에 우리는 유교·도교의 심성론과 불교 심성론의 관계, 즉 불·유·도 심성론의 상호작용에 대해서 간략하게 논술하려고 한다. 본 장에서는 먼저 유·불 심성론 사상의 상호작용에 대하여 논술한다.

문화학의 시각에서 볼 때, 불·유·도 심성론의 교섭과 합류와 상호작용 및 상호 보완은 실제적으로 중국 고대 인문사상에 있어서는 끊임없이 전개되어 온 과정이었다. 두 종류의 이질적인 인문사상이 서로 만나 충돌할 때 문화 선택의 문제가 발생한 것이다. 문화의 선택은 종종 쌍방이 서로 작용하는 역사적 과정이며, 원래의 문화가 부단히 자신을 변화·조정함으로써 새로운 환경에 적응해 가는 과정이다. 문화 선택의 연속적이고 발전적인 메커니즘은 새로운 문화가 끊임없이 발생하도록 길을 개척한다.

문화 선택의 기본적인 형태는 유전(遺傳)이나 변이(變異)를 위주로 한다. 중국불교 종파의 정황을 미루어 볼 때, 변이가 적은 것은 삼론(三論)·유식(唯識)·율(律) 등의 여러 종파이고, 변이가 비교적 적은 것은 정토종(淨土宗)이며, 변이가 비교적 큰 것은 천태종

(天台宗)과 화엄종, 변이가 큰 것은 선종(禪宗)이다. 중국불교 종파가 흘러 내려온 역사에 나타나 있듯이, 불교 종파의 사상 문화적 변이가 크면 클수록 오랫동안 전파되었고, 변이가 작으면 작을수록 전파되는 기간도 짧았다. 이것은 중국의 시간적·공간적 배경과 불교에 대한 문화전통의 영향이 얼마나 강력한 힘을 가지고 있었는지를 잘 설명해 주는 것이다. 선종은 중국이 필요로 하는 방향으로 불교가 적응하여 선택된 결과이며 전형이다. 동시에 중국의 고유사상도 불교사상을 수용하는 안정된 선택을 실행함으로써 송명이학과 전진도(全眞道)를 형성하였는데, 이는 불교가 전통유학과 도교에 대해 거대한 영향력을 발휘한 것이었다.

두 종류의 이질적인 문화 사이에서 각기 다른 종파 간의 사상적 영향은 매우 복잡하여, 높고 낮은 단계의 구별이 있을 뿐 아니라 수준의 깊고 얕은 차이도 있다. 사상적인 영향을 내용 면에서 보면, 사상의 취지(趣旨)·사상의 내용·사유방식·명제·범주·개념·술어 등 여러 가지 다른 측면에서 영향이 있고, 그 사이에 다시 실질적인 영향과 형식적인 영향 두 종류의 다른 정황이 있다. 예컨대 유교·도교·불교는 모두 '도'라는 개념을 채용하였는데, 중요한 것은 언어문자의 형식에서는 서로 동일하지만 내용적인 의미에서는 매우 큰 차이점이 있다는 것이다. 사상적인 영향을 말하자면, 직접과 간접·자각과 부자각·유형과 무형의 구별이 있다. 두 사상이 서로 부합하고, 이론이 동일한 구조를 가지고 있다는 것은 영향관계에 속하는 것이 아니며, 사상문화의 원류(源流)와 변천을 예리하게 파악하고 확정함으로써 설명하고 구별할 수 있다. 동시에 원래 영향관계에 있지 않았던 두 사상이 일치하는 것과 이론의 동일한 구조를 지적하는 것은 각기 다른 문화의 비슷한 취지와 사상적 색채에 대해 이해하는 것으로서 이것은 의미 있는 일이다.

제1절 유가 심성사상의 역사적 변천

유가는 중국 고대의 전통문화 중에서 주도적인 지위에 있었다. 유가사상이 불교의 정치관념·윤리·도덕·심성 등 영역에 미친 영향은 강렬하고 거대한 것이었다. 여기에서 우리가 중점적으로 논술하려고 하는 것은 유가 심성학설의 중국불교 심성론에 대한 영향을 포함하여 유·불 심성론의 상호작용에 대한 것이다. 이를 위해 먼저 유가 심성사상의 역사적 변천에 대해 간략하게 살펴볼 필요도 있다고 본다. 그런 연후에 다시 유·불 심성사상의 지위, 구조, 내용 및 수행방법 면에서 쌍방의 상호작용의 세력양태와 상호보완관계를 논술하겠다.

유가학설에서 가장 두드러지는 점은 '사람[人]'을 중심으로 하는 인문주의 사상이다. 유가는, 인간은 무엇인가, 인간의 본질은 무엇인가, 인간의 이상적 가치는 또한 무엇인가 하는 이런 것들이 가장 관심을 가질 만한 가치가 있고 가장 해결이 필요한 철학적인 문제라고 보았다. 유가에서는 인간이 단순한 감성적인 동물도 아니고 또 이성적인 동물만도 아니며, 중요한 것은 도덕적 이성을 지닌 정신적 주체라고 생각하였다. 다시 말해서, 인간이 인간다운 까닭은 단지 생리적 필요에 의해서만도 아니고(예를 들면 食·色과 같은 것) 사유할 수 있는 이지적 능력이 있어서만도 아니며, 중요한 것은 감정의식과 도덕이성에 있다는 것이다. 그러므로 인간이 인간다운 이유는 인간에게 내재되어 있는 본성의 자아인식에 있다고 말할 수 있다.

유가에서는 마음이 인성(人性)의 진정한 책임자이고, 인간이 인간다운 까닭이며, 그 본성은 마음을 떠날 수 없으며, 성품[性] 또한 마음의 본질이 된다고 생각하였다. 따라서 인간이 이상적 가치를 실현하려고 하면, 그 근본과정은 도로 자신에게로 돌아가서 자신의 마음과 성품을 인식하는 것이다. 만약 자신의 마음이 도덕적인 마음이고 자기의 성품이 도덕적인 이성이라면, 이것이 바로 인간다운 인간이 되는 것이며, 나아가 인간의 이상적인 가치가 존재하는 것이 되는 것이다. 유가사상은 심성에서 출발하여 인간의 마음속에서 진실한 선(善)과 행복을 추구하는 학설이며, 심성론은 바로 유가철학의 기초이론이다.

공자는 '인간'을 발현하고, 인학(仁學)을 제시하였으며, 인간과 인간 사이의 관계에 대해 탐구하고 토론하는 것을 중시하였다. 또한 인간의 사상적인 시야를 '하늘[天]'에서 '인간[人]'으로 전향시켰다. 공자는 윤리도덕을 논할 때, 인성문제를 언급하면서 '성품은 서로 비슷하다[性相近].'는 명제를 제시하였다. 훗날 맹자는 성선설을 선양하고, "인(仁)은 사람의 마음이다."[246] "군자가 본성으로 여기는 것은 인의예지가 마음에 근거하는 것이다."[247]라는 심성합일의 명제를 제시하였다. 그리고 이 인의(仁義)를 군자의 내재적인

---

246) 『맹자(孟子)·고자상(告子上)』, "仁, 人心也."
247) 『맹자(孟子)·진심상(盡心上)』, "君子所性, 仁義禮智根於心."

본성 혹은 본질로서 요구하고, 도덕적인 자율로 존재시키고 변화시켜 나갔다. 또 그가 제시한 '마음의 본질을 다 발휘하면 본성의 의미를 알고 하늘의 본질을 깨닫게 된다.'248)는 명제는 자아를 초월한 천인합일(天人合一) 사상의 초보적인 구상이었다.

순자는 성악론을 제창하고, 동시에 "지(知)는 사람의 본성이다."249)라고 하고, "지(知)는 사람의 본성이고, 지로 파악할 수 있는 것은 사물의 이치이다."250)라고 강조하였다. 인간의 지성을 인성의 중요한 내용으로 파악하고, 그 작용을 긍정하였는데, 이것은 이론적으로 매우 중요한 의의를 가지고 있다. 『주역대전(周易大傳)·계사상(繫辭上)』에서는 "한번은 음이 주도했다 한번은 양이 주도하는 것을 일러 도라고 한다. 이어서 하는 것은 선이요. 이루어져 있는 것은 성이다[一陰一陽之謂道, 繼之者善也, 成之者性也]."라고 하였다. 또 『주역대전(周易大傳)·설괘(說卦)』에서는 '이치를 궁구하고 성을 다하여 명에 이른다[窮理盡性以至於命].'는 명제를 제시하였다. '궁리(窮理)'는 '진성(盡性)'을 위한 것이고, '진성(盡性)'하면 곧 '명에 이른다[至於命].'는 것이다. 이 명(命)은 천인합일(天人合一)의 성명(性命)의 명(命)이다. 맹자는 천명과 인성을 통일시켰고,251)

---

248) 『맹자(孟子)·진심상(盡心上)』, "君子所性, 仁義禮智根於心.", "盡心知性知天".

249) 『순자(荀子)·해폐(解蔽)』, "凡以知, 人之性也."

250) 『순자(荀子)·해폐(解蔽)』, "凡以知, 人之性也.", "以知人之性, 求可以知物之理."

251) 『맹자(孟子)·진심하(盡心下)』에서는: "입은 좋은 맛을, 눈은 아름다운 색을, 귀는 좋은 소리를, 코는 향기로운 냄새를, 사지가 편안하기를 바라는 것은 본성이지만, 군자는 이를 성이라 하지 않고 명이라 말한다. 부자간의 사랑, 군신 간의 의로움, 주객 간의 예의, 현자의 지혜, 천도를 따르는 성인, 이것이 명이다. 그러나 군자는 이것을 명이라 하지 않고 본성이라 한다[口之於味也, 目之於色也, 耳之於聲也, 鼻之於臭也, 四肢之於安佚也, 性也, 有命焉, 君子不謂性也. 仁之於父子也, 義之於君臣也, 禮之於賓主也, 知之於賢者也, 聖人之於天道也, 命也, 有性焉, 君子不謂命也]."고 말한다.

『주역대전(周易大傳)』에서는 다시 천(天)과 지(地)와 인(人)의 도는 모두 '성명의 이[性命之理]'로 돌아간다는 것을 제시하고, 천·지·인 삼자는 모두 형이상학의 도에 근원을 두고 있다고 생각하였다.252) 『대학(大學)』에서는 "몸을 닦음은 그 마음을 바르게 하는 데 있다[修身在正其心]."고 하며, 『중용(中庸)』에서는 "진실함으로 말미암아 밝아지는 것을 성(性)이라 한다[自誠明, 謂之性]."고 말하였다. 심성의 학은 선진시대 유가가 제기한 천인(天人)학설의 중요한 내용임을 알 수 있으며, 그 사상의 주류는 성선설이고, 맹자와 순자의 성선설과 성악설이 이원적으로 대치한 것은 인성에 대한 관점에 있어서 장기적인 논쟁을 야기하고 촉진시켰다.

한대에서 남북조시대에 이르기까지 유가의 심성학설은 상대적으로 정체된 단계에 머물렀다. 당나라 중엽에 이르러서야 한유(韓愈)와 이고(李翶)에 의해 『원생(原生)』과 『복성서(復性書)』가 저술되면서 다시 인간의 본질이 탐색되었고 새로운 인문주의 사조가 출현하였다. 그리고 이를 계승한 송·명의 유학자들은 심성이론을 더 높은 봉우리로 끌어올렸으며, 심리적 정감에 치중하던 것에서 진일보하여 심성본체론과 공부론을 건립하였다.

송나라 시대 이래로 유가는 정주이학(程朱理學)과 육왕심학(陸王心學)이라는 두 개의 큰 학파를 중심으로 구축되었으며, 이 두 학파는 이상적인 가치와 궁극에 대한 관심 문제에 있어서 모두 불

---

252) 『주역대전(周易大傳)·설괘(說卦)』에서는 말한다. "옛날에 성인이 『역경』을 지음은 장차 그로써 성명의 이치를 따르려고 한 것이다. 이 때문에 하늘의 법칙을 세워 음과 양이라 하고, 땅의 법칙을 세워서 유와 강이라고 하고, 인간의 법칙을 세워 인과 의라 하였다[昔者聖人之作『易』也, 將以順性命之理, 是以立天之道曰陰與陽, 立地之道曰柔與剛, 立人之道曰仁與義]."

교에 대하여 비평적인 입장을 고수하고 있었다. 그들은 불교가 천명(天命)과 천리(天理)를 알지 못한다고 비평하고, 불교의 '마음이 생기면 법이 생기고[心生法生]', '마음이 사라지면 법도 사라진다[心滅法滅].'는 것은 작은 것(心)으로써 큰 것(天地)을 말하고, 지말로써 근본을 반영하는 것이라고 말했다. 또 불교는 단순히 마음의 공[心空]만 보고 온갖 이치[萬理]의 존재를 무시한다고 질책하기도 하였다. 또 불교신도는 파리머리처럼 극히 작은 개인의 이익을 위해 출가하여 허망한 것에 떨어진다는 비평을 가하였다. 그렇지만 송대의 유학이 불학사상을 흡수했다는 것 또한 아주 명확한 역사적인 사실이며, 그렇게 흡수하였다는 것은 심성론 사상에 매우 선명하게 나타나 있다. 불교의 심성론이 송명유학 학술사상의 중심을 심성의 학으로 전이시켰으며, 유가의 심성본체론이 확정되도록 촉진하였고, 유가의 심성내용을 조정하고 심성의 수행방식에 충실하게 영향을 끼쳤다.

이학가(理學家)인 주희(朱熹, 1130~1200)는 일찍 심학(心學)을 두고, "전부 다 선학이다."[253]라고 질책하였다. 이 질책은 분명히 과장된 색채를 띠고 있기는 하지만, 만약 선학이 충분히 발전하여 장기적으로 전파되지 않았고, 선종이 제공한 사상적 자원(資源)과 실천경험이 없었고, 선종이 창출한 학술적인 풍조와 문화적 분위기가 없었다면, 육왕심학(陸王心學)이라는 특정한 학파가 형성되기 어려웠을 것이고, 심학의 면모도 일정 부분 달라졌을 것이다. 이러한 의미에서 우리는 선학이 없었더라면 심학도 없었을 것이라고

---

253) 『답여자약(答呂子約)』, 『주희집(朱熹集)』 권417, 제4책, p.2293, 성도(成都), 사천교육출판사, 1996. 아래에 인용하는 『주희집』은 이 출판본과 모두 같다. "全是禪學".

말할 수 있다.

종합하면, 유가의 심성론이 곡절을 겪으면서도 발전한 것은 불교의 심성론과 매우 중대한 관계가 있다. 이렇게 말할 수 있는 것은 선진(先秦) 유가의 심성론이 불교 심성론의 발전추세와 이론적인 핵심과 사상내용과 학설의 취지에 대하여, 즉 불교 심성론의 핵심 사상이 중국화하면서 필요상 적응하는 데에 중대한 영향을 끼쳤기 때문이다. 또 유가와 도가의 심성론을 수용한 이후에 형성된 중국 불교의 심성론은 다시 반대로 이고(李翶)와 송명유가의 심성학설에 매우 깊은 영향을 끼쳤다. 송명유학의 심성학설이 형성된 이후에는 마찬가지로 송나라 이래 불교 심성사상의 변천에 영향을 줌으로써, 유·불 양가에서 심성론의 역사는 여러 방향에서 상호작용하는 양상을 띠게 되었다.

제2절 학술사상 핵심의 공통된 전향(轉向)

유·불 심성론의 상호작용은 먼저 유가의 인성론 사상이 불교의 학술사상을 반야학에서 불성론으로 전변(轉變)시키는 역할을 하는 데서 나타난다. 그 후 불교의 불성론 사조는 다시 유학의 규범이 전변하게 하는 데 영향을 주어 유학이 성명(性命)학을 정립할 수 있게 하였다. 유·불 학술사상의 핵심적인 변화원인은 매우 복잡한데, 그중에서도 유·불 심성론의 상호작용이 중요원인 중의 하나이다.

1. 유가의 인성론과 불교학술 핵심사상의 전이

유가는 친사회적이고 현세에 관심을 가지고 있어서, 인간의 일에 열심이고 귀신을 공경하지 않으며, 일종의 차안의 현세를 중시하고 피안의 내세를 경시하는 현실적인 인문정신이다. 이러한 정신과 일치하는 유가의 심성론은 현실의 사회정치 생활과 서로 밀접하게 연계되어 있으며, 유가에서 말하는 인성은 윤리도덕과 나라를 다스리는 방법을 탐색하고 토론하기 위한 근거가 되는 것이다. 유가의 현실적인 인문정신과 심성론은 중국 고유의 전통문화가 되어 불교라는 외재적 문화 역량이 부지불식간에 중국불교에서 그 심성이론의 핵심을 적절하게 확립하도록 강력하게 촉진시켰으며, 아울러 그 심성이론의 발전 궤적에 영향을 끼쳤다. 바로 맹자의 성선론과 '사람은 모두 요순처럼 될 수 있다[人皆可爲堯舜].'는 사상에 영향을 미쳤고, 또 유가 학자가 영혼불멸론에 대하여 비판하는 데도 영향을 미쳤다.

진나라 말기와 송나라 초의 축도생(竺道生)은 불교의 반야학이 유행하던 때에 시의 적절하게 이론적 전향을 도모하여 불성론을 크게 선양하였다. 아울러 당시 번역되어 출간된 불전에서는 '일부분의 사람은 성불할 수 없다.'는 견해에 반대하면서, 모든 사람이 다 불성을 가지고 있고 일체 중생은 모두 성불할 수 있다는 사상을 고취하였다. 그런 사상 속에서 유가 심성론 사상의 배경이 된 영향을 명확하게 찾아볼 수 있다. 또 인도 불교경전은 여러 차례에 걸쳐서 중생의 심성과 불성을 말하고 있는데, 비록 중생의 심성과 불성을 말하고 있을지라도 사실상 그것은 인성을 가리키는 것이고,

극히 일부에서만 인성에 대해서 직접 언급하고 있을 뿐이다. 혜능의 『단경(壇經)』에서 바로 이 인성이라는 용어를 사용하고 있는데, '인간의 본성은 본래 청정하다[人性本淨].'는 것을 선양하고, 실제로 인간의 본성이 중생의 심성과 불성을 대체한다는 사상적인 경향을 보임으로써 선종이 보다 더 명확하게 인간의 심성문제를 자신의 이론요지로 삼게 하였다. 이것은 유가로 대표되는 중국문화가 인간을 중시하고 인성을 중시하는 전통관념으로서 혜능사상의 발생에 작용한 결과이기도 하다.

2. 불교의 심성론과 유가의 핵심적인 학술사상의 정립

유가에 대한 불교 심성론의 영향은 유가의 천인합일설과 가치이상론, 특히 심성론 사상의 내재적인 발전 양태와는 직접적인 관련이 있다. 앞에서 언급한 바와 같이, 유가의 심성론 특히 선진시대 유가 심성론의 내용은 비교적 풍부하다. 각파의 유가학자는 각자 여러 가지 관점을 제시하였는데, 이것은 중국학자가 인간 본성에 대해 진지하게 탐구하고 토론하였음을 나타내는 것이다. 그러나 유가의 심성론에는 중대한 이론적 결함이 있다. 첫째는 심성론체계에 있어서 구조상의 결함인데, 논점은 많으나 논증이 적고, 실질적인 예는 많으나 분석은 미미하고, 단편적인 논술은 많으나 체계적인 설명은 드물다. 둘째는 심성론에 대한 깊고 신중한 본체론의 논증이 결여되어 있다. 인도불교의 심성론은 방대한 사상적 체계를 갖추고 있는데, 중국에 전래된 이후에 다시 유가 등 중국전통의 심성사상을 인용하여 자신을 조정하고 개조함으로써 이론상으로 더욱 넓고 크고 정밀하고 깊어지게 되었다. 또 중국적 특색을 풍부히 하고 우세를 점유한 유가학설 특히 유가의 심성론에 강렬한 충격을 준 것과 동시에 거대한 도전을 하였다. 바로 이러한 역사와 문화 배경 아래서 유가의 전적 중『맹자』,『대학』,『중용』이 심성론 사상에 대해 비교적 많이 언급하였으며,『논어』와 함께『사서(四書)』로 불리며, 유가의 새로운 경전 구조를 형성하였다. 동시에 송대의 이학자들도 학술사상의 핵심을 심성론으로 전이시키고 '도덕성명(道德性命)'학을 제창하였다. 아울러 자각적으로 본체론의 입장에서 심성과 인생문제를 탐구하고, 윤리도덕의 궁극적인 근원을 탐구하고 윤리도덕의 수행공부를 실행하였다. 심성사상은 송대 이학의 핵심문제였기 때문에 송대의 이학(理學)을 '심성학[心性之學]'으로 부르거나 '성리학[性理之學]'이라고 부른다.

제3절 자심 지위의 부각과 심성본체의 확립

인도 대승불교의 한 계파는 진심(眞心, 如來藏, 佛性)을 성불의 근거로 삼았고, 중국불교의 일부 종파는 유가가 현실적인 인간의 마음을 중시하는 사상의 영향 아래서 진심과 현실심을 통일시키는 쪽으로 전환하여 마음의 지위를 뚜렷하게 하였다. 어떤 종파는 심지어 '자기 마음이 바로 부처[自心卽佛]'라고 강조하기도 하였다. 동시에 불교는 진심에서 출발하여 이사설(理事說)과 본심설(本心

說)과 중도불성설(中道佛性說) 등을 전개하여 송명이학을 자극하기도 하였고, 오랫동안 지속되어 왔던 본체론을 논증하는 이론적 결함을 극복하게 함으로써 심성본체론을 건립하였다.

1. 현실의 인간마음 중시와 자기 마음 지위의 부각

인도불교는 마음에 대하여 상당히 세밀하고 깊이 있는 논술을 하였다. 마음을 주로 연려심(緣慮心)과 진심(眞心) 두 종류로 분석하였다. 연려심은 사물에 대하여 분별과 인식을 진행하는 정신작용이며, 진심은 본래 가지고 있는 진실하고 청정한 심령을 말하며, 이것은 중생 심성의 본체이며 성불의 근거가 된다. 중국불교 종파의 대다수는 인도불교를 계승하여 역시 진심을 중생이 불과(佛果)를 성취하는 내재적 근원으로 삼았으며, 동시에 유가의 심성론을 포함한 중국 고유사상의 영향 아래서 인도불교의 진심설을 발전시켰다.

유가에서 말하는 마음은 다중적인 의미를 지니고 있다.

첫째는 마음을 사유기관으로 보는 것이다. 예를 들면 『맹자(孟子)·고자상(告子上)』의 "마음의 기능은 생각하는 것이다[心之官則思]."라는 것을 들 수 있다. 이로 인해 마음은 나중에 뇌를 대신 가리키는 것으로 사용되었다.

둘째는 사상, 관념, 감정을 가리키는 말이었다. 예컨대 『주역대전(周易大傳)·계사상(繫辭上)』에서 "두 사람이 마음을 합하면 그 날카로움이 쇠도 자를 수 있다[二人同心, 其利斷金]."고 한 것을 들 수 있다.

셋째는 성정(性情)과 본성(本性)을 말하는 것이다. 예를 들면 『주역·복(復)』에서는 "복괘에도 회복하면 천지의 마음을 볼 수 있다! [『復』, 其見天地之心乎.]"고 하였다. 여기서 '천지의 마음[天地之心]'은 (만물을 주재하는) 천지의 본성을 말한다. 인간의 마음에 관해서 말하면, 유가에서는 일반적으로 인간의 주관의식을 일컫는다. 중국의 고유철학에서는 인간의 마음과 현실적인 마음은 말하지만 진심은 언급하지 않고, 구체적인 인간의 마음에서 벗어난 본체의 진심은 설명하지 않는다. 이와 같이 유가가 현실을 중시하는 사유는 중국불교의 심성론에 영향을 주게 된다.

『대승기신론(大乘起信論)』에서는 '일심이문(一心二門)'이라는 명제를 제시하고, 한마음에 심진여문(心眞如門)과 심생멸문(心生滅門)이 있으며, 진여심(진심)과 생멸심(현실심)이 화합하여 아뢰야식(阿賴耶識)을 이룬다고 생각하였고, 생멸심에 대한 분석과 연구에 더욱 치중하였다. 이러한 것들은 모두 유·불 심성론의 융합에 의해 드러난 것이다.

천태종 사람들은 마음에 선악이 함께 갖추어져 있다고 말했는데, 이러한 마음도 역시 현실성을 선명하게 띠고 있으며 유가사상을 수용하여 진심을 개조한 것이라고 할 수 있다.

화엄종 사람들은 "각각 오직 마음이 나타난 것일 뿐이며[各唯心現]", "마음에 따라 변한다[隨心回轉]."고 말하기 좋아하였는데, 여기서 마음은 진심을 가리키는 것이지만 현실의 마음이 포함되어 있다는 것도 확실하다.254)

선종의 혜능 등에 이르러서는 더욱 자기 마음과 인간의 마음을

---

254) 방립천(方立天), 『화엄금사자장교석(華嚴金師子章校釋)』, p.27, 北京, 中華書局, 1983. 참조.

부각시켰고 자기 마음이 바로 부처라고 강조하였다. 이것은 현실적인 인간의 마음을 중시하는 유가의 사상전통으로부터 깊이 영향받은 결과라고 말하지 않을 수 없다.

2. 진심 본체설과 심성본체의 확립

유가의 철학사상과 그 핵심적인 가치와 이상은 오랫동안 본체론에 대한 논증을 결여한 채 전개되어 왔다. 유가사상의 이론적인 초석으로서의 천인합일론은 도덕 본체를 언급하고 있기는 하지만, 『주역대전』처럼 천(天)·지(地)·인(人)을 세우는 도(道)를 '성명의 진리[性命之理]'로 귀결시켰다. 그러나 천지의 도와 인간의 도를 어떻게 관통시킬 것인가에 대해서는 명확한 설명이 결여되어 있다. 또 『중용』은 인간의 도[人道]는 하늘의 도[天道]에 근원을 두고 있다고 하고, 인류사회의 도덕은 하늘의 도가 자연히 구현된 것이라고 한다.255) 그러나 이러한 이론은 하늘과 인간이라는 이원적 색채를 띠고 있을 뿐만 아니라 '하늘[天, 天神, 天命, 天道 혹은 天體]'을 이용하여 인간[人], 인간의 도[人道], 인간의 세계[人間世]를 설명하고 있어서 제한적이다. 다시 말해 우주와 인생의 통일적이고 전체적인 최종 설명이 결여되어 있다. 유·도를 융합한 위·진시대의 현학(玄學)은 체용(體用)과 본말(本末)이라는 철학적 범주를

---

255) 『중용』에서는 "하늘이 명한 것을 성이라 하고, 성을 따르는 것을 일러 도라고 하며, 도를 닦는 것을 일러 교라고 한다[天命之謂性, 率性之謂道, 修道之謂敎]."고 하여, 인간의 본성은 하늘이 명한 것이며, 이러한 천부적 본성에 순응하는 것이 인간의 도이며, 인간의 도를 고치고 확충하여 모든 사람들이 실행할 수 있도록 하는 것이 교화라고 생각하였다.

이용하여 명교(名敎)와 자연의 관계를 논증하였고, 유가의 이상사
회를 철학본체론의 수준으로 제고하였다. 나중에 불·도 사상을 수
용한 송명이학은 천인일체(天人一體)라는 철학적 방법으로써 심성
론 학설을 설명하고, 유가의 이상적인 인격과 윤리도덕을 위하여
본체론의 논술을 조정하고, 도덕의 형이상학을 건립함으로써 유가의
가치와 이상(理想)에 대한 구조를 건립하고 완성하였다. 그래서 송
명이학은 후기 중국봉건사회에서 거대한 작용을 발휘하게 되었다.

　유가의 천인합일설은 발전을 거듭하다가 송대에 이르러 중대한
변화를 겪었는데, 유가학자들이 거듭하여 하늘과 인간을 이원(二
元)으로 보는 것에 대해 여러 가지로 비평하였기 때문이다. 하늘과
인간, 이 둘이 합하여 하나가 되었다는 사상은 '하늘과 인간은 본
래 둘이 없고[天人本無二]', '하늘과 인간은 둘이 아니다[天人非二].'
는 것으로 강조되었다. 정이(程頤, 1032~1085)는 그의 중요한 저
작인 『역전서(易傳序)』에서, "지극히 미세한 것은 이(理)고, 지극히
현저한 것은 상(象)이다. 체와 용은 근원이 동일하니, 현저한 것과
미세한 것에 간격은 없다."256)고 하였다. '체(體)'는 본체와 본원을
말하고, '용(用)'은 나타나 있는 것과 작용을 가리킨다. 그 뜻은 은
밀하고 미세한 진리[理]와 현저하게 드러나 있는 현상[象]이 통일
을 이루어 간격이 없다는 것이다. 만물의 현상[物象]은 은밀하고
미세한 진리에 근본을 두고 있고, 진리는 만물의 모양에서 그 의의
가 드러나 보인다는 것이다. 이른바 동일한 근원[一源]이라는 것은,
곧 근원은 진리에 있고 진리가 근본이 된다는 것이다.

---

256) 『하남정씨문집(河南程氏文集)』 권8, 『이천선생문사(伊川先生文四)』, 『이정집(二程
　　集)』 제2책, p.582, 北京, 中華書局, 1981, "至微者理也, 至著者象也. 體用一源, 顯
　　微無間."

주희(朱熹)는 이 사상을 계승하여 보다 엄밀하게 진리가 근본이 된다는 기초 위에서 체용의 미세하고 현저한 관계를 설명하였다. 명대의 왕양명(王陽明, 1472~1529)은 마음으로써 '체와 용은 근원이 동일하다.'는 것을 설명하고, 마음이 체이고 근본임을 강조하였다. 이것은 곧 하늘과 인간, 하늘의 도와 인간의 본성은 본래 동일한 체(體)이며, 모두 본체로 통일되는 것으로서 '진리[理]'나 '마음[心]'의 체가 드러난 것이라고 하였다.

송명유가의 본체론 사유방식과 본체론을 이용하여 심성론을 설명한 것은 확실히 불교의 이사학설(理事學說)과 본심(진심)론의 영향을 받은 것이다. 정이(程頤)가 말한 진리[理]와 현상[象]은 중국화한 불교 종파인 천태(天台)·화엄(華嚴)·선(禪)에서 말한 이(理)와 사(事) 개념의 논리적인 구조와 일치하는 것이다.257) 여기에서 우리들은 먼저 불교의 심성론이 유가의 심성본체에 대하여 명확히 깨우쳐 주고 거울이 되었던 작용을 살펴보겠다.

중국불교의 일부 중요한 종파는 보편적으로 본원화(本原化)되고 본체화된 심성학설을 건립하였다. 천태종의 창시자인 지의(智顗)는 '마음이 제법의 근본'258)이라고 하여, 마음을 일체현상의 근본과

---

257) 이학가(理學家)인 정호(程顥)·정이(程頤)는 중국불교의 일부 종파와 마찬가지로, 중국 유학사에 있어서 가장 먼저 이(理)를 최고의 본체로 삼았다. 그러나 이(理)의 내용에 있어서는 사회적 윤리도덕이 핵심인 정신적 본체를 위주로 한 것이었다. 이는 중국불교사상과는 다소 다른 점이다. 중국불교에서 언급하는 '사(事)', 즉 현상과 상대되는 본체의 '이(理)'는 진리를 의미하고 또한 깨달음의 경지이지만 사(事)는 미망의 세계이다. 따라서 이(理)는 종종 심성을 말하며, 대부분 심성 위에서 이(理)를 논하고 있다. 심지어는 곧장 이(理)를 불성으로 삼기도 한다. 이것이 정주 이학자들이 한편으로는 불교사상을 수용하면서도 한편으로는 불교를 배척한 원인의 하나이다. 그리고 육구연(陸九淵), 왕양명(王陽明) 등의 심학가(心學家)도 심즉이설(心卽理說)을 제창하였는데, 이것과 천태, 삼론 여러 종파의 중도불성설(中道佛性說)은 일치된다.

258) 『묘법연화경현의(妙法蓮華經玄義)』 권1상, 『大正藏』 33, p.685c, "心是諸法之本".

본체로 보았다. 화엄종 사람들은 세간과 출세간의 일체가 '일심(一心, 淸淨心)'이고, 각종 인연과 조건에 따라 나타나는 것이며, '각각 오직 마음이 나타난 것일 뿐[各唯心現]'이라고 주장하였다. 선종도 역시 '자기 마음이 만법을 드러낸다[自心顯萬法].'는 사상을 제창하였다. 예를 들면, 『단경(壇經)』[20]과 [25]에서는 "자성 가운데서 만법이 다 나타난다[於自性中, 萬法皆見(現)]."고 하였으며, "자성이 만법을 포함하는 것이 큰 것이며 만법 모두가 다 자성이다[性含萬法是大, 萬法盡是自性]."라고 하였다. 화엄과 선 양가의 사상을 융합한 하택종(荷澤宗)도 영지(靈知)를 마음의 체로 삼을 것을 주장하였다.

중국불교의 종파들이 보기에, 마음은 중생이 윤회유전(輪回流轉)하거나 수도하여 성불하는 본원이며 또한 일체 현상의 본체이기도 하였다. 불교의 이러한 심성론 사유의 틀, 특히 선종의 심성합일(心性合一) · 체용합일(體用合一) · 형이상학과 형이하학을 통일한 이론은 송명유학에 대하여 도덕적으로 형이상학의 길을 열어 주었으며, 생명의 본연(本然) 가운데서 내재성과 초월성이 서로 통일된 심성본체의 체현을 추구하는 데에도 중요한 영향을 끼쳤다.

정이(程頤)는 "하늘에 있는 것은 명(命)이고, 의(義)에 있는 것은 이(理)이며, 사람에게 있는 것은 성(性)이며, 몸의 주인이 되는 것은 심(心)이니, 그들은 사실 하나이다."259)라고 하였다. 이와 같이 '명(命)' · '이(理)' · '성(性)' · '심(心)'은 동일한 본체이고, 하늘과 인간의 성(性)과 심(心)은 모두 '이(理)'의 본체에서 통일되며, 모두

---

259) 『하남정씨유서(河南程氏遺書)』 권8, 『이정집(二程集)』 제1책, p.204, 北京, 中華書局, 1981, "在天爲命, 在義爲理, 在人爲性, 主於身爲心, 其實一也."

이(理)가 각각 다르게 드러난 것이다.

주희는 『중용』의 "넓고 두터운 것은 땅과 짝이 되고, 높고 밝은 것은 하늘과 짝이 되고, 아득히 먼 것은 끝이 없다[博厚配地, 高明配天, 悠久無疆].라는 문장에 대해, "이 말은 성인과 천지는 체가 같음을 말한 것이다[此言聖人與天地同體](四書集注)."라고 주를 달았다. 이렇게 성인과 천지의 체가 같다고 생각한 것은 '진리[理]'는 내재적인 것이면서도 우주의 큰 변화를 초월하는 본체이고 성인의 본체적인 존재이기도 하다는 것을 강조함으로써 심성의 본체를 선명하게 확립하려고 한 것이다.

또한 주희와 같은 시대의 육구연(陸九淵, 1139~1193)은 정주(程朱)가 말한 이(理)와 심(心)을 소통시켜, '심리본체(心理本體)'론을 제시하였다. 그는 "사람마다 모두 이 마음을 가지고 있고, 마음마다 모두 이 이치를 갖추고 있으니, 마음이 곧 진리이다."260)라고 하였다. 그 이유는 무엇일까? 그는 "마음도 하나의 마음이고, 이치도 한 가지 이치여서, 마땅히 하나로 귀결되니 오묘한 이치는 둘이 될 수 없다. 이 마음과 이 이치는 실로 두 가지가 있는 것을 용납하지 않는다."261)라고 그 이유를 밝혔다. 이것은 사람들의 마음이 동일한 하나의 '마음'일 뿐이고, 만물의 이치 또한 동일한 하나의 '이치'일 뿐임을 말한 것이다. 근본적으로 말하면, 마음과 이치는 동일한 것으로서 하나이며, 이 둘은 나눌 수 없는 것이므로 마음이

---

260) 「여효재(與孝宰)」[2], 『육구연집(陸九淵集)』 권11, p.149, 北京, 中華書局, 1980, 이하 인용되는 『육구연집』은 모두 이 출판본과 동일하다. "人皆有是心, 心皆具是理, 心卽理也."

261) 「여증택지(與曾宅之)」, 『육구연집(陸九淵集)』 권1, pp.4~5, "心, 一心也; 理, 一理也. 至當歸一, 精義無二. 此心此理, 實不容有二."

곧 진리이다. 이 마음을 육구연은 ‘본심(本心)’이라고 하였으며, 나아가 ‘본심’은 인간에게 내재되어 있는 선성(善性)이라고 하였다. 이렇게 육구연은 외재적이고 초월적인 성질의 ‘천리(天理)’를 ‘본심(本心)’의 이치로 내재화시켰다. 본심은 또 시간과 공간의 제한을 받지 않는 것이어서, “만물이 가슴속에 빽빽이 들어서서 마음을 가득 채우면 우주를 가득 채우고 막으니 이치 아닌 것은 없다.”262) 마음은 내재적인 선성(善性)일 뿐만 아니라 또한 초월적인 본체(本體)이다. 그러므로 이치도 역시 내재적이면서도 초월적인 것이다. 육구연이 말하는 마음은 인식의 범주이면서도 본체의 범주이다. 이것은 맹자가 말한 인간의 마음을 우주의 본체로 제고한 것이며, 유가가 주장하는 ‘본천(本天)’을 ‘본심(本心)’으로 전환하여 유가의 심성철학사상을 발전시킨 것이다.

여기에서 우리가 주목할 만한 가치가 있는 것은, 육구연에 비해 700여 년 앞서 구나발타라(求那跋陀羅, 394~468)가 ‘이(理)가 곧 마음’이라고 주장한 것이다.263) 수당시대의 천태종과 삼론종에서 제시한 ‘중도불성(中道佛性)’론은264) 진리로서의 중도와 마음으로서의 불성을 결합시켜 중국불교식의 마음이 곧 이[心卽理]라는 사상적 모델을 형성한 것이다.

또한 육구연보다 백여 년 전에 활동하였던 운문종(雲門宗) 선사 계숭(契嵩, 1007~1072)은 심(心)·이(理)·기(氣)라는 중국 전통 관념의 영향 아래서 『원론(原論)·치심(治心)』에서 “마음이 곧 이

---

262) 「어록상(語錄上)」, 『육구연집(陸九淵集)』 권34, p.423, “萬物森然於方寸之間, 滿心而發, 充塞宇宙, 無非此理.”

263) 『능가사자기(楞伽師資記)』, 『大正藏』 권34, p.423, “理卽是心”.

264) 이 책의 제14장·제1절과 제32장·제5절 참조.

(理)이다." "이도 지극하고, 마음도 지극하며, 기는 그다음이다. 기는 마음을 타고, 마음은 기를 타므로, 마음이 움직이면 기가 그것을 좇는다.", "마음을 다스림으로써 이(理)를 온전하게 한다. ……이(理)를 온전하게 함으로써 인간의 도를 바르게 한다."265)고 하였다. 이처럼 계승은 이(理)와 마음의 지상성(至上性)과 통일성을 강조하여 유가에 큰 영향을 주었다.

육구연을 계승한 왕양명(王陽明)은 "마음 밖에 따로 존재하는 이는 없다."266)는 명제를 제창하고, 아울러 "마음 밖에 따로 존재하는 이는 없다."는 것을 "마음 밖에 선은 없다."267)는 것으로 귀결시켰다. 왕양명은 '헤아려 보지 않고도 알 수 있는 양지(良知)'는 마음의 '신령스럽고 밝은 자성[靈明]'이면서 또한 마음의 '본체'라고 생각하고, 도덕적 형이상학의 '양지(良知)' 본체론을 세웠다. 그는 "양지는 천리의 환하고 밝으며 영묘하게 알아차리는 힘이다. 그러므로 양지가 곧 천리이다."268)라고 하였다. 즉 양지는 주관적인 것이면서도 또한 객관적인 것이어서 주관과 객관이 통일된 인식의 주체라는 것이다. 그는 또 "양지는 시비지심(是非之心)일 뿐이고, 시비는 좋고 싫은 것일 뿐이다. 좋고 싫은 것이 시비를 전부 아우르고, 시비는 온갖 변화되는 상황을 아우른다."269) 또 양지는 '옳은

---

265) 인용문 모두 『심진문집(鐔津文集)』 권7, 『大正藏』 52, p.680c, "夫心卽理也", "理至也, 心至也, 氣次也. 氣乘心, 心乘氣, 故心動而氣以之趨", "治心以全理, ……全理以正人道."

266) 「여왕순보이(與王純甫二)」, 『왕양명전집(王陽明全集)』 권4 상책, p.156, 상해, 상해고적출판사, 1992. 아래에 인용된 『왕양명전집』은 모두 이 출판본과 동일하다. "心外無理".

267) 「여왕순보이(與王純甫二)」, 『왕양명전집(王陽明全集)』 권4 상책, p.156, "心外無善".

268) 「전습록중(傳習錄中)·답구양숭일(答歐陽崇一)」 『왕양명전집(王陽明全集)』 권4 상책, p.72, "良知是天理之昭明靈覺處, 故良知卽是天理."

것을 알고 그른 것을 아는[知是知非]' 지식심(知識心)이면서, 또한 '선을 알고 악을 아는[知善知惡]' 도덕심이기도 하나, 옳고 그름은 단지 좋고 싫은 것일 뿐이다. 이를 통해 볼 때 양지의 요점은 지극한 선[至善]의 도덕적 본체라고 볼 수 있다. 왕양명은 한 개인이 '양지'라는 내재적인 도덕 본체를 파악하면 곧 만사에 능통할 수 있고, 변화에 명백하고, 초월을 실현하여, 현인과 성인을 성취할 수 있다고 생각하였다.

심성본체론과 우주본체론의 학설을 세운 것은 송명유학이 유학 발전에 이론적으로 가장 큰 공헌을 한 것이다. 송명유학의 심성본체론과 불교의 심성본체론은 비록 그 구체적 내용과 가치취향과 궁극적 목적에 있어서는 큰 차이가 있다. 그러나 이론구조나 사유의 틀에 있어서 일부 내용적인 측면에서 일치된다는 것은 부정할 수 없는 명확한 사실이다. 이러한 사실은 화엄종과 선종과 석두종이 진심에서 출발하여 전개한 이사(理事) 관계설에 기초하고 있으며, 이는 정주(程朱)의 이(理)를 핵심으로 하는 심성본체론에 본보기가 되는 작용을 하였음을 보여 주는 것이다.

또 천태종과 삼론종의 중도불성설과 선종의 이(理)와 마음[心]의 상즉설(相卽說)과 본심설이 육구연의 심본체론(心本體論)에 끼친 영향이 비교적 큰 것이었음을 보여 주는 것이기도 하다. 또 하택화엄선의 영지심체설과 왕양명의 양지본체론 사상의 연원관계는 매우 밀접한 것임을 표명한 것이기도 하다.

예를 들면, 명대의 유학자 유종주(劉宗周)는 한 면으로는 "우리

---

269) 『전습록하(傳習錄下)』, 『왕양명전집(王陽明全集)』 권3 상책, p.111, "良知只是個是非之心, 是非只是個好惡. 只好惡就盡了是非, 只是非就盡了萬事萬變."

유가의 자심으로 의(意)와 지(知)를 미루어 보면, 그 공부는 사실 사물의 이치를 궁구하는 것[格物]에 있기 때문에 마음과 천(天)은 통하는 것이다. 석씨가 마음을 말한 것은 깨달음을 말한 것인데, 이는 의(意)를 버린 것이다. 의(意)가 없으면 지(知)가 없고, 지(知)가 없으면 물(物)도 없다. 그들이 말하는 깨달음은 단지 허공처럼 원만하고 고요한 깨달음이어서 우리 유가의 사물을 체득하는 지와 같지 않다."[270]라고 하였다. 그러나 또 다른 면에서는 "석씨의 학문은 본심이고, 우리 유가의 학문도 역시 본심이다."[271]라고 하였다. 여기서 유종주는 유·불 양가의 심성론을 열거하고, 유·불 양가의 본심의 학은 차별이 있으면서도 공통점이 있음을 설명하였다. 그 당시 유가가 불교의 영향을 받았다는 사실은 대부분의 유가학자들이 외면하기 일쑤였으나 승인할 수밖에 없는 하나의 사실이기도 하였다.

제4절 심성사상 내용의 조정과 상호 보완

유·불의 상호작용은 서로의 심성사상 내용을 풍부하게 하였다. 중국불교는 선(善)·악(惡)·정적(靜寂)·각지(覺知)로써 심성을 논하는 유가의 영향을 깊이 받았다. 그로부터 인도불교가 염정(染淨)

---

270) 「학언상(學言上)」, 『유자전서(劉子全書)』 권10, 1835년 절강소산왕종염등간(浙江蕭山王宗炎等刊), "吾儒自心而推之意與知, 其工夫實地却在格物, 所以心與天通. 釋氏言心便言覺, 合下遺却意, 無意則無知, 無知則無物. 其所謂覺亦只是虛空圓寂之覺, 與吾儒體物之知不同."

271) 「학언상(學言上)」, 『유자전서(劉子全書)』 권10, "釋氏之學本心, 吾儒之學亦本心."

에 중점을 두고 성품을 논하는 것에서 전향하여, 비교적 빈번하게 선(善)·악(惡)·정(靜)·각(覺)으로써 성을 논하여 삼성의 가치판단에 일정한 변화가 일어나게 하였다. 동시에 불교의 마음[心]에는 진(眞)과 망(妄)이 있고, 성품[性]에는 염(染)과 정(淨)이 있다는 사유방식의 영향 아래서, 장재(張載), 이정(二程), 주희(朱熹)와 그 문하생들도 마음과 성품은 둘로 나눌 수 있다고 주장하고, 마음과 성품의 일원론(一元論)에서 이원론(二元論)으로 전향하였다. 또 일부 심학가는 선종의 공무(空無)사상의 영향을 받아 무심무착(無心無著)을 주장하여 유가 심성론에 새로운 내용을 더해 나갔다.

1. 성에 관한 선악의 변론과 성유선악론(性有善惡論)

성선과 성악은 유가 인성(人性)학설의 양대 주장으로서 중국불교의 심성론에 모두 영향을 끼쳤다. 유가 심성사상의 주류는 성선론이며, 인간과 동물을 구별하는 데서 세워진 이론이다. 즉 인간이 동물과 구별되는 점은 동정심(同情心)·수치심(羞恥心)·공경심(恭敬心)·시비심(是非心)의 싹[萌芽]을 선천적으로 갖추고 있고, 성선의 천부적인 자질을 갖추고 있다는 것이다.

인도의 소승불교는 인간의 본성은 본래 청정하다[人性本淨]고 말했고, 나중에 대승불교에서는 각종 동물을 포함한 일체 중생은 내적으로 모두 불성을 가지고 있다고도 하였으며, 일부 파에서는 일체 중생 모두가 불성을 가지고 있는 것은 아니라고도 하였다. 불교에서 논하는 성정(性淨)은 번뇌가 없고 고통이 없는 공적성(空寂

性)을 가리킨다. 이것은 유가에서 선천적인 도덕의식을 성선으로 삼는 것과는 다소 차이가 있다. 그러나 불교의 성정론(性情論)·불성론(佛性論)과 유가의 성선론(性善論)은 인성에 대한 가치판단에 있어서 유사성을 지니고 있어서, 둘 다 인성의 가치를 정면으로 부각시켰고, 인간이 본래 갖추고 있는 완전성(完全性)을 긍정하였다. 예를 들면 송나라 시대 운문종(雲門宗)의 선사 계승(契嵩)은 "부처라는 것은 인의(仁義)의 부류이다. 그런데 정을 말하지 않고 인의를 얻을 수 있겠는가? ……인의(仁義)는 정에 있어서 선한 것이다."272)라고 말했다. 이것은 유가의 인의(仁義)를 선으로 여기고, 그 인의로써 부처의 품성을 설명한 것이다.

또한 양시(楊時, 龜山先生)는 만년에 불교를 신봉하였는데, 이렇게 말한 적이 있다. "노사의 말씀을 종합하면, 경전에서 말하는 십식(十識) 가운데 제팔암마라식을 당나라에서는 백정무구식이라고 하였다. 제구아뢰야식은 당나라에서 선악의 종자라고 하였다. 그러니 백정무구식은 바로 맹자가 말한 성선이다."273) 여기서 특별히 지적할 점은, 유가의 성선론이 중국불교가 사람은 누구나 불성을 지니고 있다는 점을 강조하고, 현실적으로 인간 마음이 성불에 작용을 한다는 것을 강조하는 데 있어서 하나의 본보기를 제공하였다는 것이다. 이와 같이 불교의 불성론과 유가의 성선론은 중국 고대에는 병행하여도 서로 모순이 되지 않는 양대 심성학설이 되었다.

---

272) 「보교편상(輔教篇上)·원교(原教)」, 『심진문집(鐔津文集)』 권1, 『大正藏』 52, p.649c, "佛之爲者, 旣類夫仁義, 而仁義烏得不謂之情乎? ……仁義乃情之善者也."

273) 「구산학안(龜山學案)」, 『송원학안(宋元學案)』 권25, 제2책, p.951, 북경, 중화서국, 1986, "總老言, 經中說十識, 第八庵摩羅識, 唐言自淨無垢. 諸九阿賴耶識, 唐言善惡種子. 自淨無垢, 卽孟子之言性善."

유가 중 순자의 성악론은 천태종의 심성사상에 계도적인 작용을 하였다. 순자는 맹자와는 달리 자연과 인위적인 것을 구별하는 이론을 세워 '성(性)'과 '위(僞)'의 차별을 강조하였다. 성은 인간의 자연적·생리적 소질이고, 인간은 태어나면서부터 갖추고 있는 성질과 본능으로 반응하는데, 이는 선천적인 것으로서 후천적인 인위(人僞, '僞')와는 다르다는 것이다. 순자는 "타고난 본성과 인위적인 노력이 서로 합쳐져 하나가 된 뒤라야 성인이라는 이름을 얻게 되며, 천하의 공도 이렇게 이루어지는 것이다."274)라고 하였다. 본성과 인위가 서로 합하여 인위적인 노력이 본성을 가공하고 개조시킨 이후에 비로소 성인이 이루어진다는 것이다. 성인도 본래 그 성은 악하였으나 인위적인 노력을 거친 후에 비로소 성인이 된 것이다. 그래서 순자는 또 "길을 가는 사람도 우 임금이 될 수 있다."275)고도 하였다. 길을 가는 사람, 즉 보통 사람도 주관적인 노력을 통하여 성인이 될 수 있다고 생각한 것이다.

한(漢)나라 시대에는 선과 악 두 가지 인성론을 조화하고 종합한 유가학자도 출현하였다. 예를 들면 동중서(董仲舒)는 『춘추번로(春秋繁露)·심찰명호(深察名號)』에서 "사람의 성(誠)에는 탐(貪)도 있고 인(仁)도 있다. 인(仁)과 탐(貪)의 기운은 둘 다 몸에 있다. 몸이라는 이름은 하늘에서 취한 것이다. 하늘에는 음과 양 두 가지를 베푸는 성질이 있고, 몸에도 탐과 인 두 가지 성품이 있다."276)고 하였다. 이것은 하늘에 음과 양 두 가지 기가 있어서 인간에게 탐욕

---

274) 『순자(荀子)·예론(禮論)』, "性僞合, 然後聖人之名一, 天下之功於是就也."

275) 『순자(荀子)·성악(性惡)』, "涂之人可爲禹".

276) 人之誠, 有貪有仁. 仁貪之氣, 兩在於身. 身之名, 取諸天. 天兩有陰陽之施, 身亦兩有貪仁之性.

과 어짊, 즉 선과 악 두 가지 성품을 베풀고 있다고 생각한 것이다.

양웅(楊雄)은 『법언(法言)·수신(修身)』에서 "인간의 성에는 선과 악이 혼재되어 있다[人之性也, 善惡混]."고 하였다. 이것은 인간의 성품 속에는 선도 있고 악도 있어서 이중적이라는 것을 강조한 것이다. 순자, 동중서, 양웅의 심성이론 내용들이 천태종의 '성은 선과 악을 갖추고 있다[性具善惡].' '부처도 성과 악을 단절하지 못한다[佛也不斷性惡].'는 관념에 계도적인 작용을 하였다고 할 수 있다. 순자가 성악설을 세운 것이나 동중서와 양웅이 인간에게는 선과 악 두 가지 성이 있다는 학설을 세운 것은 인성 개조의 필요성을 부각시키기 위한 것이었다. 그리고 천태종에서 성이 선과 악을 갖추고 있다고 말한 것은 불교 수행의 중요성을 강조하기 위한 것이었다. 여기서 "마음에는 참으로 신령스러운 점이 있다는 것에 있어서는 통했다!"고 말할 수 있다.

중국 유가학자들이 심성문제에 대해 논술한 내용의 핵심은 선과 악이라는 도덕적인 가치판단 문제였다. 유가의 이러한 가치관념과 사유방식에 상응하는 불교 유가행파(瑜伽行派)의 아뢰야식 학설이 중국에 전래된 이후에 중국의 불교학자가 가장 관심을 가졌던 것 역시 아뢰야식의 염정(染淨)과 진망(眞妄)의 문제와 직접 상관있는 성불의 근거에 관한 문제였다. 예컨대, 남북조시대의 지론사(地論師)는 번역상의 어려움과 이해의 차이로 인하여 아뢰야식의 염정과 진망에 대한 견해가 나누어져 상주(相州)의 남도(南道)와 북도(北道) 두 계파로 분열되었다. 남도지론사(南道地論士)는 아뢰야식이 곧 진여불성이고, 모든 공덕을 충분히 갖추고 있어서 여래장이기도 하며, 중생이 본래 선천적으로 갖추고 있는 성불의 근거임을 강조하였다. 북도지론사(北道地論師)는 아뢰야식이 진망화합식이고, 마찬가지로 염정의 식(識)이라고 주장하고, 불성은 수행하여 성불한 후에 비로소 얻는 것임을 강조하였다.

2. 생정심지(生靜心知)와 성정성각(性靜性覺)

위에서 서술한 바와 같이, 인도불교는 심성이 본래 청정하다고 설명하였는데, 이와 달리 중국불교가 성정(性淨)에 새로운 해석을 내리고 있는 점은 주목할 만한 가치가 있다. 하나는 정지(靜止)·정적(靜寂)으로써 정(淨)을 해석하는 것이고, 하나는 각지(覺知)·각오(覺悟)로써 정(淨)을 대체하는 것이다. 이렇게 심정(心淨)사상이 중국에서 변화하게 된 것은 유가사상의 영향과 직접 관련되어 있다.

인도불교는 오염(汚染)·환루(患累)·번뇌에 상대적인 것으로서 심성청정을 말했는데, 그 목적은 각종 번뇌에서 탈피하고, 각종의 욕망을 배제하여, 심성의 공적에 도달하기 위한 것이었다.

중국불교학자는 흔히 심성청정[心淨]을 심성적정[心靜]으로 전환하여, 정지(靜止)·정적(靜寂)을 청정(淸淨)으로 삼았다. 요진(姚秦)의 승조(僧肇)는 동(動)과 정(靜)이 일체라고 주장하였으나, "마음은 마치 물과 같아서 고요하면 비출 수 있지만 흔들리면 비출 수 없다."277)고도 하였다. '조(照)'는 관조·지혜를 말한다. 이것은 마음을 물에 비유하여, 물이 고요하다는 것은 곧 지혜에 의한 관조가

---

277) 『주유마힐경(注維摩詰經)』 권6, '무주위본(無住爲本)'의 주석, 『大正藏』 38, p.386c, "心猶水也, 靜則有照, 動則無鑑."

있다는 것이고 물이 흔들린다는 것은 지혜에 의한 관조가 없다는 것을 말함으로써 마음의 적정[心靜]을 제창한 것이다.

양 무제 소연(蕭衍)은 더욱 명확하게 마음의 적정[心靜]으로써 마음의 청정[心淨]을 해석하였다. 그는 이렇게 말했다.

『예』에 이르길, "사람이 태어나서 고요한 것은 하늘이 부여해 준 본래의 성품이고, 사물에 감응하여 마음이 움직이는 것은 성품에 욕심이 작용한 것이다."라고 하였다. 움직임이 있으면 마음이 더러워지고, 고요함이 있으면 마음이 청정하다. 바깥의 움직임이 멈추면 안의 마음도 밝아진다. 스스로의 깨달음이 시작되면 근심걱정이 생길 연유가 없다.278)

이는 고요함[靜]은 인간이 태어나면서부터 지니는 본성이고, 움직임[動]은 인간의 욕망이라는 것을 설명하는 것이다. 마음이 고요하면 마음이 청정해지고, 마음이 움직이면 마음이 더러워진다. 외재적인 활동이 중지되면 내심도 역시 밝고 맑아진다. 이로부터 번뇌와 근심도 없어지는 것이다. 요약하면 마음의 고요함[心靜]이 마음이 청정한[心淨] 원인이다. 어떤 사람은 마음의 고요함[心靜]이 곧 마음의 청정[心淨]이라고 하였다. 『대승기신론』에서도 다음과 같이 설명하였다.

마치 큰 바다 물이 바람으로 인하여 파도가 칠 때, 물의 모습과 바람의 모습이 서로 버리거나 여의지 아니하지만 물의 성품은 움직이지

---

278) 「정업부(淨業賦)」, 『광홍명집(廣弘明集)』 권29, 사부총간연인본(四部叢刊影印本)에 보이며, '감물이동(感物而動)'은 원문에는 '감어물이동(感於物而動)'이라 되어 있다. "『禮』云: '人生而靜, 天之性也; 感物而動, 性之欲也.' 有動則心垢, 有靜則心淨. 外動旣止, 內心亦明. 始自覺悟, 患累無所由生也."

않는 것과 같다. 만일 바람이 그쳐 사라지면 물의 움직이는 모습도
소멸한다. 그러나 물의 젖는 성품은 파괴되지 않기 때문에, 이와 같
이 중생의 자성이 청정한 마음은 무명의 바람으로 인하여 움직여서
마음과 무명이 함께 형상이 없어서 서로 버리고 떠나지 않으나 마음
은 움직이는 성품이 아니다. 만약 무명이 멸하면 상속하는 마음도 멸
하는데, 지혜의 성품은 파괴되지 않기 때문이다.279)

또 이렇게도 설명하였다.

만약 마음에 움직임이 있으면 참으로 아는 것이 아니며, 자성이 없어
서 한결같지도 않고, 즐겁지도 않고, 참나도 아니고, 청정하지도 않
다.(常樂我淨이 아니다) 뜨거운 번뇌로 심신이 쇠퇴하면 곧 자재하지
못하게 되며, 나아가 갠지스 강의 모래보다 더 많은 망념의 뜻을 갖
추게 된다. 이런 뜻에서 심성에 움직임이 없으면, 갠지스 강의 모래
보다 더 많은 여러 가지 청정한 공덕상의 뜻이 나타나게 된다.280)

이것은 또 물에 비유하여, 물은 움직이는 성질이 없으나 바람으
로 인하여 물이 움직이고 바람이 그치면 물은 움직이지 않지만 물
의 적시는 성질[濕性]은 변하지 않는다는 것이다. 그 뜻은, 마음을
물에 비유하여, 중생의 자성청정심도 움직이지 않는 것이며 마음이
움직이는 것은 무명(無知)으로 인하여 일어나는 것이며, 이로 말미
암아 무량한 망염(妄染)과 번뇌가 있게 되는데, 심성이 움직이지
않고 지성(智性)이 무너지지 않으면 무량한 청정공덕이 있게 된다

---

279) 『大正藏』 32, p.576c, "如大海水, 因風波動, 水相風相, 不相捨離, 而水非動性; 若
　　風止滅, 動相則滅, 濕性不壞故. 如是衆生自性淸淨心, 因無明風動, 心與無明俱無
　　形相, 不相捨離, 而心非動性. 若無明滅, 相續則滅, 智性不壞故."

280) 『大正藏』 32, p.579c, "若心有動, 非眞識知, 無有自性, 非常非樂, 非我非淨, 熱惱
　　衰變則不自在, 乃至具有過恒沙等妄染之義. 對此義故, 心性無動, 則有過恒沙等諸
　　淨功德相義示現."

는 것이다. 이것은 모두 마음의 동(動)과 정(靜)으로써 마음의 염(染)과 정(靜)을 논하여, 심성이 움직이면 오염되고 심성이 고요하면 청정하다고 본 것이다. 중국불교는 성품의 고요함[性靜]으로써 성품의 청정함[性淨]을 해석하고 있다고도 볼 수 있는데, 이는 도가의 주정(主靜)사상의 영향을 받은 것 외에도 유가사상의 영향도 받은 것이다.

위에서 양 무제가 인용한 『예기(禮記)·악기(樂記)』의 "사람은 태어나면서부터 성품이 고요하다[人生而靜]."는 대목, 즉 정(靜)을 인간의 본성으로 삼는다는 것을 강조한 것이 그것을 증명하는 좋은 예이다. 이 밖에 『주역(周易)·곤(坤)』에 의하면, "『문언』에 이르길 『곤』은 지극히 유순하되 움직임은 강하고 지극히 고요하되 덕은 방정하다[『文言』曰: 『坤』至柔而動也剛, 至靜而德方]."고 하였다. 곤(坤)은 땅이다. 그래서 지극히 고요하다고 한다. 지극히 고요하여 곤의 덕이 방정하다는 것이다.

『논어(論語)·옹야(雍也)』에서도 "공자가 말하길, 지혜로운 사람은 물을 좋아하고 어진 사람은 산을 좋아한다. 지자(知者)는 움직이고 인자(仁者)는 고요하다[子曰: '知者樂水, 仁者樂山. 知者動, 仁者靜]."고 하였다. 지자(知者)는 지혜가 있는 사람이며, 인자(仁者)는 덕행이 있는 사람이다. 물은 움직이며(흐르며) 산은 고요하다. 지혜로운 사람은 활기차고 활발하며, 덕행을 하는 사람은 차분하고 고요하다는 것이다. 이러한 사상은 유가의 전적을 숙지하고 있는 중국불교학자들에게 분명히 영향을 끼쳤을 것이다.

성각(性覺)에 관해 살펴보면, '각(覺)'의 범어와 팔리어의 음역은 보리(菩提, bodhi)이며, 처음엔 도(道)라고 번역되었으나 나중에는 각으로 번역되었다. 이것은 열반의 오묘한 이치를 깨달아 증득한 특수한 지혜를 가리킨다. 또 인도 대승불교는 성문과 연각은 단지 스스로의 깨달음[自覺]만 갖추고 있고, 보살은 스스로 깨달을 수 있고 남도 깨닫게 할 수 있으며, 오직 부처만 스스로도 깨닫고 남도 깨닫게 할 수 있고, 깨달음의 행[覺行]도 원만한 자라고 생각하였다. 범부는 깨닫지 못하거나 아직 깨닫지 않았거나 깨달음의 성품[覺性]이 없는 사람이라고 보았다.

중국불교는 각(覺)과 불각(不覺)이라는 상대적인 개념으로써 심성(心性)을 논하는 것을 중시하였고, 심성이 망념에서 멀리 벗어나 작용을 비추어 밝은 것을 각(覺)이라고 하고, 무명을 불각(不覺)이라고 제시함으로써 심성 본정설(本淨說) 대신 심성 본각설(本覺說)을 활용하였다. 인도불교의 심성학설은 성정(性淨)이 성염(性染)과 상대적인 것임을 강조하고, 번뇌와 탐욕을 배제하는 것에 중점을 두고 이론을 세웠다. 중국불교의 심성학설은 성각(性覺)이 무명과 상대적인 것임을 강조하고, 무지(無知)와 망념(妄念)을 배제하는 것에 중점을 두고 이론을 세웠다. 양자가 이론을 세운 각도와 중점을 둔 내용에는 다소 차이가 있다.

앞에서 언급한 바와 같이, 『대승기신론』은 '각(覺)'과 '불각(不覺)'을 활용하여 출세간(出世間)과 세간(世間)의 차별을 설명하였는데, 중생의 본성은 본래 깨달음[覺悟]이고 중생은 본래 청정한 각체(覺體, 本覺)를 갖추고 있다고 강조하였다. 심적(沈績)은 『대양황제(大梁皇帝)』「입신명성불의기(立神明成佛義記) 서(序)」에서 "진지하게 접근할 수 없다면 양쪽 다 편견과 아집만 일으켜서 결국은 천연의 각성으로 하여금 스스로 겉도는 이야기에 빠지게 할 뿐이다.”281)고 하였다. 중생이 천연(天然)의 각성(覺性)을 지니고 있는 것이 성불의 근거가 된다는 것이다.

심약(沈約)은 또 『중생불불상이의(衆生佛不相異義)』「불지불이중생지의(佛知不異衆生知義)」에서는 “불이란 깨달음이고, 깨달음이란 아는 것이다. ……범부가 올바른 길을 알면 불의 앎과 다르지 않다. ……이는 중생의 불성이 되는 것이며, 실재 그 지성은 항상 전해지는 것이다.”282)라고 하였다. 깨달음[覺]은 안다는 의미이고, 불의 앎은 중생의 앎과 다르지 않다는 것이다.

당나라 시대의 종밀(宗密)은 『원인론(原人論)』에서 “모든 유정은 다 본각 진심을 가지고 있다.”283)고 선포하여, 모든 중생은 본래부터 깨달음의 진실한 마음을 가지고 있음을 강조하였다. 중국불교학자가 ‘본각(本覺)’·‘각성(覺性)’·‘본각진심(本覺眞心)’이라는 관념을 제시한 것은 결코 우연이 아니며, 유가 등의 중국 전통철학의 영향을 깊이 받은 결과이다. 유가는 윤리도덕의 수양을 중시하였고, 이를 위하여 인간의 인지(認知)와 지혜를 개발하는 것을 중시하였다.

공자는 “남이 속이는 것에 대하여 미리 대비하지 않고, 남이 믿지 않는 것에 대하여 미리 생각하지 않으면서 도리어 그런 것을 미리 깨닫는 사람이 현명한 사람이다!”284) 여기서 ‘억(億)’은 ‘생각[臆]’과 동일하고, ‘각(覺)’은 ‘살펴서 알다’, ‘깨닫는다’는 의미이다.

---

281) 『홍명집(弘明集)』 권9, “莫能精求, 互起偏執, 乃使天然覺性自沒浮談.”

282) 『광홍명집(廣弘明集)』 권22, “佛者覺也, 覺者知也. ……凡夫得正路之知, 與佛之知不異也. ……此衆生之爲佛性, 實在其知性常傳也.”

283) 『원인론(原人論)·직현진원제삼(直顯眞源第三)』, 『大正藏』 45, p.710a, “一切有情皆有本覺眞心.”

284) 『논어(論語)·헌문(憲問)』, “不逆詐, 不億不信, 抑亦先覺者, 是賢乎!”

공자는 일에 앞서서 다른 사람이 속일까 봐 의심해서 안 되고, 다른 사람이 성실하지 않다고 근거 없이 추측해서도 안 되며, 때에 맞추어 깨달을 수 있는 사람이 현명한 사람이라고 생각하였다.

맹자도 역시 "옳고 그름을 판단하는 마음이 지혜의 단초이다."[285]라고 하여, 인간이 천부적으로 가지고 있는 옳고 그름에 대한 분별이 지혜의 싹이라고 보았다. 그는 또 명확하게 '선지선각(先知先覺)'과 '후지후각(後知後覺)'을 구분하여, "하늘이 이 백성을 내신 것은 먼저 안 사람이 늦게 아는 이를 깨우치게 하고, 먼저 깨달은 이가 뒤늦게 깨닫는 이를 깨우치게 한 것이다."[286]라고 강조하였다. '지(知)'는 인지(認知)이고, '각(覺)'은 깨달음이다. 선지선각(先知先覺)이란 사물의 이치에 대한 인식과 깨달음이 일반적인 사람들에 비해 앞선 사람을 의미한다. 즉 하늘이 백성을 내린 것은 먼저 알고 먼저 깨달은 사람들이 늦게 알고 늦게 깨닫는 사람들을 각성하게 하고 깨닫게 하였다는 뜻이다. 맹자가 선지선각(先知先覺)과 후지후각(後知後覺)을 대립시켜 설명한 것이 그 사유의 틀에서 볼 때 『대승기신론(大乘起信論)』 작자에게 일련의 시사점을 던져 주었다고 볼 수 있다.

순자는 객관적으로 사물의 이치를 인식하는 능력을 갖추고 있는 것이 인간의 본성이라고 생각하고, "아는 것[知]은 인간의 본성이다."[287]라고 하였다. 순자도 역시 각성(覺醒)을 중시하고, "깨닫지 못하면 괴로움을 알지 못하며, 미혹하여 방향을 잃고 아래위를 뒤

---

285) 『맹자(孟子)·공손추상(公孫丑上)』, "是非之心, 智之端也."
286) 『맹자(孟子)·만장상(萬章上)』, "天之生此民也, 使先知覺後知, 使先覺覺後覺也."
287) 『순자(荀子)·해폐(解蔽)』, "凡以知, 人之性也."

바꾸게 된다."288)고 하였다. 그 뜻은 한 사람의 군주가 깨닫지 못하면, 고통을 알지 못하고 미혹하여 당위성을 잃은 지시를 하게 되고 위와 아래가 뒤바뀌게 된다는 것이다.

『예기(禮記)·악기(樂記)』에서는 "백성에게는 혈기와 심지의 성품은 있으되 희로애락의 항상함은 없다."289)고 하였다. '아는 것[知]'은 '지혜[智]'와 동일하고, 마음이 안다는 것[心知]은 마음의 지혜[心智]를 의미한다. 인간은 본래 마음의 지혜라는 본성을 가지고 있다. 즉 본래 총명한 지혜를 갖추고 있는 것이다. 유가에서 인간의 인식 능력과 총명한 지혜에 대하여 긍정한 것은 의심할 나위 없이 중국불교학자가 인간의 심성을 내용적인 측면에서 깊이 탐색하는 데에 영향을 주었다.

3. 진망염정(眞妄染淨)과 심성이원(心性二元)

북송 이전에 절대다수의 유가학자들은 인간의 마음이 하나이고, 인간의 성품도 하나이고, 마음과 성품은 통일된 것이어서 나눌 수 없는 것이라고 생각하였다. 그런데 송대의 장재(張載), 이정(二程)과 주희 및 그의 문도들은 인간의 성품[人性]에는 두 종류가 있다고 주장하였고, 일부 학자들은 인간의 마음도 두 종류로 나눌 수 있다고 생각하였다.

예를 들면, 장재는 그의 기본체론(氣本體論)적 우주관에서 출발

---

288) 『순자(荀子)·성상(成相)』, "不覺悟, 不知苦, 迷惑失指易上下."
289) 夫民有血氣心知性, 而無哀樂喜怒之常.

하여, '천지의 성[天地之性]'과 '기질의 성[氣質之性]'이라는 성이
원론(性二元論) 체계를 새로 세우고, '천지의 성'은 인간이 형체를
갖추기 이전에 본래 가지고 있던 담연하고 기울지도 치우치지도
않은 선성(善性)이며, '기질의 성'은 인간이 형체를 갖춘 후에 비로
소 생기는 것으로서, 서로 공격하면서 취하고 한쪽에 치우쳐 반박
하는 성질이며, 선도 있고 악도 있는 성품으로 보았다. 장재의 이
학설은 과거의 성선론이나 성악론과는 달리 설명하기 힘들었던 선
악 발생의 근원문제를 설득력 있게 밝힘으로써 주희 등의 학자들
로부터 높은 찬사를 받았다. 이정(二程)과 장재가 가졌던 관점은
기본적으로 서로 동일하다. 이정도 인간의 성(性)을 '하늘이 명한
것을 성이라 하고[天命之謂性]', '타고난 것을 본성이라고 한다[生
之謂性].'며 두 종류로 나누었다. 이와 동시에 그는 두 가지 다른
성은 이(理)나 기(氣)에서 파생되는 것이기 때문에 나누어지는 것
이라고 강조하였다.

주희는 장재(張載)와 이정(二程)의 사상을 종합하여, '천명의 성
[天命之性]'과 '기질의 성[氣質之性]'에 대하여 체계적인 논술을
하였는데, 특히 '기질의 성'에 대해서 보다 상세하게 설명하였다.
이 밖에도 주희는 마음에는 체(體)도 있고 용(用)도 있다는 사상에
서 출발하여 마음을 '도심(道心)'과 '인심(人心)' 두 종류로 나누었
다. 이른바 도심은 본체의 마음이며, 이것은 하늘의 이치[天理]가
체현된 것이고, 인심은 용(用)을 발하는 마음이어서 선과 불선으로
구분되는데, 불선은 물욕의 유혹을 받아 거기에 묶여 용을 발한 결
과이다.

우리는 송나라 시대 이학의 대가들이 유가의 심성 일원론에서

심성 이원론(혹은 이원론과 유사한)으로 궤도를 수정한 것은 유가 심성사상이 변천하고 발전할 때 내재되어 있었던 논리가 원인이 되었던 동시에 불교 심성론 사상으로부터 계도받은 결과라고 말하지 않을 수 없다.

　불교 심성론에서 유명한 논점은 마음을 진(眞)과 망(妄)으로 구분하고, 성을 염(染)과 정(淨) 두 종류로 나눈 것이다.『대승기신론』은 일심이문(一心二門)을 강령으로 하여 마음을 진여심과 생멸심 두 종류로 나누었다. 이에 상응하여 성(性)도 각(覺)과 불각(不覺) 두 종류로 구분하였다.『대승기신론』은 중국 대승불교의 기본 저작이면서 입문서로서 중국불교 종파에 대하여 심원한 영향을 끼쳤다. 뿐만 아니라 당대 이래 유가 심성론의 중건(重建)에도 영향을 끼쳤다는 것이 비교적 역사적 사실에 부합된다고 할 수 있다.

4. 망심무경(忘心無境)과 무심무착(無心無著)

　일반적으로 송대 이전에는 유가는 대부분 맹자의 '마음을 다하면 사람의 본성을 알고 하늘의 존재를 깨닫는다[盡心知性知天]'는 이론적 노선을 따르고 존중하여, 인간의 마음이 주체와 객체에 대한 인식 작용을 최대한 발휘할 것을 주장하였다. 그러나 송대 이래로 특히 남송의 일부 심학자(心學者)들은 여기에서 전향하여 사람의 마음은 공적하고 신령스러워[人心空靈], 일이 없으면 집착도 없다[無事無著]는 것을 제창하고, 이것을 인생수양의 경계로 삼았다. 이것은 불교 심성사상의 영향을 깊이 받은 유가의 독특한 표현이다.

북송시대 중엽의 정호(程顥)는 『답횡거장자후선생서(答橫渠張子厚先生書)』에서 다음과 같이 중요한 논단(論斷)을 하였다. "바깥이 틀렸고 안이 옳다는 것보다는 안과 밖 둘 다를 잊는 것이 낫다. 둘 다 잊으면 맑아져서 일삼을 것이 없어진다."290) 당나라 시대의 황벽희운(黃檗希運)은 "만약 경계를 없애려거든 마음을 잊어라. 마음을 잊으면 경계가 텅 비게 되고, 경계가 비면 마음도 사라진다. 마음을 잊지 못하고 경계만 없애면, 경계를 제거할 수 없어서 어지러움만 더욱 늘어날 뿐이다."291)라고 하였다. 이 두 진술은 얼마나 유사한가! 사상적 노선이 일치할 뿐 아니라 언어적인 표현도 아주 비슷하다.

육구연(陸九淵)의 사상 형성에 중요한 영향을 끼친 정이(程頤)의 수제자 왕빈(王蘋, 자는 信伯)은 제자들이 '공자와 안회가 즐거워하는 것[孔顏樂處]'이 무엇인가를 물었을 때 다음과 같이 답하였다. "마음에 털끝 하나도 남기지 않는 것이다. 만약 즐거워할 것이 있으면 거기에 의지하게 된다. 부귀공명에도 만족할 만한 한결같은 즐거움은 없으며, 도덕과 인성과 천명도 즐거워할 만한 것은 없다."292) '공안낙처(孔顏樂處)'는 북송의 이학가들이 추구한 최고의 정신적인 경지이다. 정이는 공자와 안회의 즐거움은 도와 합일한 정신의 희열이지 '도를 즐기는 것[樂道]'이 아니며, 도(道)를 즐거움의 대상으로 삼는 것도 아니라고 생각하였다.293) 왕신백도 이러한 관념

---

290) 『하남정씨문집(河南程氏文集)』 권2, 『이정집(二程集)』 제2책, p.461, "與其非外而是內, 不若內外之兩忘也. 兩忘則澄然無事矣."

291) 『황벽산단제선사전심법요(黃檗山斷際禪師傳心法要)』, 『大正藏』 48, p.381 b, "若欲無境, 當忘其心. 心忘卽境空, 境空卽心滅. 若不忘心, 而但除境, 境不可除, 只益紛擾."

292) 『진택학안(震澤學案)』, 『송원학안(宋元學案)』 권29, 제2책, p.1049, "心上一毫不留. 若有所樂, 則有所倚. 功名富貴固無足樂, 道德性命亦無可樂."

으로써 정이의 사상을 설명하였는데, 그는 '마음에 털끝 하나만큼
도 남기지 않을 것[心上一毫不留]'을 강조하고 마음에 집착이 있
는 것을 반대하고, 외계와 추구하는 대상에 대하여 어떤 집착도 해
서는 안 된다고 생각하였다. 이것은 불교의 무아(無我) · 무심(無
心) · 무착(無著) 사상의 영향을 받은 결과라는 것이 확실하다. 육
구연도 이러한 사상의 영향을 받고 이렇게 말했다.

> 안에도 얽매이는 것이 없고 밖에도 얽매이는 것이 없으면 자연히 자
> 유자재하게 되지만, 작은 것 하나만 있어도 생각이 무거워진다. 뼛속
> 깊이 사무치게 살펴서 초연함을 얻으면 몸이 자연히 가볍고 맑아져
> 서 저절로 신령스러워진다.294)

여기서 '의(意)'는 생각을 가리킨다. 이 글의 요지는 한 사람이
'생각이 있으면[有意]' 마음이 무거워지지만, 생각이 없으면[無意]
내외의 근심이 없어지게 되어 자연히 자유롭게 되고 가볍고 맑고
영명해져서 비로소 초연한 경지에 도달하게 된다는 것이다.

나중에 양자호(楊慈湖)는 다시 육구연의 사상을 한 걸음 더 발전
시켜서 '마음이 생각을 일으키지 않는다[心不起意].'는 것을 종지
로 삼을 것을 주장하였다. 그는 인간의 본성은 본래 선한데, 성품
이 악한 근원은 '생각이 일어나는 것[意之起]'에 있다고 생각하였

---

293) 『주희집(朱熹集)』 권70 「잡저(雜著) · 기의(記疑)」에 의하면: 묻기를: "이천 선생께
서 선어의 물음에 답하여 이르길: '안자 같은 사람이면서도 도를 즐긴다고 하면 안자
가 되기에 부족하다.'고 하는 것은 어떠한 것입니까?" 이르길: "마음에 털끝 하나도
남기지 않는 것이다. 만약 마음에 도를 즐기는 것이 있으면 집착이 있는 것이다."라
고 하였다.[問: "伊川先生答鮮於之問曰: '若顔子而樂道, 則不足爲顔子' 如何?" 曰:
"心上一毫不留. 若有心樂道, 卽有著矣."] 『주희집(朱熹集)』 제6책, p.3681.
294) 『어록하(語錄下)』, 『육구연집(陸九淵集)』 권35, p.468, "內無所累, 外無所累, 自然
自在, 才有一些子意便沈重了. 徹骨徹髓, 見得超然, 於一身自然輕淸, 自然靈."

다. 그는 "생각을 일으키지만 않으면 자연히 고요하게 안정되며, 옳고 그름과 현명함과 현명하지 않음이 저절로 명백해진다."295)고 하였다. 한 사람이 생각을 일으키지만 않으면 생각도 없고 인위적으로 하는 것도 없고, 심경은 자연히 고요와 안정을 유지하게 되어 시비(是非)와 현명함과 현명하지 않음이 역력하게 분명해지며, 그로부터 악을 제거하고 선을 보전하고 흔들림[動]으로부터 고요함[靜]으로 돌아가 이상적인 경지에 도달하게 된다는 것이다. 이것도 역시 양자호(楊慈湖)가 불교의 본심을 지키고 망념을 일으키지 않는다는 사상을 수용한 분명한 증거이다.

제5절 심성수양 방법의 수용

심성을 수양하는 방식과 방법에 있어서 유·불 양가가 서로 영향을 주고받은 것은 실로 광범위하고 깊다. 유가의 중요한 수양 방식과 방법, 즉 '고명(高明)을 다하고 중용(中庸)을 따른다[極高明而道中庸].'는 것과 '마음을 다하면 본성을 안다[盡心知性].'는 전통사상의 영향 아래서 선사(禪師)들은 '평상심이 도이다[平常心是道].' '마음을 밝히고 본성을 본다[明心見性].'는 것과 같은 심성수양에 대한 명제를 제시하였다. 불교의 본성은 청정한데 뜻(마음의 작용)이 물든 것[性淨情染]이라는 이론과 정욕을 없애라[滅除情欲]

---

295) 『자호학안(慈湖學案)』, 『송원학안(宋元學案)』 권74, 제3책, p.2467, 北京, 中華書局, 1986, "但不起意, 自然靜定, 是非賢否自明."

고 하는 등의 본성을 드러내는 수행방법도 일부 유학자들이 받아
들여 유가의 도덕 수양방법으로 전환하였다.

1. '고명(高明)을 다하고 중용(中庸)을 따르는 것'과
'평상심이 도이다'

  심성이론과 인생의 이상은 긴밀하게 서로 연관되어 있다. 심성이
론의 차이는 인생의 이상을 실현하는 과정과 조작방식과 내용규정
에 직접 영향을 주게 된다. 상대적으로 말하면, 인도불교 특히 소
승불교는 심성본정(心性本淨) 학설에 기초하여, 인생의 현실적인
번뇌와 고통을 소멸할 것을 강조하고, 번뇌심을 청정심으로 전환하
여 인간에서 나한(羅漢)·보살(菩薩) 혹은 부처로 전환할 것을 주
장하였다. 이와 더불어 이상적인 현실을 내세에 기탁함으로써 외재
적·초월적인 색채가 극히 농후하다.

  중국불교는 이와 다소 다르다. 천태종에서는 중생과 부처의 본성
은 동일하며 다 같이 우주만유를 함유하고 있고, 서로 받아들이고
화합하여 결코 차이가 없다는 사상을 고취하였다. 또 '성구선악(性
具善惡)', 즉 선성(善性)과 악성(惡性)은 본래 갖추어져 있어서 단
절되지 않는다는 사상과 '탐욕이 곧 도[貪欲卽是道]'라는 견해는
이상과 현실의 소통을 위한 심성론의 기초를 제공하였다.

  화엄종은 부처와 중생은 똑같이 마음에서 만들어진다는 것과 일
체는 원융무애(圓融無碍)하다는 사상을 강조하여 부처와 중생·이
상과 현실의 원융을 위해 충분한 이론과 논리적 전제를 확립하였

다. 혜능의 선종도 천태종이나 화엄종과 동일하면서도 더욱 선명하게 중생심성의 본래면목이나 본래의 상태를 발현하고, 다시 돌아가 깨달음을 증득함으로써 자유로운 해탈을 구하고, 현실생활 속에서 이상을 실현하고 현세에 불과를 성취할 것을 주장하였다.

마조도일(馬祖道一)의 '평상심이 도'296)라는 것과 임제의현(臨濟義玄)이 제창한 '일 없는 것이 귀한 사람'297)이라는 두 가지 명제가 가장 집중적이고 전형적으로 이러한 사상을 구현한 예이다. 선종의 이러한 사상은 인도불교가 인간의 현실생활을 고난으로, 현실세계를 예토(穢土)로 보고, 세속을 초월하고 현세를 벗어나서 생을 전환하여 피안의 세계로 갈 것을 주장하는 것과는 그 취지에서 현저한 차이를 보이고 있다.

선종이 인도불교에 비해 궁극적 취지에서 큰 차이를 보이게 된 것은 중국과 인도 두 나라의 전통사상과 문화배경이 다른 데에서 비롯된 것이다. 이러한 측면에서 우리는 『중용』에서 말하는 "군자는 덕성을 존중하고 학문의 길을 따르거니와 광대함을 이루고 정미함을 다하며, 고명함을 다하고 중용을 따른다[君子尊德性而道問學, 致廣大而盡精微, 極高明而道中庸]."는 철학사상의 영향이 지극히 깊고 컸음을 짐작할 수 있다. 여기서 '고명(高明)'은 넓고 크고 정밀하고 미세한 경지이다. '중용(中庸)'이란 평범하고 평상적인 것을 말한다. 즉 군자는 하늘이 부여한 인간의 본성과 하늘의 이치[性理]를 존중하고 숭상하며, 동시에 학문을 구하여 앎에 이르러 덕성과 학문이 넓고 크고 정밀하고 미세한 경지에 미치게 하여야 하지

---

296) 『경덕전등록(景德傳燈錄)』 권28, 『大正藏』 51, p.440a, "平常心是道".
297) 『진주임제혜조선사어록(鎭州臨濟慧照禪師語錄)』, 『大正藏』 47, p.497c, "無事是貴人".

만, 평상적인 중용의 도(道) 또한 따라야 한다는 의미이다. 여기에는 일상생활 속의 현실경계를 승화시킬 것을 강조하는 의미가 담겨 있다.

이것은 일종의 냉혹한 현실세계 속에서 신념에 안주하여 신명의 안위를 조금도 걱정하지 않는 안신입명(安身立命)의 도(道)이고, 인생의 이상적인 인격을 성취하는 중요한 모델이며, 중국 고대 사대부의 처세의 기본원칙이었다. 이렇게 형성된 사유의 추세는 필연적으로 인도의 불교경전을 경시하고 자아의 심성수양을 중시하는 선종 사람들의 수행생활 궤적에 영향을 주었다. 이것도 역시 평상심의 상태에서 내재적인 초월을 실현하고 일상생활 속에서 정신경계의 비약을 실현하려는 것이다.

2. 진심지성(盡心知性)과 명심견성(明心見性)

유가의 '높고 밝은 것을 다하고 중용을 따른다.'는 사상은 중국불교 종파의 수행 궤도에 영향을 주었고, 유가의 '마음을 다하면 본성을 안다[盡心知性].'는 설은 중국불교 종파의 심성수행방법을 계시하였다. 유가는 윤리도덕을 중시하여, '어떤 일의 원인을 자신에게서 찾을 것[反求諸己]', 즉 안으로 노력할 것을 제창하였다.

맹자가 창도한 '진심지성(盡心知性)'은 내심의 인식과정과 도덕의 수양방법을 반성하는 것이다. 그는 "자기의 마음을 다하는 사람은 자기의 본성을 알고, 본성을 알면 하늘을 알게 된다."298)고 하

---

298) 『맹자(孟子)·진심상(盡心上)』, "盡其心者, 知其性也; 知其性, 則知天矣."

였다. 여기서 말하는 마음은 측은(惻隱) · 수오(羞惡) · 사양(辭讓) · 시비(是非)의 마음이고, 이것이 인(仁) · 의(義) · 예(禮) · 지(智)의 실마리이며, 인 · 의 · 예 · 지는 하늘이 인간에게 부여한 본성이라고 생각하였다. 이 말의 의미는, 한 사람이 최선을 다하여 마음속의 인 · 의 · 예 · 지의 선한 실마리를 다 발휘하면, 자신의 '본성'을 이해할 수 있으며 나아가서는 '하늘'을 인식할 수 있다는 것이다.

맹자의 사상과 유사한『중용』은 진성(眞性)을 강조하여, 자기 자신과 사물의 본성을 충분히 발휘할 것을 강조하였다. 중용은 "오직 천하의 지극한 정성이라야 그 성을 다할 수 있다. 그 성을 다할 수 있으면 사람의 성을 다할 수 있으며, 사람의 성을 다할 수 있으면 사물의 성을 다할 수 있다[唯天下至誠, 爲能盡其性; 能盡其性, 則能盡人之性; 能盡人之性, 則能盡物之性]."고 하였다.『중용』은 인간과 사물의 성은 '하늘의 이치[天理]'를 포함하고 있고, 지극히 성실한 사람만이 자신의 본성을 최대한 발휘할 수 있으며, 나아가 다른 사람의 본성도 발휘하고, 다시 더 나아가서 만물의 본성도 발휘하게 된다고 생각하였다. 유가의 이러한 수양방법이 중국불교에 미친 영향은 대단히 크고 깊었다.

중국불교 천태종의 지의(智顗)는『관심론(觀心論)』299)을 지었는데, 이른바 관심(觀心)이란 자기의 마음을 관조함으로써 마음의 본성을 밝힌다는 것이다. 지의는 "이전에 밝힌 법이 어찌 다른 마음을 얻은 것이겠는가? 중생법은 너무 넓고 불법은 너무 높아 처음 배우기에는 어렵다. 하지만 마음과 부처와 중생 이 셋은 차별이 없

---

299)『大正藏』46.

는 것이니, 스스로 자신의 마음을 바라보기만 하는 것은 쉽다."300)
그는 자신의 마음을 보는 것은 비교적 쉬운 수행법문이라고 생각
하고 관심수행을 제창한 것이다.

화엄종 사람들은 '망념을 멸진하여 본원을 복원하는 관찰[妄盡還
源觀]'을 제창하고, 수행 중 망념을 멸진하고, 내심을 맑고 밝게 하
여, 청정하고 원명(圓明)한 자성(自性)과 본원(本原)을 복원함으로
써 해탈을 얻을 것을 주장하였다. 선종은 불심종(佛心宗)이라고도
하는데 특히 마음의 수행을 중시하였다. 앞에서 설명한 바와 같이
보리달마(菩提達摩)는 안심(安心)을 말했고, 혜가(慧可)와 승찬(僧
璨)은 자성의 깨달음을 중시하였으며, 도신(道信)과 홍인(弘忍)은
마음을 지킬 것[守心]·본래의 진심을 지킬 것[守本眞心]을 주장
하였다. 신수(神秀)는 마음에 염(染)과 정(淨) 구분이 있다고 생각
하여 '간정(看淨)', 즉 마음은 청정하다고 볼 것을 제창하였다. 혜
능은 성정돈오(性淨頓悟)를 제창하고, 곧바로 마음의 근원을 투철
하게 깨쳐 일거에 망념과 의혹을 전부 단절할 것을 주장하였다.

혜능 이후의 남악회양(南岳懷讓)과 청원행사(靑原行思) 양 계파
는 더욱 명확하게 "사람의 마음을 바로 가리켜 본성을 보게 되면
성불한다."301)면서, 마음을 밝혀 본성을 본다[明心見性]는 사상을
제시하였는데, 이것은 지금까지 줄곧 선수행의 기본원칙과 방법이
되어 왔다. 중국불교 종파의 심성수행 방법과 유가의 '마음을 다하

---

300) 『묘법연화경현의(妙法蓮華經玄義)』 권2의 상, 『大正藏』 33, p.696a, "前所明法, 豈
　　得異心? 但衆生法太廣, 佛法太高, 於初學爲難. 然心·佛及衆生, 是三無差別者,
　　但自觀己心則爲易."

301) 『황벽산단제선사전법심요(黃檗山斷除禪師傳法心要)』, 『大正藏』 48, p.384 a, "直指
　　人心, 見性成佛."

면 본성을 안다[盡心知性]'는 수양방법은 내용의 정의·구체적 조작·가치취향·궁극적 관심 등 측면에서 다소 차이가 있다. 그러나 유·불 양가는 모두 마음이나 선한 마음을 설명하는 것을 중시하였고, 모두 인간의 본성을 인지하거나 체득하여 증명하는 것을 중시하였으며, 내심(內心, 內省)의 반성을 중시하였다는 점에 있어서는 일치한다. 다시 말해서 심성수양 문제의 사유방식과 사유방법에 있어서는 일치한다는 것이다. 이러한 일치성은 결코 우연히 나온 것이 아니고, 이 문제에 대한 해답은 오랫동안 중국불교학자들이 유가경전에 의해 훈도되었고 전통적인 도덕수양방법에서 비롯된 영향이 축적된 결과라고밖에 말할 수 없다.

3. 정염성정(情染性淨)과 멸정복성(滅情復性)

당나라 시대 반불(反佛) 기수 중의 한 사람이었던 이고(李翱, 772~841)는 사실 불교사상으로부터 깊은 영향을 받았던 사람이다. 그의 『복성서(復性書)』는 『중용(中庸)』 사상의 선양을 표방하고 있으나 실질적으로는 불교 심성론의 기본사상, 즉 정염성정(情染性淨)설을 번역한 것에 지나지 않는다. 『복성서(復性書)』는 모든 사람의 본성은 선하지만, 마음의 '동(動)'으로 말미암아 '정(情)'이 있게 되고, '정(情)'이 있음으로써 '혹(惑)'이 생기는 것이라고 하였다. 『복성서·중(中)』에 다음과 같은 말이 있다.

정이라는 것은 허망하고 삿된 것인데, 삿되고 허망한 것은 원인이 되

는 것이 없다. 허망한 정이 소멸되면 본성이 청명해져 음양이 육
허302)에 두루 흐르게 된다. 그러면 그것을 일러 본성을 능히 회복하
였다고 말한다.303)

이것은 허망한 정을 소멸함으로써 청명한 본성을 회복할 것을
주장하는 것이다. 정(情)의 소멸을 위하여 『복성서』는 또 '고려하
지 않고 생각하지 않을 것[弗慮弗思]'을 강조하고, 만약 '불려불사
(弗慮弗思)'할 수 있다면 '정(情)'이 생겨나지 못하여 '마음이 고요
하여 움직이지 않는[心寂不動]' 경지를 회복할 수 있다고 생각하였다.
『대승기신론』에서는 진여문(眞如門)과 생멸문(生滅門)의 일심이
문(一心二門)을 말하였다. 생멸문의 성(性)은 '동(動)'이며, 일심(一
心)이 '정(靜)'에서 '동(動)'에 도달하는 것, 즉 '본각(本覺)'에서
'불각(不覺)'에 도달하는 것이 중생이 유전(流轉)하는 경로이다. 이
와 반대로 일심이 '동(動)'에서 '정(靜)'에 도달하는 것, 즉 '시각
(始覺)'에서 '구경각(究竟覺)'에 도달하는 것이 중생이 해탈하는 길
이다. 이것이 『복성서』의 인생본원과 인생경계에 관한 사상의 직접
적인 원류가 된 것이라고 말할 수 있다. 정(情)을 멸하고 성(性)을
회복하는 방법에 관한 '불려불사(弗慮弗思)'는 사실 선종의 '무념
(無念)'과 동일하고, 정을 멸하고 성을 회복한 경지, 즉 '마음이 고
요하고 움직이지 않는 것[心寂不動]'도 역시 선종이 이상으로 삼는
공적한 경지이다.

---

302) '주류육허(周流六虛)'라는 말은 『주역대전(周易大傳)·계사하(繫辭下)』에 나타나 있
다. '육허(六虛)'는 『주역』의 여섯 효(爻)의 위치를 말한다. 여섯 개의 위치는 본체가
없는 까닭에 효로 인하여 보이므로 육허(六虛)라고 칭하는 것이다. 음과 양이 여섯
위치의 허(虛)에서 두루 움직여 흐르는 것을 말한다.
303) "情者妄也, 邪也. 邪與妄則無所因矣. 妄情滅息, 本性淸明, 周流六虛, 所以謂之能
復其性也."

이 밖에도 이고(李翶)의 멸정복성(滅情復性)설은 화엄종 사람들의 '번뇌를 없애면 근원으로 돌아간다[妄塵還源].'는 수행방식과 상당히 근접해 있다. 사실 이고(李翶)는 불교의 의리(義理)에 대해서는 찬양하였다. 그는 "세상 사람들 중 불의 이치로써 마음을 증득하는 이는 드물다. 흙과 나무와 구리와 철이 온 세상에 두루 널려 있어서 살아 있는 사람들이 늪과 못으로 도망가 빠지게 하는 해를 입힌다."304)고 하였다. 불의 이치(佛理)가 사람의 심성수양에는 유익한 것이지만 사찰이 크게 흥성하는 것은 사회에 해롭다고 생각한 것이다. 이고(李翶)가 불교에 반대한 것은 사실 사찰을 건립하고 불상을 만들기 위해 백성을 수고롭게 하고 재물을 축내는 것과 사찰이 도망자들의 은신처가 되는 것을 반대한 것이다. 이것은 그가 불교사상을 수용하고 심지어 『복성서』가 실질적으로는 불교의 심성사상을 선양한 것과 결코 모순되는 것은 아니다.

4. 식득본심(識得本心)과 발명본심(發明本心)

앞에서 언급한 바와 같이 육구연의 심성철학은 '본심(本心)'설을 특별히 제창하고 중시한 것이다. '본심'은 구체적으로 말하면 인·의·예·지 네 가지 선한 씨앗[善端]이다. 본심은 사람마다 누구나 지니고 있고 원래 결여되어 있지 않은 것이어서 타인에게 구할 필

---

304)『여본사양상서청정솔수사관전상(與本使楊尙書請停率修寺觀錢狀)』,『이문공집(李文公集)』권10, 상해함분루차강남도서관(上海涵芬樓借江南圖書館) 소장 명성화을미간본영인(明成化乙未刊本影印), 상무인서관(商務印書館), 1919, "天下之人以佛理證心者寡矣, 惟土木銅鐵周於四海, 殘害生人, 爲逋逃之藪澤."

요가 없는 것이다. 여기에서 그는 한 걸음 더 나아가 "학문의 요체
는 그 본심을 얻는 것일 뿐이다."305)라고 주장하였다. 육구연은 사
람이 자신의 본심을 밝혀내기만 한다면 욕심을 제거하여 본성을
다할 수 있으며, 사람의 마음을 가리고 있는 각종 사욕과 잡념을 배
제하여 마음의 맑고 밝은 본래의 면목을 회복할 수 있다고 보았다.

이것은 인간의 마음을 죄악의 근원으로 보고 마음 밖에서 도(道)
를 구하여야 한다는 주장과 다르며, 선종에서 제창한 '본심을 알라
[得識本心]', '마음을 밝혀 성을 보라[明心見性]', '헛되이 밖에서
구하지 말라[不假外求]', '스스로 깨달아 성불하라[自悟成佛]'는
수행방법과 형식에 있어서는 서로 같다고 할 수 있다.

5. 돈오(頓悟)와 신오(神悟)

마음을 연구한 송대의 학자들은 또 심성수양의 공부에 있어서
'신오(神悟)'를 제창하였다. 예를 들면, 왕신백(王信伯)은 "문득 신
묘한 깨달음의 경지에 도달하는 것은 지혜의 힘으로 도리를 구하
는 것이 아니니, 배우는 자가 어찌 편안하게 노력하지 않고 얻을
수 있으리오?"306)라고 하였다. 이것은 진정한 깨달음에 도달하는
것은 문득 한순간의 신비한 직관적 깨달음에 의지하는 것이지 지
혜의 힘에 의하여 얻는 것이 아니라고 생각한 것이다.

주희는 이러한 학설에 반대하고, "문득 신묘하게 깨닫는 것은 이

---

305) 『원섭서(袁燮書)』, 『육구연집(陸九淵集)』 부록1, p.536, "學問之要, 得其本心而已."
306) 『기의(記疑)』, 『주희집(朱熹集)』 권70, 제6책, p.3682, "到恍然神悟處, 不是智力求
底道理, 學者安能免得不用力?"

단 학문의 깨달음이다. 유학자는 오로지 이치를 궁구한 공이 있고 학습을 쌓은 사람이 사물의 이치에 관통하여 말없이 스스로 믿을 따름이다.”307)라고 비평하였다. 여기서 말하는 이단 학문에는 당연히 그 속에 불학(佛學)이 포함되어 있다. 주희는 신오설(神悟說)을 반대하고, 사물의 이치를 깊이 연구하여 깨달아 아는 수행방법인 격물궁리(格物窮理)와 촉류관통(觸類貫通)을 주장하였다.

육구연은 주희의 수양공부가 ‘지루한 사업[支離事業]’이어서 정신을 소모하고 수고로운 것에 비하여 얻는 효과는 극히 미미하다고 비평하고, 자신이 제창한 본심(本心)을 밝히는 것이야말로 ‘쉽고 간결한 공부[易簡工夫]’라고 하였다. 그는 예를 들어 말하기를, “한 수 단위(한 냥의 1/24)로 무게를 재면 반드시 한 석만큼의 큰 오류가 생기게 되고, 한 치 단위로 길이를 재면 반드시 한 길(어른의 키)만큼의 차이가 나게 된다.” “한 석 단위로 무게를 달고 한 길 단위로 길이를 재면”, “빠르기는 하지만 부족하거나 남게 된다.”308) 그러나 쉽고 간결한 공부는 “하나가 옳으면 모두 다 옳고, 하나가 밝으면 모두 다 밝은”309) 효과를 거둘 수 있다고 강조하였다. 왕양명도 본체를 잘 아는[良知本體] 공부는 “하나를 깨치면 모든 것에 통한다[一悟盡透].”는 것을 선양하였다.

유가에는 본래 문득 신묘하게 깨닫는다[恍然神悟]는 학설이 없었다. 송·명대 심학가들의 이러한 견해는 불교의 돈오사상을 수용

---

307) 『기의(記疑)』, 『주희집(朱熹集)』 권70, 제6책, p.3682, “恍然神悟, 乃異學之悟. 儒者則惟有窮理之功, 積習之人, 觸類貫通而默有以自信耳.”

308) 『여첨자남(與詹子南)』, 『육구연전집(陸九淵全集)』 권10, p.140, “鉄鉄而稱, 至石必謬, 寸寸而度, 至丈必差.” “石稱丈量 徑而寡失.”

309) 『어록하(語錄下)』, 『육구연전집(陸九淵全集)』 권35, p.469, “一是卽皆是, 一明卽皆明.”

한 결과이다. 불교 특히 혜능의 선종은 신수(神秀)의 점오(漸悟) 주장을 반대하고 돈오를 제창하였다. 그리고 "하나를 알면 모든 것을 알고, 하나를 깨달으면 모든 것을 깨닫는다[一了一切了, 一覺一切覺]."고 생각하였다. 나중에는 심지어 "도살하던 칼을 손에서 놓아 버리면(나쁜 습관을 참회하면) 그 자리에서 성불한다[放下屠刀, 立地成佛]."는 논조까지 나타났다. 불교 내부에서는 줄곧 돈점(頓漸)의 논쟁이 계속되었고 남송시대 유가에서도 돈(頓) · 점(漸) 간에 긴장이 있었는데, 이것은 사상에 있어서 불교와 연관되어 있는 것이다.

6. 선정(禪定)과 정좌(靜坐)

송명이학을 개창한 주돈이(周敦頤, 1017~1073)는 '주정(主靜)' 설을 도덕적인 품격수양의 기본원칙으로 제시하였다. 주돈이가 말한 '정(靜)'은 동정(動靜)의 정(靜)이 아니라 '무욕(無欲)', 즉 '욕심이 없으므로 정하다[無欲故靜]'는 것이다. 나중에 일부 이학가들은 '정(靜)'을 '정좌(靜坐)'의 방향으로 이끌었다.310) 예를 들면 명대의 이학가 진헌장(陳獻章)은 다음과 같이 말했다.

> 이천 선생은 정좌하고 있는 사람을 보면 그가 잘 배운다고 감탄하였다. 이 '정(靜)' 자는 염계 선생에서 시작하여 정씨의 문하가 다시 받아들여 전수되었다. 회옹은 사람들이 선에 들어가는 데 차이가 있는 것이 두려워 정에 대해서는 별로 말하지 않고 공경[敬]만을 이야기하였다. 배우는 자는 모름지기 스스로 어떻게 하여야 하는가를 헤아려

---

310) 『태극도설(太極圖説)』자주(自註), 장백행(張伯行) 편저, 『태극도상해(太極圖詳解)』 권1, p.2. 北京, 學苑出版社, 1990.

야 한다. 만약 선이 이끄는 대로 가지 않는다고 하더라도 정(靜)이
많으면 그로 인해 바야흐로 들어가는 곳이 있을 것이다.311)

정이(程頤)는 고요하게 앉아 있을 것[靜坐]을 주장하였고, 주희
는 불교의 선과 명확한 경계가 없는 것을 우려하여, '정(靜)'에 대
해서는 조금밖에 말하지 않고 '경(敬)'을 말했음을 알 수 있다. 심
학가들의 주장은 주희와는 달랐고 정좌가 깨달음을 구하는 중요한
과정과 방식이라고 생각하였다. 육구연의 문인 중 일부는 전문적으
로 정좌를 하였는데, 첨부민(詹阜民)이 묘사한 육구연의 교수방법
은 다음과 같다.

> 선생께서 "배우는 자는 언제나 눈을 감고 있어도 좋다."고 말씀하였
> 다. 그래서 어떤 사람이 이로 인하여 일 없이 편안히 앉아 눈을 감고
> 존재를 조종하는 데 힘을 쓰기를 밤낮으로 계속하였다. 이렇게 보름
> 을 지낸 후 하루는 누각에서 내려왔는데 마음을 홀연히 깨달아 이미
> 맑고 밝은 가운데 서 있음을 회복하여 보기에도 달라져 있었다. 선생
> 을 만나게 되었는데, 선생은 그를 눈으로 맞이하며 바라보고 "이치가
> 이미 드러났도다!"고 하였다.312)

이것은 비교적 긴 시간 동안 고요히 앉아 있음으로써 심체가 '맑
고 밝은' 경지에 도달한 것을 말하는 것으로서, 정좌(靜坐)를 통하
여 일종의 신비한 심리적인 체험과 심령의 비약을 획득한 것이다.

---

311) 담약수(湛若水), 『자사자고시교해(自沙子古詩教解)』에서 인용, 『진헌장집(陳獻章集)』
　　하, p.702, 북경, 중화서국, 1987, "伊川見人靜坐, 便嘆其善學. 此"靜"字發源濂溪,
　　程門更相授受. 晦翁恐人差入禪去, 故少說靜, 只說敬. 學者須自量度何如, 若不至
　　爲禪所誘, 仍多靜方有入處."

312) 『어록하(語錄下)』, 『육구연집(陸九淵集)』 권35, p.471, "先生謂曰: '學者能常閉目亦
　　佳.' 某因此無事則安坐瞑目, 用力操存, 夜以繼日. 如此者半月, 一日下樓, 忽覺此
　　心已復澄瑩中立, 竊異之, 遂見先生. 先生目逆而視之曰: '此理已顯也.'"

양자호(楊慈湖)도 역시 고요히 앉아 깨달음을 얻을 것[靜坐得悟]을 주장하였는데, 그는 이러한 방식을 '반관(反觀)'313)이라고 칭하고, "반관을 해 보면 천지만물이 하나의 체로 통한다는 것을 깨닫게 된다."314) "나의 성은 맑고 청명하여 사물이 아니고, 나의 성은 텅 비고 끝이 없어 헤아릴 수 없다. 하늘도 나의 성 가운데 형상이고 땅도 나의 성 속의 형상이다."315)라고 하였다. 이것은 반관(反觀)하는 가운데서 만물은 하나의 체(體)로 통한다는 신비한 체험이 발생되어, 자성은 맑고 청명하고 텅 비어 끝이 없고, 사물도 아니고 헤아릴 수도 없고, 하늘과 땅은 모두 자성 속의 모양과 모습이어서, 하늘의 모양(象)과 땅의 모습(形)은 모두 '내가 하는 것[我之所爲]'이라는 뜻이다. 이는 자기의 마음은 체가 없고, 청명하고 끝이 없으며, 천지만물과 범위가 같아서 내외의 구별이 없다는 것이다.

심학가가 말하는 정좌(靜坐)와 반관(反觀)은 불교의 종교적 실천 방식과 매우 유사하다. 정좌는 불교 선정(禪定)의 중요한 방식의 하나이며, 반관(反觀)과 지관(止觀)에서 마음을 관찰하는 것은 비슷하다. 천지만물이 하나의 체로 통한다는 것은 선종의 '만물은 하나가 된다[萬物爲一]'는 정신의 경지, 즉 자기 마음으로 선수행을 하여 얻은 깨달음 속에서, 주체와 객체·이 사물과 저 사물·부분과 전체의 차이와 대립이 소멸되어 도달하는 것과 양자는 실제로 본질에 있어서 차이가 없다. 비록 역사적으로 일부 유학자들이 '선

---

313) 反觀은 나로써 사물을 살피는 것이 아니라 사물로써 사물을 살피는 것이다. 나로써 사물을 보는 것을 情이라 하고 사물로써 사물을 보는 것을 性이라 한다.

314) 『자호학안(慈湖學案)』, 『송원학안(宋元學案)』 권74, 제3책, p.2466, "嘗反觀, 覺天地萬物通爲一體."

315) 위의 책, p.2468, "吾性澄然淸明而非物, 吾性洞然無際而非量, 天者, 吾性之中象, 地者, 吾性中之形."

상 위에 앉아서 선을 매도하는[坐在禪床上罵禪]' 현상이 있기는 하였으나, 심학은 확실히 불교 특히 선학으로부터 적지 않은 영향을 받았다고 해야 할 것이다.

명나라 시대의 황관(黃綰, 1477~1551)은 송대의 대유(大儒)와 선(禪)의 관계에 대해 이렇게 말한 적이 있다.

> 송나라 유가 학문의 입문은 모두 선에 연유를 두고 있다. 염계, 명도, 횡거, 상산은 상승에서 연유하였고, 이천, 회암은 하승에서 비롯하였다.316)

여기서 '상승(上乘)'과 '하승(下乘)'은 선법에 있어서 상하고저(上下高低)를 구별하는 것이다. 황관의 이 말은 송대의 최고 대표적인 유가인 주돈이(周敦頤), 이정(二程), 장재(張載), 주희(朱熹), 육구연(陸九淵)이 모두 선(禪)에 입문한 학자들임을 한마디로 말해 주는 것이다. 이러한 문화 상호 간의 교섭은 깊이 생각해 볼 만한 가치가 있다.

---

316) 『명도편(明道篇)』 권1, p.12, 北京, 中華書局, 1959, "宋儒之學, 其入門皆由於禪: 濂溪, 明道, 横渠, 象山則由於上乘; 伊川, 晦庵則由於下乘."

제22장 도·불(道·佛) 심성사상의 상호작용

중국 철학사상의 발전사에 있어서 노장(老壯)을 중심으로 하는 도가사상과 위진시대 노장을 숭상하며 시대를 풍미하였던 현학(玄學)은 인류사회의 모순과 인류정신의 위기가 나타났을 때 그것을 치유하기 위해 그들의 사상을 전개해 나갔다. 또한 현실의 인생과 세속의 사회를 고난과 고해로 보는 불교사상과 서로 소통하면서 불교와 상호작용하는 관계를 형성하였다.

도가(여기서는 위진시대의 현학을 포함한다)317)는 우주론·본체론·인식론과 심성론에 있어서 중국불교의 사상적 변천에 중대한 영향을 끼쳤다. 그 철학사상의 영향은 넓이와 깊이에 있어서 사실상 유가가 불교에 끼친 영향을 초월하는 것이며, 이 시기 불교가 도가에 끼친 영향은 그리 크지 않다. 나중에 불교 특히 선종사상은 도교에 영향을 주었지만, 도교사상이 불교이론에 끼친 영향은 크지 않았다. 다만 불·도 양교 모두가 상대적으로 쇠락해 갈 때, 도교

---

317) 선진시대의 도가, 위진 현학, 도교는 중요한 차이가 있는 서로 다른 분파이지만, 세 분파는 사상적인 연원(淵源)에 관계가 있다. 여기서는 서술의 편의를 위하여 선진시대의 도가와 위진시대의 현학 두 파를 경우에 따라서는 '도교'로 포괄하고, 모두를 넓은 의미에서 '도가'로 통칭한다.

는 형식에 있어서 불교에 비교적 많은 영향을 미쳤다. 이렇게 도·불이 서로 작용한 역사적 정황에 근거하여, 우리는 먼저 도가가 불교 심성론에 미친 영향을 서술하고 이어서 불교가 도교 심성론에 끼친 영향을 설명하겠다.

제1절 도가의 불교 심성론에 대한 영향

심성론 방면에 있어서 불교에 대한 도가의 영향을 서술하기 위하여, 먼저 도가의 주요 대표인물인 노자, 장자와 위진 현학가인 왕필(王弼), 곽상(郭象)의 심성론 사상 기조를 비교한 후 도가가 중국불교 심성론에 미친 영향에 대해 설명하겠다.

도가사상의 창시자인 노자는 '도(道)' 본원론을 제시하고, 무위(無爲)의 도를 우주의 본원으로 생각하였으며, 우주이론에 있어서 뛰어난 공헌을 하였다. 동시에 그는 우주론에서 인생론을 발전시켜, 인간은 마땅히 '도(道)'를 본받아 마음을 비우고 몸을 고요히 하고 인위적으로 작위(作爲)함이 없어야[虛靜無爲]하고, 자연에 순응하고, 앎이 없게 하고 욕심이 없게 하여[無知無欲], '소박한 것을 찾아 지니게 함[見素抱朴]'으로써 인간의 '소박(素朴)'한 본성에 부합할 것을 강조하였다. 노자는 오색(五色)·오음(五音)·오형(五形) 등은 모두 인간 심신의 건전함을 해치는 것이라고 생각하였고 정욕에 방종하는 것을 반대하였다. 노자는 정욕을 내버려 두는 것은 인성(人性)에 부합되지 않을 뿐 아니라 인성을 해치는 것이라고 보았다.

　『장자(莊子)』는 보다 더 명확하게 '성(性)'과 그와 관련된 개념에 대한 정의를 내렸다. 이 책의 외편(外篇)에서는 "도는 덕과 나란히 있는 것이며, 삶은 그 덕에서 비친 빛이며, 본성은 삶의 본질이다."318) "만물은 하나를 얻음으로써 생겨나는데, 그것을 덕이라 한다. 아직 형체는 없지만 구분이 생겨 차례로 만물에 깃들면서 조금도 틈이 없다. 이것을 운명이라 한다. (하나는) 머물고 움직이면서 만물을 낳는데, 만물이 이루어져 사리가 생긴다. 이를 형체라 한다. 형체는 정신을 지키고 각기 고유한 법칙이 있다. 이것을 본성이라고 한다."319)고 하였다. 여기서 '흠(欽)'은 본(本)을 뜻하고, '광(光)'은 밝게 드러나는 것을 의미하며, '의칙(儀則)'은 형식이나 특성을 가리킨다. '성(性)'은 천부적인 소질을 의미하며 이것이 '득이생(得以生)'이다.

　『장자』는 우주만물의 근본은 '도(道)'라고 생각하였다. 인간과 만물이 이 도를 얻음으로써 생겨나는 것이 '덕(德)'이고, 덕이 형체의 방면에서 표현된 것을 '성(性)'이라고 하였다. '성'이 '덕'으로 드러나면 소박하고 자연적이다. 장자는 인간의 본성을 '성명지정(性命之情)'이라고 하였는데,320) 여기서 '정(情)'은 진실을 말하며 '성명지정'이란 인간의 천성(天性)과 천명(天命)의 진실한 상태를 의미한다. 『장자·변무(騈拇)』에서는 '본래 그대로의 (자연스런) 모습에 맡긴다[任其性命之情].' '태어난 그대로의 자연스러운 모습

---

318) 『장자(莊子)·경상초(庚桑楚)』, "道者, 德之欽也; 生者, 德之光也; 性者, 生之質也."

319) 『장자(莊子)·천지(天地)』, "物得以生, 謂之德; 未形者有分, 且然無間, 謂之命; 留動而生物, 物成生理, 謂之形; 形體保神, 各有儀則, 謂之性."

320) 『장자(莊子)』의 『서무귀(徐無鬼)』편과 『병무(騈拇)』에 보임.

을 잃지 않는다[不失其性命之情].’는 명제를 제시하였다. 가장 순수하고 진실한 인성(人性)은 당연히 인성의 자연적인 발전에 따르고, 앎도 없고 욕심도 없으며 억지로 조작하지도 않고 이성을 손상시키지 않을 때 본성을 보전할 수 있으며, 심령의 세계 속에서 인간 생명의 의의를 발굴해 내어 생명의 절대적인 자유[‘逍遙’]를 실현할 수 있다고 생각하였다. 다시 말해서, 정신의 영역 속에서 정감과 욕망에 시달리는 것, 인간관계에서 어렵고 성가신 것, 일득일실(一得一失)에 고심하는 것에서 탈피해야 주체의 내재적인 자아 초월이 실현된다는 것이다.

이러한 것들을 통해 볼 때, 노장의 인성론은 선과 악의 구분을 반대하는 일종의 무선악론(無善惡論)이며, 어떤 사람은 선악론(善惡論)을 초월한 것이라고 한다.

삼국시대 위(魏)의 현학가인 왕필(王弼)은 선진시대 도가의 성(性), 즉 ‘무선무악(無善無惡)’론을 계승하여, ‘인성(因性)’은 곧 자연본성에 순응하는 것이라고 주장하였다. 동시에 본(本)과 말(末)의 범주를 운용하여 유가·도가의 성정설(性情說)을 조화시켰으며, 성인도 보통사람과 마찬가지로 희로애락의 정이 있지만 성인은 정에 속박되지 않는 것, 즉 ‘사물에 응하지만 사물에 얽매이지 않는 것’321)이 다를 뿐이라고 생각하였다. 이와 같이 외부의 사물과 접촉할 때 어떠한 유혹이나 간섭, 영향 등의 정황을 받아들이지 않는 것을 왕필은 ‘성기정(性其情)’322)이라고 하였는데, 이것은 성으로

---

321) 『위서(魏書)·종회전(鐘會傳)』, 하소(何劭)가 주석한 『왕필전(王弼傳)』, 『삼국지(三國誌)』 권28, 제3책, p.795, 북경, 중화서국, 1959, “應物而無累於物” 아래에 인용한 『삼국지』는 이 판본임.

322) 『주역주(周易註)·상경(上經)·곤(困)』, 누우열(樓宇烈)의 『왕필집교석(王弼集校釋)』

써 정을 통솔한다는 의미이다. '성기정(性其情)'을 왕필은 '정으로써 이를 따르는 것[以情從理]'323)이라고도 하였는데, 인간의 감정은 마땅히 이지(理智, 주로 도덕적 이지)의 지배를 받아야 한다는 것이다.

서진(西晉) 시기의 현학가 곽상(郭象)은 『노자주(老子註)』를 지어서, 한 걸음 더 나아가 유·도 양가의 인성학설을 고양하였다. 그는 인성은 '자연(自然)'이고 '천성(天性)'이라고 생각하여 '각각 그 천성에 편안할 것'324)을 주장하였으며 '인의(仁義)'는 '인간의 성'이라고도 하였다.325)

위와 같은 노장 도가와 위진 현학가의 자연본성을 중심으로 한 심성사상은 중국불교에 특히 선종의 심성론에 심원한 영향을 끼쳤다. 도가는 우주론, 본체론, 사유방식 등에 있어서도 불교 심성론에 영향을 끼쳤다.

도가 중에서 중국불교의 심성사상에 가장 큰 영향을 끼친 이는 단연 장자이다. 장자의 사상은 혜능의 선종 일파에 지대한 영향을 끼쳤다. 특히 오가칠종(五家七宗)시기에 이르러 그 영향은 더욱 컸으며, 이 시기의 선종은 장자사상과 결합하는 경향을 보이기도 하였다. 도가의 중국불교 심성론에 대한 영향은 다음과 같은 네 가지

상책, p.217, 북경, 1980년판에서 인용해 옴. 이하 인용된 『왕필집교석』은 모두 이 판본임.

323) 『위서(魏書)·종회전(鐘會傳)』, 하소(何劭)가 주석한『왕필전(王弼傳)』, 『삼국지(三國誌)』 권28, 제3책, p.796.

324) 『장자·소요유주(逍遙游註)』, 『제자집성(諸子集成)』(三), 곽경번(郭慶藩) 『장자집해(莊子集解)』, p.10, 북경, 중화서국, 1986, "各安其性", 아래 인용된 『장자집해』는 이 판본임.

325) 『장자·천운주(天運註)』, 『장자집해(莊子集解)』, p.229.

방면으로 귀결된다.

1. 도(道)와 선(禪)

도가철학에 있어서 '도(道)'는 최고의 범주이며, 그 주요 의미는 만유의 본원이고 우주의 실체 혹은 세계의 본체라는 것이다. 노자는 먼저 '도(道)'의 철학적 의미를 밝히면서, 한 면으로는 도가 '천지의 시초[天地之始]', '만물의 어머니[萬物之母]'라고 하고, 다른 한 면으로는 도는 본래 이름이 없고[道本無名], 도는 본래 자연[道本自然]이라고 하고, 이론적으로 설명하기 어렵다고 하였다. 장자는 노자의 자연주의 노선을 따라 본체[道]와 현상의 대립을 타파하고, '도'는 스스로 근본[自本自根]이면서, 또한 두루 함용(含容)하는 것이라고 생각하였다. 나아가 도는 '땅강아지나 개미 같은 것에도 있고', '돌에도 있고', '기와에도 있으며', '똥오줌에도 있다.'고 함으로써 도는 '없는 곳이 없다[無所不在]'는 명제를 제시하였다.326) 이는 우주만물의 최후의 근원으로서의 '도'는 보편적이고 절대적일 뿐만 아니라, 또한 구체적인 사물을 떠난 것이 아닌 존재적이며 상대적인 것임을 강조한 것이다. 이처럼 '도'는 만사만물과 일상생활에서 나오는 것이다. 어떤 사람은 만사만물과 일상생활 속에 있다는 것이 도의 의미와 경지를 보다 잘 드러낼 수 있는 것이라고 말했다. 또 장자는 '도'의 의의를 인간생명의 자각과 정신의 경지로 여겼으며, 이것은 깨달음을 통하여 얻게 되는 것이라고 생

---

326) 『장자 · 지북유(知北游)』.

각하였다.327)

　위진 현학가 왕필(王弼)과 곽상(郭象)은 노자와 장자의 '도'사상을 더욱 발전시켰다. 왕필은 "도는 무를 가리킨다. 통하지 않음이 없고, 연유하지 않음이 없다. 그래서 도라고 하는 것이다."328)라고 하였다. 여기서 '무(無)'는 '도(道)'의 별명이라고 생각하고, 이와 더불어 '무를 근본으로 삼는다.' '성인의 본체는 없다.'329)는 중요한 명제를 제시하였다. 곽상은 '독화(獨化)'론을 표방하고 무(無)나 유(有)를 만물의 근본으로 삼는 것에 반대하고, 만물의 자성은 만물이 존재하는 내재적인 근거이며, 만물은 자연스럽게 저절로 변화하며 "성에 따라 움직이기 때문에 이를 무위라고 한다."330)고 하였다. 성에 맡겨 그것을 따르면 무위의 경지에 도달한다는 것이다.

　중국불교 특히 선종은 도가의 '도' 개념을 수용하고, '도'라는 언어형식을 이용하여 '도'의 내용을 심화, 발전시켜 나갔다. 즉 도를 자기 본체의 범주, 내재적인 불성, 절대적인 진리, 최고의 경지로 삼아 심성론을 위한 철학적 기초를 다졌던 것이다.

　중국 불교학자들은 도대체 어떤 방법으로 도가의 '도' 개념을 수용하여 심성론을 위한 철학적 기초를 다져 나갔는가? 역사적인 순서에 입각하고 또 몇 가지 전형적인 예를 선택하여 이에 대해 설명

---

327) 『장자·천운(天運)』에서는 "만약 이 도를 터득할 수 있다면 저절로 되지 않는 일이 없다[苟得於道, 無自而不可].”고 하였다.

328) 『논어석의(論語釋疑)·술이(述而)』, 『왕필집교석(王弼集校釋)』 하책, p.624, "道者, 無之稱也, 無不通也, 無不由也, 況之曰道."

329) 『위서(魏書)·종회전(鐘會傳)』, 하소(何劭)가 주석한 『왕필전(王弼傳)』, 『삼국지(三國誌)』 권28, 제3책, p.795, "以無爲本", "聖人體無".

330) 『장자·천도편주(天道篇註)』, 『제자집성(諸子集成)』(三), 『장자집해(莊子集解)』, p.208, "率性而動, 故謂之無爲也."

하겠다. 먼저 동진·십육국시기의 젊은 불교철학자였던 승조(僧肇)는 이렇게 말했다.

> 진제에서 움직이지 않고 그 자리에서 속제의 모든 법을 세울 처소로 삼는다. 진제를 떠나지 않고, 모든 법을 건립할 처소를 삼았기 때문에, 제법을 건립한 곳이 바로 진제인 것이다. 그렇다면 도가 멀다고 하겠는가? 부딪히는 일마다 진제이다! 성인이 멀다고 하겠는가? 체득하면 바로 신령해지는 것을![331]

'진제(眞際)'는 실제(實際)를 말하고, 그 구체적인 뜻은 '법(法)'의 성공(性空)을 가리킨다. 즉 만물은 본래 공이며 스스로 텅 비어 있다는 것이다. '도(道)'는 불도(佛道)를 가리킨다. 위 글의 의미는 진제와 제법(事)은 서로 같아서 분리되지 않으며, 불도와 진제는 서로 합하여 일치된다는 것이다. 따라서 '도' 역시 결코 멀리 있는 것이 아니고 부딪히는 일마다 모두 진제라고 본 것이다. '도'와 '진(眞)'은 서로 통하며, '도'와 '공(空)'도 서로 통한다. 여기에는 공을 깨닫는 것이 곧 '도'라고 하는 사상이 포함되어 있다. 이것과 인도불교가 전입된 후에 통상적으로 '도'를 보리(覺)로 보는 것과 도를 닦는 방법, 이 둘은 의의에 있어서 일치하지 않는다.

승조(僧肇)는 "성인은 진실한 마음을 타고 만물의 이치에 고르게 순종하면 막히는 곳마다 통하지 않음이 없다."[332]고 하였다. 여기서 말하는 성인(불)의 '진실한 마음[眞心]'도 '도'·'진(眞, 空)'과

---

331) 『조론(肇論)·부진공론(不眞空論)』, 『大正藏』 45, p.153a, "不動眞際爲諸法立處, 非離眞而立處, 立處卽眞也. 然則道遠乎哉? 觸事而眞! 聖遠乎哉? 體之卽神!"

332) 『조론(肇論)·부진공론(不眞空論)』, 『大正藏』 45, p.152a, "聖人乘眞心而理順, 則無滯而不通."

상통하며, '진실한 마음'이 '도'와 부합함에 따라 '부딪히는 일마다 진제[觸事而眞]'이고, 이치에 순종하면 통하지 않는 것이 없다는 것이다. 그러므로 '진제(眞際: 眞, 空)'와 '도'와 '진심'은 같은 단계의 서로 상관있는 범주로서 서로 통하는 것이 된다.

주체가 해탈을 얻어 불을 이루는 것을 말할 때, '진심'은 '도', 즉 '촉사이진(觸事而眞)'의 주관적 조건이며, '도'와 '촉사이진(觸事而眞)'과 합치된다는 것은 성인(불)을 이루는 지표와 경계가 된다. 진심으로써 만물은 본래 공(空)임을 깨닫는 것이 바로 '도(道)'라고 하는 승조의 사상은 사실 도가의 최고 철학범주인 '도'의 사유성과를 수용한 것이며, 도가 최고의 진리이고 궁극적인 가치이며 원만한 경지라는 의미를 지닌 중국불교철학의 한 범주로 자리하게 되었다. 승조의 만물본공(萬物本空), 촉사이진(觸事而眞) 사상, 즉 '도'와 관계있는 사상은 훗날 중국불교 특히 선종에 지대한 영향을 미쳤다.

승조와 같은 시대의 축도생도 도가사상을 불교와 서로 융합시키는 데 치중하였던 불교철학자이다. 앞에서 언급한 바와 같이, 그는 장자와 음양가의 기(氣) 관념에 근거하여, 당시 사람들의 관점과는 반대되는 주장인 '품기이의(稟氣二義)'를 강조하였다. 즉 일체 중생은 모두 불성을 가지고 있고, 이른바 신심이 없고 선근을 끊어버린 '일천제(一闡提)'에게도 불성이 있다고 긍정함으로써 중국불교사상의 특색을 선명하게 드러내었다. 또 그는 도가와 현학가의 '이(理)'와 '자연(自然)'에 대한 관점을 수용하여 불성의 의미를 설명하기도 하였다.

'이(理)'에 관하여, 축도생은 이것이 불리(佛理)와 진리를 의미한다고 보았다. 그가 주장한 '불성즉리(佛性卽理)'는 중국전통의 '이(理)' 개념을 수용하여 불성은 내재적 진리성을 갖추고 있는 것임을 밝힌 것이다. 따라서 축도생에게 있어서 불성은 곧 불리이며, "여래의 이는 원만하여 결함이 없고, 도는 존재하지 않는 곳이 없다."는 것이다.333)

그는 또 "'돈(頓)'이라고 하는 것은 이(理)가 나눌 수 없는 것임을 밝힌 것"334)이라고 하였는데, 여기서 '돈(頓)'은 돈오(頓悟)를 말한다. 이것은 '이(理)'는 나눌 수 없다는 원칙 위에서 건립된 돈오설이며, 이 학설은 선종의 창립에 중대한 계시와 영향을 주었다. 이처럼 축도생이 '이(理)'를 불성 및 돈오로 여기는 학설은 인도불교의 의리(義理)는 물론이고 당시 불교계의 흐름과도 일치되지 않는다. 이것은 도가사상의 영향을 받은 결과임이 분명하다.

예를 들면, 『장자·추수(秋水)』편에서는 '만물의 이치[萬物之理]', "도를 아는 자는 반드시 만물의 이치에 통달한다[知道者必達於理]." 는 등으로 말하였으며, 『장자·각의(刻意)』편에서도 성인도 "자연의 이치를 따른다[循天之理]."고 한다.

왕필은 더욱 명확하게 '이(理)'를 '그렇게 됨[所以然]'으로 규정하고, "사물의 움직임, 즉 그것이 그렇게 된 이치를 알면 모든 것을 알 수 있다."335)고 하였다. 또 "사건에는 핵심이 있는 법이고 물건에는 중심이 있게 마련이다. 방법은 달라도 그 귀결점은 같듯

---

333) 『법화경소(法華經疏)·서품(序品)』, 『속장경(續藏經)』 제1집·제2편을·제23조·제4책, "如來理圓無缺, 道無不在."

334) 『조론소(肇論疏)』, 『속장경(續藏經)』 제1집·제2편을·제23조·제4책, p.524, "夫稱頓者, 明理不可分."

335) 『주역주(周易註)·상경(上經)·건(乾)』, 『왕필집교석(王弼集校釋)』상책, p.216, "夫識物之動, 則其所以然之理, 皆可知也."

이, 생각이 아무리 복잡해도 궁극적으로는 하나로 보낸다. 도에는 큰 항구함이 있으며 이에는 큰 이치가 있다.”336)고 주장하였다. ‘도(道)’와 ‘이(理)’는 사물의 ‘핵심이고 종주(宗主)’이며 형이상학적인 것이고 사물이 ‘그렇게 된 까닭[所以然者]’이라는 것이다. ‘소이연자(所以然者)’는 사물이 그렇게 된 까닭의 일반적인 원칙과 보편적 규율을 결정하는 것이다. 이를 통해 볼 때, 축도생은 장자와 왕필의 ‘이(理)’와 ‘도(道)’의 사상을 참조하고 융합하여, ‘이(理)’와 불성을 상즉(相卽)관계로 소통시키고, 아울러 심성사상의 형이상학적인 이론의 기초를 다졌음을 알 수 있다. 이것도 이후 선종의 심성사상에 거대한 영향을 끼쳤다.

위에서 언급한 승조의 『부진공론(不眞空論)』은 이미 ‘공(空)’과 ‘도(道)’를 파악하고 소통시켜, ‘공(空)’을 ‘도(道)’의 사상으로 포함하는 경향이 있다고 말한다면, 선종의 4조(四祖) 도신(道信)과 동시대 인물인 우두종의 법융(法融)선사는 아주 명확하게 ‘공은 도의 본이다[空爲道本].’라는 본체론적 명제를 제시하였다. 동시에 심성사상과 결합하여 중국적인 사상 특색이 대단히 농후한 선수행 이론을 형성하였다.

앞에서 서술한 바와 같이 법융(法融)은 ‘큰 도는 공허하고 미묘하며 적막하다[大道沖虛, 幽微寂寞].’ ‘허공은 도의 근본이다[虛空爲道本].’라고 생각하였고, 이로 말미암아 그는 도신(道信)의 ‘안심(安心)’ 법문에 반대하고, “모름지기 마음을 세우려 하지 말고, 억지로 마음을 편안하게 하려고도 하지 말라[不須立心, 亦不須强

---

336) 『노자·사십칠장주(四十七章註)』, 『왕필집교석(王弼集校釋)』상책, p.126, “事有宗而物有主, 途雖殊而其歸同也, 慮雖百而其致一也. 道有大常, 理有大致.”

安].”고 하였다. 법융이 말하는 ‘도’는 도가가 말하는 우주본체로서의 ‘도’이며, ‘도본(道本)’이란 도의 본원(本原), 도의 본체(本體)를 말한다. 또한 법융이 말한 ‘충허유적(沖虛幽寂)’, ‘허공(虛空)’은 ‘도본(道本)’을 말하는 것이며, 이것은 ‘허공(虛空)’을 만유의 본원으로 삼는다는 것이다. 또 이것은 불교 반야공종(般若空宗)의 우주만물 내지 여래 법신이 필경 적멸하고 허공과 같다는 사상과 비록 일정한 관계를 지니고 있으나 입론(立論)의 각도와 논증의 핵심과 설명의 관점이 모두 같지는 않다.

법융은 도가의 ‘도(道)’를 수용하여 불법의 기본 관념과 수행과 깨달음의 내용과 목표로 삼았고, 또한 허공(虛空)을 ‘도본(道本)’으로 삼아 도가의 ‘도’와 불학의 ‘공’을 융합하여 일체(一體)로 하는 현학화(玄學化)된 불교의 본체론을 구성하였다. 법융은 도가의 ‘도’는 존재하지 않는 곳이 없다는 사상에 근거하여 무정(無情)의 초목에도 불성이 있고 성불할 수 있다고 선양하였다. 그러나 이러한 관점은 나중에 신회(神會) 등의 선사들로부터 비평을 받았다. 또한 법융은 ‘공이 도의 근본[空爲道本]’이라는 사상에 기초하여 ‘무심으로 도와 합하라[無心合道]’는 심성론 사상을 천명하여, 도신(道信)과 홍인(弘忍)의 동산(東山) 법문에 큰 충격을 주었고, 혜능의 선종 특히 청원석두(靑原石斗) 일파의 사상적 궤적에도 엄청난 영향을 끼쳤다.

도가의 ‘도’ 관념의 영향을 받은 중국불교학자의 선(禪)에 대한 이해를 보여 주는 또 하나의 두드러진 예는 남조 양대(梁代)의 혜교(慧皎, 497~554)이다. 그는 『고승전(高僧傳)』 권11의 『습선편(習禪篇)』에서 선에 대하여 이렇게 진술하였다. “선이라고 하는 것은 만물을 오묘하게 하는 것을 말한다. 그러므로 인연하지 않는 법이 없고 살피지 않는 경계가 없다. 그런데 인연하는 법이나 살피는 경계는 오로지 고요하여 밝다. 그것은 마치 연못에서 파도가 없어지면 물고기와 돌을 훤히 볼 수 있는 것처럼 마음의 물이 맑아져 있으면 숨김없이 비출 수 있다."337) 이 글이 의미하는 것은 선이 '묘만물(妙萬物)', 즉 만물의 본질을 직관으로써 투시한다는 것이다. 이와 같이 선은 일체의 사물과 모두 관계를 가지고 있으며 통찰의 대상이 되지 않는 사물이 없다. 그러나 이것은 오로지 적정(寂靜)한 상태에서만 비로소 밝게 드러나고 체현될 수 있는 것이다. 이는 마치 연못의 파도가 없어지고 고요해야 비로소 물속의 물고기와 돌을 꿰뚫어 볼 수 있는 것과 마찬가지이며, 사람의 마음도 맑고 밝아야 비로소 일체를 집중적으로 비출 수 있다는 것이다.

혜교의 선은 정(定)에서 혜(慧)가 생기는 정혜(定慧)의 결합으로 볼 수 있으나 혜(慧)의 의미에 치중되어 있다. 이러한 선의 의미에 대한 변화는 분명히 도가가 파악한 '도'의 방식과 서로 관련되어 있다. 또『노자』에서 묘사된 도는 "혼돈 속에서 생성된 것이 있는데, 하늘과 땅이 생기기 전부터 있었으나, 고요하고 쓸쓸하여 적막하다. 홀로 우뚝하여 변할 줄을 모르고, 두루 행하는데도 위태롭지 않으니, 가히 천하 만물의 어머니라고 할 만하다."338)는 사상과 서로 관련되어 있다.

도가의 '도' 관념이 혜능 계열의 선종에 끼친 영향은 거대하고

---

337)『大正藏』50, p.400b, "禪也者, 妙萬物而爲言, 故能無法不緣, 無境不察. 然緣法察境, 唯寂乃明. 其猶淵池息浪, 則徹見魚石; 心水旣澄, 則凝照無隱."

338)『노자 · 이십오장(老子 · 二十五章)』, "有物混成, 先天地生, 寂漠! 獨立不改, 周行不殆. 可以爲天下母."

심원하다. '도'는 '불(佛)'이나 '선(禪)'과 거의 같은 의미로 사용되고 출현 빈도가 대단히 높은 용어였다. 선사들은 '도'를 '진도(眞道)' 혹은 '대도(大道)'로 부르기도 하였고, 선종 이외의 유파를 '외도(外道)'라고 부르고, 선의 수행에 적극적인 사람을 '도류(道流)'라고 하고, 불성을 '도성(道性)'339)이라고 부르기도 하였다. 선 수행에 의하여 얻어진 식견(識見)과 안목(眼目)을 '도안(道眼)'이라고 하고, 선종의 옛 규칙[古則]을 '도화(道話)'라고도 하였다. 도가의 '도' 관념은 선종의 세계관·인생관·심성론·수행방식에 심각한 영향을 끼쳤는데, 여기에서 우리는 혜능 계열 선종 중에서 가장 큰 세력을 떨치며 가장 오랫동안 전파되었던 홍주종의 예를 들어 철학사상의 각도에 주안점을 두고 간략하게 서술하겠다.

홍주종 선사들의 도의 의미에 대한 논단은 다음과 같이 귀결되었다고 할 수 있다.

'도가 곧 법계이다[道卽法界].'

마조도일(馬祖道一)은 "단지 지금처럼 가고 머무르고 앉고 누우며 때에 맞추어 사물을 접하는 것 모두가 도(道)이다. 도(道) 그대로가 법계(法界)이니, 갠지스강의 모래 같이 많은 묘한 작용도 법계를 벗어나지 아니한다."340)고 하였다. 여기서 '법계(法界)'는 곧

---

339) 『경덕전등록(景德傳燈錄)』 권5에 의하면, 불과도 두 가지 이름을 강하게 세운다면 이는 이승인의 견해이다. 선사는 수행할 것도 없고 지을 것도 없다고 하였다. 게송에서 말씀하길, "도를 보며 바야흐로 도를 닦는다. 보지 않으면 다시 무엇을 닦으랴? 도의 성품은 허공과 같은데, 허공은 어디에서 닦을 것인가? [偈曰: 見道方修道, 不見復何修? 道性如虛空, 虛空何所修?]"(『大正藏』 51, 243a)라고 하였다. '도성(道性)'은 불성을 의미하며, 게송이 뜻하는 것은, 도성은 중생이 본래 갖추고 있는 본성이자 중생의 주체성이라는 것이다.

340) 『경덕전등록(景德傳燈錄)』 권28, 『大正藏』 51, p.440a, "只如今行住坐臥, 應機接

불법의 경지를 말하는 것이다. 이것은 가고 머무르고 앉고 눕고, 때에 맞추어 사물을 접하는 것, 나아가 무량한 묘용을 포함하는 것이다. 수행으로 말하자면, 중생의 일상적인 모든 행위와 선수행(禪修)의 실천이며, 세계로 말하면, 일체의 현상을 가리키는 것이다. '도가 곧 법계'라는 것은 도는 중생의 일체 행위와 우주의 일체 현상을 총칭한 것이다.

'큰 도는 천진하고 평등하다[大道天眞平等]'

황벽희운(黃檗希運)은 "이 도는 천진한 것으로 본래 이름이 없다. ……사람들이 알지 못할까 저어하여 억지로 '도'라는 이름을 세운 것이니, 이름에 얽매여 알음알이를 내어서는 아니 된다."341)라고 하였다. 또 "큰 도는 본래 평등하다."342)고도 하였다. 여기서 '천진(天眞)'은 자연 그대로 순수하고 진실하여 자연히 그와 같다는 뜻이다. '평등(平等)'은 차별이 없는 것이다. 희운이 말하는 '도'는 우주의 진실과 본질을 의미한다. 그는 우주의 만물과 세계일체(一切)를 포함하는 '도'는 자연적이고 진실하고 차별이 없는 것이며, 진리는 보편적인 존재라는 것을 강조한 것이다.

'도는 허공과 같다[道如虛空]'

남전보원(南泉普願)은 "만일 그대가 조금도 의심하지 않는 '도'를 진정으로 통달하였다면 (그대의 지견은) 무한한 공간(태허)처럼

物, 盡是道. 道卽法界 乃至河沙妙用, 不出法界."

341) 『고존숙어록(古尊宿語錄)』 권2 상책, p.33, "此道天眞, 本無名字, ……恐汝諸人不了, 權立道名, 不可守名而生解."

342) 『고존숙어록(古尊宿語錄)』 권3 상책, p.39, "大道本來平等".

어떤 제한도 장애도 없을 것이다. 그 옳고 그름을 어떻게 인위적으로 규정할 수 있겠느냐?"343)고 하였다. 이것은 도를 깨닫는 것과 '도'의 의미와 내용을 말하는 것이다. '도'는 마치 거대한 공간과도 같아서 광활하고 공적(空寂)하여, 비(非)도 아니고 시(是)도 아니고, 지(知)에 속하는 것도 아니고 부지(不知)에 속하는 것도 아닌, 일종의 원만하고 절대적인 진리이자 최고의 궁극적 경지라는 것이다.

'평상심이 곧 도이다[平常心是道]'

이것은 홍주종 사람들이 가장 중시한 선학(禪學)의 명제이며 평상적이고 자연적인 마음속에 진리가 존재하며 진리는 일상의 마음을 떠날 수 없다는 생각을 담고 있다. 또한, 진리는 곧 주체의 내재적인 마음속에 있으며 주체 생명의 내재적 자각이 바로 진리를 구현한 것이라고 강조하는 것이다. 이것은 초월적 도의 내재성을 선명하게 부각시키면서도 또한 주체의식과 그 가치를 부각시켜 사실상 평상심과 불심 그리고 불성을 동등하게 한 것이다. 따라서 '불성이 곧 도[佛性是道]'라고도 할 수 있는 것이다.

'부딪히는 모든 것이 도이다[觸類是道]'

앞에서 서술한 바와 같이, '촉류(觸類)'는 사람들의 일거수일투족, 즉 일상의 행위 전체를 가리키며 '도(道)'는 불도나 불성을 말한다. 그 뜻은 인간의 모든 행위가 전부 불도나 불성의 체현이라는 것이다. 홍주종 사람들은 인간들이 마음을 일으키고, 생각을 움직

---

343) 『경덕전등록(景德傳燈錄)』 권10, 『大正藏』 51, p.276c, "若是眞達不疑之道 猶如太虛廓然虛豁 豈可强是非邪."

이고, 손가락을 퉁기고, 기침을 하고, 눈썹을 치세우고, 눈을 깜짝이는 등 일상의 각종 행위를 모두 도의 범주에 귀속시켰다.

홍주종 사람들의 '도'에 관한 진술을 살펴볼 때, 그들은 '도'를 활용하여 불도(佛道), 불의 경지[佛境], 불리(佛理, 眞理), 불성(佛性)을 설명하였으며, 또한 '도'를 이용하여 선학(禪學)의 기본이념을 이끌고 있어서 어떤 의미에서 그들은 도와 선(禪)을 같은 의미와 내용을 가지고 있는 개념으로 생각하였고, 서로 호환하여 사용하거나 중첩하여 '선도(禪道)'를 사용하였다고 볼 수 있다. 비록 도가와 홍주종에서 말하는 '도'의 내용에 다소 차이가 있기는 하지만 홍주종 사람들은 도가의 철학적 범주인 '도'를 운용하여 그들의 선학사상체계를 구축하였으며 아울러 도가의 '도'가 지닌 추상적 의미와 사유방식을 수용하여 전면적으로 그들 선학의 해탈이론을 설명하였다고 할 수 있다.

'도'는 도가철학의 최고 범주이다

'도'에 갖추어져 있는 만물본체(萬物本體), 궁극적 존재의 의미와 '도'의 무한성, 영원성의 특징은 홍주종 선사들에 의해 조정되고 개조되어 우주의 진실·불교의 진리·최고의 경지·중생의 불성이 되었다. 도가에서 말하는 '법도(法道)'·'학도(學道)'·'체도(體道)'·'득도(得道)'를 홍주종에서는 '회도(會道)'·'달도(達道)'·'수도(修道)'·'오도(悟道)'로 말하였다. 또 '학도(學道)'·'체도(體道)'·'득도(得道)'를 말함으로써, 인생의 각기 다른 최고의 경지를 추구함에 있어서 사색과 구상의 유사성을 선명하게 나타내었는데, 이것은 도가의 '도' 관념이 홍주종에 깊은 영향을 끼쳤음을 나타내는 것이다.

　홍주종 사람들이 말하는 '회도(會道)'·'달도(達道)'는 사실 주체의 심령세계에 있어서 영(靈)과 육(肉), 심(心)과 물(物), 주체와 객체, 본성과 행위, 현실과 이상의 차별과 대립을 없앰으로써 주체성의 무한한 발휘와 정신의 절대자유를 실현한다는 것이다. 이러한 사상은 어떤 의미에서는 장자의 '만물은 모두 하나이며',344) '도는 하나로 통한다.'345)는 자연관과 본체론의 철학적 기초 위에 세워진 것이다. 또한 '천인합일(天人合一)' 사상의 기초 위에 다져진 것이기도 하다. 『장자 · 천지(天地)』에서는 "도란 만물을 덮어 주고 실어 주는 것[夫道, 覆載萬物者也]"이라고 하였는데, 이것은 도가 만물을 포함한다는 것이다. 만물은 현상(現象)에서 보면 피차(彼此)의 차이가 있으나, "도로써 만물을 보면 귀천의 차이가 없다."346)고 하였다.

　도의 각도에서 보면 저것과 이것의 구분이 전혀 없어서 차별이 없고 모두 동등하다는 것이다. 이것을 두고 "만물은 모두 하나이다.", "참된 도의 입장에서는 다 같이 하나가 된다."고 하는 것이다. 장자는 또 인류와 만물의 관계에 대해서, "천지와 내가 함께 나고, 만물과 내가 하나"347)라고 하였다. 천지만물과 나는 모두 '무(無)'에서 생겼으니 모두 한 몸이라는 것이다. 장자의 '만물은 모두 하나이다.' '도는 통하여 하나가 된다.'는 명제는 일종의 우주만물의 통일관념이자 총체관념이다. 우주만물을 도에 입각하여 보면, 만물

---

344) 『장자 · 덕충부(德充符)』, "萬物皆一".
345) 『장자 · 제물론(齊物論)』, "道通爲一".
346) 『장자 · 추수(秋水)』, "以道觀之, 物無貴踐."
347) 『장자 · 제물론(齊物論)』, "天地與我幷生, 而萬物與我爲一."

은 평등하여 통일되어 있어서 한계와 차별이 없다고 생각하는 것이다. 어떤 사람은 피차의 모든 한계와 차별은 모두 허망하고 거짓된 것으로서 진실하지 않은 것이라고 하였다. 이것은 본체론의 각도에서 천차만별한 사물의 동일성을 게시한 것이다. 인간과 만물은 일체(一體)여서 진정한 차별이나 대립은 없다. 이러한 '물아일체(物我一體)'의 경지가 바로 '도'의 경지이고 선사들이 추구한 경지이다. 이것은 또한 도(道)·선(禪)·유(儒)가 공통적으로 추구했으나 구체적인 내용은 서로 같지 않은 '천인합일(天人合一)'의 경지이기도 하다.

『장자·인간세(人間世)』에서는 "도는 오직 텅 빈 마음을 쌓은 것이니, 텅 빈 마음이 바로 마음을 재계하는 길이다[唯道集虛, 虛者, 心齋也]."라고 하였다. 이것은 오직 '도'가 텅 빈 허공 속에서만 모일 수 있는데, 그것은 '도' 자체가 '비어 있기' 때문이라는 뜻이다. 주체로 말한다면, 이 허(虛)는 마음의 재계[心齋, 마음 중에 탐욕이 없는 것]이며, 허(虛)만이 만물을 수용할 수 있고 '도'를 얻을 수 있다는 것이다. 그래서 장자는 모든 것을 자연적인 것에 맡길 것을 강조하고 인위적인 것을 반대하였다. 『장자』의 이러한 논증은 바로 홍주종의 '도가 곧 법계이다[道卽法界].' '큰 도는 천진하고 평등하다[大道天眞平等].' '도는 허공과 같다[道如虛空].'는 명제의 사상적 근원의 하나임이 명백하다. 또 『장자』에서 제시한 "만물은 모두 하나이다[萬物皆一]." "도는 통하여 하나로 된다[道通爲一]." "사물과 나는 일체이다[物我一體]."라는 것의 '도'의 보편성과 평등성 관념도 역시 논리적으로 '평상심이 도이다[平常心是道].' '부딪히는 모든 것이 도이다[觸類是道].'라는 명제의 도출에 깊은 영향을 주었다. 이처럼 홍주종의 선학사상은 장자의 사상과 매우 밀접하고 심각하게 내재적으로 연계되어 있으며 인도불교 사상과는 매우 차별되는 것이라고 말할 수 있다.

2. 자연(自然)과 자성(自性)

‘도’가 무엇인가를 설명할 때, 도가는 ‘도’의 개념과 서로 긴밀한 관계가 있는 ‘자연(自然)’이라는 개념을 창조하였다. 노자의 ‘도법 자연(道法自然)’이라는 명제는 ‘도’는 본래 ‘자연’이라는 의미이고, ‘자연’은 본연(本然) 또는 본연의 상태이며, 따라서 ‘도’는 본연적이라는 것이다. 이것은 ‘자연’으로써 ‘도’의 존재와 상태, 성질과 기능을 설명한 것이다. 도가의 자연론은 유가의 목적론과 묵가의 의지론(意志論)과 상대되는 것이다.

도가의 ‘자연’이라는 개념은 다음과 같은 두 가지 측면의 기본적 함의를 가지고 있다.

(1) 내재적 본성: 이것은 ‘자연’의 가장 기본적이면서 가장 중요한 함의이다. 『노자 · 오십일장(五十一章)』에 의하면, “만물은 도를 존중하고 덕을 귀하게 여기지 않을 수 없다. 도를 존중하고 덕을 귀하게 여기기에 명령을 내리지 않아도 항상 저절로 그렇게 되는 것이다[萬物莫不尊道而貴德, 道之尊, 德之貴, 夫莫之命而常自然].” 라고 하였다. 도와 덕이 존귀한 까닭은 만물이 자연의 도로써 항상 하여 ‘항상 저절로 그렇게 되는 것[常自然]’이기 때문이다. ‘상자연 (常自然)’은 만물과 사람의 ‘변하지 않는 성품[常性]’이다.

앞에서 서술한 바와 같이, 장자는 만물의 본성이 본래 근본인 도를 얻어서 생긴 덕이 드러난 것으로서 하늘이 낳은 본질이라고 생

각하였다. 이 성품이 천성이고 자연 본성인데, 장자는 이것을 '진성
(眞性)' · '상성(常性)'이라고도 하였다. 이와 같이 도가는 '자연'을
만물의 본질 · 본성으로 규정하고, 만물의 본성은 인위적인 것을 빌
지 않고 저절로 그런 것, 본래 그런 것으로 보았다. '자연'은 만물
의 내재적이고 진실한 존재이며, 만물과 인간의 본성적 존재라고도
하였다.

위진 현학자들은 '자연'이 곧 '도'348)이며, "만물은 자연을 성으
로 삼는다."349)고 생각하였다. 그들은 사람이 마땅히 지켜야 할 가
르침인 명교(名敎, 유교)와 자연의 관계에 대해 토론할 때, '명교'
는 외재적이고 인위적인 교화이지만 '자연'은 내재적인 인간의 본
성이라고 생각하였다. 도가의 관점에 의하면, 내재적인 본성으로서
의 '자연'은 반드시 소중히 여겨져 보호되고 발전되어야 하는 것이
었다.

(2) 정신적 경지: 노자는 자연의 도에서 사회와 개인의 이상적인
경지를 유추해 내었는데, 그는 무위자연의 상태를 이상적인 상태로
보고 이렇게 말했다. "천하를 다스림에 기피하고 숨길 것이 많으면
백성들은 가난해지고, 백성들이 날카로운 기물을 많이 소유하면 나
라가 혼미해지고, 사람들이 재주와 기교가 많으면 기괴한 일은 더
욱더 생겨나고, 법령이 함부로 많아지면 도적이 많아진다."350) 또

---

348) 장담(張湛), 『열자(列子) · 중니주(仲尼註)』에는 하후현(夏侯玄)의 말을 인용하여,
    "천지는 자연으로써 운행되고, 성인은 자연으로써 운용한다. 자연이라는 것은 도이
    다[天地以自然運, 聖人以自然用. 自然者, 道也]."라고 하였다. 양백준(楊伯峻) 편
    찬, 『열자집해(列子集解)』 권4, p.121, 北京, 中華書局, 1979.

349) 『노자 · 이십구장주(老子 · 二十九章註)』, 『왕필집교석(王弼集校釋)』상책, p.77, "萬
    物以自然爲性".

350) 『노자 · 이십구장(老子 · 二十九章)』, "天下多忌諱, 而人彌貧; 人多利器, 國家滋昏;
    人多技巧, 奇物滋起; 法物滋彰, 盜賊多有."

"내가 아무것도 하지 않아도 백성들이 스스로 감화되고, 내가 고요하니 백성들이 스스로 바르게 되며, 내가 일을 만들지 않으니 백성들이 스스로 부유해지고, 내가 욕심이 없으니 백성들이 스스로 소박해진다."351)고 하였다.

이 말의 뜻은 꾀가 많고 기민한 사람은 사회에 해를 끼치고, 무위자연이 이상적인 사회라는 것이다. 그는 '자연'은 인간이 하늘을 따르는 진귀한 본연의 상태임을 강조하고 인생 본원의 의미를 충분히 긍정하였다. 장자는 나아가 인간이 자연 상태에 처하는 것을 이상적인 인격으로 삼았으며, 자연 상태에 처한 사람을 일러 '진인(眞人)'·'지인(至人)'이라고 불러 '자연'의식을 고양함과 동시에 '자연'의식은 사람들에게 내재되어 있는 진정한 정신임을 강조하였다. 도가가 '자연'이라는 개념을 제시한 것은 한편으로는 현실을 초월하고 범속한 것을 초월하는 정신이어서 일종의 숭고한 정신적 경지를 추구하는 것을 구현한 것이며, 다른 한편으로는 원시적인 것에 집착하고 '무(無)'에 편향하여 집착하는 경향을 반영한 것이다.

도가의 '자연' 개념은 축도생(竺道生)과 혜능(慧能) 계열 선종의 심성론의 정의와 성질 그리고 특징에 중대한 영향을 주었다. 그것은 사실상 축도생과 혜능 선종 심성론의 핵심개념과 기본관념이 되었다.

앞에서 서술한 것처럼 축도생이 제일 먼저 도가의 '자연' 개념을 '불성'의 함의에 포함시킨 불교학자이다. 불교의 『대반열반경』에는 원인도 아니고 결과도 아니고 항상하고 변하지 않는 것을 불성으

---

351) 『노자·이십구장(老子·二十九章)』, "天下多忌諱, 而人彌貧; 人多利器, 國家滋昏; 人多技巧, 奇物滋起; 法物滋彰, 盜賊多有.", "我無爲, 人自化; 我好靜, 人自正; 我無事, 人自富; 我無欲, 人自朴."

로 정의하는 관점이 있으나, 축도생은 오히려 도가의 '자연' 관념을 운용하여 나지도 않고 멸하지도 않으며 원인도 아니고 결과도 아닌 것이 만물의 본성이라고 생각하였다. 여기서 한 걸음 더 나아가 그는 "법을 체득한다는 것은 자연(自然)과 그윽하게 합하는 것이며 일체제불도 모두 그렇지 않음이 없다. 따라서 법을 불성(佛性)으로 삼는다."352)고 하였다. '법(法)'은 불성을 말한다. 이 글의 뜻은 불법을 깨닫는다는 것은 자연의 본성과 그윽하게 합치는 것이며 '법'·'자연'·'불성' 이 셋은 같은 의미의 개념이라는 것이다. 여기서 '법'과 자연은 불성이며 '명합자연(冥合自然)'은 수행의 방법과 경지이다.

혜능의 『단경(壇經)』은 선종의 초석이 되는 저작이다. 『단경』의 핵심이론은 심성론이며, 심성론의 기본관점은 자성을 청정하게 하여 스스로 깨닫는 것이다. 『단경』에서는 "삼세제불과 십이부경도 사람의 본성 속에 본래 자연히 갖추어져 있는 것이다. ……만약 본심을 알 수 있다면 이것이 바로 해탈이다."353)라고 하여, '자기의 본성을 단박에 깨치도록 하라.'354)는 것을 제창하였다. 『단경』에서 말한 '인성(人性)', '본성(本性)'의 함의는 앞에서 설명한 바와 같이 근본적인 설명과 일치하는 것으로서 인간 자신이 본래 갖추고 있는 속성을 말하며 도가에서 말하는 '자연'에 해당한다. 『단경』의 '본성'설은 인도불교의 '여래장자성청정심(如來藏自性淸淨心)'의

---

352) 「사자공품(師子孔品)」, 『대반열반경집해(大般涅槃經集解)』 권54, 『大正藏』 37, p.549ab, "夫體法者, 冥合自然, 一切諸佛莫不皆然, 所以法爲佛性也."

353) 돈황본(敦煌本), 『단경(壇經)』[31], "三世諸佛, 十二部經, 亦在人性中, 本自具有. ……若識本心, 即是解脫."

354) 돈황본(敦煌本), 『단경(壇經)』[31], "令自本性頓悟".

관념에 뿌리를 두고 있으면서도 또한 중국 도가의 '자연본성(自然本性)' 관념에도 연원을 두고 있어서 '본성돈오(本性頓悟)'의 견해와도 연계되어 있다.

그러므로 혜능의 『단경』에 대한 사상적인 영향에서 본다면 중국의 도가는 인도불교를 초월했다고 할 수 있다. 이러한 관점은 혜능 문도들의 언급을 통해서 증명된다. 혜능의 제자 신회(神會)는 명확하게 '자연'을 활용하여 '본성'과 '불성'을 해석하였다. 그는 "승가에서 말하는 자연이란 중생의 본성이다."355)라고 했을 뿐만 아니라 "불성과 무명은 모두 자연이다. 무슨 까닭인가? 일체의 만법은 모두 불성의 힘에 의지하기 때문에 일체의 법은 모두 자연에 속한다."356)고도 하였다. 신회는 '자연'이 중생의 본성이며 불성이라고 생각하였다. 신회는 또 '무명' 내지 '일체법'을 모두 '자연'에 귀속시키고, 모두 자연에 본래 있는 것이고 자연히 그러한 것이라고 하였다. 신회의 이러한 사상은 중국의 도가와 축도생과 혜능의 관념을 계승한 결과이다.

화엄선의 저명한 학자인 종밀(宗密)은 도가의 '인간과 축생 등 모든 종류는 허무대도가 생성하고 양육한 것[人畜等類皆是虛無大道生成養育]'이라는 관점에 대해서는 비평하였으나, 위에 서술한 신회의 견해에 대해서는 오히려 긍정하였다.

혜능 계열은 '자연'을 이용하여 '본성'을 긍정하였으며, 아울러

---

355) 『하택신회선사어록(荷澤神會禪師語錄)』, 석준 등이 편찬한 『중국불교사상자료선편』 제2권·제4책, p.93, "僧家自然者, 衆生本性也."

356) 『하택신회선사어록(荷澤神會禪師語錄)』, 석준 등이 편찬한 『중국불교사상자료선편』 제2권·제4책, p.106, "佛性與無明俱自然, 何以故? 一切萬法皆依佛性力故, 所以一切法皆屬自然."

도가나 현학가들과 마찬가지로 인위적인 조작에 대해 반대하였다. 역사에 의하면 다음과 같이 기록되어 있다.

> 설봉이 산에 들어가 나뭇가지 하나를 주웠는데, 그 형태가 뱀과 비슷하였다. 그 나뭇가지에 "본래 천연 그대로이며 새기고 다듬지 않았다."고 써서 스승(大安禪師)에게 보내니 스승이 "산에 사는 사람의 본래 모습은 칼과 도끼의 흔적마저 없는 것이다."라고 하였다.357)

자연은 천연이며 새기고 다듬는 것을 빌지 않은 본연의 원래 타고난 상태이다. 인간의 자연 본성은 심성의 본연 상태이며 그 어떤 생각, 욕망, 정서의 영향도 받지 않고 본래의 원시적 심경을 유지하고 있는 것이다. 왕필은 "자연의 본질은 각기 그 본분이 정해져 있다. 짧다고 해서 부족하지 않고 길다고 해서 남지 않는다. 더하고 빼서 어디에다 보탤 것인가?"358) 만물은 모두 자연히 자성을 충분히 갖추고 있어서 부족하지도 않고 또한 남지도 않아서 더하고 뺄 필요가 없다는 왕필의 사상은 선종의 자연본성 관념과 일치한다.

축도생과 선종이 도가의 자연관념을 수용하면서 형성한 자성설(自性說)은 불교이론에 심각한 변화와 중대한 전환을 가져왔다.

첫째, '자연'을 중생의 자성과 본성에 귀결시켰다. 이것은 인간의 외가성(外加性)과 외재성(外在性)을 부정하고 인간의 내재성을 긍정한 것이다. 그런데 인성의 내재성에 대한 긍정은 필연적으로 인

---

357) 「백장해선사법사(百丈海禪師法嗣)・長慶大安大禪師(장경대안대선사)」, 『오등회원(五燈會元)』 권4 상책, p.192, "雪峰因入山采得一枝木, 其形似蛇, 於背上題曰: '本自天然, 不假雕琢', 寄與師. 師曰: '本色住山人, 且無刀斧痕.'"

358) 「주역주(周易註)・하경(下經)・손(損)」, 『왕필집교석(王弼集校釋)』하책, p.421, "自然之質, 各定其分, 短者不爲不足, 長者不爲有餘, 損益將何加焉?"

간의 주체성을 부각시켰으며, 인간의 주체성을 부각시킴으로써 인간의 개성을 더욱 고양하게 되었고, 그에 따라 인간 개성의 해방과 자유를 더욱 추구하게 하였다.

둘째, 도생(道生)과 선종은 '자연(自然)'을 이용하여 불성(佛性)을 해석하였는데, 한편으로는 불성을 본래 스스로 충족하고 있는 심성 본연의 상태로 정의하고, 또 한편으로는 심성 본연의 상태에 초월성을 부여함으로써 중생 성불의 근거를 제공하였다. 이것은 심성이론에 있어서 인간의 개성과 초월성 · 현실성 · 이상성을 결합하여 어떤 의미에 있어서는 인간의 자연본성과 사회속성의 기본적 모순을 조화시킴으로써 일상생활 속에서 초월을 실현하는 새로운 귀착점을 제공한 것이다.

셋째, 자연 본성에 대한 긍정과 찬양은 선의 수행, 즉 지극히 풍부한 중국적 특색이 있는 종교의 실천방식과 방법을 형성하게 하였다. 이것은 인간의 자성에 대한 자연 상태의 전반적인 직관 · 내재적인 체험 · 자아복귀(自我復歸)를 선수행생활의 내용과 요구로 삼은 것이다. 이로 말미암아 필연적으로 '자연'생활, 즉 일상생활 가운데서 자성의 신성한 의미를 발현할 것을 강조하고, 아울러 자성을 돈오하는 방편법문(方便法門), 즉 형형색색, 천태만상의 생동하는 선법(禪法)이 발생한 것이다.

3. 무위이무불위(無爲而無不爲)와 무수이수(無修而修)

'도법자연(道法自然)'의 명제와 상응하여 『노자 · 삼십칠장(老子

·三十七章)』에서는 "도(道)는 항상 하는 것이 없지만 하지 못하는 것도 없다[道常無爲而無不爲]."고 하여 우주본체로서의 도는 자연스럽게 천지만물을 생성한다고 생각하였다. 도의 자연을 '무위(無爲)'라고 하는 것이며, 도가 천지만물을 생성하는 것을 '무불위(無不爲)'라고 한 것이다. 무위(無爲)와 무불위(無不爲)는 도의 양면(兩面)이고, 인간을 포함한 만물의 자연과 작위(作爲)의 양면이기도 하다.

장자는 노자의 사상을 발전시켰는데,『장자』에는 "만물은 분분하지만 모두 무위를 따라 번식한다."359) 또 "천지는 큰 아름다움을 가지고 있어도 말하지 않고, 사계절은 명백한 법칙을 가지고 있어도 논하지 않고, 만물은 생성(生成)의 이치를 가지고 있어도 이야기하지 않는다."360)고 하였다. "천지는 하지 않으면서도 하지 못하는 것이 없다."는 것을 천지만물의 생성방식과 존재방식으로 보는 것이다. 『장자·지북유(莊子·知北游)』에서는, "성인이란 하늘과 땅의 아름다움을 근원으로 삼고 만물의 이치에 통달한 사람이다. 그러므로 지인(성인)은 하는 것이 없으며, 위대한 성인은 인위적으로 짓지 않는데, 하늘과 땅의 원리에 달관하고 있기 때문이다."361)라고 하였다. 이것은 성인의 무위(無爲)는 천지만물의 본성에 근거하는 것, 즉 우주의 자연에 근원하여 나오는 것임을 말하는 것이다. 인간은 만물의 하나이며, 인간의 본성과 천지만물의 본성은 같으며, 이에 근거해 볼 때, 인간의 무위(無爲) 역시 인간 본성의 근원

---

359)『장자·지락(至樂)』, "萬物職職, 皆從無爲殖."

360)『장자·지북유(知北游)』, "天地有大美而不言, 四時有明法而不議, 萬物有成理而不説."

361) 위의 책, "聖人者, 原天地之美而達萬物之理, 是故至人無爲, 大聖不作, 觀於天地之謂也."

으로부터 나온다는 것이다. 장자는 오로지 무위만이 천지만물의 본성과 부합하는 것이며, 인간 자신의 본성을 보호할 수 있는 것이라고 생각하였다.

장자는 "본성은 삶의 본질이다. 본성이 움직이는 것을 행위(爲)라고 하는데, 행위가 인위적이면 본성을 잃은 것이라고 한다."362)라고 하였다. 여기서 인성(人性)은 인간의 소질과 본질이며, 그 본연의 상태는 고요한 것이다. 이러한 본성이 움직이는 것을 행위라고 하고, 행위가 증가하면 인위적인 작용이 되고, 인위적인 작용과 인간의 천성이 서로 위배되는 것이 실(失), 즉 천성을 상실하게 된다는 것이다. 『장자 · 경상초(庚桑楚)』에서는 인간의 본성을 유지하기 위하여 다음과 같이 말한다. "네 종류의 여섯 가지가 가슴속을 어지럽히지 않으면 그 사람은 올바르게 될 것이다. 올바르게 되면 고요해지고, 고요해지면 분명해지고, 분명해지면 텅 비게 되고, 마음이 텅 비게 되면 억지로 하지 않으면서도 못하는 일이 없게 된다."363) 여기서 '사육자(四六者)'란 네 종류의 여섯 가지를 말하는데, 귀(貴) · 부(富) · 현(顯) · 엄(嚴, 威嚴) · 명(名) · 이(利), 용(容) · 동(動) · 색(色) · 이(理, 情理) · 기(氣) · 의(意), 악(惡) · 욕(慾) · 희(喜) · 노(怒) · 애(哀) · 락(樂), 거(去) · 취(就, 依從) · 취(取) · 여(與) · 지(知) · 능(能)을 말한다. 위 글의 본의는 지(知) · 정(情) · 의(意)에 의한 어떤 심리활동과 그에 상응하는 행위는 모두 성(性)을 상실하게 하는 것이며, 오로지 정(正) · 정(靜) · 명(明) · 허(虛)가 있어야 공명과 득실에 마음을 두지 않고 작위(作爲)적인 것에 뜻을

---

362) 『장자 · 경상초(庚桑楚)』, "性者, 生之質也. 性之動謂之爲; 性之僞謂之失."
363) "四六者不蕩胸中則正, 正則靜, 靜則明, 明則虛, 虛則無爲而無不爲也."

두지 않아서, 비로소 하지 않으면서도 하지 못하는 것이 없어서 인간의 본성을 유지할 수 있다는 것이다.

위진시대의 현학자들은 노장(老莊)의 무위자연 사상을 추앙하고 더욱 발전시켰다. 예를 들면, 곽상(郭象)은 도가의 '자연(自然)'과 유가의 '명교(名敎)' 사이에 존재하는 모순을 조화시키기 위하여 전력을 쏟았다. 그는 "이치에 지극함이 있으면 내외가 그윽하다. 지극함은 밖으로 다니더라도 안의 일에 어둡지 않는 것이다. 안의 일에 어둡지 않을 수 있으면 굳이 밖으로 나가지 않아도 된다. 그러므로 성인은 항상 밖으로 나가더라도 안을 두루 살피고 무심으로 현실에 순응한다. 그러므로 종일토록 몸을 휘두르더라도 정신의 작용에는 변화가 없고, 하늘을 우러러보고 땅을 굽어보더라도 담연하고 태연자약하다."364)고 하였다. 곽상이 말한 '지극한 이치'는 일체를 포함하고 대립적인 것을 초월하는 것이다. 특히 그는 '이(理)'를 활용하여 유무와 내외를 통일시키고, '무심으로 현실에 순응하는[無心以順有]' 과정을 통하여 '밖으로 다니면서도 안을 묵묵히 생각함[游外冥內]'에 도달할 것을 강조하였다. 이것은 '성인은 비록 사당에 있을지라도 그 마음은 산림 속에 있는 것과 다름이 없다[聖人雖在廟堂之上, 然其心無異於山林之中].'는 정신의 경지를 말하는 것이다. 노장과 곽상의 이러한 사상은 혜능 선종 계열의 선 수행방식에 직접적인 영향을 불러일으켰다.

왕유(王維)의 『육조능선사비명(六祖能禪師碑銘)』에 의하면 혜능은 일찍이 다음과 같이 말하였다.

---

364) 「莊子·大宗師注」, 『諸子集成』 3, 『莊子集釋』, p.121, "夫理有至極 內外相冥 夫有極遊外之致而不冥于內者也, 夫有能冥于內而不遊于外者也, 故聖人常遊外以宏內, 無心以順有, 故雖終日揮形而神氣無變, 俯仰萬机 而淡然自若."

칠보로 보시하는 것이 갠지스강의 모래처럼 많고, 억겁에 걸쳐 수행
하고 대지의 먹을 다 갈더라도, 무위를 운영하고 걸림 없는 자비로
널리 사생을 제도하고 크게 삼유를 감싸는 것만 못하다.365)

'칠보(七寶)'는 일곱 가지 금·은 등의 보화를 말한다. '사생(四生)'이란 유정(有情)의 중생이 생겨나는 난생(卵生)·태생(胎生)·습생(濕生)·화생(化生) 네 가지를 말한다. '삼유(三有)'는 중생이 거처하는 욕계(欲界)·색계(色界)·무색계(無色界)의 삼계이다. 이것은 보시로써 공양하고 오랜 수행을 하더라도 무위무애로 중생을 제도하는 것보다 못하다는 것이다. '무위'는 자연에 순응하여 마음을 쓰는 바 없이 의지를 가지고 인위적으로 노력을 하지 않는 것이다. '무애'는 얽매이지 않고 자유자재로 인위적인 약속이나 규범을 짓지 않는 것이다.

유우석(劉禹錫)은 『조계육조대감선사제이비(曹溪六祖大鑑禪師第二碑)』의 비문에서 혜능의 선법에 대하여 다음과 같이 평론하였다.

수행함이 없는 가운데 수행하고, 얻음이 없는 가운데 얻는다. 배우는
이들을 그들의 타고난 앎으로 돌아가게 한다면 어둠 속에서 북극성
을 바라보는 것과 같다. 이는 자연스럽게 얻는 것이어서 도저히 전할
수 없다.366)

'수행함이 없다[無修]'는 것은 의식적으로 수행을 하지 않는 것이다. 따라서 '무수이수(無修而修)'는 '수행함이 없는' 수행을 말한

<hr>

365) 『전당문(全唐文)』 권327, p.3313, 북경, 중화서국, 1983년, "七寶普施, 等恒河沙; 億
劫修行, 盡大地墨, 不如無爲之運, 無碍之慈, 宏濟四生, 大庇三有."

366) 『전당서(全唐書)』 권610, p.6162, 북경, 중화서국, 1983년, "無修而修, 無得而得. 能
使學者還其天識, 如黑而迷, 仰見斗極. 得之自然, 竟不可傳."

다. '무수이수'는 반드시 '얻음이 없는 가운데 얻는 것[無得而得]' 이 되므로 얻으려 한다고 해서 얻어지는 것이 아니다. 이러한 얻음 은 자연스럽게 얻는 것, 즉 중생의 자연 본성에 순종한 결과이다. 이와 같이 혜능은 다른 불교 종파의 수행방법과는 다른 선법을 가 지고 있었다. 이는 인도불교사상이 아닌 도가의 자연주의 사상에 연원을 둔 것으로서, 하는 것이 없으며 하지 않는 것도 없다는 '무 위무불위(無爲無不爲)'라는 사상모델을 직접 운용하여 표현한 것 이라고 볼 수 있다.

종밀은 선을 식망수심종(息妄修心宗), 민절무기종(泯絶無寄宗), 직현심성종(直顯心性宗) 세 종파로 나누었다. 그는 다시 직현심성 종을 두 개의 파로 나누었는데, 제1파가 홍주종(洪州宗)이다. 홍주 종은 "지금, 그대는 말하고 움직일 수 있다. 그때 그대는 무엇을 원하기도 하고, 화를 내기도 하고, 자비롭기도 하고, 참기도 한다. 그리하여 그대는 선업과 악업을 지어 즐거움이나 고통을 받기도 한다. 그것이 그대의 불성이다. 그것이 그대가 본래 깨달은 자(佛) 임을 증명하는 것이다. 이러한 마음 너머에 그 어디에도 부처는 없 다. 이것이 본래 천진자연임을 안다면 굳이 마음을 내어서 깨달음 을 얻기 위해 도를 닦을 필요는 없다. ……끊지도 않고, 닦지도 않 고, 마음대로 자재한 것을 바야흐로 해탈이라고 한다."367)고 주장 하였다.

제2파는 하택종(荷澤宗)으로 "공하고 적정한 지혜는 그대의 진 실한 성품이다. 미망이나 깨달음 어느 것에 자신을 맡기든 마음은

---

367) 『선원제전집도서(禪源諸詮集都序)』상권의 2, 『大正藏』 48, p.402c, "卽今能語言動
作, 貪瞋慈忍, 造善惡受苦樂等, 卽汝佛性; 卽此本來是佛, 除此無別佛也. 了此天眞
自然, 故不可起心修道 ……不斷不修, 任運自在, 方名解脫."

본래 그 자체로 지혜롭다. ……일단 무념의 지견을 얻어야 증오와 사랑 등의 감정이 자연히 담백해지고, 자비와 지혜가 자연히 늘어나며, 죄업은 자연적으로 제거되고 선업의 공덕이 자연히 증진될 것이다. 이미 모든 현상들이 실체성이 없음을 이해한다면, 애쓰지 않아도 수행에 목적을 두지 않은 수행을 할 수 있다. 모든 번뇌가 다 없어질 때, 윤회하는 생사마저 절멸할 것이다."368)고 주장하였다.

종밀은 위의 두 파가 심성에 관한 정의에 있어서 다소 다르다고 보았다. 전자는 중생의 모든 언행을 불성으로 보았으며, 후자는 공적한 지혜를 불성으로 여겼다는 것이다. 그러나 양자는 모두 "진정한 성품은 모양도 없고, 어떠한 작위도 없고, 그 본질은 언어로 명명할 수 없다. 말하자면 그것은 속되지도 성스럽지도 않고, 원인과 결과에 얽매이지도 않으며, 선하지도 악하지도 않다."369)고 생각하였다. 또한 모두가 '그 본성과 조화롭게 작용하여'370) '현상에서 본질로 돌아가야 한다[會相歸性]'는 주장을 하고, 또한 둘 다 직현심성종에 속한다고 하였다. 종밀의 이러한 분석에서 알 수 있듯이, 혜능 이후의 홍주종과 하택종은 도가에서 자연 본성을 중시하고 유지·발전시킨 것, 즉 인생의 이상적인 가치를 추구한 이론적인 과정에 있어서는 일치하는 것이다.

홍주종과 하택종의 사유 구조와 방식은 도가의 자연본성에 관한

---

368) 『선원제전집도서(禪源諸詮集都序)』상권의 2, 『大正藏』 48, pp.402c~403a, "空寂之知是汝眞性. 任迷任悟, 心本自知. ……但得無念知見, 則愛惡自然淡泊, 悲智自然證明, 罪業自然斷除, 功行自然增進, 卽了諸相非相, 自然無修之修, 煩惱盡時, 生死卽絶."

369) 『선원제전집도서(禪源諸詮集都序)』상권의 2, 『大正藏』 48, p.402c, "眞性無相無爲, 體非一切, 謂非凡非聖, 非因非果, 非善非惡."

370) 『선원제전집도서(禪源諸詮集都序)』상권의 2, 『大正藏』 48, p.402c, "卽體之用".

관념과 사상적으로 밀접하게 연계되어 있다. 이 두 종파는 도가와 마찬가지로 자연의 본성을 드러낼 것을 기본적으로 요구하고 있으며, 이로 인해 선을 수행할 때는 '끊지도 않고 닦지도 않는 부단불수(不斷不修)'를 주장하고 자유로이 운용하였다. 혹은 생각에서 생각하지 않고 선정을 닦지 않는 것을 선정으로 삼는 무념무수(無念無修)를 주장하고 끊임없이 응용하였다. 이러한 '부단불수(不斷不修)'와 '무수지수(無修之修)'는 중생의 자연본성에 바탕을 두고 확립된 수행방식이고, 이상적 인격을 실현하는 것이며, 불과(佛果)를 성취하는 기본과정이었다.

홍주종과 하택종의 선수행 과정은 '하는 것이 없지만 하지 못하는 것도 없다[無爲而無不爲]'는 인생행위의 계도하에 형성된 것이다. 홍주종의 사람들이 선양한 '평상심이 도이다[平常心是道]'라는 명제는 모든 일상적 행위가 바로 불성을 구현하는 과정이라는 것인데, 이와 현학자 곽상(郭象)이 제기한 '밖으로 다니면서도 안을 살피는[遊外冥內]' 학설도 역시 사상적으로 관련 있는 것이다.

4. 정관(靜觀), 득의망언(得意忘言)과 선어(禪語)

정관(靜觀)은 인도불교에서 수행하여 해탈하는 방법이며, 도가에서 정신적 자유를 추구하는 방법이기도 하다. 선종의 학자들은 불교와 도교의 사상을 흡수하여 참선을 하는 중요한 방법을 제시하였는데, 그것도 정관이다. 선종의 사상체계를 전체적으로 조명해 볼 때, 선종의 주류학파일수록 더욱더 도가의 '도(道)→자연→무위

이무불위(無爲而無不爲)'라는 사상적 경로를 채택한 수행방법에
의거하였다. 이것은 선종의 정관이 더욱더 중국의 문화를 배경으로
하였고 특히 도가사상의 영향에서 비롯되었다는 것을 말해 주는
것이다. 선종의 변천사를 살펴볼 때 도가의 정관은 혜능 이전의 선
사들에게 상대적으로 더 많은 영향을 끼쳤으며 혜능의 남종 일파
에 대한 영향은 비교적 적었다. 노자는 이렇게 말했다.

> 비우고 비워서 끝까지 비게 하고, 고요함을 신실하게 지켜라. 그러면
> 만물이 함께 이루어지고, 내가 그 만물이 돌아가는 것을 살펴볼 수
> 있다. 만물은 무럭무럭 자라나 저마다 제 뿌리로 되돌아간다. 뿌리로
> 되돌아가는 것을 정(靜)이라 하고, 정(靜)을 복명(復命)이라 하고, 복
> 명을 변함이 없는 것[常]이라고 한다.371)

이것은 만물이 복잡하고 다양하여 변화를 예측하기 어렵지만 각
기 그 뿌리를 지니고 있는데, 뿌리로 돌아가는 것이 '정(靜)'이며,
정(靜)을 '복명(復命)'이라고 한다는 것이다. 이것이 말로 표현할
수 없는 '변함없는 도[常道]'이다. 그렇다면 어떻게 만물의 '복명
(復命)'을 '볼[觀]' 수 있는가? 또 어떻게 말로 표현할 수 없는 '변
함없는 도'를 볼 수 있는가? 이를 위해서 '끝까지 비우는 것[致虛]'
이 필요하다. 마음속을 텅 비게 하면 아무것도 남지 않아서 일체의
사견이 배제된다. '고요함을 지키는 것[守靜]'은 마음속이 고요하여
아무 생각도 없고, 모든 사념이 사라져 없어진 상태를 말한다. 이
것이 바로 실행하고 도달해야 할 마음이 텅 비고 고요한 거울 같은

---

371) 『老子 · 十六章』, "致虛極, 守靜篤, 萬物幷作, 吾以觀其復. 夫物藝藝, 各復歸其根.
    歸根曰靜, 靜曰復命, 復命曰常."

상태이다.

　노자는 정(靜)을 동(動)의 근원으로 삼아 '주정(主靜)'설의 주요 개창자가 되었다. 노자가 말한 '고요히 관하는[靜觀]' 방법은 단순한 직관이 아니라 내면을 돌아보는 일종의 직각(直覺)이며 자아의 내재적인 체험이다. 이러한 정관은 개인의 내심적인 체험이면서 동시에 본체의 '변함없는 도'에 대한 일종의 본체 체험이기도 하다. 다시 말해서 노자의 정관은 자아의 개체와 자연의 본체에 대한 일종의 통일적인 체험이다. 노자의 '정관'사상이 선학에 끼친 영향은 양나라 시대 혜교(慧皎)의 『고승전 · 선론』에 잘 드러나 있다.

　　노자는 말했다. 무거운 것은 가벼운 것의 근본이 되고, 고요함은 시끄러움의 주인이 된다. 그러므로 가벼운 것은 반드시 무거운 것을 근본으로 삼아야 하고, 시끄러움은 고요함을 바탕으로 삼아야 한다.372)

　여기서 '시끄러움[躁]'은 움직임을 말한다. 노자는 무거운 것은 가벼운 것의 근본이 되고, 고요함은 시끄러움의 기초라는 것을 말한 것이다. 이것은 중국불교학자가 명확하게 노자의 주정관념을 긍정함으로써 중국선학의 중요한 이론의 기초로 삼았음을 분명하게 나타낸 것이다. 훗날 도신(道信)의 '간정(看淨)', 홍인(弘忍)의 '간심(看心)', 신수(神秀)의 '관심(觀心)' 및 정각(正覺)의 '묵조(默照)' 등의 학설도 노자의 '정관'설에서 사상적인 실마리를 찾은 것이라고 볼 수 있다.

　불교는 진리를 말로써 표현할 수 없는 것이라고 생각한다. 언어

---

372) 『고승전(高僧傳)』 권11, 『大正藏』 50, p.400b, "老子云: '重爲輕根, 靜爲躁君', 故
　　輕必以重爲本, 躁必以靜爲基."

를 통한 가르침은 중생을 교화하기 위한 하나의 방편에 지나지 않는다는 것이다. 불교는 '언어도단(言語道斷)'이라고 하여, 진정한 깨달음의 경지는 '말이 사라지고 생각이 끊어진 상태[言亡慮絶]'라고 생각하였으며, 말과 생각으로 표현하고 설명할 수 있는 법(法)은 없다는 것이다. 도가에서는 '뜻을 얻었으면 말은 잊어라[得意忘言]'고 주장하였다. 이에 대한 상세한 기록은 『장자·외물편』에 나와 있다.

> 통발은 고기를 잡기 위해 있는 것이니, 고기를 잡고 나면 통발은 잊어라. 올가미는 토기를 잡기 위해 있는 것이니, 토끼를 잡고 나면 올가미는 잊어라. 말이란 뜻을 얻기 위해 있는 것이니, 뜻을 얻고 나면 말은 잊어라.[373]

'통발'과 '올가미'는 각각 물고기와 토끼를 잡는 도구들이다. 『장자』는 이것들에 비유하여 언어는 뜻에 도달하기 위해 필요한 것이지, 뜻을 얻고 나면 언어는 다시 필요하지 않다는 것을 말한 것이다. 나중에 위진 현학자들에 이르러서는 '언어의 기능에 관한 논의[言意之辯]'[374]로 다시 나타나 '언어가 그 의미를 완전히 전할 수 있다는 언진의(言盡意)', '언어가 그 의미를 완전히 전할 수 없다는 언부진의(言不盡意)'와 '뜻을 얻고 나면 말은 잊는다는 득의망언(得意忘言)' 세 파가 형성되었는데, 이 중 '득의망언' 학파가 가장 대표적이었고 영향도 컸다. 이 파의 왕필(王弼)은 '뜻[意]'이란 언

---

373) "筌者所以在魚, 得魚而忘筌; 蹄者所以在兎, 得兎而忘蹄; 言者所以在意, 得意而忘言."

374) (역자 주)言意之辯: 언어가 존재의 인식도구로서 그 기능을 충분히 할 수 있는지, 그리고 언어로써 우리의 생각이나 존재를 정확하게 표현하고 전달할 수 있는지에 관한 논변.

어를 초월하고 형상이 없는 것[超言絶象]이라고 생각하였는데, 여기서 말하는 '뜻(意)'은 본체론적 의의를 지니는 개념이다. 따라서 '득의(得意)'란 본체에 대한 깨달음을 말하는 것이다. 장자와 왕필의 '득의망상'설은 축도생(竺道生)과 선승들의 말씀과 사상에서 불교 방법론의 기초를 형성하게 한 것이라고 볼 수 있으며, 그 영향도 인도불교의 학설에 비해 보다 더 직접적이고 심원하였다고 볼 수 있다.

앞에서 서술한 바와 같이, 축도생은 제일 먼저 도가의 학설을 수용하여 불성론을 설명한 불교학자이다. 그가 당시의 여러 학설을 배격하고 새로운 견해를 바탕으로 직지심성을 강력하게 주장한 것은 장자와 왕필의 '득의망언'의 방법론을 수용하여 얻은 이론적 성과이다. 축도생은 이렇게 말했다.

> 상으로써 뜻을 다하는 것이니, 뜻을 얻으면 상은 잊어야 한다. 말이란 이치를 나타내는 것이니, 이치를 알게 되면 말은 쉬어야 한다. ……만약 통발을 잊고 고기를 얻었다면 비로소 함께 도를 이야기할 만하다!375)

위의 글은 '득의망언'의 방법이야말로 불도를 파악하는 데 전제와 관건이 된다고 생각한 것이다. 장자와 왕필의 '득의망언'설은 중국 선사들의 참선을 줄곧 주도해 온 사상이기도 하다. 혜가는 "배우는 이가 언어와 문자에 의지하여 도로 삼는 것은 바람 속의 등불과 같아서 어둠은 깨뜨리지 못하고 불꽃은 사라져 버릴 것이

---

375) 『고승전(高僧傳)』 권7, 『大正藏』 50, p.366b, "夫象以盡意, 得意則象忘; 言以詮理, 入理則言息.. ……若忘筌取魚, 始可與言道矣!"

다.”376)라고 하였다.

승찬(僧璨)도 “성인의 도는 그윽하게 통하는 것이어서 말로 설명하여 그것에 도달할 수 없고, 법신은 공적하여 보고 들어서 거기에 이를 수 없으니, 문자와 언어는 수고롭게 시설된 것들이다.”377)라고 하였다. 그들은 모두 언어와 문자의 한계를 강조하고 그것에 집착해서는 안 된다고 생각하였다.

도신(道信)은 여기서 한 걸음 더 나아가 ‘말을 잊음으로써[亡言]’ ‘불의 뜻을 얻을 것[得佛意]’을 주장하였다. 그는 “법의 바다가 비록 한량이 없다고 하나 그것을 행하는 것은 한마디 말에 있다. 뜻을 얻으면 말을 잊어야 하고 한 마디의 말도 소용이 없다. 이와 같은 것을 분명하게 아는 것이 부처의 뜻을 얻는 것이다.”378)라고 하여, 단 한 마디의 말도 필요 없이 철저히 ‘명료하고 분명한 앎[了了知]’에 이르렀을 때 비로소 부처의 뜻을 진정으로 얻은 것이라고 보았다. 『능가사자기(楞伽師資記)』는 홍인(弘忍)선사에 대해 다음과 같이 묘사하고 있다.

> 홍인대사는 삼가 고요하게 앉아 있을 뿐, 글로 기록하거나 입으로 현묘한 이치를 말하지 않고, 말없이 다른 사람을 가르칠 뿐이었다.379)

---

376) 『능가사자기(楞伽師資記)』, 『大正藏』 85, p.1285c, “學人依文字語言爲道者, 如風中燈, 不能破暗, 焰焰謝滅.”

377) 『능가사자기(楞伽師資記)』, 『大正藏』 85, p.1286b, “聖道幽通, 言詮之所不逮. 法身空寂, 見聞之所不及. 即文字語言, 徒勞施設也.”

378) 『능가사자기(楞伽師資記)』, 『大正藏』 85, p.1288c, “法海雖無量, 行之在一言. 得意即亡言, 一言亦不用. 如此了遼知, 是爲得佛意.”

379) 『능가사자기(楞伽師資記)』, 『大正藏』 85, p.1289b, “其忍大師, 蕭然淨坐, 不出文記, 口說玄理, 默授與人.”

이로써 홍인도 역시 '뜻을 얻었으면 말은 잊는[得意忘言]' 방법론의 원칙을 봉행하고 있었음을 알 수 있다. 혜능에 이르러, 특히 혜능의 후학들은 불타의 모든 언교(言敎)와 불교의 전체 경전은 중생을 교화하기 위한 하나의 방편일 뿐이며, 결코 불법의 본질이 존재하고 있는 것도 아니고, 불교 진리 그 자체도 아니라고 생각하였다. 불법의 본질은 심령을 개발하고 자성을 깨닫는 데 있다고 생각하였다. 또 깨달음의 내용도 언어와 문자를 사용하여 전하거나 설명할 수 있는 법은 없고, 오로지 마음으로써 마음에 전할 수 있는 것이기 때문에 스승의 마음으로부터 직접 제자들의 마음으로 전수되어야 한다고 보았다.

이 때문에 이들은 문자를 세우지 않고[不立文字], 경전 외에 별도로 전해진 것[敎外別傳]이 있으며, "사람의 마음을 바로 가리켜 견성하여 성불하는 것은 말에 있는 것이 아니다."[380]라고 하여, 인도불교의 교의와 규범에서 벗어난 독창적인 주장을 제기하고 직각(直覺) – 돈오설을 크게 창도하였다.

한 걸음 더 나아가서 불교경전은 부스럼을 닦는 쓸모없는 종이라는 말[381]도 생겼다. 도가의 '득의망언' 사상은 실로 선종의 '견성성불'설 논리의 시작임과 동시에 방법론의 근거이며, 선종이 선종다울 수 있었던 까닭이기도 하고, 선종이 중국의 다른 불교 종파와 구별되고, 인도불교와도 구별되는 인식론의 기초가 된 것이라고 할 수 있다. 이처럼 '득의망언'설은 선종사상의 형성 및 발전에 있어

---

380) 『황벽산단제선사전심법요(黃檗山斷際禪師傳心法要)』, 『大正藏』 48, p.384a, "直指人心, 見性成佛, 不在言說."

381) 「덕산선감선사(德山宣鑑禪師)」, 『오등회원(五燈會元)』 권7, 중책, p.374, "拭瘡疣紙之說."

서 그 어떤 것과도 비교할 수 없는 중요한 위치를 차지하고 있음을 알 수 있다.

종합하면 선종학자들에 대한 도가사상의 영향은 전면적이고 심각한 것이었다. 도가는 선종의 심성론뿐 아니라 본체론, 방법론과 인식론에 있어서 이론적 기초를 제공하기도 하였다. 물론 선종이 유가나 인도불교로부터 사상적 영향을 받지 않았다는 것은 아니다. 불교의 한 종파로서 선종이 인도불교사상을 계승한 것은 필연적이며, 또 중국불교의 한 종파로서 선종이 유가사상을 수용할 수밖에 없었던 것도 너무나 당연한 것이다.

제2절 도교 심성론에 대한 불교의 영향

불교와 도교 심성론의 상호작용에 대해서 말할 때, 우리는 먼저 노장사상과 위진 현학자들이 불교, 특히 선종의 심성론에 깊은 영향을 끼쳤다고 말한다. 그런데 수나라 이후에는 선종의 사상이 반대로 도교의 심성론에 영향을 끼치게 되었다. 도교의 심성론은 도가의 수신양성(修身養性) 사상을 직접 계승하였고, 또한 유가의 진심지성(盡心知性) 학설도 수용하였으며, 특히 선종의 심성론 사상으로부터도 깊은 영향을 받았다. 영향을 받은 정도를 두고 말할 때, 도가에 대한 불교 그중에서도 선종의 영향은 유교를 훨씬 뛰어넘는 것이었다.

도교는 중국에서 자생하여 성장한 종교이다. 창립시기 도교의 기본교의는 첫째, 양생(養生)과 연성(煉性)이라는 두 가지 방면의 수련과정을 거쳐, '도'에 도달하여 결합함으로써 장생불사하여 신선이 된다는 것이다. 둘째는 신선과 신선이 지닌 초자연적인 신통한 힘을 신앙하여, 신선에게 기도하면 인생의 현실적인 고난이 해결되고, 죽은 자의 영혼도 승화한다고 믿었다. 이 두 가지 방면에는 각각 고유한 수련방법과 기도방식이 있었다.

이후 도교는 매우 신속하게 불교의 영향을 수용함으로써 남북조 시기에는 개혁을 단행하여 종교의 체제를 갖추고 경교(經敎)의 체계화를 실현하였다. 동시에 위진 현학과 정신의 초월을 숭상하는 불교의 반야사상을 흡수하여 도교철학의 발전방향을 조정하였다. 수당시대에 이르러서는 유(有)에 머물지도 않고 무(無)에 머물지도 않는 중현지도(重玄之道)가 도교사상의 주류가 되었는데, 무(無)로써 유(有)를 보내는 것[以無遣有]을 현(玄)으로 삼고, 유무 둘 다를 보내는 것[有無雙遣]을 중현(重玄)으로 삼는 사상을 중점적으로 선양하였다.

이것은 사실 심성본체에 대한 깨달음을 통해 주체정신의 초월과 생명의의의 승화를 추구하는 것이었다. 따라서 신선이 되는 것을 구하는 것은 수도에 있어서 낮은 단계에 지나지 않으며 중현을 몸소 깨닫는 것이 수도의 최고 목표였다.

수나라 이후의 도교는 수성(修性)과 수선(修仙)이 결합된 성명쌍수(性命雙修) 사상을 주장하였다. 당나라 중엽 이래로 유교와 불교는 인생의 이상을 밖으로 향하여 추구하는 것에서 안으로 향하여 추구하는 쪽으로 전환하였는데, 도교도 역시 신속하게 노장사상을 향해 되돌아오기 시작하였고 자연본성을 향해 되돌아왔다. 내재적

반성과 노력을 사상의 특징으로 하는 내단도(內丹道)는 자아의 심신 안에서 정기를 제어하는 음양소장법(陰陽消長法)이 수양의 주류를 이루었다.

내단은 다시 선(禪)과 융합하여 송대·원대의 도교를 정립하여 번영을 이끌었고 아울러 전진도(全眞道)를 형성하였다.

전진도는 '선성후명(先性後命)'을 주장하고 수성(修性)의 중요성을 특히 강조하였으며, 심성도덕의 수양이 심신수련의 전제이며 요체라고 여겼다. 그들은 심지어 정신[心]이 생명[身]보다 더 중요하다고 선양하고, 성(性)이 주가 되고 명(命)이 그다음이 되는, 성을 중시하고 명을 경시하는 '중성경명(重性輕命)'의 경향을 나타냈다. 명나라에 들어와서도 도교는 계속하여 수심연성(修心煉性)의 궤적을 이어 갔으며, 수도이론에 있어서는 무미건조한 침묵 상태로 빠져 들어갔다.

위에서 진술한 바와 같이, 중국불교는 남북조시대에서 시대가 지날수록 이론의 핵심을 인간 심성의 문제로 전환시켰다. 당나라 시대에 이르러 일부 종파는 자신들만의 특색을 갖춘 심령철학을 형성하였다. 특히 선종의 경우에는 '직지인심, 견성성불'을 기본이론으로 하여 불교의 근본의리를 지키면서도 인간의 정신을 초월하는 방법을 제기함으로써 사상계에 커다란 파문을 불러일으켰다. 이 이후 유가와 도교는 모두 선종철학의 진제로부터 알게 모르게 영향을 받았고, 또 일종의 심령세계의 만족이나 기쁨을 추구하는 것을 인생의 최종 목표로 삼게 되었다. 그렇다면 중국불교 특히 도교의 심성론에 대한 선종의 영향은 어떤 면에서 어느 정도 컸을까? 다음과 같이 몇 개 방면으로 나누어 구체적으로 살펴보도록 하겠다.

1. 윤회과보(輪回果報)와 형망성존(形亡性存)

도교에 대한 불교의 영향은 가장 먼저 윤회과보 관념에서 발생하였다. 불교는 자체의 기본적 이론인 연기론에서 출발하여, 선에는 선한 과보가 있고 악에는 악한 과보가 있으므로, 중생은 자신의 선악 행위에 의하여 과거·현재·미래 삼세에 생사에 윤회하는 응보를 받거나 생사윤회를 초월하여 열반의 경지에 들어가게 된다고 하였다. 이러한 인과응보설은 위로는 전생으로, 아래로는 내세로까지 옮겨 가는 것이어서 이론상으로는 상당히 '정교하고 치밀'하지만, 실천상으로는 검증되지 않은 채 도교에서 받아들인 것이다. 도교학자들은 장생불사 이론을 수정하여, 인간의 형체는 죽음이 불가피한 것이므로 장생불사하는 것은 당연히 인간의 신성(神性)과 정신(精神)이라는 견해를 제시하게 되었다. 이러한 설명은 이후 도교가 심성수양을 중시하는 중대한 이론적 계기가 되었다.

이 밖에도 도교는 종래의 귀신세계 계통에서도 발전을 이루게 되었다. 예를 들면, 도교의『운급칠첨(云笈七籤)·천지부(天地部)』[382]에서는 불교를 모방하여 위로는 성경(聖境)·범천(梵天)·무색계(無色界)·색계(色界)·욕계(欲界)를 포괄하는 36천(天)이 있고, 아래로는 십전염라왕(十殿閻羅王)이 있는 지옥을 말하였다. 동시에 종교윤리와 도덕실천적인 측면을 강조하였고 재계의리와 의식규범을 만들어 활성화하였다. 그리고 불교법사를 따라 제단을 만들고 제사를 지내는 규칙을 더욱 규범화하였는데, 이러한 변화는 도교가

---

382)『운급칠천(云笈七籤)』 권21, 22,『정통도장(正統道藏)』 제37책, pp.29373~29401.

더욱 민간들 속으로 깊이 파고 들어가는 계기가 되었다.

도교는 원래 일종의 부채를 이어받는다는 설[承負說]이라고 볼 수 있다. 인간이 생전에 지은 선한 일과 악한 일에 따라서 서로 다른 응보를 받게 되며, 후손들의 길흉화복에까지 영향을 끼친다고 생각하였다. 그러나 영혼이 윤회하여 다시 태어난다거나 악을 지으면 벌을 받아서 지옥에 간다는 등의 설은 제기하지 않았다.

그런데 동진 이래의 일부 도교경전에서는 불교의 육도윤회와 내세응보설 사상을 수용하였다. 예를 들면, 진(晉)나라 중후기에 만들어진 『태상동연신주경(太上洞淵神呪經)』 권3 상에서는 "악한 사람이 죽으면 삼악도에 들어가고, 도사가 죽으면 하늘과 인간 세계에 태어난다. ……이와 같은 사람은 나중에 중죄가 있으면, 죄인은 지옥의 물과 불속에 들어가 삼천억겁 동안 나올 수 있는 기회가 없다."383)고 하였다. 이 밖에도 『태극진인부령보재계위의제경요결(太極眞人敷靈寶齋戒威儀諸經要訣)』에서는 "악과 악은 서로 조건이 되고, 선과 선은 서로 원인이 되는 것이니, 이를 명근이라고 한다." 또 도를 배우는 사람이 정욕에 떨어지고 속된 흐름을 따르면, "몸은 무너지고 명예는 사라지며 죽음의 길에 윤전하게 된다."384)고 하였다.

도교를 개혁한 북위(北魏)의 숭산(嵩山)도사 구겸지(寇謙之, 365~448)는 『운중암송신과지계(雲中暗誦新科之誡)』에서 불교의 윤회응보설을 받아들여, 선업을 지은 자는 윤회 중에 도를 얻어 신선으로 상

---

383) 『정통도장(正統道藏)』 제10책, p.7510ac, "惡人死者入三途惡道, 道士死者生天上, 人間. ……如此人等後有重罪, 罪人赤連地獄水火之中, 三千億劫無有出期."

384) 『정통도장(正統道藏)』 제16책, p.12793a, "惡惡相緣, 善善相因, 是曰名根", "身沒名滅, 輪轉死道."

승하고 악업을 지은 자는 윤회 중에 지옥으로 떨어진다고 하였다. 또한 『태진옥제사극명과경(太眞玉帝四極明科經)』 권1385)에서는 진일보하여 지옥은 중국의 오악(五嶽)386) 속에 있으며, 또 진귀도풍도산(儘鬼都酆都山)이라고 하는 산의 정상과 중간·산 아래에 각각 여덟 개의 지옥이 있는데, 그곳이 귀신이 거처하는 장소라고 하였다. 이러한 점들은 도교학자가 불교의 업보윤회사상과 도교의 승부설을 융합하여 권선징악의 사회적 공능과 효과를 강화하기 위한 것이었음이 분명하다. 이러한 사상적 경향은 도교학자가 그들의 경서(經書)를 저술할 때 하나의 유행처럼 되었다. 남북조시대에 편찬된 도교의 경전 중에는 불교의 인과응보·삼세윤회·천당지옥 등 사상이 도처에 나타나 있으며 도교사상 기조의 하나를 이루었다.

불교의 인과응보론과 마찬가지로 삼세윤회사상도 역시 도교의 전반으로 널리 확산되었으며, 도교학자들은 이에 상응하여 장생불사·우화성선 이론도 조정하였다. 당대에 저명한 도사였던 오균(吳筠 ?~778)은 『현강론(玄綱論)』 제30장에서 다음과 같이 말했다.

> 사람이 죽게 되는 까닭은 형체 때문이며 없어지지 않는 것은 성이다. 성인이 오히려 신체를 중시하지 않는 까닭은 정신의 집이고 성을 갖춘 것이기 때문이다. 귀한 것은 신성일 뿐이다. 만약 죽음을 두려워하고 형해를 진실한 것으로 여기며, 이를 수신의 도로 삼는다면, 진실을 닦는 묘한 것이 아니다.387)

---

385) 『정통도장(正統道藏)』 제5책, pp.3533~3534.

386) 오악이란 동쪽의 태산(泰山), 남쪽의 형산(衡山), 서쪽의 화산(華山), 북쪽의 항산(恒山)과 중앙의 숭산(嵩山)을 말한다.

387) 『정통도장(正統道藏)』 제39책, p.31527c, "夫人所以死者形也, 其不亡者性也. 聖人所以不尙骸者, 乃神之宅, 性之具也. 其所貴者神性爾. 若以死爲懼, 形骸爲眞, 是修身之道, 非修眞之妙矣."

이것은 인간의 신체는 죽는 것이지만 신성은 죽지 않으므로 신성의 수련을 중시해야 한다는 것을 말한 것이다. 나중에 전진도는 사실상 '육체불사(肉體不死)'에 대해 추구하는 것을 포기하고, 오로지 '진성(眞性)'의 해탈과 '양신(陽神)'의 승천만을 구하였다.

전진도의 창시자인 왕중양(王重陽, 1112~1170)은 육체불사설을 다음과 같이 비평하였다. "세상을 떠난다는 것은 육신이 떠나는 것이 아니고, 마음의 근본이 떠나는 것을 말한다. ……오늘날 사람들이 영원히 죽지 않고 세상을 떠나기를 바라는 것은 크게 어리석은 것으로서 도리에 이를 수 없다."388) 이 말은 어떤 사람도 반드시 한 번 죽는데 육체의 장생을 추구하면서 이 세상을 떠난다는 것은 어리석은 것이며, 도리에 도달할 수 없는 망상에 불과하다는 이야기이다. 또한 전진도는 인간의 혈육으로 된 몸은 단지 '냄새나는 가죽 주머니'이며, '냄새나는 육신[臭肉]', '한 덩어리의 고름[一團膿]', '해골[骷髏]', '달리는 주검[走骨尸]'에 지나지 않는다고 보았으며, 인간의 '진실한 영혼인 본성[眞靈一性]'이야말로 '진아(眞我)'이며, 추구하고 향상시킬 만한 가치가 있는 것이라고 주장하였다.

2. 만법개공(萬法皆空)과 망신무심(忘身無心)

불교의 대승공종학파는 연기설에서 출발하여 일체의 사물은 자성(自性)이 없고 만법은 모두 공(空)하다는 것을 강조하여, 현상·

---

388) 『중양주교십오론(重陽主教十五論)·제십오론리범세(第十五論離凡世)』, 『정통도장(正統道藏)』 제53책, p.43159ac, "離凡世者, 非身離也, 言心地也. ……今之人欲永不死而離凡世者, 大愚不達道理也."

본체·공부·경계는 모두 공이며 자성이 없는 것이라고 생각하였다. 이러한 사상은 불교가 세속을 떠나 정신적 초월을 추구하는 것을 기본입장으로 삼는 것으로 나타났으며 불교를 주도하는 사상의 하나로 형성되었다. 도교에서는 우주만물이 모두 '도(道)'로부터 변화되어 생성되는 것으로서 진실하고 실재하는 것이라고 생각하였다. 그러나 만법개공(萬法皆空) 사상이 동진과 남북조시대에 널리 확산됨에 따라, 도교도 충격과 영향을 받게 되었고, 도교학자들은 도교 원래의 신심이론(身心理論)을 다시 수정하기에 이르렀다.

남조 제량(齊梁)시대의 저명한 도사인 도홍경(陶弘景, 456~536)은 도교와 불교사상을 융합하는 데 열중하였다. 그는 특히 불교의 '인생은 허깨비와 같다'는 설법을 수용하여, "인생은 환화와 같을 뿐이다. 천지간에 머무를 시간이 조금 허락되었을 뿐이다[人生者如幻化耳, 寄寓天地間少許時耳]."라고 하였다. 또한 일부 도교경전은 인간의 형체를 '비아(非我)'이고 '무형(無形)'임을 논증하려고 하였다.

> 내가 생명을 얻은 것은 허무한 자연 속에서 온 것이며, 인연으로 태에 의지하고 변화하여 태어난 것이다. 내가 부모의 태를 받았지만 나의 생의 시작은 부모에 있는 것이 아니다. 나의 진정한 부모는 여기에 있지 않다. ……지금 낳아 준 부모는 내가 인연을 의탁한 것이다. ……그러므로 내가 형체를 받은 것도 나의 형체가 아니다. 그것에 의지하여 형체라고 하지만, 그것은 눈에 보여도 있다고 할 것이 없다. 그러므로 도를 얻은 사람은 다시 형체가 있는 것으로 돌아오지 않는다.389)

---

389) 『태상동현령보삼원품계공덕경중경(太上洞玄靈寶三元品戒功德輕重經)』, 『정통도장(正統道藏)』 제11책, pp.8815c~8816a, "我所以得生者, 從虛無自然中來, 因緣寄胎受化而生也. 我受胎父母, 亦非我始生父母也. 我眞父母不在此也. ……今所生父母我

도교는 불교의 대승공관을 받아들여 인생과 형체를 관찰함과 동시에 진일보하여 '몸을 잊을 것[忘身]'을 주장하였다.

> 삼계 속의 삼세는 모두 공임을 알아야 한다. 삼세가 공임을 알면, 비록 내 몸이 있다 하더라도 당연히 모두 공으로 돌아간다. 공으로 돌아간다는 이치가 분명하면 곧 자신의 몸을 잊을 수 있을 것이다.390)

위에서 언급한 '비아(非我)', '무형(無形)', '망신(忘身)' 사상은 도교가 주장하는 '귀형(貴形)', '중신(重身)', '양생(養生)'의 근본 종지와 서로 배치되는 것이다. 이것은 불교의 성공(性空)사상을 수용한 후 발생한 관념의 중대한 변화임에 틀림없다. 도교는 불교의 '공무자성(空無自性)' 학설도 받아들여 일체 사물의 본성을 설명하였으며, 인간 심령의 본성은 공적한 것이라고 강조하였다. 당나라 초기의 도사 맹안배(孟安排)는 『도교의구(道敎義構)』 권8 「자연의(自然義)」에서 다음과 같이 말했다.

> 의가 말하길, "자연은 본래 자성이 없는 것이다. 이미 자성이 없는데 무슨 작자가 있겠는가? 작자가 이미 없는데 다시 어떤 법이 있겠는가? 이것은 곧 자신도 없고, 남도 없고, 사물도 없고, 자아도 없다는 것이다."391)

'무자성(無自性)'은 무작자(無作者)와 무주재(無主宰)를 가리키

寄附因緣, ……故我受形亦非我形也. 附之以爲形, 示之以有無, 故得道者無復有形也."

390) 『태상동현령보지혜정지통미경(太上洞玄靈寶智慧定志通微經)』, 『정통도장(正統道藏)』 제9책, p.7348c, "當知三界之中, 三世皆空. 知三世空, 雖有我身, 皆應歸空. 明歸空理, 便能忘身."

391) 『정통도장(正統道藏)』 제41책, p.33197a, "義曰: '自然者, 本無自性. 旣無自性, 有何作者? 作者旣無, 復有何法? 此則無自無他, 無物無我.'"

는 것으로서 본성이 없는 것을 말한다. 즉 자연의 본성은 무자성으로서 공적한 성품이라는 것이다. 자신[自, 자연]과 남[他, 타연], 사물과 나는 모두 자성이 없고 공적한 성품의 것이기 때문에 차별이 없는 것이며, 모두 공으로 귀결된다는 것이다. 이러한 관점에서 인간의 심성도 공하고, 신령스럽고, 밝고, 청정한 것이라고 생각하였다. 이렇게 공하고, 신령스럽고, 밝고, 청정한 심성을 체험하는 것을 수도의 중요한 경지로 생각하였다. 송말원초(宋末元初)의 도사 이도순(李道純)은 이렇게 말했다.

> 도가가 정을 수련하여 기로 변화시키고, 다시 기를 수련하여 신으로 변화시키고, 신을 수련하여 허로 돌아가는 것, 즉 근본을 품어 허로 돌아가는 것은 석씨의 공으로 돌아간다는 이론과 차별이 없다. …… 또 부처가 말하는 진공과 같다. ……도는 자연을 말하는데, 모두 근본을 품어 허로 돌아가는 것이니, 태허와 동체이다.392)

'자연'과 '진공(眞空)', '수도(修道)'와 '귀공(歸空)'을 같다고 본 것은 도교의 수련경지와 불가에서 추구하는 주체인 심령의 경지를 회통(會通)한 것이다. 청대의 도사 이서월(李西月)도 "단을 수련하는 것은 공에 이르는 것이며, 이미 선을 다한 것이다."393)라고 하여 단을 수련하여 공적에 이르는 것을 선을 다한 경지로 보았다.

불교의 만법개공 사상의 영향으로 도교학자들은 '무체(無滯)'·'무심(無心)'의 관념을 제기하기에 이르렀다. 당나라 초기의 저명한

---

392) 『문답어록(問答語錄)』, 『중화집(中和集)』 권3제13, 『정통도장(正統道藏)』 제7책, pp.5245c~5246a, "如道家煉精化氣, 煉氣化神, 煉神還虛, 即抱本歸虛, 與釋氏歸空一理無差別也. ……且如佛云眞空, ……道曰自然, 皆抱本還元, 與太虛同體也."

393) 『무근수사주해(無根樹詞註解)』, 『장삼풍선생전집(張三豊先生全集)』, 『장외도서(藏外道書)』 제5책, p.603a, "練丹至於空, 已盡善矣."

도사 성현영(成玄英)은 다음과 같이 말했다.

> 현(玄)은 심원하다는 뜻이며, 또한 막힘이 없는 것을 말한다. ……심
> 원한 현은 이치가 막힘이 없는 것으로 돌아가 유에도 막히지 않고
> 무에도 막히지 않는다. 유무 둘 다에 막히지 않을 때, 그것을 일러
> 현이라고 한다.394)

이것은 대승공종의 중도관을 수용하여 유도 아니고 무도 아니다
[非有非無]는 사유방식을 활용하여 '현(玄)'의 의미를 해석한 것이
다. 여기서 나타난 현의 의미는 '불체(不滯)'·'무체(無滯)'로서, 유
에도 집착하지 않고, 무에도 집착하지 않고, 그 어떤 것에도 집착
하지 않는 것을 말한다.

당 초기에 활동한 도사 왕현람(王玄覽)은 "유를 향해 마음을 움
직이지 말고, 무를 향해서도 마음을 움직이지 말라. 무가 있다는
데로 향하여 마음을 움직이지 말고, 유가 없다는 데를 향해서도 마
음을 움직이지 말라."395)고 하여 마음 깊은 곳에 잠재되어 있는 일
체의 집착을 철저히 배제할 것을 요구하였다.

이후 일부 도교학자들은 '무심(無心)'을 주장하였다. 예를 들면,
명나라 초기의 전진도사 하도전(何道全)은 "만약 뜻의 망념이 멸하
면, 이것이 곧 삶의 문이며, 뜻이 혼란스럽고 마음이 분별을 잃게
되면, 이것이 곧 죽음의 길이다. 그 마음은 만법과 짝하지 않으니,

---

394) 『도법진경현덕찬소(道法眞經玄德纂疏)』 권1, 『정통도장(正統道藏)』 제22책, p.17476a,
"玄者, 深遠之義, 亦是不滯之名. ……深遠之玄, 理歸無滯. 旣不滯有, 亦不滯無,
二俱不滯, 故謂之玄也."
395) 『현주령(玄珠靈)』하, 『정통도장(正統道藏)』 제39책, p.31448c, "勿擧心向有, 勿擧心
向無, 勿擧心向有無, 勿擧心向無有."

한 성품이 홀로 밝고 담연하게 홀로 비추면, 이것이 곧 몸을 벗어
나는 곳이다."396)라고 하여, 심성을 담연하고 오염되지 않게 유지
하고 만물에 집착하지 말 것을 요구하였다. 무심(無心)에 대해서
하도전(何道全)은 보다 생동감 있게 설명하였다.

> 스승이 고요한 방에 이르렀을 때 청도라는 스님이 스승을 뵙고 물었
> 다. "만약 어떤 한 여자가 만나려고 온다면, 여자로 보아야 합니까?
> 남자로 보아야 합니까?" ……스승이 말씀하였다. "보는 것은 보지
> 않는 것과 같으니, 남자인지 여자인지 어떻게 알겠느냐? 마음이 무심
> 하면 어찌 죄와 복이 있겠는가? 큰 도는 남녀를 구분하지 않는데 그
> 대가 분별해서 뭘 하겠는가?"397)

'무심(無心)'은 그 어떤 분별도 하지 않는 것이다. 사람을 볼 때
는 보아도 보지 않은 것처럼 성별을 구분하지 않는 것이다. 이것은
소위 대도(大道)의 관점에서 보면, 일체의 사물은 전혀 차별이 없
다는 것을 말한다. 청대의 도사 루근원(婁近垣)은 다음과 같이 말
했다.

> 깨달음을 성찰하는 공은 원만한 것에 이르는 것이 아니고 마음을 비
> 춰 보는 데에 있다. 비춰 보는 것을 없애고 깨달음을 원만하게 하고
> 싶다면 모름지기 무심을 운용하여야 한다. 그러므로 천지는 같은 곳
> 으로 돌아가고 만물과 내가 하나로 같아진다고 한다. ……그러나 만
> 물에 마음이 있는 것은 아니다. 사물에 무심해야 순간순간의 마음이

---

396) 『수기응화록(隨機應化錄)』 권상, 『정통도장(正統道藏)』 제39책, p.31448c, "若情忘
念滅便是生門, 意亂心狂便是死路. 其心不與萬法爲侶, 一性孤明, 湛然獨照, 此乃
出身之處."

397) 『수기응화록(隨機應化錄)』 권하, 『정통도장(正統道藏)』 제39책, p.32154c, "師至靜
室, 有僧聽都參師, 問曰: '假若有一女子迎面而來, 看爲女子, 看爲男子乎…….' 師
曰: '見如不見, 焉知男女, 心若無心, 焉有罪福, 大道不分男女, 爾別辨做甚.'"

모두 부처이다. 도에 무심해야 곳곳마다 도이다. 순간순간의 마음이
모두 불이니, 한 생각도 불심이 아닌 것이 없고, 모든 곳이 다 도이
니, 한 곳이라도 도의 체가 아닌 것이 없다.398)

이것은 '무심(無心)'이 '각오(覺悟)'를 이룰 수 있고 없고, 원만
하게 할 수 있고 없고의 관건이 된다는 것이다. 그런데 '무심'은 만
물이 나에게 모두 갖추어져 있음을 분명하게 아는 것이며, 만물에
마음이 있는 것은 아니다. 여기서 말하는 '무심'은 도가·현학과
불교가 서로 관련된 사상을 융합한 결과이다.

3. 심성만법(心性萬法)과 심위도체(心爲道體)

인도불교의 유심 계열은 '삼계유심(三界唯心)'·'만법유심(萬法
唯心)'·'유심소변(唯心所變)' 사상을 선양하고, 인간의 주체정신
이 세계를 파악하고 인생에서 해탈이라는 이상을 실현하는 데 결
정적인 작용을 한다고 강조하였다.

중국의 법상 유식종도 이 이론을 집중적으로 선양하였고, 천태·
화엄·선종도 이 이론을 받아들였다. 유심설과 '일체개공(一切皆
空)'설은 이와 같이 중국불교의 중요한 이론적 기초를 이루었다.

도교는 우주에 존재하는 일체의 사물이 모두 '도'가 변화된 것이
고, '도'는 영원한 존재이며, 공덕을 쌓고 형체를 수련하여 꾸준히

---

398) 『천진편(闡眞篇)』, 『용호산지(龍虎山志)』 권11, 『장외도서(藏外道書)』 제19책, p.554a,
"夫鑒覺之功不至於圓滿者, 心有所照也. 欲泯照而覺圓, 須無心而應運, 故曰天地
同歸, 物我一如. ……而未嘗有心於萬物也. 無心於物, 故心心皆佛; 無心於道, 故處
處是道. 心心皆佛, 無一念非佛心, 處處是道, 無一處非道體."

도를 닦는 것은 정신을 안정시키고 신체를 견고하게 하는 것이며, '도'와 합일되어야 장생할 수 있다고 생각하였다. 원래 도교에는 우주의 일체 사물이 '마음'에서 생겨난 것이라든가 '마음'에서 멸한다는 등의 설명은 없었다. 뿐만 아니라 '마음을 밝혀 성품을 본다[明心見性]'는 수행이론도 없었다. 그러나 종교 내부의 사상적인 구조에서 볼 때, 주체적인 '마음'의 현상에 대한 인식을 떠나서는 현실의 인생을 초월하는 사상적 체계를 세우기가 어려웠다. 도교가 창건된 이래의 실천이나 표명한 것을 살펴보아도 마찬가지이다. 도교는 양생수련을 통해 장생불사와 우화성선에 이르는 것을 목적으로 삼았다. 이러한 목적이 실제로 화학·의학·보건학 등 방면에서 일정한 과학적 성과를 거둔 것은 사실이지만, 그들이 주장하는 성선이 된다는 사상은 사람을 움직이기 위한 하나의 감언이설로서 환상에 지나지 않았다.

이러한 점이 제도나 방법을 개선시키지 않을 수 없게 하였으며, 신선의 내재적 의미를 조정하게 하여 수도의 방식과 방법을 전환하게 하였다. 수련의 중점도 하나씩 하나씩 마음을 수련하는 쪽으로 전환하여 내재적 정신을 추구하는 쪽으로 전향하게 되었는데, 이러한 전환과 변화는 불교 유심사상의 영향과 불가분의 관계가 있다.

'마음'이 도교의 수련에서 중요한 작용을 한다는 것을 부각시키기 위해, 도교학자들은 먼저 '마음'과 '도'를 상통시켜 '마음'을 '도'의 내용으로 정하고, '마음이 도의 근본[心爲道體]'이라는 사상을 선양하였다. 왕현람(王玄覽)은 불교 반야중관의 유심사상을 수용하여, '도'를 '유(有)·무(無)·비유비무(非有非無)·비사유무(非

舍有無)’399)의 ‘사구(四句)’로 귀결시켰다.

아울러 “일체 만물은 각각 사구를 지니고 있고, 사구 중에 각각
의 마음이 있다. 마음과 마음은 서로 다르지 않아서 통하여 하나가
되므로 큰 하나[大一]라고 부른다.”400)고 하였다. 이것은 일체만물
의 4구속에는 모두 마음이 있고, 마음은 모두 동일하여 다르지 않
기 때문에 ‘대일(大一)’이라고 한다는 것이다. 대일(大一)은 ‘정일
(正一)’ 혹은 ‘진일(眞一)’이라고도 하였는데, 사실상 도의 다른 이
름이다. 이것은 ‘마음’이 곧 ‘도’이며, ‘도’가 곧 ‘마음’이라는 말이다.

왕현람은 나아가 우주만물은 모두 심식(心識)이 ‘감지(感知)’하
고 ‘인지(認知)’하는 것이라는 주장을 하고, “시방의 모든 사물은
하나의 식이 인지한 것”401)이라고 하였다. 또 “보는 눈이 흔들리면
보이는 사물도 흔들리지만, 그 사물은 사실 흔들리는 것이 아니다.
보는 눈이 고요하면 보이는 사물도 고요하지만, 사물은 사실 고요
한 것이 아니다. 두 개의 눈이 있기 때문에 보이는 사물에 동(動)
과 정(靜)이 있는 것이다. 두 개의 눈이 없어지면 동과 정도 역시
없어진다.”402)고 하였다. 이와 같이 왕현람은 만물유심 사상을 선
양하여, 사물을 개인의 주관적 인식작용으로 귀결시켰고, 사물의
동(動)과 정(靜)의 다른 상태도 인간의 주관적 감각으로 귀결시켰다.

---

399) 『현주록(玄珠錄)』 권상, 『정통도장(正統道藏)』 제39책, p.31441a.

400) 『현주록(玄珠錄)』 권상, 『정통도장(正統道藏)』 제39책, p.31444a, “一切萬物各有四
　　 句, 四句之中, 各有其心. 心心不異, 通之爲一, 故名大一.”

401) 『현주록(玄珠錄)』하, 『정통도장(正統道藏)』 제39책, p.31447a, “十方所有物, 并是一
　　 識知.”

402) 『현주록(玄珠錄)』하, 『정통도장(正統道藏)』 제39책, p.31448ac, “眼搖見物搖, 其物
　　 實不搖; 眼靜見物靜, 其物實不靜. 爲有二眼故, 見物有動靜; 二眼旣也無, 動靜亦
　　 不有.”

북송시대 도교의 남종 조사 장백단(張伯端, 987~1082)도 다음과 같이 말하였다.

> 몸이 도에 이르게 하고 싶으면 본심을 밝히는 것이 좋지 않겠는가? 마음은 도의 근본[體]이며, 도는 마음의 작용[用]이다. 사람이 마음을 살펴 본성을 볼 수 있다면, 원만하고 밝은 체가 저절로 드러나고, 무위의 용이 저절로 이루어져, 공을 들이지 않고도 바로 피안을 초월한다. ……이것이 이른바 위없이 지극하고 진실하며 묘한 도이다. ……이 도는 지극히 미묘하여, 근성이 미혹하고 어리석은 세상 사람들은 몸에 집착하여 죽음을 싫어하고 삶을 좋아하기 때문에 깨닫기 어려운 무리들이다.403)

이것은 매우 중요한 진술이며, 여기에 포함되어 있는 사상은 다음 몇 단계로 이루어져 있다. 첫째, 깨달음을 얻어 도에 이르는 가장 좋은 방법은 본심을 밝게 살펴야 한다는 것이다. 둘째, 마음을 밝히는 것[明心]과 도(道)는 체(體, 圓明)와 용(用, 無爲)의 관계를 이루고 있다. 셋째, 세상 사람들이 만약 자신의 마음을 살펴 본성을 볼 수 있다면 단박에 피안을 초탈할 수 있다는 것이다. 넷째, 세상 사람들이 죽음을 싫어하고 삶을 좋아하는 것은 깨달음을 얻는 데 장애가 된다는 것이다. 이러한 관점은 기본적으로 선종 심성 사상의 번역판이라고 볼 수 있다.

금나라 시대의 도사 왕중양(王重陽)은 "마음이 본래 도이며, 도가 곧 마음이다. 마음 밖에 도가 없으며, 도 밖에 마음이 없다."404)

---

403) 「오진편후서(悟眞篇後序)」『오진편천해(悟眞篇淺解)』, p.175, 북경, 중화서국, 1990, "欲體夫至道, 莫若明乎本心. 故心者, 道之體也; 道者, 心之用也. 人能察心觀性, 則圓明之體自現, 無爲之用自成, 不假施功, 頓超彼岸. ……此所謂無上至眞之妙道也. ……此道至妙至微, 世人根性迷鈍, 執其有身而惡死悅生, 故卒難了悟."

404) 「중양진인수단양이십사결(重陽眞人授丹陽二十四訣)」『정통도장(正統道藏)』 제43

는 것을 강조하였다. 또 남송시대의 도사 백옥섬(白玉蟾)은 지속적
으로 내재적 정신을 초월하는 방법을 추구하여 '마음이 곧 도[心卽
道]'라는 사상을 선양하고, "이 마음을 미루어 도와 합치하면 이
마음이 바로 도이다. 이 도를 체득하여 마음과 회통하면 이 도가
곧 마음이다. 도는 마음에 녹아들고, 마음은 도에 녹아든다. 마음
밖에 다른 도가 없고, 도 밖에 다른 물건이 없다."405)고 하였다. 여
기서 '마음'은 공하고 신령하고 정적한 심령을 가리키고, '도'는 최
고의 정신적 경지를 말한다. 따라서 도를 닦는다는 것은 마음과
'도'의 계합, '도'와 '마음'의 원융회통을 말하는 것이므로, 마음이
곧 도이고 도가 곧 마음이라고 말할 수 있다. 실제로 이것은 도를 마
음으로 귀결시켜, 수도를 마음의 공부로 귀결시킨 것이다. 그래서 그
는 "마음상의 공부는 기를 목구멍으로 들이마시는 데 있지 않다."406)
고 하고, 기를 수련하는 데서 마음을 닦는 쪽으로 전환하였다.

　도교학자는 마음과 사(事)·물(物)·법(法)·경(境)의 관계에 대
해서도 논술하였다. 노자는 도가 만물을 낳았다고 생각하였고, 한
나라 시대의 도가는 다시 원기(元氣)가 변하여 만물을 낳았다고 주
장하였다. 도교는 이 두 주장을 종합하여, 도가 곧 원기이고 도가
만물을 생한다는 사상을 선양하였는데, 이것은 원기가 만물을 화생
한다는 것이다. 이러한 주장은 나중에 불교의 유심사상으로부터 받
은 충격을 통해 도교학자들이 도가 만물을 생한다는 설법에 변화

<hr>

책, p.34571a, "心本是道, 道卽是心; 心外無道, 道外無心."

405) 「사장자양서(謝張刺陽書)」『도장정화(道藏精華)』제10집의 2, 『백옥섬전집(白玉蟾
　　全集)』권7, p.9, 대만, 자유출판사, 1980년, "推此心而與道合, 此心卽道也; 體此道
　　而與心會, 此道卽心也. 道融於心, 心融於道也. 心外無別道, 道外無別物也."

406) 「사선사기서사(謝仙師寄書詞)」『백옥섬전집(白玉蟾全集)』권7, p.12, "心上工夫,
　　不在吞津咽氣."

를 가져온 것이다.

통현(通玄)선생이라고 서명되어 있는 당나라 초기에 간행된 『도체론(道體論)』에는 도는 유무(有無)·비유무(非有無)·비유비무(非有非無)·역유역무(亦有亦無)를 근본(體)으로 삼는다고 불교의 '사구(四句)'식을 수용하여 도의 체(體)를 설명하였다. 또 도가 만물을 생하느냐 그렇지 않느냐의 문제에 대해서는 '생한다[生]·생하지 않는다[不生]'는 이중의 답을 제시하였다. 『도체론』 권6이 마음의 작용에 대해 강조하고 있는 것을 보면 다음과 같다.

> 만물의 체는 업에 따라 감응한다. 더럽고 청정한 것은 항상 그런 것이 아니고 만사는 마음을 따라 변하는 것이다. 비유하면, 눈이 침침해지면 모륜이 허공에 있는 것처럼 보이지만, 눈의 침침함이 없어지면 모륜은 저절로 없어지는 것과 같다. 인간의 업이 청정해지면 삼계도 역시 없어진다.407)

이것은 만물이 업(身·口·意의 삼업)에 따라 감응하고, 만사는 마음에 따라 바뀌므로, 마음이 청정하면 삼계가 없어진다는 것이다. 실제로 이것은 마음이 사물을 주도하고 결정적인 작용을 한다는 것을 긍정한 것이다.

왕현람은 사람과 사물, 마음과 대경[境]에 대해서도 다음과 같이 말했다. "사물의 본체는 본래 이름이 없는 것인데 인간이 억지로 이름을 붙인 것이다. 이름을 붙이면 있는 것이 되어 그 사물이 존재가 되어 버린다. 이 존재는 사람이 이름을 붙인 것이지 사물 자

---

407) 『정통도장(正統道藏)』 제38책, p.30460a, "萬物之體, 從業而感, 淨穢無恒, 事從心轉. 譬如目有翳, 見毛輪之在空. 目翳旣除, 毛輪自滅. 人業旣淨, 則三界亦無."

체의 이름은 아니다. 그 사물의 본체를 깊이 관찰하면 본래는 이름
이 없는 것이다. 왜 그런가? 말로써 사물이라고 말하는 것이니, 사
물 그것에는 본래 말이 없는 것이다. 그 사물은 사람에 의해 말해
지는 것이어서, 말 밖에 다시 사물은 없는 것이다.”408) 또 “마음을
가지고 경(境)을 대하면 마음과 경(境)이 함께 일어난다. 경(境)이
마음을 흔들지 않으면 마음이 허망하게 일어난다. 마음이 스스로
일어나지 않으면 경(境)으로 인하여 일어난다. 무심의 경(境)에서는
경(境)이 스스로 일어나지 않는다. 경(境)이 없는 마음도 역시 스스
로 일어나지 않는다.”409)고 하였다.

이것은 사물의 명칭은 인간이 부여하여 만든 것이므로 명칭이
사물 그 자체는 아니라는 것을 설명한 것이다. 그리고 마음[心]과
경(境)은 상대하여 서로가 인연이 되어 일어나는 것이므로, 만약
무심지경(無心之境)과 무경지심(無境之心)이 된다면 경을 일으키
거나 마음을 일으킬 수 없다는 것이다. 여기에서 사물을 인간의 말
로 파악하고, 경을 마음으로 인하여 일어나는 것으로 파악한 것은
모두 주체적인 인간의 마음이 주도적인 작용을 한다는 것을 부각
시킨 것이라고 볼 수 있다.

왕현람은 다시 “공견(空見)과 유견(有見)은 모두 한 마음속에 있
는 것이니, 이 마음이 만약 없다면 공견과 유견이 어디에 있겠는
가?”410)라고 하였다. 공견과 유견이라는 두 가지 지견은 모두 마음

---

408) 『현주록(玄珠錄)』 권하, 『정통도장(正統道藏)』 제39책, p.31450c, “物體本無名, 而
人强立名. 立名將作有, 其物便爲有. 此有是人名, 非是物自名. 深觀彼物體, 實地本
無名. 何者? 將言以言物, 物處本無言. 其物被人言, 言外復無物.”

409) 『현주록(玄珠錄)』 권상, 『정통도장(正統道藏)』 제39책, p.31440c, “將心對境, 心境
互起. 境不搖心, 是心妄起. 心不自起, 因境而起. 無心之境, 境不自起. 無境之心,
亦不自起.”

에서 생기고 마음에서 없어지는 것이므로, 마음이 없으면 지견도 없다는 것이다.

도교학자들의 이러한 설명은 불교와 관련 있음이 분명하다. 그들이 마음의 짓는 바가 없음[無作爲]을 주체의 최고 경지로 삼은 것도 선종에서 변화되어 나온 것이다.

훗날 장백단(張伯端)이 저술한 『삼계유심송(三界唯心頌)』은 불교의 관점과 그대로 일치한다. 장백단은 글 속에서 "한 물건도 없는 것은 내 마음이 아니며, 한 물건도 없는 것, 이것이 내 자신이다."411)라고 하였다. 또 『견물변견심송(見物便見心頌)』에서는 "사물을 보는 것이 곧 마음을 보는 것이니, 사물이 없으면 마음도 나타나지 않는다. 시방이 통하거나 막혔거나 진심은 미치지 않는 곳이 없다. 알음알이가 생기면 오히려 전도된 견해가 생겨난다. 보이는 경계에 무심할 수 있으면 보리의 얼굴이 보이기 시작한다."412)라고 하였다. 이러한 말들은 마음과 사물은 서로 분리될 수 없는 것이어서, 사물은 나의 마음을 벗어날 수 없고 사물은 나의 마음이 드러난 것이라는 뜻이다. 그러나 사물은 결코 나 자신도 아니어서, 사물이 없다면 마음도 나타날 수가 없다는 것이다. 또 진심은 일체에 두루 미치지 않는 곳이 없어서, 만약 사물을 보더라도 분별하는 알음알이가 생기지 않는다면 외경을 바라보더라도 무심할 수 있으니, 이로써 보리지혜를 이룰 수 있다는 것이다.

---

410) 『현주록(玄珠錄)』 권상, 『정통도장(正統道藏)』 제39책, p.31440c, "空見與有見, 幷在一心中, 此心若也無, 空有之見當何在."

411) 『오진편(悟眞篇)』, 『장외도서(藏外道書)』 제5책, p.333c, "無一物非我心, 無一物是我己."

412) 『오진편(悟眞篇)』, 『장외도서(藏外道書)』 제5책, p.333c, "見物便見心, 無物心不現, 十方通塞中, 眞心無不遍. 若生知識解, 却成顚倒見. 睹境能無心, 始見菩提面."

백옥섬(白玉蟾)도 "모든 법은 다 마음에서 생기는 것이니 마음 밖에 다시 다른 법이 없다."413)고 하였다. 여기에서 말하는 법은 사(事)와 물(物) 등을 가리킨다. 일체의 사물은 모두 마음에서 생기는 것이므로 마음 밖에는 그 어떤 사물도 없다는 것을 말하는 것이다. 이것은 도교의 유심사상이 극단으로 치닫고 있음을 보여 주는 것이다.

수도에 있어서 도교학자들은 불교에 의거하여 수행의 핵심을 '식심(識心)'·'관심(觀心)'·'멸심(滅心)'·'허심(虛心)'·'연심(煉心)'·'치심(治心)'·'수심(修心)' 등 여러 방면을 제창하는 쪽으로 전향하고 마음의 공부를 강조하였다.

기록에 의하면, 왕현람은 수도하는 과정에서 "장생의 도를 함께 수행할 수 없음을 탄식하고, 이 몸은 이미 어그러졌으니 모름지기 마음으로 증득해야 한다."414)고 하였다. 오래 사는 방법을 수행하는 것에서 마음의 증득을 구하는 쪽으로 전향한 것은 수행의 방법과 방식에 있어서 대전환이 아닐 수 없다.

그는 또 "무엇을 행하는 사람은 반드시 마음을 알아야 한다."415)고 함으로써, '평범한 마음[凡心]'을 '큰마음[大心]'으로 전환시켰다. '대심'은 알아야 할 모든 것을 알 수 있으므로 성공(性空)의 마음이기도 하며, 만약 '범심'을 '대심'으로 전환할 수 있다면 이것은 해탈을 얻은 것이다.

---

413) 『해경백진인어록(海琼白眞人語錄)』 권1, 『정통도장(正統道藏)』 제55책, p.44384c, "法法從心生, 心外別無法."

414) 왕태소(王太霄), 『현주록서(玄珠錄序)』, 『정통도장(正統道藏)』 제39책, p.31435c, "嘆長生之道無可共修, 此身旣乖, 須取心證."

415) 『현주록(玄珠錄)』 권하, 『정통도장(正統道藏)』 제39책, p.31432a, "行人當須識心."

『도추(道樞)』 권10 「화양편(華陽篇)」에 의하면 당나라 말의 오대(五代)도사인 여동빈(呂洞賓, 798~?)은 "나에게는 마음을 관찰하는 법이 있어 한 생각도 일어나지 않는 것이 그릇의 물을 지키는 것과 같다."416)라고 하였다. 이것은 '마음을 관찰'할 경우에 한 생각도 생기지 않고 한 생각도 흔들리지 않는 것이 마치 손으로 그릇의 물을 받치고 있을 때 그릇 속의 수면에 물결이 일어나지 않아 물이 거울처럼 고요한 것과 같다는 것이다.

같은 시기의 오대도사 두광정(杜光庭)은 "세상의 모든 법은 마음으로 인하여 멸하고 마음으로 인하여 생겨난다. 도를 익히는 자가 마음을 멸하면 도와 계합하게 된다."417)고 하였다. 여기서 말하는 '마음을 멸하는 것'은 곧 유무(有無)에 집착하지 않는 '부동심(不動心)'을 말한다.

원대의 전진도사 목상조(牧常晁)는 "공자는 정심(正心)을 말하였고, 부처는 명심(明心)을 말하였고, 노자는 허심(虛心)을 말하였는데, 이 삼자에 같거나 다른 점이 있는가?"라는 질문에 대한 답으로서 "세 가지 마음으로 말했지만 실제 이치는 동일하다."418)고 하였다. 이것은 도가에서 말하는 '허심'과 불교의 '명심'이 동일한 이치라고 함으로써, 선종에서 말하는 '명심견성(明心見性)'을 긍정한 것이다.

송대의 도사 소응수(蕭應叟)는 이렇게 말했다. "삼교 모두 마음

---

416)『정통도장(正統道藏)』제34책, p.27568c, "吾有觀心之法, 一念不生, 如持盤水."

417)『도덕진경광성의(道德眞經廣聖義)』권8제11,『정통도장(正統道藏)』제24책, p.18911c, "一切世法, 因心而滅, 因心而生. 習道之士, 滅心則契道."

418)『현종직지만법동귀(玄宗直指萬法同歸)』권4,『정통도장(正統道藏)』제40책, p.31913a, "佛曰正心, 佛曰明心, 老曰虛心, 此三者有同異否", "設曰三心, 實一理也."

의 바탕으로부터 밝히고 있다. 유교는 마음을 보존한다고 하고, 도교는 마음을 닦는다고 하고, 불교는 마음을 밝힌다고 말한다. …… 사람들이 이를 경모하게 하여 선한 마음으로 돌아가게 하지 않는 것이 없다."419)

도교의 서적인 『창도진언(唱道眞言)』의 서문에서는 "아무리 많은 말을 하더라도 마음을 수련한다는 의미의 연심(煉心)이라는 두 글자를 밝혀서 얻는 것에 지나지 않는다."420)고 하고, 다시 아주 분명하게 단(丹)을 수련하는 것을 마음을 수련하는 것으로 귀결시켰다.

인간 마음의 성질에 관하여 중국불교는 항상 마음을 진(眞)과 망(妄)의 양면으로 파악하였는데, 도교학자들은 이러한 진망심론(眞妄心論)도 수용하였다. 명나라 시대의 도사 육서성(陸西星, 1520~1606)은 다음과 같이 말했다.

사람의 일심은 본래 둘이 아니다. 단지 미혹과 깨달음을 진과 망으로 나눈 것이다. 『금강경』은 "어떻게 그 마음을 항복받을 것인가?"라고 하였다. 인간이 나면서부터 고요한 것은 하늘의 본성이다. 사물에 감응하여 마음이 움직이는 것을 본성의 욕망이라고 한다. 이미 욕망이 있게 되면 뜻이 경계를 따라서 전전하게 되고, 진실은 망념과 미혹으로 어지러워지고 욕심을 일으켜 마음을 짓게 되는 것이다.421)

---

419) 『원시무량도인상품묘경내의(元始無量度人上品妙經內義)』 권4의 24, 『정통도장(正統道藏)』 제3책, p.1928c, "三敎皆由心地發明; 儒曰存心, 仙曰修心, 佛曰明心. ……無非令人淑此以復其善."

420) 『종여전도전집(鐘呂傳道全集)』, 『도장정화(道藏精華)』 제1집의 3, 4판, p.165, 대만, 자유출판사, 1984년, "千言萬語, 亦不過只發明得煉心兩字."

421) 『방호외사(方壺外史)·순양여공백자비측소(純陽呂公百字碑測疏)』, 『장외도서(藏外道書)』 제5책, p.343ac, 성도(成都), 파촉서사(巴蜀書社), 1994년, "夫人之一心本來無二, 但以迷覺而分眞妄. 『金剛經』云: 云何降伏其心. 人生而靜, 天之性也; 感於物而動, 性之欲也. 旣有欲矣, 則情隨境轉, 眞以妄迷, 紛然而起欲作之心."

이것은 불교나 유가와 마찬가지로 미혹과 깨달음, 움직임과 고요함, 본성과 욕망의 대립을 통하여 마음의 진(眞)과 망(妄)을 정의한 것이다. 육서성은 도를 닦는 데는 "진으로써 망을 소멸하고, 망이 다하면 진이 보존되어 정각이 드러나는 것, 이것이 견성이다."422) 라고 생각하였다. 망심을 멸진하여 진심을 드러나게 하는 것이 바로 정각견성(正覺見性)이라는 것이다.

도교는 육체[形]와 정신[神]의 결합을 주장하였고, 형을 다시 정(精)과 기(氣)로 나누었다. 어떻게 수련하여야 정(精) · 기(氣) · 신(神) 삼원을 대응시켜 신선이 되게 하느냐 하는 것이 도교의 근본교지였다. 훗날 도교는 갈수록 심성문제와 수심(修心)을 중시하게 되었고, 마음과 몸의 관계를 어떻게 설명할 것인가 하는 것도 중대한 이론문제로 부상하였다. 일부 도교학자들은 마음으로써 몸을 대신하기도 하였고, 또 다른 일부는 몸과 마음의 구별을 강조하기도 하였다.

후자의 경우는 당나라 초기의 저명한 도사 이영(李榮)이 대표적이라고 할 수 있는데, 그는 주정(主靜)을 제창하고, 동(動)에는 생사가 있으나 정(靜)은 나지도 않고 죽지도 않는다고 강조하였다. 그는 마음이 사람을 안정되지 못하게 하고 진성을 잃어버리게 하여 사지에 빠뜨리고 신선이 될 수 없게 한다고 생각하였다. 그는 "나를 살리는 것은 정신이며 나를 죽이는 것은 마음이다. 나는 마음으로 말미암아 죽게 되는 것이니 마음이 죽음의 땅[死地]이다. 만약 마음을 멸하고 생각을 쉬어 유위(有爲)에 기울지 않는다면 죽

---

422) 『방호외사(方壺外史) · 순양여공백자비측소(純陽呂公百字碑測疏)』, 『장외도서(藏外道書)』 제5책, p.343c, "以眞銷妄, 妄盡眞存, 正覺現前, 方名見性."

음의 땅은 없어질 것이다."423)라고 하였다. 이것은 몸과 마음을 인간 생사의 서로 다른 근원, 즉 근본적으로 서로 대립하는 것으로 본 것이다. 그가 보기에 정신은 생을 이롭게 하는 것이어서 발양할 필요가 있지만 마음은 생을 죽이는 것으로서 반드시 멸해야 하는 것이었다.

이와 관련하여 당나라 시대의 도사 오균(吳筠)은 다음과 같이 말했다. "마음은 신령의 집이다. 정신은 그 사이에 깃들어 있다. 적어도 마음이 어떤 일을 도모하려고 하면, 정신이 바로 그것을 알게 되고, 정신이 그것을 알면 천지신명이 그것을 다 알게 된다!"424) 이 말에 의하면 마음은 정신이 거주하는 공간적 실체이며, 정신을 싣고 있는 본체이다. 또 정신은 마음속에 있으면서 모든 것을 통찰하는 주재자이며 천지신명과 서로 통하는 것이다. 즉 정신은 마음속에 존재하는 신령이지만 마음과 같지는 않다는 것이다. 이것은 정신의 작용을 정면적인 것으로 보고, 마음의 활동을 부면적인 것으로 본 것이다. 동시에 정신을 마음의 내재적인 본성으로 간주하고 마음의 외재적인 활동과 구별하는 의미도 포함되어 있다.

이와 같이 마음과 정신을 구별하여 불교 선종이 마음공부에 집중하는 것과 다른 점을 부각시킴으로써 도교의 정(精)·기(氣)·신(神) 삼자를 전환하는 식의 수련방식을 지키고, 성(性)과 명(命)을 동시에 수련하는 '성명쌍수(性命雙修)'에 이론적인 근거를 제공하였다.

---

423) 『도덕진경현덕찬소(道德眞經玄德纂疏)』 권14, 『정통도장(正統道藏)』 제22책, p.17645c, "夫生我者神, 殺我者心. 我殺由心, 心爲死地. 若能減心息慮, 不构有爲, 無死地也."

424) 『현강론(玄綱論)』·『외신도장(畏神道藏)』, 『정통도장(正統道藏)』 제39책, p.31526a, "夫心者, 神靈之府, 神栖於其間. 苟心謀之, 卽神知之, 神知之, 則天地神明悉知之矣."

4. 명심견성(明心見性)과 수심연성(修心煉性)

청나라 시대의 도사 도소사(陶素耜)는 "유교는 존심양성을 말하고, 불교는 명심견성을 말하고, 도교는 수신연성을 말한다. 삼교의 성인들은 모두 사람들이 심성에서 생사를 초월하도록 가르쳤다."[425] 고 하였다.

역시 청나라 시대의 도사 부금전(傅金銓)은 심성과 관련 있는 유·불·도의 설명을 종합하여 『심학(心學)』 3권을 완성하였고, 아울러 삼교는 근원이 동일함을 밝힌 『심학논설(心學論說)』에서는 "유교는 존심양성을 말하고, 불교는 명심견성을 말하고, 도교는 수신연성을 말한다. 비록 셋으로 나누어져 있지만 이치는 둘이 아니다."[426]라고 하였다. 이 두 글은 유·불·도 삼교가 심성수양의 이론적 노선에 있어서 일치한다는 것을 표명한 것이다.

도교의 수심연성설은 도교사상의 내재적인 변천에 근거하여 유·불 양가 심성론의 영향으로 완성된 것이다. 불교 특히 선종의 명심견성사상이 도교의 수심연성설을 교도하고 계시한 작용은 극히 현저하였다.

앞에서 서술한 바와 같이 선종 해탈론 사상의 요지는 명심견성에 있다. 여기서 '마음'은 '자심'·'진심'을 말하고, '성(性)'은 본성·불성을 가리킨다. 선종은 중생이 생사를 초월하여 해탈을 얻기 위한 유일한 길은 자기 마음의 불성을 철저히 보아야 한다고 생각

---

425) 『오진편약주(悟眞篇約註)·잡의(雜義)』, 『장외도서(藏外道書)』 제10책, p.72c, "儒曰存心養性, 釋曰明心見性, 道曰修身煉性, 三敎聖人都敎人從心性上超生死."

426) 『심학(心學)·심학논설(心學論說)』, 『장외도서(藏外道書)』 제11책, p.675a, "儒曰存心養性, 道曰修心煉性, 釋曰明心見性, 敎雖分三, 理無二致."

하였다. 사실 이것은 내재적인 초월을 실현하여 일종의 내재되어 있는 심리의 평형과 정신적 경지의 승화를 얻는 것이다.

불교의 불성론과 선종의 명심견성설 주장은 도교의 도성론과 성명쌍수설의 주장에 직접적인 영향을 미쳐, '생명을 귀하게 여기고 몸을 기른다'는 귀생양신(貴生養身)에서 '수심연성'으로 도교의 수양론을 전환시키게 하였다.

남북조시대 중국불교는 성불의 근거, 즉 불성문제에 대하여 격렬한 토론을 펼쳤다. 이러한 불성론 사조의 영향을 받아 도교도 인성의 각도에서 성선(成仙)의 근거에 대해 토론을 하게 되었다. 도교는 성선의 근거를 도성(道性) 혹은 진성(眞性) · 정성(正性)이라고 하였다. 그렇다면 인성과 도성은 어떤 관계가 있는가? 모든 사람이 다 도성을 가지고 있는가? 이러한 문제는 도성론의 핵심과제였다. 도교학자들은 '도는 자연을 법으로 삼는다[道法自然].'는 노자의 사상에 근거하여, '자연'을 도와 인간의 본질 · 본성으로 삼았고, 늘어나거나 줄어들지 않는 자연본성을 진실한 도성으로 삼았다. 이로 인해 도성이 곧 인성이라고 생각하였고, 더 나아가 인간은 모두 도성을 가지고 있다고 생각하였다.

어떤 도교학자가 "도는 원융회통한 오묘함을 가리키는 것이며, 성(聖)은 현각(玄覺)에 이른 것을 말한다. 형체가 있는 모든 것은 다 도성을 가지고 있다."427)고 한 것을 그 예로 들 수 있다. 이 이외에도 "인간은 생명을 받을 때 지극히 공허한 마음의 오묘한 본성[虛極妙本]도 받는데 이를 진성이라고 한다. 그리고 형태를 받은

---

427) 『도문경법상승차서(道門經法相承次序)』 권상 제10, 『정통도장(正統道藏)』 제41책, pp.33128c~33129a, "夫道者, 圓通之妙稱; 聖者, 玄覺之至名. 一切有形皆含道性."

이후에 육근의 애욕과 염오로 말미암아 다섯 가지 욕망으로 치달아 진성이 흩어지고 오묘한 본성을 잃게 된다."428)고 한 이도 있다.

문장 속의 '허극묘본(虛極妙本)'은 인간에게 내재되어 있는 신선이 될 수 있는 본성을 말한다. "형체가 있는 모든 것은 다 도성을 가지고 있다."든지 "모든 사람에게 허극묘본이 주어져 있다."는 말은 모든 사람이 신선이 될 수 있는 도성을 가지고 있다는 것을 강조한 것이다. 여기서 말하는 것과 중국불교가 강조한 '사람은 모두 불성을 지니고 있다.'는 것은 사실상 일치하는 것이다.

절대다수의 도교학자들이 모두 사람은 누구나 도성을 지니고 있다고 주장했으며, 단지 소수의 도교학자들만 인간이 가지고 있는 자질[氣]이 서로 같지 않기 때문에 사람들이 모두 도성을 지니고 있는 것은 아니라고 하였다.

예를 들면, 오균(吳筠)은 『현강론(玄綱論)』에서 기(氣)에 청탁의 구분은 없으나 음양의 구별은 있다고 하였다. 그는 이 책에서 양은 위에 있고, 특히 순양(純陽)은 구천(九天)의 위에 있으며, 음은 아래에 특히 순음은 구지(九地)의 아래에 있고, 중간에는 음과 양이 서로 뒤섞여 있다고 하였다. 그래서 순양의 기를 받아 태어난 자는 성현과 철인[聖哲]이 되고, 순음의 기를 받아 태어난 자는 흉악한 사람이 되고, 음양의 두 기를 받은 자는 대부분의 일반인이 된다는 것이다. 그러므로 도를 닦는다는 것은 양으로써 음을 수련하는 것이며, 음기를 소멸시킬 때 바야흐로 신선이 된다429)고 주장하였다.

---

428) 『당현종어제도덕진경소(唐玄宗御制道德眞經疏)』 제16장, 『정통도장(正統道藏)』 제19책, p.15340c, "人受生, 皆稟虛極妙本, 是謂眞性. 及受形之後, 六根愛染, 五欲奔馳, 則眞性離散, 失妙本矣." 이 책은 실은 도사의 손에 의해 나왔다는 말도 있다.

429) 『현강론(玄綱論)』의 『천품장(天稟章)』, 『이양연음장(以陽煉陰章)』 등에 보임, 『정통

　오균은 인체의 중요성에 대해 특별히 강조하고 육체성선설(六體成仙說)을 견지하였다. 그는 인간의 본성과 음양의 이기를 결합하여 기를 부여함으로써 인성을 논하였는데, 이는 동진·남조시대의 축도생이 '품기이의(稟氣二儀)'로써 불성을 논한 것과 이론상 일치된다. 다만 축도생은 이로 인해 사람은 누구나 다 불성을 지니고 있다는 것을 긍정하고, 일천제인(一闡提人)에게도 불성이 있다고 주장하였으나, 오균은 이 이론에 근거하여 모든 사람이 다 도성을 지니고 있는 것은 아니라고 주장하였다. 이러한 것들은 불성 혹은 도성의 보편성 문제에서 서로의 관점이 다르다는 것을 보여 주는 것이다.

　인성·도성에 대한 도교의 연구는 이론에 있어서 중대한 문제를 촉발하였다. 그것은 인성과 생명은 어떤 관계가 있는가? 수심연성은 어떻게 장생불사와 통하는가? 수성(修性)과 수명(修命)은 어떻게 조화를 이루는가? 남북조 이래로 도교학자들은 부지불식간에 이러한 문제에 대한 연구를 시작했다고 할 수 있다.

　예를 들면 남조 제량시대의 도홍경(陶弘景)이 저술한 『양성연명록(養性延命錄)』은 심리적 조절을 통하여 어떻게 신체적 건강과 수명을 연장할 수 있을 것인가에 대해 설명하였다.

　당대에 이르러 오균은 수성과 수명의 상호 결합이라는 기치를 내걸고 성명쌍수(性命雙修)사상을 형성하였다. 이러한 주장들은 도교 본래의 형신쌍수(形神雙修)의 사상적 특징과 부합될 뿐만 아니라 유교·불교의 심성론을 수용하여 보완하고 조정한 것이기도 하다. 또한 이것은 전체적으로 볼 때 중국의 천인합일이라는 사유방

<hr>

　도장(正統道藏)』제39책, p.31519, p.31523.

식에도 부응함으로써 성명쌍수는 이후 줄곧 도교수행의 기본유형
으로 자리하게 되었다.

성명쌍수를 견지한다는 원칙 아래 일부 도교학자들은 선명후성
(先命後性)을 주장하였고, 일부는 선성후명(先性後命)을 강조하였
다. 오로지 수성(修性)만 하고 수명(修命)은 하지 않는다는 일부
주장은 성명쌍수의 궤도에서 벗어난 것이다.

도교는 성과 명이 인간을 구성하는 두 가지 요소이며, 내단수련
(內丹修煉)을 하는 두 가지 측면이라고 생각하였다. 일반적으로 성
(性)은 인간의 본성을 가리키는 것으로서, 진성(眞性)·영성(靈
性)·정성(正性)·진심(眞心)·천심(天心)·도심(道心)·원신(元
神) 등을 가리킨다. 명(命)은 인간의 생명을 가리키며, 원기(元
氣)·기(氣)를 말한다. 성과 명은 우리가 지금 말하는 정신과 육체
(물질)·심리와 생리에 상당하는 것이다. 도교 내단가(內丹家)의
대다수는 성과 명은 일체로서 상호 의존하는 관계라고 생각하였다.
그래서 성명쌍수(性命雙修)와 안신고형(安神固形)을 주장하고, 육
체가 장생하고 정신이 죽지 않는 영원한 생명 상태에 도달하려고
했던 것이다. 여동빈(呂洞賓)의 『고효가(敲爻歌)』에는 이런 말이
있다.

> 성만 닦고 명은 닦지 않는 것이 수행의 첫째 잘못이다. 오직 성만 닦
> 고 단을 닦지 않으면 만겁을 애써도 음령에 그쳐 성인의 경지에 들
> 기 어렵다. 또 명에 통달해도 성에 미혹하면 얼굴을 비추려고 하여도
> 거울이 없는 것과 같다. 수명[壽]이 천지처럼 영원하여도, 어리석은
> 범부가 재산을 장악하여도, 주인이 될 수 없는 것과 같다.430)

---

430) '감(鑒)' 자는 원래 '정(整)' 자로 되어 있었으나 『고효가직해(敲爻歌直解)』에 근거

이 글은 성(性)과 명(命) 어느 한쪽에 치우쳐 수도한 결과에 대해 비평한 것이다. 성만 닦고 명은 닦지 않으면 평범한 사람은 성인이 될 수 없고 장생불사도 이룰 수 없다는 것이다. 또 명만 닦고 성을 닦지 않는다면 그 수명[壽]은 천지와 같이 영원하겠지만 마음을 주재하지 못하는 어리석은 범부와 같고 거울도 없이 얼굴을 비추려고 하는 것과 같다는 것이다. 따라서 성과 명을 함께 닦고, 육체와 정신이 둘 다 온전하여야 신선의 경지에 이를 수 있다는 것이다. 장백단(張伯端)도 다음과 같이 말했다.

세상에서 선(仙)을 배우는 자는 열에 여덟아홉이 되어도 진요에 도달한 자는 한둘도 되지 않는다고 들었다. 몸을 낮추면 참된 깨달음[眞詮]을 만나는데, 어찌 숨어 침묵하기를 즐기는가? 얻은 것을 다 없애고 이룬 율시 9×9의 81수를 『오진편』이라고 하는데…… 편집하고 나서 보니, 그 속에는 명을 수양하고 몸을 강하게 하는 술수를 꾀하는 말만 있고, 본래의 진정한 깨달음인 성에 대해서는 연구하지 않고 있음을 알게 되었다. 불서와 『전등록』에 익숙해져서 조사로부터 죽비를 맞은 후 깨달은 자에 이르러, 가·송·시·곡·잡언 32수를 만들어 지금 권말에 첨부하였으니, 근본에 도달하여 성을 밝히는 도리는 여기에 다 있을 가능성이 많다.431)

장백단은 조금도 주저하지 않고, 도를 배우는 데 있어서 '명을 수양하고 몸을 견고하게 하는 술수[養命固形之術]'로는 부족하기

하여 수정함. 『장외도서(藏外道書)』 제6책, p.180a, "只修性, 不修命, 此是修行第一病. 只修祖性, 不修丹, 萬劫陰靈難入聖. 達命宗, 迷祖性, 恰是鑒容無寶鏡. 壽同天地一愚夫, 權握家財無主柄."

431) 『오진편(悟眞篇)』·서(序)」, 『장외도서(藏外道書)』 제5책, pp.318c~319a, "因爲世之學仙者, 十有八九, 而達其眞要者, 未聞一二. 仆卽遇眞詮, 安敢隱默? 聲所得成律詩九九八十一首, 號曰『悟眞篇』……及乎編集旣成之後, 又覺其中惟談養命固形之術, 而於本源眞覺之性有所未究, 遂玩佛書及『傳燈錄』, 至於祖師有擊竹而悟者, 乃形於歌頌詩曲雜言三十二首, 今附之卷末, 庶幾達本明性之道盡於此矣."

때문에, '본래의 진정한 깨달음인 성[本源眞覺之性]'에 대한 탐구가 반드시 필요하다고 역설하였다. 이것이야말로 '근본에 도달하고 본성을 밝히는 도리[達本明性之道]'라는 것이다. 아울러 그는 도를 배우는 경지를 다음의 세 단계로 구별하여 설명하고 있다. "먼저 신선의 명맥으로써 수련을 이끌고, 다음으로 제불의 묘용으로써 신통을 넓히고, 끝으로 진여의 각성으로써 허망함을 버려 구경의 공적한 본원으로 돌아가는 것이다."432) 여기서 '본원진각의 성(本源眞覺之性)', 즉 '진여각성(眞如覺性)'은 불교의 『대승기신론(大乘起信論)』과 선종에서 강조하는 심성본각(心性本覺) 사상을 말한다. 선종에서는 중생이 일단 마음을 밝혀 본성을 보게 되면[明心見性] 허망한 사념이 모두 명멸하고 본각의 성을 체증하여 우주와 인생의 공적한 본원으로 돌아가게 된다고 주장하였다.

장백단은 불교 선종의 심성론 요지를 준칙으로 받들어 도교의 이론보다 더 높은 단계에 두었다. 이것은 도와 불의 합류, 도와 선의 합류를 공개적으로 제창한 것일 뿐만 아니라, 불을 도보다 우위에, 선을 도보다 우위에 두는 것이다. 장백단은 한 걸음 더 나아가 먼저 명을 수양한 이후에 성을 수양한다는 '선명후성(先命後性)' 사상을 제기하였는데, 이러한 수도의 단계와 방법이 도교에 끼친 영향은 매우 깊었다. 훗날 일부 도교학자들도 참선을 반드시 학습하여 심성을 철저히 밝힐 것을 강조하였다.

청나라 시대의 도사 왕사단(王士端)은 "대수행인은 반드시 선가의 참선을 배워 깨달음을 얻어야 한다. ……사람이 선가의 참선과 깨달

---

432) 『오진편습유(悟眞篇拾遺)·선종가송시곡잡언(禪宗歌頌詩曲雜言)』, 『정통도장(正統道藏)』 제4책, p.2907c, "先以神仙命脈誘其修練, 次以諸佛妙用廣其神通, 終以眞如覺性遣其幻妄, 而歸於究竟空寂之本源矣."

음을 배우지 않으면 심성을 분명하게 철견할 수 없을 것이다."433)라
고 하였다.

도교학자들 중에는 불교는 성을 밝히는 것이고, 도교는 명을 분
명하게 하는 것이라는 관념에 대하여 반대 입장을 취하는 사람도
있었다.

육서성(陸西星)은 유·도·불 삼교는 성명쌍수(性命雙修)를 지
향한다는 점에서 동일한 종지를 가지고 있다고 보고, 불교는 사람
들에게 성에서 명을 세울 것을 요구하고, 도교는 명에서 성을 분명
하게 할 것을 요구한다고 생각하였다. 그는 "성은 만물의 동일한
근원이고, 명은 자기를 스스로 서게 하는 것"이지만, "성은 명이
아니면 밝힐 수 없고, 명은 성이 아니면 신령스럽지 못하며, 성은
명의 주인이 되고, 명은 성을 싣는 것"434)이라고 보았다. 즉 성은
명의 주재자이며, 명은 성을 싣는 몸이라는 것이다. 따라서 성과
명은 절대 분리될 수 없다고 본 것이다.

장백단(張伯端)의 남종 계열이 주장한 '선명후성'과는 달리, 도
교 북종의 전진도는 선성후명을 주장하였고, 이 계열의 창시자인
왕중양(王重陽)은 도교의 전통적인 장생불사의 관념을 부정하였다.
그는 '본래진성(本來眞性)'을 혼란스럽게 하지 않는 것이 장생불사
라고 보고, 내재되어 있는 정신의 초월을 강조함으로써 장생불사의
함의를 수정하기에 이르렀다. 그렇다면 "무엇을 일러 장생불사라고
하는가?"라는 물음에 대해서 왕중양은 "이 진성을 혼란스럽게 하

---

433) 「양진집발(養眞集跋)」『장외도서(藏外道書)』 제10책 p.839a, "大修行人, 必得學禪
家參悟…… 人不學禪家參悟, 則心性不能明徹."

434) 『현부론(玄膚論)·성명론(性命論)』, 『장외도서(藏外道書)』 제5책, p.363a. "性者, 萬
物一源; 命者, 己所自立, 性非命弗彰, 命非性弗靈. 性, 命所主也; 命, 性所乘也."

지 아니하고 만 가지 인연에 개의치 않고 가지도 않고 오지도 않는 것이 장생불사이다."435)라고 하였다.

이에 근거하여 왕사단(王士端)은 수도란 '먼저 밝은 마음을 구하는 것'436)이라고 생각하고 명심견성을 강조하였다. 어떻게 명심견성을 할 것인가에 대해 그는 선종의 '무념(無念)' 사상을 수용하여, "안으로 맑고 고요한 자는 마음이 잡념을 일으키지 않고, 밖으로 맑고 고요한 자는 여러 가지 경계가 물들이지 못한다."437)고 하여 심성의 청정(淸靜)을 통하여 무념무상을 이루는 것이 명심견성의 관건이라고 생각하였다. 그는 또 "그대들이 진정한 수행을 하고 싶다면, 배고프면 먹고 잠 오면 잘 것이지 앉아 있지도 말고 도를 배우지도 말라. 오로지 번뇌에 찌든 세상사를 제거하고, 마음속엔 오직 청정이란 두 글자만 두라. 나머지 모든 것은 모두 수행이 아니다."438)라고 하였다. 이것은 선종 사람들과 마찬가지로 자연에 순응하고 인연에 따라 운명에 임하며 찾아 구하는 바 없이 세속의 일들을 막고 제거해야 진정한 수행이라는 것이다.

전진도는 '선성후명'을 주장했을 뿐만 아니라 사상적으로 '중성경명(重性輕命)'의 경향마저 보였다. 왕중양은 '손님은 명, 주인은 성'439)이라고 하였는데, 이는 성과 명을 주객의 관계로 파악하여

---

435) 『중양진인수단양이십사결(重陽眞人授丹陽二十四訣)』, 『정통도장(正統道藏)』 제43책, p.34570a, "是這眞性不亂, 萬緣不掛, 不去不來, 此是長生不死也."

436) 『중양진인수단양이십사결(重陽眞人授丹陽二十四訣)』, 『정통도장(正統道藏)』 제43책, p.34571a, "先求明心".

437) 『중양진인수단양이십사결(重陽眞人授丹陽二十四訣)』, 『정통도장(正統道藏)』 제43책, p.34570a, "內淸靜者, 心不起雜念; 外淸靜者, 諸塵不染著."

438) 『옥화사소(玉花社疏)』, 『전진집(全眞集)』 권10의 제12, 『정통도장(正統道藏)』 제43책, p.34569c, "諸公如要眞修行, 饑來吃, 睡來合眠, 也莫打坐, 也莫學道, 只要塵沈事屛除, 只要心中淸淨兩個字, 其餘都不是修行."

성의 중요성이 명을 초월하는 것이라고 여긴 것이다.

금나라 시대의 문학가 원호문(元好門)은 전진도를 다음과 같이
평가하였다.

> 전진도는 부처와 노자의 중간을 취했기 때문에, 춥고 배고파 초췌하
> 고, 스스로 죄명을 얼굴에 새기고 코를 베는 형벌로 괴로워하고, 수
> 척하고 고요한 것이 두타행을 하는 이들과 같았다. 그들은 숲과 물,
> 새, 대나무, 나무, 기와와 같은 느낌을 얻어 훌륭하게 해탈하였다. 계
> 율의 속박을 스스로 풀고 마음의 빛이 환하게 빛나 널리 육합을 비
> 추니, 이 역시 두타행으로 도를 얻은 자와 다르지 않았다.440)

이것은 전진도가 불교의 두타행과 같다고 보고 형상적으로 양자
가 유사하다는 것을 밝힌 것이다.

원나라 시대의 도사 목상조(牧常晁)는 불교의 돈점(頓漸) 관점을
이용하여, 단법(丹法)에 있어서 남북 양종이 주장한 선명(先命)과
선성(先性)이라는 서로 다른 관점을 점수(漸修)와 돈수(頓修)로 나
누어, 명(命)에서 시작하는 것을 점수, 성(性)에서 시작하는 것을
돈수라고 불렀다. 그리고 그는 성에서 비롯되는 전진도를 '금선지
도(金仙之道)'라고 하였는데, 그 수행이론과 방법은 선종의 것과
일치하였다.441) 목상조의 견해는 전진도의 실질과 특색을 고스란히

---

439) 『중양진인수단양이십사결(重陽眞人授丹陽二十四訣)』, 『정통도장(正統道藏)』 제43책,
    p.34569a, "賓者是命, 主者是性."

440) 「자허대사어공묘비(紫虛大師於公墓碑)」, 『유산선생문집(遺山先生文集)』 권31, 『사
    부총간(四部叢刊)』영인본, "全眞道有取於佛老之間, 故其憔悴寒餓, 痛自黥劓, 若枯
    寂頭陀然. 及其有得也. 樹林水鳥, 竹木瓦石之所感觸, 則能事穎脫, 縛律自解, 心光
    燁然, 普照六合, 亦與頭陀得道者無異."

441) 『현종직지만법동귀(玄宗直指萬法同歸)』 권3, 4『정통도장(正統道藏)』 제40책, pp.31896~
    31918.

드러낸 것으로서 선종의 사상과 가장 근접해 있다.

이상의 네 방면을 통해 볼 때, 불교는 도교가 인간의 형체·생명·인성·인생의 이상에 대한 관점의 변화를 일으킬 때 실로 엄청난 작용을 하였고, 급기야 도교가 심성수양으로 전향하게 했음을 알 수 있다. 불교, 특히 선종은 도교가 논술한 심성의 함의·심성과 도·심성과 형체 등의 관계 및 심성수양과 그 경지 등에 대해서도 깊은 영향을 끼쳤다. 불교의 심성론 중에는 도가의 사상도 있으며, 도교의 심성론 중에는 불교, 특히 선종의 사상도 있다. 이 점은 중국의 불·도가의 심성론 사상이 상호 보완하면서 원융하게 회통하였음을 보여 주는 중요한 현상이다.

| 후기 1

심성론: 중국·인도불교의 공통점과 차이점

심성론은 인도불교의 핵심사상이며 중국불교의 핵심사상이기도 하다. 중국불교는 인도불교를 계승하고 발전시킨 것이다. 마찬가지로 중국불교의 심성사상은 중국불교학자들이 인도불교의 심성사상을 보편적으로 인식하고 수용하여 주체적으로 계승한 결과이다. 이것은 중국불교와 인도불교 심성사상 사이에 공통점이 많다는 것을 의미하는 것이다.

또 중국의 불교학자들은 중국의 특수한 역사적 조건하에서 중국인 특유의 사유방식과 문화적 전통에 근거하여 인도불교의 심성사상을 인식하고 이해하였기 때문에, '곡해' 현상이 불가피하게 발생하였으며 인도불교 심성사상의 본래의 뜻을 왜곡하는 결과를 초래하기도 하였다. 그리고 중국의 불교학자들은 포교에 있어서도 당시 사회의 요구를 감안하여 끊임없이 새로운 사상을 창출해 내었는데, 이것도 중국불교와 인도불교의 심성론에 차이가 있음을 의미하는 것이다.

1. 중국불교와 인도불교 심성사상의 공통점

중국불교 심성사상이 발전해 온 전체 과정을 통해서 볼 때, 중국불교가 인도불교의 심성사상을 중점적으로 흡수한 부분은 심성설을 해탈의 근거로 삼는 사상, 여래장 사상, 중생은 모두 불성을 지니고 있다는 설과 내면을 성찰하는 수행방법 등이다. 이러한 것들이 중국불교와 인도불교 심성사상의 주요 공통점이다.

(1) 보편적으로 심성문제를 중시하였다

인도불교는 중생의 주체적인 마음이 생사의 윤회 혹은 도를 얻어 해탈하는 데 있어서 관건이 되는 작용을 하는 것으로 보았으며, 동시에 심성본정을 해탈의 근거로 보고 매우 중시하였다. 이 점에 있어서는 중국불교와 인도불교가 일맥상통한다고 볼 수 있다. 또한 '마음'을 중생이 세간(世間)과 출세간(出世間)에 존재하게 되는 기본원인으로 삼았고, 이것으로써 윤회 유전하고 도를 얻어 성불하는 근거와 방법 등의 이론문제를 설명하였다.

중국불교의 주요 전적이나 종파는 모두 다 바깥의 사물이나 객관적인 측면보다 중생의 주체적인 심령과 심령본성의 염정(染淨)·선악(善惡)·미오(迷悟)를 중점적으로 설명하였다. 이것은 심성의 맑고 결함이 없는 것을 추구함으로써 해탈의 경지에 도달하게 된다는 것을 강조한 것이다. 이처럼 심성론을 인생해탈의 관건으로 생각하여 기본사상으로 하고 있다는 점에 있어서 중국불교와 인도

불교는 완전히 일치된다.

(2) 여래장사상과 불성설은 최대의 공통점이다

인도 대승불교의 여래장계는 자성청정심 - 여래장심 - 불성사상을 선양하고, 일체 중생의 번뇌신 속에 본래 청정하고 영원불변한 본성이 존재하고 있음을 강조하고, 이것을 중생성불의 내재적 근거로 삼았다. 이 사상은 중국불교학자들로부터 지지와 환영을 받았다. 이에 상응하여 인도의 『열반(涅槃)』, 『승만(勝鬘)』, 『유마(維摩)』, 『법화(法華)』, 『화엄(華嚴)』, 『능가(楞伽)』 등 여러 경전들이 중국에서 성행하였다. 『대반열반경』은 청정심 · 여래상주 · 일체중생실유불성 · 일천제(一闡提) 성불의 교의를 선양하였다.

『승만경(勝鬘經)』은 태장(胎藏) · 청정심 · 잡염심(雜染心) 등을 결합하여 '여래장'설을 형성하고, 중생은 번뇌에 얽혀 있어도 그 본성은 청정하여 여래와 마찬가지로 여래성(여래장, 불성)을 갖추고 있어서 열반을 획득할 수 있고 불과를 성취할 수 있다고 강조하였다.

『유마힐소설경(維摩詰所說經) · 불국품제일(佛國品際一)』에서는 "만약 보살이 정토를 얻으려고 하면, 마땅히 그 마음을 청정하게 하라. 그 마음이 청정해지면 불국토도 청정해진다."442)고 하였다. 이러한 사상은 깊고 광범위하게 영향을 끼쳤다. 일찍이 진(晋)과 송(宋)나라 연간의 축도생은 중생은 모두 불성을 가지고 있으며, 누구나 다 성불할 수 있다는 학설을 고양하였다.

수당 이래의 중요한 불교 종파의 하나인 천태종은 마음[心] · 불(佛) · 중생(衆生) '셋은 차별이 없다[三法無差]', 즉 일념심체(一念

---

442) 『大正藏』 14, p.538c, "若菩薩欲得淨土, 當淨其心, 隨其心淨, 則佛土淨."

心體)와 제불과 중생의 성은 차별이 없다는 사상을 선양하였다.

화엄종은 마음이 부처를 지으므로, 한 마음[一心]이 없으면 불심도 없다는 것[443]을 강조하였다. 선종도 마찬가지로 여래장심을 선 수행의 시작과 끝이라고 보고, '마음 그대로가 곧 부처[卽心卽佛]', '자성이 부처[自性是佛]'라는 설을 고양하였다. 인도불교 심성론 중의 여래장사상과 '중생은 모두 불성을 지니고 있다.'는 사상은 중국불교 심성론 학설에 가장 큰 영향을 주었다고 할 수 있다.

(3) 내적 성찰 수행의 일치성

이 방면에 있어서 중국불교와 인도불교가 일치하는 것은 두 가지 측면에서 나타난다. 첫째는 '견성(見性)'이다. 인도불교의 여래장 계열은 중생의 본성이 비록 번뇌와 망념에 가려 있어도 본성은 변하지 않고 자존하는 것이기 때문에, 일단 번뇌와 망념을 소멸하면 본성이 회복되어 드러난다고 생각하였다. 따라서 실천에 있어서 견성을 주장하고 불성을 보고 깨닫는 것이 정과(正果)를 성취하는 가장 근본적인 과정과 표지라고 강조하였다.

특히 선종은 매우 선명하게 '마음을 밝혀 본성을 보는[明心見性]'사상을 강조하고, 자신의 마음을 자각하고 불성을 철저하게 보면 부처도 되고 조사도 될 수 있다[成佛作祖]고 생각하였다. 이것은 일종의 '본원으로 돌아가는' 방법이며, 인생의 현실적인 가치를 긍정하는 경향이라고 생각된다. 둘째는 '내성(內省)'이다. 일반적으로 고대 인도인들은 내면적인 가치와 기능을 중시하였다. 그들은

---

443) 『화엄경탐현기(華嚴經探玄記)』 권1, 『大正藏』 35, p.118.

유가(瑜伽)의 깊은 생각을 체험함으로써 심령의 고요한 경지에 도달하려고 하였다. 이것은 반성(反省) 심리학의 일종이라고 할 수 있다. 인도불교도 보편적으로 내심의 성찰을 중시하였다. '견성'은 일종의 특수한 내면 성찰의 수행방법이라고 할 수 있다.

이 외에도 대승불교의 유가행파는 인간의 의지와 정감과 욕망 등의 심리작용과 상태에 대한 반성도 대단히 세밀하게 하였다. 이 학파는 심리작용의 윤리적 가치와 실천 가치에 주목하고, 변혁, 즉 악을 제거하고 선을 따르며, 팔식을 전환하여 지혜를 이룰 것을 강조하였다. 이러한 이론은 중국불교에서 비록 큰 세력을 형성하지는 못하였지만 심리의 윤리적 의의와 실천적 의의를 중시한 정신은 중국불교의 사상과 실천 속에 그대로 용해되어 중국불교의 심성론과 분리할 수 없는 사상적 내용을 형성하였다.

2. 중국과 인도불교 심성사상의 차이점

중국불교는 인도불교의 심성사상을 계승함과 동시에 심성사상의 핵심을 이루는 마음과 심성 사이의 내용과 내성(內省) 방식의 측면에서는 인도불교의 심성사상과는 차이를 보이고 있다.

(1) 심성사상 핵심의 차이

인도불교의 심성론 사상은 초기불교에서 비롯되어 부파불교를 거쳐 다시 대승불교에 이르러 정형화되었다. 그 사이에 각종 심성사상이 서로 경쟁하면서 존재하였으나 두드러진 핵심을 형성하지는 못하였다. 중국불교가 처음으로 수용한 인도불교의 심성학설은 대승불교의 유가행파의 심의식설(心意識說)과 여래장 계열의 여래장 - 불성설이었다. 나중에 중국에 광범위하게 유행되고 핵심이 된 것은 불성설이다.

불성설이 중국불교와 인도불교의 심성사상에서 가진 지위는 서로 다르다. 인도의 초기불교와 부파불교는 불성에 대해서 거의 언급을 하지 않았다. 대승불교의 중관학파와 유가행파는 불성학설을 중시하지 않았다. 이 두 학파는 아예 언급을 하지 않거나 극히 제한적으로 언급했을 정도이다. 여래장 계열의 경전에 이르러 불성을 언급하여 중생은 모두 불성을 지니고 있다고 하였으나 다른 학파로부터 질타와 비평을 받아 인도에서는 그다지 성행하지 못하였다. 인도불교는 자성본정(自性本淨)과 여래장으로 심성을 논하는 것을 중시하였으나 중국불교는 여래장 특히 불성으로써 심성을 논하는 것을 중시하였다. 중국불교의 불성설은 진(晉)과 송(宋)나라 연간의 주요 사조였던 열반불성설 이후에 중국화한 불교 종파인 천태와 화엄 특히 선종 심성사상의 기본내용으로 자리매김하게 되었다.

불성의 지위문제와 관련하여 중국불교와 인도불교의 불성 내용에 대한 해석도 다소 차이가 있다. 인도 대승불교는 비교적 불의 본질·품격으로서 불성을 논하고 또 성불의 원인·가능성으로서 불성을 논하는 것에 치우쳐 있다. 이와 달리 중국불교는 중생의 성불의 근거·중생의 본성으로부터 불성을 논하는 것을 중시하였다.

선종의 경우엔 한 걸음 더 나아가 '마음이 본래 불'이라고 주장하면서 불성을 본래의 불로 보고, 불성이 곧 불이라고 하였다. 이

외에도 인도불교의 유가행파는 '오종성설(五種性說)'을 통하여 어떤 중생은 불성이 없어서 성불할 가능성이 없다고 주장하였다.

중국의 고유관념으로는 사람은 누구나 요순이 될 수 있다고 생각하였다. 이러한 사상의 영향 아래서 중국불교의 주류 종파도 '일체중생실유불성(一切衆生悉有佛性)' 사상을 주장하였으며, 심지어 인도불교에서는 찾아볼 수 없는 '무정유성(無情有性)'을 주장하여 초목과 기와와 돌 등의 무정한 사물에도 불성이 존재한다고 생각하였고, 이 점이 중국불교와 인도불교의 불성설 차이를 더욱 크게 하였다.

(2) 마음의 함의에 대한 이해의 변이

불교에서 말하는 마음에는 여러 가지 다른 함의와 종류가 있다. 인도불교는 대체로 심식(心識) 방면에서 마음을 논하여 아뢰야식의 중요성을 부각시켰다. 다시 말해서 심성 방면에서 마음을 말하고 여래장심도 말하였다. 아뢰야식은 기본적으로 망심(妄心)의 한 종류이고 여래장심은 정심(淨心)의 한 종류이다. 유가행파가 아뢰야식을 논한 목적은 식을 전환하여 지혜를 이루고자[轉識成智]하는 것, 즉 특정 수행을 통하여 아뢰야식을 지혜로 변화시킴으로써 불도를 이루려고 하는 것이었다. 여래장 계열에서 말하는 여래장심은 중생이 오랜 수행을 통하여 번뇌를 없앰으로써 본래의 청정한 여래법신을 드러내어 불이 되는 것을 말한다.

앞에서 살펴본 바와 같이, 중국에서 아뢰야식설은 성행하지 못하였으나 여래장－불성설은 보편적으로 환영받았다. 중국불교의 대표적인 종파인 천태·화엄·선종 등은 실제로 여래장심, 즉 청정심이 중생 성불의 내재적인 근거로 보았다. 그러나 우리가 주의해야 할 점은 이들 종파들은 정도의 차이는 있지만, 여래장심(청정심)과 중생심·현실심 내지 일념심·평상심을 동등하게 보았고, 청정심을 현실의 중생 마음 그 자체에 둠으로써, 중생의 현실적인 심령을 변화시키려는 일련의 수행활동을 무의미하게 하였고, 중생이 현실적인 심령활동에 순응하게 함으로써, 이를 통해 불성·불리·불도를 구현하려고 했다는 점이다.

예를 들면, 천태종에서 말하는 '한 순간의 마음[一念心]', '한낱 극히 미세한 마음[介爾之心]'은 지극히 미세하고 지극히 작은 지금 이 순간 한 생각의 마음이며, '일념삼천(一念三千)'은 지금 현재 중생의 한 순간의 마음속에 세간과 출세간의 모든 존재의 성상(性相)이 다 갖추어져 있다는 것이다.

화엄종에서는 '일진법계(一眞法界, 眞心)'를 말하였으며, 또한 모든 존재는 '각각 오직 마음이 나타난 것일 뿐이고[各唯心現]', '마음을 따라 회전하는 것[隨心回轉]'이라고 주장함으로써 진심과 현실심의 한계를 모호하게 하였다.

선종에 이르러서는 더욱더 한 순간의 마음을 주장하였다. 한 생각의 영지(靈知), '자심시불(自心是佛)', '즉심시불(卽心是佛)', '식심견불(識心見佛)', '평상심시도(平常心是道)'를 강하게 주장하고, 중생과 부처는 본질적으로 차이가 없다고 생각하였다.

인도불교의 여래장 계열은 청정심을 중시하였다. 중국불교는 청정심과 중생의 현실심 사이의 간격을 배제함으로써 청정심을 중생의 현실심으로 대신하기도 하였다. 이로써 인도 대승불교에서 말한

'즉심시불(卽心是佛)'이라는 내용도 청정심이 곧 불이 아니라 현실심이 곧 불이라고 하는 변화를 가져왔다. 마음의 내용에 대한 해설상의 차이는 중국불교와 인도불교의 심성이론 내지는 불교이론 전반에 있어서 가장 큰 차이의 하나이다. 그리고 노장사상의 영향을 크게 받은 우두선(牛頭禪) 계열은 '무심이 도[無心爲道]'라고 제창하였는데, 이러한 주장은 훗날 혜능의 문하, 특히 청원석두(靑原石頭) 계열의 선법 속에 융합되어 인도불교의 심성학과는 사뭇 다른 모습으로 나타났다.

(3) 심성의 의미와 정의의 차이

앞에서 언급한 바와 같이 인도불교 심성사상의 주류는 심성본정설(心性本淨說)이다. 초기불교 특히 부파불교의 대중부로부터 대승불교의 여래장과 불성설에 이르기까지 심성본정사상은 일맥상통하였다. 심성본정설은 심성이 본래 적정하고 적멸하고 명정한 것이어서 소란하고 불안한 번뇌와는 다른 것이라고 강조하였다. 심성이 비록 객진번뇌에 가려져 있을지라도 그 밝고 청정한 본성은 변하지 않기 때문에 정과(正果)를 바르게 이룰 수 있다는 것이다.

중국불교는 이와 같은 심성본정사상을 계승함과 동시에 이를 더욱 발전시켜 성각설을 제기하였다. 성각설은 불생불멸하는 여래장도 중생이 본래 갖추고 있는 본원적인 진심, 즉 '본각(本覺)'이라고 생각하였다. 진심의 본성은 진실한 식지(識知)이며, 그 지혜광명은 일체를 두루 비추는 최고의 주체성이 되는 것이다. 『대승기신론』, 『원각경』 등 경전은 중생들이 선천적으로 본래 가지고 있는 각성을 펼쳐 보이기 위해 중국불교학자들이 편찬한 것이다.『대승기신론』의 성각사상은 천태·화엄·선종 등의 심성사상에 직접적이고 중대한 영향을 끼쳐 중국화한 불교 종파의 심성론 사상에 기초를 형성하였다.

심성본정과 심성본각은 의미상 절대 배척의 관계는 아니지만, 이 양자 사이에는 서로 다른 점이 있다. 본정설은 윤리와 심리 등에 중점을 두고 이론을 수립했고, 본각설은 지혜와 지능(초월적 주체 능력) 방면에서 이론을 정립하였다. 본정은 번뇌와 상대적인 것이고, 본각은 번뇌 중의 '무명(無明)'과 상대되는 것이다. 본정은 본성청정의 가능성과 당연성을 말하는 것이며, 본각은 갖추고 있는 깨달음과 지혜의 현실성과 이미 그러한 성품을 말하는 것이다. 본정설은 심성의 도덕수행을 치우쳐 강조하고, 본각설은 본원으로 돌아갈 것을 중시함으로써 주체적 사유의 능동성을 발휘하게 하였다. 본각설은 선종의 여러 가지 선법 속에 충분히 체현되어 있다.

(4) 심성수행 방법의 차이

중국불교와 인도불교의 심성수양 방법은 내심에 대한 성찰을 제창하였다는 공통점을 지니고 있다. 그러나 내면 성찰의 유형에 있어서는 서로 차별이 있다. 인도의 대승불교는 피안의 영원하고 무한한 존재를 추구하기 위하여, 현실세계와 감각적인 향락을 싫어하고, 교도들에게 고요하고 깊은 사유[靜默沈思]를 요구하며 내면적인 성찰을 진행하였다. 그들은 내면적인 성찰을 하면서 사물의 실상에 대한 분석, 비판, 인식 및 직관을 통해 미혹을 없애고, 외부

물질세계의 유혹을 피할 수 있도록 함으로써, 외재적인 영향을 무시하거나 거절하고, 심령의 적정과 명정(明淨)을 구하고 정과를 이루어, 피안의 불국세계에 진입할 수 있는 견고한 기초가 된다고 보았다.

중국의 불교, 특히 선종의 경우는 이와 다르다. 선종은 『대승기신론』의 '일심이문(一心二門)'설을 따르고 존중하여, 마음에는 체(體, 眞如心)와 용(用, 生滅心) 두 방면이 있으며, 진여심은 생멸심을 떠나지 않으면서 생멸심을 초월하는 것이라고 보았다. 다시 말해서, 절대 본체는 자기 자신 속에 존재하는 것이지 피안에 있는 존재가 아니며, 내재적인 것이지 외재적인 것이 아니다. 또한 내재적인 초월이지 외재적인 초월이 아니다. 어떤 사람은 불·불토·불의 경계는 중생의 마음속에 있는 것이지, 중생의 마음 밖에 있는 것도 아니고, 피안의 세계에 있는 것도 아니라고 하였다.

이처럼 선종의 가장 기본적인 수행방법은 바로 자기 자신의 마음을 정화하는 것, 자신의 본원으로 거슬러 올라가 진심으로 되돌아가는 것이다. 이러한 환원적인 내심수행은 현실세계 중에서 진행되는 것이어서 외재적 영향에서 벗어나지 않고 중생의 지혜에 의지하여 얻는 스스로의 깨달음이다.

| 후기 2
심성론: 유·불·도 삼교 철학의 일치점

불교철학사상은 내재적 초월을 주창하는 일종의 종교문화이며, 인간의 주체적 사유를 중시하는 종교철학이다. 이와 마찬가지로 내재적 초월과 주체적 사유를 중시하는 중국 고유의 유가·도가 사상도 문화적 취향에 있어서 공통점을 가지고 있다. 내재적 초월과 주체적 사유는 개인의 심성수양과 분리될 수 없는 것이다. 그래서 불교와 유가·도가는 모두 심성과 관련하여 선명한 방향을 가지고 있었고, 그 때문에 심성론에 있어서 불교와 중국 고유의 유가·도가 철학은 차츰차츰 일치하는 방향으로 나아갔다. 이러한 공통점은 불교와 불교철학이 중국에서 맞이할 운명에 결정적인 작용을 하였고, 이렇게 일치되는 점은 깊고 두터운 문화적인 근거를 가지고 있다.

중국 유가·도가 철학의 핵심적인 관심과 근본종지는 무엇인가? 간략하게 말하면 사람이 어떻게 하면 사람답게 되는 것인가 하는 것이다. 유가는 시종 어떻게 하면 군자·현인·성인이 될 수 있을까에 대하여 진지하게 이야기하였고, 도가는 신인(神人)·지인(至人)·진인(眞人)을 추구하는 데 열중하였다. 유가는 사회적 관심과 도덕적 의무를 성취하는 경지를 강조하였고, 도가는 내심의 안녕·화평과 자아를 초월하는 경지를 중시하였다. 유가·도가에서 추구한 이상적 인격과 정신적 경지는 구체적인 내용에 있어서는 비록 다른 것이 있을지라도 인간과 인생의 의의를 획득하고자 하는 점과 우주 속에서 '안심입명'의 경지를 희구하는 점에서는 공통적인 부분이 있다.

유가·도가는 모두 인간의 본래 진실한 생명존재는 외부세계로부터 어떤 간섭과 통제를 받아서는 안 된다고 주장하였고, 스스로 세속적인 이익의 속박에서 탈피하여 일종의 자각을 추구하였고, 냉정한 이성의 안목으로 인생과 사회와 우주를 바로 볼 수 있는 초월적 정신을 추구하였다. 그렇다면 세속적인 인생세계와 초월적인 정신세계 간의 격차는 어떻게 뛰어넘을 것인가?

중국 고유철학의 사유는 현실생명 속에서 인생의 이상을 실현할 것을 강조하고 인생의 귀결점을 추구한다. 즉 인생의 '안심입명'의 경지는 사후에 있는 것도 아니고 피안에 있는 것도 아니고, 자기 자신의 생명 속에 있다는 것이다. 이와 같이 심성의 수양이야말로 인간이 이상적 경지에 이를 수 있는가 없는가를 결정짓는 기점과 관건이 되는 것이고, 이상적인 인격의 성취는 인성, 즉 인간 존재의 본질적 아름다움을 실현하고 제고하는 것이며, 인지(認知)의 도약·정감의 승화·의지의 실현·도덕적 완성을 이루기 위한 중요한 사항으로 생각하였다.

불교교의의 핵심적인 관심과 근본종지는 사람이 성불할 수 있다는 것이다. 이른바 불은 깨달은 사람[覺悟者]을 말한다. 깨달음은 인생과 우주에 대하여 깊이 깨달은 각성(覺醒)과 체오(體悟)를 말한다. 이러한 깨달음을 얻기 위한 근본과정은 외계의 객관적인 사물을 대상으로 그것을 고찰하고 분석함으로써 얻어지는 것이 아니고, 외계 사물에 대한 구체적인 관점을 얻음으로써 이상적인 인격을 성취하는 것이다. 설령 외부 사물을 분석하고 인식했다고 할지라도 본질적으로는 내면의 주체의식에서 출발하는 것으로서 주체의식의 평가와 취향에 따라 세계에 대해 모종의 가치와 의의를 부여하는 것이다.

인도불교가 발전함에 따라 아미타불 신앙이 출현하게 되었고, 중국에서도 서방극락세계의 아미타불을 신봉하는 것을 특징으로 삼는 정토종이 형성되었다. 그들은 인간이 사후에 피안의 세계에 도달하여 영생과 행복을 얻을 수 있다고 주장하였다. 그러나 인도의 초기불교는 피안의 초월관념을 제창하지는 않았다.

중국불교에서는 이론의 색채가 풍부한 몇몇 큰 종파, 즉 천태·화엄·선종 등이 모두 심성의 수양에 치중하고 내재적 초월을 주장하였다. 또 중국 고유의 사상과 취지와 서로 협조하면서, 당나라 말기 이래로 중국불교의 주류 종파인 선종은 특히 내재적 초월을 중시하였다. 사상문화의 취지에서 볼 때, 유·불·도 삼가의 학설은 모두 생명철학으로서, 인간은 생명 속에서 안으로 연마를 진행하여 심성수양의 완성을 강조하는 학문이다. 이러한 점들이 불교가 유가·도가와 공존하고 계합할 수 있는 중요한 전제와 기초가 되었다.

중국 고대의 일부 학자들은 불교와 유가·도가 사상의 문화적 귀결점의 공통점과 유사성을 이미 자각하고 있었고, 이후로 사상적 교류는 갈수록 심화되어 갔다. 불교 전래 초기의 불교저술인 『이혹론(理惑論)』은 바로 이상적인 인격을 추구하는 시각에서 불교와 유가·도가의 일치성을 강조하였다. 훗날 동진시대의 혜원 등은 불교와 유가의 윤리적 강령에서 사회적 작용에 착안하여 양가의 공통점을 긍정하였다.

송대 이래로 불교학자들은 더욱 직접적으로 이상적인 인격과 윤리도덕의 이론적 기초인 심성론에 입각하여 유·불·도 삼교의 동심설(同心說)을 고취하였다. 1권 제2장 제5절에서 인용하여 소개한 바 있는 명대의 불교학자 진가(眞可)는 극히 명확하게 '마음'을 밝혔는데, 이 사상과 의식이 삼교가 이상적 인격을 성취하는 공동의 근거라고 주장하였다. 그는 삼교가 모두 '불매본심(不昧本心)'을 공동의 종지로 삼고 있고, 모두 '직지본심(直指本心)'을 심성수양의 공동과정으로 삼고 있는 것으로 파악하였다.

유학자들은 대부분 불교의 입장에 대해 반대하고 있었으나 소수의 유학자들은 유교와 불교가 서로 회통할 수 있다고 주장하였다. 역사자료에 의하면,

> 범태 사령운은 매번 "육경의 글은 본래 세속을 제도하려는 것인데, 성령의 진면목을 알려면 어찌 불경을 기준으로 하지 않을 수 있겠는가?"라고 하였다.[444]

이 말은 불교의 심성론이 유가경전의 말씀을 초월하는 것으로 본 것이다. 또 류종원(柳宗元)과 유우석(劉禹錫) 등도 불교의 내적 매력은 외형을 능가하는 것으로서, 그 심성수양학설은 긍정할 만한

---

444) 하상지(何尙之), 『답송문황제찬양불교사(答宋文皇帝贊揚佛敎事)』, 『홍명집(弘明集)』
　　　권11, 사부총간영인본, "范泰, 謝靈運每云, 六經典文, 本在濟俗爲治耳. 必求性靈眞
　　　奧, 豈得不以佛經爲指南邪."

가치가 있다고 생각하였다. 특히 주의할 만한 것은 당나라 시대에 불교의 배척을 주도하였던 한유(韓愈)와 이고(李翱)는 한편으로는 불교를 격렬하게 배척하였지만, 또 다른 한편으로는 은유적인 화법을 통하여 불교의 심성학설을 긍정하거나 심지어는 수용하기까지 하였다는 사실이다.

한유는 유가의 도통(道統)을 고양한 선언서인 『원도(原道)』에서 개인의 정심(正心)과 성의(誠意)는 수(修) · 제(齊) · 치(治) · 평(平)이 시작이고 기초라고 강조한 뒤에, "오늘날 그 마음을 다스리려고 하는 자는 모두 세상 바깥에 있다[今也欲治其心而外天下國家]."고 하였다. 여기서 '세상 바깥에 있다'는 것은 불교와 도가가 세속을 초월하고 세상을 피하는 생활방식을 가리키고 그것을 비평한 것이다. 그러나 불가 · 도가의 '치심(治心)'에 대해서는 긍정적 태도를 보였다. 이것은 유가의 입장에서 심성론이 유 · 불 · 도 삼가의 문화가 기본적으로 일치한다는 점을 믿었다는 사실을 드러낸 것이라고 볼 수 있다.

이고도 세상 사람들이 불교를 "배척하는 것은 그 마음을 모르기 때문이다."445)라고 한 뒤에, 당시의 유가학자들에 대해서도 "성명의 도를 궁구하는 데 부족하다."446)고 비판하고, 동시에 불교의 심성사상을 수용함으로써 '복성(復性)'설을 세우기도 하였다. 현대에 이르러서는 이미 서론에서 언급한 바와 같이 저명한 사학자인 진인각(陳寅恪)은 "성리지학(性理之學)에 대한 불교의 이론은 매우 독특하고 심오하다. 중국 고유사상의 부족함을 보완하기에 충분하

---

445) 『거불재(去佛齋)』, 『이문공집(李文公集)』 권4, "排之者不知其心".
446) 『복성서상(復性書上)』, 『이공합집(李公合集)』 권2, "不足以窮性命之道".

였기 때문에 항상 사람들의 환영을 받은 것이다.”447)라고 말한 적이 있다. 불교가 중국의 토양에 뿌리를 내리고 꽃을 피우고 열매를 맺은 것은 중국 고유의 우주관·인생관·가치관과 서로 보완작용을 한 결과이며, 사실은 인생과 심성 등 측면에서 중국 유가·도가의 이론이 체계상 결함과 한계가 있는 것과 상관이 있다.

앞에서 서술한 바와 같이 도가의 『장자』는 『노자』의 ‘소박한 것을 찾아 지녀라[見素抱朴].’는 사상을 계승하고 발전시켰으며, 인성은 자연적이고, 순진하고, 소박한 것이라고 생각하고, 정욕(情欲)은 성(性)이 아니라고 생각하였다. 그리고 성은 외계의 사물에 영향을 받지 않는 것이니 ‘성명의 정에 맡겨라[任其性命之情].’라고 하고, 본성을 보전할 것을 주장하였다.

『노자』와 『장자』를 숭상하는 도교는 양생성선(養生成仙)을 추구하였으나, 남송시대 이후에는 새롭게 등장한 도교가 교의 혁신에 주력하여 도·유·불 삼교의 결합을 통해 도덕성명(道德性命)의 학을 입교의 근본으로 삼을 것을 주장하였다. 예를 들면, 새로 일어난 최대의 교파였던 ‘전진도(全眞道)’는 역사서에 다음과 같이 기재되어 있다.

> 금의 대정 초기에 중양조사가 나타나 도덕성명의 학을 전진으로 삼을 것을 제창하여, 여러 학파가 폐단으로 흐르는 것을 씻어 내고 천년 동안 끊어진 학문을 이으니 천하가 이끌려 추종하였다.448)

---

447) 오학소(吳學昭), 『오필여진인각(吳宓필與陳寅恪)』, p.10.

448) 이정(李鼎), 『대원중수고루관종성궁기(大元重修古樓觀宗聖宮記)』, 주상선(朱象先), 『고루관자운연경집(古樓觀紫云衍慶集)』 권18, 『정통도장(正統道藏)』 제32책, p.26029c, “金大定初, 重陽祖師出焉, 以道德性命之學, 唱爲全眞, 洗百家流弊, 紹千載之絶學, 天下靡然從之.”

왕중양은 도덕성명의 학문에 열중하여 부적을 받들지 않았고, 황백(黃白)을 섬기지 않았으며, 신선이 된다는 설 따위를 믿지 않았다. 이는 도교학자들이 내재적 초월에 교의의 종지를 맞춘 것을 표명한 것이며, 이로써 유교와 불교는 진일보하여 문화적으로 일치하게 된 것이다. 이처럼 심성론은 불교와 유·도 양가가 공동으로 관심을 가졌던 문화의 과제였으며, 불교철학과 중국 고유철학이 서로 계합하게 된 사상적 요점이기도 하다.

불교의 심성론과 중국 고유철학이 사상적으로 서로 계합한 것은 역사적 필연이기도 하다. 이 점에 대해서는 세 방면으로 나누어 설명할 수 있다. 먼저 우리들의 주도적 사상인 유교학설의 변천을 통해 고찰해 보겠다. 고대 중국사회는 엄격한 종법제가 성행했던 농업사회였다. 사람들은 인간과 자연의 화해, 인간과 등급사회의 협조를 제창하였다. 따라서 그들이 강조한 것은 어떻게 자연을 정복하고 사회를 개조할 것인가가 아니라 인간 주체의 내심 수양이었다.

인간 자신의 문제점과 한계를 극복할 것을 강조하는 유가의 학설은 사회를 주도하는 사상으로 자리매김하였다. 맹자가 주장한 '온 마음을 다하여 노력하면 성이 무엇인지 알게 된다[盡心知性].'는 것, 『주역대전(周易大傳)』이 강조한 '이치를 궁구하여 성을 다한다[窮理盡性].'는 것, 『대학』과 『중용』 등에서 개인의 도덕수양을 중시하여 제창한 '혼자 있을 때에도 도리에 어긋나지 않도록 언동을 삼가라[愼獨].'는 것은 마음의 품격[心格]을 정성스럽게 하고 도덕규범을 준수할 것을 주장한 것으로서, 인간의 생활과 행위의 준칙이 되었다. 그러나 한대 이후에는 유학의 풍속이 다소 변하여 심성학에서 멀어졌다. 유교의 가르침은 위진 현학자들의 비판의 대상이 되면서 유학의 정통적 지위는 치명적인 상처를 입게 되었다. 예를 들면 한유는 다음과 같이 말했다.

> 주나라의 도가 쇠미해지고 공자가 돌아가시니, 진나라 때에는 책이 불태워졌고, 한나라 때에는 황로학이 성행하였으며, 진·위·양·수나라 사이에는 불교가 성행하였다. 도덕과 인의를 말하는 자는 양주파에 속하지 않으면 묵적파에 속하였고, 노자파에 속하지 않으면 불교에 속하였다.449)

이것은 진나라부터 수나라까지의 사상사를 총결한 것으로서, 유가의 인의와 도덕 학설이 쇠락하고 심성을 종지로 하는 학설이 사라진 것을 표명한 것이다. 서진시대의 현학자 곽상은 유·도 양가의 사상을 종합하여, 유외(遊外, 逍遙)와 홍내(弘內, 세속적 일에 종사하는 것), 내성(內聖, 내면적으로 최고의 정신 경지에 이른 성인)과 외왕(外王, 세상을 통치하는 제왕)을 통일하여 유학 학설의 편향성을 교정하였다. 한유와 이고는 유가 본위의 입장에 서서 인의와 도덕의 기치를 높이 들고 심성학을 중흥시키려 하였다. 송대에 이르러 이정(二程)은 다음과 같이 말했다.

> 옛날 석씨도 있었는데 그것이 성행하던 시기에는 가르침이 같아서 그 해는 작았다. 오늘날의 학풍은 성명도덕을 먼저 논하니 앞서서 아는 이들은 갈수록 고명해지고 빠져드는 것이 갈수록 심하다. 450)

---

449) 『원도(原道)』, 『한유전집교주(韓愈全集校注)』 제5책, p.2662, 사천대학출판사, 1996년, "周道衰, 孔子沒, 火於秦, 黃老於漢, 佛於晋魏梁隋之間. 其言道德仁義者, 不入於楊, 則入於墨; 不入於老, 則入於佛."

450) 『하남정씨유서(河南程氏遺書)』 권2상, 『이정집(二程集)』 제1책, p.23, "古亦有釋氏, 盛時尚只是崇設像教, 其害至小. 今日之風, 便先言性命道德, 先驅了知者, 才愈高明, 則陷溺愈深."

이정은 불교에서 '성명도덕을 말하는 것[言性命道德]'이 유가의 기반을 흔들고 그것이 유가에 큰 위협이 되었음을 예리하게 지적하였다. 따라서 송유들은 심성지학을 다시 세우는 것을 스스로의 임무로 여겼고, 결국 이학(理學)의 체계를 구성하게 된 것이다. 불교의 심성학설이 중국에서 크게 성행하게 된 것은 중국 고유문화의 취향에 부합하기 때문이었고, 이와 같이 역사적인 측면에서 볼 때 이러한 현상은 하나의 필연으로 보아야 할 것이다.

둘째로, 중국철학의 주제사상 변화를 통해 고찰해 보겠다. 백가쟁명의 선진시대는 사상적으로 매우 활발하여 각종 철학 문제, 가령 본체론, 우주론, 이상론과 심성론 등 이론이 생성되고 전개되어 백화제방이라는 사상적 성행기가 형성되었다. 한나라 시대에 이르러 우주론은 사상적으로 초점이 되었고, 철학자들은 우주만물의 생성, 구조와 변화의 문제를 논하는 것에 열중하였다.

위진시대에는 본체론을 핵심으로 하는 현학이 성행하였는데, 보다 거시적 측면에서 우주만물의 유무(有無), 본말(本末), 체용(體用)의 관계를 궁구하였다. 이와 같은 위진 현학 사조의 태동과 본체론적 사유방식의 영향 아래 중국철학의 쟁점 역시 우주[天]에서 인간, 인간의 생리, 심리현상을 투시하는 것으로 전환함으로써 인간의 본질, 본성을 탐구하는 것에 몰입되었다. 즉 우주본체론에서 심성론, 인간본체론으로 전환하게 되었다.

그런데 선두에서 먼저 이러한 변천을 이끌어 낸 사람들은 불교학자였다. 남북조시대의 불교의 불성론 사조, 즉 심성론은 당시 철학 주제의 기준이었다. 훗날, 불교심성론의 자극 아래 유가 역시 도덕본체의 기초 위에서 심성론, 사회윤리의 본체화, 초월화를 체계적으로 설명하여, 마음의 본성은 인간의 형이상학 본체이며, 동시에 우주의 형이상학 본체임을 강조함으로써, 다시 불교의 심성 본체론과 상통하게 되었다.

셋째로 중국불교철학의 발전논리에 비추어 볼 때, 중국불교철학자들에게 가장 흥미와 주목을 끈 것은 반야공론과 인과응보론이었다. 반야공론은 초기에는 그다지 주목과 반향을 일으키지 못하였고, 인과응보론의 경우 유가들로부터 격렬한 반대와 비평을 받아야 했다. 인과응보론은 불교계 내외적으로 신멸, 신불멸론으로 발전되어 나갔다. 이러한 중대한 철학적 의의를 지닌 쟁론은 쌍방이 각기 자신의 입장을 견지하는 선에서 마무리되었다.

그러나 앞서 제5장에서 상세히 지적한 바와 같이 이러한 쟁론 이후 중국불교학자들은 이론 설립의 중점을 형신관계에서 심신관계의 내재적 심성문제로 전환을 이루게 되었다. 다시 말해, 영혼불멸을 논증하는 것에서 성불 주체성의 문제를 거론하는 것으로 대전환을 이루게 되었고, 불성, 진심을 설명하는 것에 역점을 두게 되었다. 또한 이 후로 중국불교 역시 심성론의 궤도에 본격 진입하게 되었으며, 심성수양을 중시하는 중국 고유문화의 취향과 맞물려 나날이 발전해 나감으로써, 남북조와 수당시기에 이르러 많은 학파들에 의해 다채롭고 풍부한 심성론체계를 형성하게 되었다.

불교와 유가 · 도가의 내재적 초월을 중시하는 공통된 문화적 종지는 불교와 유가 · 도가가 심성론 철학 위에서 상호 결합되었으며, 이는 불교가 중국에서 성행하게 된 근본원인임과 동시에 불교철학이 중국 고유철학과 융합하여 중국 전통철학 내용의 일부분을 이루게 된 중요한 원인이기도 하다.

▌저자 팡리티엔(方立天)

　　북경대학 졸업, 인민대학 종신교수
　　인민대학 철학계와 종교학계 박사 지도교수

　　[주요 저서]

　　위진남북조불교논총
　　불교철학(1986년 도서영예상)
　　중국불교와 전통문화
　　중국고대철학문제발전사상·하권
　　중국불교사상사료선편 4권10책
　　중국불교철학요의상·하권 등

▌　역자 황성규

　　중국 인민대학 철학과(철학박사)
　　한남대학교 강사
　　대전 보문고등학교 교사

▌역자 김봉회

　　동국대학교 대학원 불교학과(철학박사)
　　경북외국어대학교 총장
　　서울불교대학원대학교 불교학과 교수
　　현) 한국교육선진화연구원 원장

▌　역자 이봉순

　　경북대학교 사범대학 영어교육과
　　동국대학교 대학원 불교학과(철학박사)
　　서울불교대학원대학교 불교학과 교수

중국불교철학 심성론 (하) 03

초판인쇄 | 2010년 5월 20일
초판발행 | 2010년 5월 20일

저 자 | 팡리티엔(方立天)
역 자 | 황성규, 김봉회, 이봉순
펴 낸 이 | 채종준
펴 낸 곳 | 한국학술정보(주)
주 소 | 경기도 파주시 교하읍 문발리 파주출판문화정보산업단지 513-5
전 화 | 031) 908-3181(대표)
팩 스 | 031) 908-3189
홈페이지 | http://www.kstudy.com
E-mail | 출판사업부 publish@kstudy.com
등 록 | 제일산-115호(2000. 6. 19)

ISBN   978-89-268-0990-7 93220 (Paper Book)
        978-89-268-0991-4 98220 (e-Book)
        978-89-268-0984-6 93220 (Paper Book set)
        978-89-268-0985-3 98220 (e-Book set)